MARK MINERVINI

HANDELN WIE EIN MARKET WIZARD

MARK MINERVINI

HANDELN WIE EIN MARKET WIZARD

WIE SIE MIT AKTIEN IN JEDEM MARKT EINE ÜBERDURCHSCHNITTLICHE PERFORMANCE ERZIELEN

FBV

Bibliografische Information der Deutschen Nationalbibliothek
Die Deutsche Nationalbibliothek verzeichnet diese Publikation in der Deutschen Nationalbibliografie. Detaillierte bibliografische Daten sind im Internet über https://dnb.de abrufbar.

Für Fragen und Anregungen
info@m-vg.de

5. Auflage 2026

Türkenstraße 89
80799 München
Tel.: 089 651285-0

Übersetzung: Petra Pyka
Redaktion: Ulrich Wille
Korrektorat: Manuela Kahle
Umschlaggestaltung: Pamela Machleidt auf Grundlage des Umschlags der Originalausgabe. Umschlagabbildung: Copyright: Michael Benabib
Satz: Carsten Klein, Torgau
Druck: Florjancic Tisk d.o.o., Slowenien
Printed in the EU

ISBN 978-3-95972-512-5

INHALT

KAPITEL 3:

KAPITEL 4:

KAPITEL 5:

KAPITEL 6:

Dieses Buch ist meiner Mutter Lea gewidmet, die so viel von ihrem eigenen Leben opferte, um meiner Schwester und mir ein besseres zu ermöglichen. Und meinem Vater Nate, der mich ermutigte, es zu wagen und meinen Träumen zu folgen; mögen sie beide in Frieden ruhen. Und meiner Frau Elena und meiner Tochter Angelina, meinen Leuchtfeuern und Versprechen für die Zukunft.

VORWORT

In den 40 Jahren meiner Tätigkeit als Investor habe ich unzählige Investmentbücher gelesen. Jetzt könnten Sie denken, ich hätte eine umfangreiche Bibliothek mit diesen Büchern, in Wahrheit ist meine Sammlung jedoch sehr klein, weil nur wenige Investmentbücher es wert sind, dass man sie behält. Zu der Handvoll lesenswerter Bücher werde ich ein weiteres hinzufügen: *Handeln wie ein Market Wizard* von Mark Minervini. Marks Buch gehört ins Bücherregal jedes Investors. Es handelt von der umfassendsten Arbeit, die ich je über das Investieren in Wachstumsaktien gelesen habe, und enthält entscheidende Details, die man in anderen gängigen Büchern zu diesem Thema nicht findet. Manche Investmentbücher behandeln lediglich die fundamentalen Gesichtspunkte des Investierens, andere wiederum beschäftigen sich nur mit den technischen Aspekten. Marks Buch verbindet die wichtigen Faktoren, die Ihnen helfen können, in Zukunft Superperformance-Aktien zu finden. Jeder möchte Aktien vom nächsten Apple Computer, Costco oder The Home Depot besitzen und Mark zeigt Ihnen, worauf Sie achten müssen.

Mark hat viele Jahre in die Erforschung der Methoden gesteckt, die ihn erfolgreich machten. Er hat aus einigen der großartigsten Investmentbücher und Forschungsarbeiten Edelsteine des Investmentwissens zutage gefördert, von deren Existenz die meisten Investoren nichts wussten. Zum Beispiel zitiert er aus *Superperformance Stocks* von Richard S. Love. Wenn Sie das mit der Erfahrung kombinieren, die er im Laufe vieler Marktzyklen sammelte, kommt dabei ein Buch heraus, das vollgepackt ist mit unverzichtbaren Ratschlägen, die jedem Investor helfen. In jedem Kapitel legt Mark jene Faktoren übersichtlich dar, die für ein erfolgreiches Investment wichtig sind. Es ist eines jener Bücher, die Sie mehrmals lesen müssen, um wirklich alles aufzunehmen, was es enthält.

Einer der besten Abschnitte dieses Buches ist Marks Beschreibung des Lebenszyklus einer Wachstumsaktie. Sie erhalten ein fundamentales und technisches Bild, wo sich eine Aktie in den verschiedenen Phasen ihres Weges vom Start in Phase 1 über die Steigerung der Gewinne und der Kursperformance in Phase 2 bis zur Gipfelbildung in Phase 3 und auf die Reise zurück nach unten befindet, wenn in Phase 4 die Gewinne schrumpfen. Er zeigt das nicht nur anhand von Kursdiagrammen, sondern auch mit Tabellen zu Erträgen und Verkäufen, um zu veranschaulichen, was grundlegend passiert, wenn sich die Wachstumsaktie im Laufe der Zeit verändert.

In den letzten beiden Kapiteln dieses Buches, die Sie vermutlich zuerst lesen sollten, spricht Mark über Risikomanagement. Das ist wesentlich, da offenbar viele Investoren zwar die richtigen Aktien erwerben, jedoch nicht wissen, wie sie damit Profit erwirtschaften oder wann sie verkaufen sollen, wenn sich eine Position zu ihren Ungunsten verändert. Er diskutiert die psychologischen Faktoren, die die meisten Investoren davon abhalten, einen Verlust zu begrenzen. Können Sie sich vorstellen, dass ein Investor von Marks Format nur in 50 Prozent der Fälle richtigliegt und trotzdem ein Vermögen gemacht hat? Das beruht auf seinem Risikomanagement.

Ich dachte immer, um ein erfolgreicher Investor zu werden, müsse man viel Lehrgeld in Form von Verlusten an der Universität Wall Street zahlen, bevor man seinen Abschluss machen und anfangen kann, Geld zu verdienen. Mark bietet das beste Fachbuch zum wachstumsorientierten Investieren, so dass Sie sich das viele Lehrgeld sparen können. Mit seiner Hilfe, konsequenter Arbeit und Disziplin können Sie eine Ausbildung wie an einer Top-Uni zum Preis eines Hardcover-Buches erhalten. Sollten Sie bereits ein routinierter Investor sein, dann ist dieses Buch für Sie wie ein Aufbaustudium, das Ihr Investmentwissen ganz sicher ebenso erweitern wird, wie es das bei mir getan hat. Mark hat mir auch jede Menge Zeit gespart, indem er das Buch schrieb, das ich immer schreiben wollte, und er hat es besser gemacht, als ich es je könnte!

Viel Spaß, und mögen Sie alle erfolgreich investieren!

David Ryan
Dreimaliger U.S.-Investing-Champion

Tatsächlich ist der Markt brutal gegenüber den meisten Menschen, die ihn herausfordern. Aber genauso verhält es sich mit dem Mount Everest und das sollte die Leute nicht davon abhalten, ihn besteigen zu wollen – und das tut es auch nicht. Von einem Berg oder einem Markt wird lediglich erwartet, dass er keine Favoriten hat – dass er alle Herausforderer gleich behandelt … Der Börsenhandel, oder Neudeutsch das Trading, *kann intellektuell stimulierend sein und ein Weg, um Geld zu verdienen. Erfolgreich zu sein, erfordert Fähigkeiten auf höchstem Niveau und Fertigkeiten, die zu erlangen der Trader sehr hart arbeiten muss. Eine gut durchdachte und durchgeführte Transaktion ist eine Schönheit, die erfahren, genossen und erinnert sein will. Ihre Substanz sollte über die monetäre Belohnung hinausgehen. Etwas von der Erfahrung bei jedem Trade sollten Sie bewahren, für immer, denn die Erinnerung ist wichtig. Das gilt gleichermaßen für erfolglose Trades, von denen es viele geben wird. Aber selbst das Herauskommen aus einer schlechten Position, und zwar zügig, sollte Befriedigung und nicht etwa Verärgerung hervorrufen.*

William R. Gallacher

KAPITEL 1:

EINE LESENSWERTE EINLEITUNG

Champions werden nicht in Trainingshallen gemacht. Champions werden durch etwas gemacht, das sie in sich tragen – ein Verlangen, ein Traum, eine Vision.

MUHAMMAD ALI, DREIFACHER SCHWERGEWICHTSWELTMEISTER

In der Hitze des Wettkampfs laufen Champions zu ihrer vollen Stärke auf und triumphieren über reine Herausforderer. Marathonläufer gewinnen durch überlegene Ausdauer und ein gutes Tempogespür. Am Schachbrett fällt der Sieg dem Spieler zu, der das Labyrinth der möglichen Züge klarer durchschaut, um die zum Sieg führende Kombination zu entschlüsseln. Praktisch jeder Wettbewerb zwischen Menschen wird von den wenigen dominiert, die über die auf ihrem Gebiet erforderlichen, einzigartigen Fähigkeiten und Fertigkeiten verfügen. Auf dem Aktienmarkt ist das nicht anders.

Die Investitionsstile der erfolgreichen Marktakteure mögen sich ja unterscheiden, aber siegreiche Börsenhändler verfügen ausnahmslos alle über bestimmte Schlüsseleigenschaften, die für den Erfolg unerlässlich sind. Ein Mangel an diesen Eigenschaften führt unweigerlich dazu, dass sich Ihr Geld von Ihnen verabschieden wird. Die gute Nachricht ist, dass Sie nicht mit diesen Eigenschaften geboren sein müssen. Neben dem Erlernen wirksamer Handelsstrategien können Sie die Mentalität und emotionale Disziplin entwickeln, die nötig sind, um auf dem Aktienmarkt große Siege einzufahren. Zwei Dinge sind erforderlich: das Verlangen nach Erfolg und eine Erfolgsstrategie. In *Handeln wie ein Market Wizard: Wie Sie mit Aktien in jedem Markt eine überdurchschnittliche Performance erzielen* werde ich Ihnen zeigen, wie mich meine Erfolgsstrategie zum Sieg geführt hat und wie sie dasselbe bei Ihnen bewirken kann.

Fast mein gesamtes Leben als Erwachsener habe ich an der Börse gehandelt und investiert: Als ich dieses Buch verfasste, waren es bereits mehr als 30 Jahre. Mit Aktienhandel habe ich meinen Lebensunterhalt verdient und letztlich mein Vermögen gemacht. Gestartet mit nur ein paar Tausend Dollar, konnte ich meine Gewinne wieder einsetzen und war mit 34 Jahren Multimillionär. Aber selbst wenn ich durch den Börsenhandel nicht reich geworden wäre, würde ich dem heute noch nachgehen. Für mich ist das Traden nicht nur ein Sport oder eine Möglichkeit zum Geldverdienen; Trading ist mein Leben.

Ich war nicht von Anfang an erfolgreich. Zu Beginn unterliefen mir die gleichen Fehler wie jedem neuen Investor. Aber im Laufe jahrelanger Analyse und Praxis erlangte ich schrittweise das nötige Know-how, um jene Art von Performance zu erreichen, von der man für gewöhnlich nur liest. Ich rede von überdurchschnittlicher Performance. Es gibt einen großen Unterschied zwischen dem Erwirtschaften einer anständigen Rendite am Aktienmarkt und der überdurchschnittlichen Performance und dieser Unterschied kann lebensverändernd sein. Ob Sie nun Steuerberater, Lehrer, Arzt, Anwalt, Klempner oder gar pleite und arbeitslos sind – so wie ich, als ich damit anfing –, glauben Sie mir, Sie können überdurchschnittliche Performance erreichen.

Erfolg bedarf der Gelegenheit. Der Aktienmarkt liefert tagtäglich unglaubliche Gelegenheiten. In jeder Branche tauchen ständig neue Unternehmen als Marktführer auf, von medizinischen Hightech-Geräten bis zu Einzelhandelsgeschäften und Restaurants in Ihrer unmittelbaren Nachbarschaft. Um sie zu entdecken und von ihrem Erfolg zu profitieren, müssen Sie über das Know-how und die Disziplin verfügen, geeignete Investmentmethoden anzuwenden. Auf den folgenden Seiten werde ich Ihnen verraten, wie sie das Fachwissen entwickeln, Ihren nächsten Superperformer zu finden.

Folgen Sie ihren Träumen und glauben Sie an sich

»Unmöglich« ist nur ein großes Wort, gesprochen von kleinen Männern, die es einfacher finden, in der Welt zu leben, die ihnen gegeben wurde, als die Kraft auszuloten, die sie haben, um die Welt zu verändern.

Laila Ali

Hingabe und das Verlangen, erfolgreich zu sein, sind definitiv Voraussetzungen für Superperformance an der Börse. Nicht notwendig sind dagegen gängige Meinungen oder eine Hochschulausbildung. Meine Ausbildung durch das wahre Leben begann als Jugendlicher. Im Alter von 15 Jahren brach ich in der achten Klasse die Schule ab, was bedeutet, dass ich nahezu vollständiger Autodidakt bin. Ja, Sie haben richtig gelesen. Mit 15 endete meine Schullaufbahn und ich habe nie eine Hochschule als Student von innen gesehen. Aber ich verfügte über einen Hunger nach Wissen und ein brennendes Verlangen nach Erfolg. Ich wollte der beste Trader werden, der ich nur sein konnte. Also wurde ich zu einem geradezu besessenen Studenten des Aktienmarktes, seiner Geschichte und des menschlichen Verhaltens. Ich begann damit, dass ich in der örtlichen Bücherei die Finanznachrichten und Börsenberichte las. Im Laufe der Jahre habe ich eine unvorstellbare Zahl von Investmentbüchern gelesen, einschließlich den mehr als 1000 Titeln in meiner Privatbibliothek.

In Anbetracht meines geringen Startkapitals und der nicht vorhandenen formalen Bildung halten manche Menschen mein Ausmaß an Erfolg für unwahrscheinlich, wenn nicht gar unmöglich. Einige versuchten sogar, mich während meines Weges zu entmutigen. Vermutlich werden auch Sie Menschen begegnen, die Sie davon abbringen wollen, es auch nur zu versuchen. Sie werden Sätze hören wie »Das ist ein Glücksspiel«, »Du zockst« und »Aktien sind zu riskant«. Lassen Sie sich von niemandem einreden, dass Sie es nicht können. Diejenigen, die eine überdurchschnittliche Performance mit Aktien für unmöglich halten, sagen das nur, weil es ihnen nie gelungen ist und sie es sich deshalb nur schwer vorstellen können. Ignorieren Sie jede Art von Entmutigung und richten Sie Ihre Aufmerksamkeit stattdessen auf die befähigenden Prinzipien, die ich Ihnen nun vorstellen werde. Wenn Sie Zeit in das Studieren und Anwenden dieser Prinzipien investieren, können auch Sie Ergebnisse realisieren, die selbst die ehrgeizigsten Optimisten erstaunen werden. Und dieselben Leute, die Ihnen gesagt haben, es sei unmöglich, werden Ihnen jene Frage stellen, die sie auch immer an mich richten: »Wie hast Du das gemacht?

Und der Handel wird Euch frei machen

Von Anfang an habe ich den Aktienmarkt als die ultimative Möglichkeit zum Geldverdienen angesehen. Das Traden lockte mich auch deshalb, weil mir die Vorstellung gefiel, die Freiheit zu haben, von zu Hause zu arbeiten und selbst die Verantwortung für meinen Erfolg zu übernehmen. Als Jugendlicher versuchte ich mich an verschiedenen Geschäftsideen, aber trotz meiner Begeisterung fehlte dieses brennende Verlangen. Schließlich wurde mir klar, dass meine größte Leidenschaft die Freiheit war – die Freiheit zu tun, was ich wollte, wann ich es wollte und wo ich es wollte.

Eines Tages dämmerte es mir; das Leben ist reich, auch wenn du es nicht bist. Ich erkannte, dass jeden Tag Dinge passieren, gute wie schlechte, und dass es nur eine Frage der Entscheidung war, wovon ich ein Teil sein wollte. Menschen wurden am Aktienmarkt reich. Also sagte ich mir: Warum nicht einer von ihnen sein? Ich nahm an, wenn ich lernte, wie man in den Markt investiert und erfolgreich tradet, könnte ich meinen Traum von finanzieller Freiheit und, was noch wichtiger war, von persönlicher Freiheit umsetzen. Davon abgesehen, wer würde schon einen Schulabbrecher ohne Abschluss einstellen? Im Aktienmarkt sah ich den vorurteilsfreien Ort der unbegrenzten Möglichkeiten. Der Autor und erfolgreiche Geschäftsmann Harvey Mackay hat es perfekt formuliert: »Optimisten haben recht. Pessimisten ebenfalls. Es liegt an dir, was von beiden du sein willst.«

Das Beste aus beiden Welten erreichen

Als ich in den frühen 1980ern mit dem Traden begann, verfügte ich lediglich über ein paar Tausend Dollar Investitionskapital. Ich musste hohe Erträge auf meinem relativ kleinen Depot einfahren, um davon leben zu können und auch noch ein bisschen Handelskapital übrig zu haben. Das zwang mich, an meinem Timing zu feilen und die nötigen Strategien zu erlernen, um Tag für Tag kontinuierlich Profite aus dem Aktienmarkt zu holen. Wie ein Pokerspieler, der sich mühsam und stetig seinen Lebensunterhalt erkämpft, während er sich beharrlich sein Einsatzkapital aufbaut, wurde ich zu einem Aktienmarkt-»Multitalent«.

Meine Philosophie und meine Herangehensweise an das Trading sind die eines konservativen, aggressiven Opportunisten. Das mag sich anhören wie ein Widerspruch, ist es aber nicht. Es bedeutet lediglich, dass mein Stil darin besteht, potenzielle Belohnungen aggressiv zu verfolgen und gleichzeitig extrem risikobewusst zu sein. Obschon ich aggressiv investieren oder traden mag, beginnt mein Gedankenprozess stets mit »Wie viel kann ich verlieren?« und nicht mit »Wie viel kann ich gewinnen?«.

Während meiner 30 Jahre als Aktienhändler habe ich entdeckt, dass die »Risiko zuerst«-Herangehensweise für mich am besten funktioniert. Sie ermöglicht mir, nicht einfach nur irgendwie oder auch nur gut zu performen, sondern überdurchschnittliche Performance zu erreichen – von 1994 bis 2000 im Schnitt 220 Prozent pro Jahr (ein aufsummierter Gesamtertrag von 33 500 Prozent), einschließlich einem Sieg bei der United States Investing Championship im Jahr 1997. Meine Vorgehensweise erwies sich auch dann als von unschätzbarem Wert, als ich sie am dringendsten brauchte: Sie ließ mich rechtzeitig aus acht Bärenmärkten aussteigen, einschließlich zweien der übelsten Kursabstürze in der Geschichte des amerikanischen Aktienmarktes. Indem ich an einer disziplinierten Strategie festhielt, war ich in der Lage, das wichtigste Ziel von allen zu erreichen: mein Handelskonto zu schützen und die Profite zu bewahren, die ich während der vorangegangenen Bullenmärkte eingefahren hatte.

Investieren Sie als Erstes in sich selbst

Als ich in den frühen 1980ern mit dem Traden anfing, durchlitt ich eine sechsjährige Phase, in der ich mit Aktien im Grunde kein Geld verdiente. Erst 1989 stellten sich die ersten bedeutenden Erfolge ein. Genau genommen fuhr ich einen Nettoverlust ein. Wieso ich trotzdem weitermachte? Bedingungslose Beharrlichkeit. Wenn Sie den unerschütterlichen Entschluss zu einem bestimmten Lebensweg fassen, verschaffen Sie sich im Rennen um den Erfolg einen enormen Wettbewerbsvorsprung. Warum? Weil die meisten Menschen eine natürliche Tendenz aufweisen zu *überschätzen*, was sie kurzfristig erreichen können, und zu *unterschätzen*, was sie auf lange Sicht erreichen können. Diese Menschen glauben, sie hätten sich einer Sache verpflichtet, aber wenn sie auf Schwierigkeiten stoßen, verlieren sie an Schwung oder geben ganz auf.

Die meisten Menschen interessieren sich für das Traden, aber nur wenige verschreiben sich dem wirklich. Der Unterschied zwischen Interesse und Verpflichtung ist der Wille, nicht aufzugeben. Wenn Sie sich zu etwas verpflichten, bleibt Ihnen gar nichts anderes übrig, als erfolgreich zu sein. Sich zu interessieren, lässt Sie anfangen, aber Verpflichtung bringt Sie über die Ziellinie. Die erste und beste Investition, die Sie vornehmen können, ist die in Sie selbst, eine Verpflichtung, das zu tun, was nötig ist, und durchzuhalten. Durchhaltevermögen ist wichtiger als Fachwissen. Bei allem, was Sie erreichen wollen, müssen Sie beharrlich sein. Fachwissen und Fertigkeiten können durch Lernen und Üben erworben werden, aber wer aufgibt, wird nie Großes erreichen.

Wenn Gelegenheit auf Vorbereitetsein trifft

Wenn Leute meine Erfolgsgeschichte hören, stellen sie zwei Fragen am häufigsten: »Wie haben Sie das gemacht?« und »Hatten Sie einfach Glück?«. Dahinter steckt die Annahme, dass ich entweder große Risiken eingegangen bin oder einfach Glück hatte.

Und wie *habe* ich es gemacht?

Jahrelang arbeitete ich daran, meine Trading-Fähigkeiten zu perfektionieren, rackerte mich 70 bis 80 Stunden die Woche ab, blieb oft bis Sonnenaufgang wach und grübelte über Aktiencharts und Unternehmensfinanzen. Auch wenn die Ergebnisse noch nicht da waren, machte ich weiter. Ich verbrachte Jahre damit, die sprichwörtliche Spreu vom Weizen zu trennen, perfektionierte meine Methode durch das Analysieren meiner Erfolge und, noch wichtiger, meiner Misserfolge. Ich investierte zahllose Stunden in das Lernen, wie großartige Investoren an den Markt herangingen, wie sie Handelsstrategien ersannen und umsetzten und eine emotionale Disziplin entwickelten, die nötig war, um ihre Modelle zu befolgen.

Und dann passierte etwas Wunderbares. Meine Vorbereitung traf auf eine Gelegenheit. Jahrelang hatte ich an meinen Fähigkeiten gefeilt und 1991 war ich vollständig ausgestattet, um mir einen gerade auftretenden Bullenmarkt zunutze zu machen. Mit all den Lektionen, die ich in den 1980ern in den Versuch-und-Irrtum-Tagen gelernt hatte, war die Gelegenheit in Reichweite und ich bekam meine Chance, den Ball aus dem Stadion zu schlagen. Ich war hundertprozentig vorbereitet, wie ein olympischer Athlet, der wie verrückt trainiert hat und nun bereit ist, perfekt zu performen.

Gelegenheiten auf dem Aktienmarkt können sich sehr plötzlich bieten. Um sie ergreifen zu können, müssen Sie gewappnet und bereit zum Handeln sein. In diesem Moment bereitet sich irgendwo auf der Welt jemand unermüdlich darauf vor, erfolgreich zu sein. Wenn Sie sich nicht vorbereiten, wird dieser Jemand vermutlich das große Geld machen, während

Sie nur davon träumen, was hätte sein können und was Sie hätten tun sollen. Deshalb: Vorbereiten, vorbereiten, vorbereiten, denn wenn die Gelegenheit an die Tür klopft, was sie definitiv tun wird, möchten Sie zur Stelle sein und öffnen.

Nachhaltiges Wissen zulegen

Auf den folgenden Seiten werde ich nicht nur Unmengen von Informationen mit Ihnen teilen, sondern auch spezifische Vorgehensweisen, die Ihnen beim Aktienhandel helfen. Aber es gibt keinen Ersatz für Erfahrungen im echten Leben. Genauso wie Sie nicht durch ein Buch das Fahrradfahren lernen können, besteht der einzige Weg, Erfahrung zu sammeln, im Handeln und Hervorbringen von Resultaten, um dann aus diesen Resultaten zu lernen, aus guten wie aus schlechten. Bedauerlicherweise kann Erfahrung nicht mittels Infusion verabreicht werden, sie muss im Laufe der Zeit persönlich erworben werden. Aber während Sie Ihre Lernkurve durchlaufen und dabei Prüfungen und Schwierigkeiten überstehen müssen, denken Sie daran, dass Ihnen die Fähigkeit des kompetenten Tradens nie mehr genommen werden kann, sobald Sie sie erlangt haben. Niemand kann Sie aus Ihrer Fähigkeit »entlassen«, so wie ein Chef Ihnen die Stelle kündigen kann; es gibt nur Sie und den Markt. Alles, was Sie gelernt haben, und die Erfahrungen, die Sie gewonnen haben, können noch viele Jahre Früchte tragen. Und genau das macht erworbenes Wissen und Erfahrungen aus erster Hand zum großartigsten Werkzeug, um erfolgreich zu sein und beim Aktienhandel ebenso wie im Leben darauf aufzubauen.

Lassen Sie Leidenschaft das Steuer übernehmen

Die besten Trader wachen jeden Tag mit einer Begeisterung für das Traden und die Aktienspekulation auf. Sie können es gar nicht erwarten, jeden Tag zur Arbeit zu gehen und *ihren* nächsten Superperformer zu finden. Sie fühlen sich vom Markt herausgefordert und verspüren die gleiche Leidenschaft und Begeisterung, die Athleten zu Höchstleistungen treibt. Michael Jordan wurde zum größten Basketballspieler der Geschichte, weil er eine Leidenschaft für dieses Spiel hegte, und nicht, weil ihn die Verdienstmöglichkeiten als Markenbotschafter motivierten. Genauso ist es bei großartigen Tradern. Nicht Geld allein ist ihre Motivation, sondern vor allem ihre Leidenschaft, zu dem Besten zu werden, der sie sein können.

Leidenschaft können Sie nicht lernen; sie kommt aus Ihnen heraus. Leidenschaft übersteigt monetäre Belohnungen. Aber keine Sorge, wenn Sie etwas tun, das Ihnen wirklich Spaß macht und in dem Sie gut sind – ob Sie nun der beste Schriftsteller, der beste Anwalt, Archäologe oder Basketballspieler oder die weltweit größte Koryphäe auf dem Gebiet der

Mistkäfer sind –, wird das Geld zu Ihnen finden. Ich erlangte meinen größten Erfolg, als ich endlich entschied, nicht mehr an Geld zu denken, sondern mich darauf zu konzentrieren, der bestmögliche Trader zu werden. Und dann kam auch das Geld.

Diejenigen von Ihnen, die das Investieren und die Kunst des Spekulierens genießen, können die notwendigen Vorgehensweisen und Wissensgebiete erlernen, um auf dem Aktienmarkt erfolgreich zu sein. Konzentrieren Sie sich darauf, so gut wie möglich zu sein, und dann stellt sich das Geld schon ein. Entscheidend ist, dass Sie sich von Ihrer Leidenschaft antreiben lassen.

Der beste Zeitpunkt, um anzufangen

Sie müssen nicht großartig sein, um anzufangen, aber Sie müssen anfangen, um großartig zu werden.

LES BROWN

Tagtäglich bietet sich uns die Möglichkeit, Entscheidungen zu treffen und unsere Zukunft zu gestalten; jeder Tag ist der erste vom Rest unseres Lebens. Irgendwann sind diese Tage vorbei. Sie können sich entscheiden, aus Ihren Fehlern zu lernen oder sie zu bedauern, und auch, sich an Ihren Triumphen zu erfreuen; aber je früher Sie damit beginnen, Ihren Träumen zu folgen, desto früher können Sie diese Realität werden lassen. Wenn Sie im Aktienhandel wirklich erfolgreich sein wollen, sollten Sie sofort loslegen. Sie brauchen von niemandem die Erlaubnis oder einen anderen Grund, als dass Sie entschieden haben, nicht noch mehr wertvolle Zeit zu verschwenden, die Sie nie zurückbekommen werden. Alles beginnt damit, dass Sie anfangen! Sie können träumen, Sie können positiv denken, Sie können planen und Ziele setzen, aber wenn Sie nicht zur Tat schreiten, wird nichts davon realisiert. In seinem Buch *Possibility Thinking* sagte Robert Schuller: »Es ist besser, etwas nicht perfekt zu machen, als fehlerlos nichts zu tun.« Ein Gramm Handeln ist so viel wert wie mehrere Pfund Theorie. Am Aktienmarkt können Sie Entschuldigungen finden oder Geld verdienen, aber Sie können nicht beides tun.

Es genügt nicht, Kenntnisse zu haben, einen Traum oder Leidenschaft; es geht darum, was Sie mit dem anfangen, von dem Sie wissen, dass es zählt. Selbst wenn Sie nicht vermögend werden, indem Sie das tun, wofür Sie eine Leidenschaft hegen, werden Sie zumindest glücklich sein. Ihre größte Chance auf Erfolg im Leben besteht darin, das zu tun, was Ihnen Spaß macht, und alles hineinzustecken, was Sie zu bieten haben. Wenn Sie jeden Morgen aufstehen und das lieben, was Sie tun, werden Sie keinen einzigen Tag in Ihrem Leben arbeiten. Diese Tage können heute beginnen. Der beste Zeitpunkt, um anzufangen, ist jetzt!

Der Zeitpunkt, sich mitzuteilen

Falls Sie – langfristig – nicht jedem erzählen können, was Sie eigentlich machen, dann ist das, was Sie tun, wertlos.

ERWIN SCHRÖDINGER

Vielleicht fragen Sie sich, warum ich mich entschieden habe, dieses Buch jetzt zu schreiben. Vor mehr als einem Jahrzehnt traten diesbezüglich mehrere große Verlage an mich heran, aber ich entschied mich dagegen. Natürlich, ein Buch zu veröffentlichen, verschafft Glaubwürdigkeit und Ansehen und stärkt möglicherweise das Ego. Obwohl die Angebote verlockend waren, zögerte ich. Ich dachte mir: Warum soll ich für relativ wenig Geld mein hart erarbeitetes Wissen weggeben, vor allem, da die meisten Menschen es vermutlich gar nicht richtig nutzen werden? Zugegeben, ich war ein bisschen zynisch. Aber dann wurde mir klar: Wenn sich auch nur ein Mensch so bemühen würde wie ich in meinen Anfangsjahren, dann könnte mein Buch diesem Menschen helfen, seine oder ihre Ziele zu erreichen. Vielleicht könnte meine Arbeit auch noch für jemand anderen etwas bewirken; und vielleicht sind Sie derjenige.

Schon mit Anfang 20 inspirierten mich die Worte von Dr. Wayne Dyer, dem international bekannten Motivationsredner und Autor. Vor nicht allzu langer Zeit las ich erneut sein Buch *Die 10 Geheimnisse für Erfolg und inneren Frieden*. Es enthält ein Kapitel mit dem Titel: »Lass die Musik in dir nicht verstummen«. Dieses Kapitel traf bei mir einen Nerv. Mein Vater verstarb relativ jung, in seinen Fünfzigern. Später erkrankte meine Mutter und schied kürzlich nach langem Kampf gegen ihre Krankheit dahin. Das veranlasste mich, über mein Leben nachzudenken. Im Laufe der Jahre habe ich eine Schatztruhe an Allgemein- und Fachwissen zusammengetragen und mir wurde klar, dass es eine Schande wäre, dies alles in Vergessenheit geraten zu lassen. Von großartigen Tradern geschriebene Bücher lieferten mir die Grundlage, auf der ich aufbauen konnte – sie reichten quasi den Stab an mich weiter. Es wäre schön, wenn auf ähnliche Weise andere von meiner Arbeit profitieren und sie weiterentwickeln könnten.

Der Aktienmarkt liefert auf Erden die größte Möglichkeit für finanzielle Belohnungen. Er bietet großartige Lehrstunden für jene, die gewinnen, und denen, die verlieren – eine Ausbildung, die weit über das Handeln und Investieren hinausgeht. Zweifellos verschafft Ihnen der Aktienmarkt unglaubliche Hochgefühle, wenn Sie gewinnen, und eine tiefe Demut, wenn Sie verlieren. Es ist das großartigste Spiel auf dieser Welt, und für mich hat es sich auch als die großartigste *Geschäftsmöglichkeit* auf Erden erwiesen.

Um mit dem Investieren in Aktien Profite zu erzielen, müssen Sie drei richtige Entscheidungen treffen: Was Sie kaufen, wann Sie kaufen und wann Sie verkaufen. Nicht alle Entscheidungen werden sich als richtig erweisen, aber sie *können* klug sein. Mein Ziel besteht darin, Sie dabei zu unterstützen, beim Fällen dieser drei Entscheidungen Ihr Bestes zu geben, so dass Sie eine *erstklassige Entscheidung* treffen. Ich habe den Großteil meines Lebens damit verbracht, meine Trading-Methode zu perfektionieren, und auf den folgenden Seiten werde ich Ihnen diese Prinzipien nun detailliert vorstellen. Ausgerüstet mit diesem wertvollen Wissen, vertraue ich darauf, dass Sie ebenfalls in den Genuss von Erfolg am Aktienmarkt kommen werden und den Stab ebenfalls weiterreichen.

Die meisten Beispiele in diesem Buch beinhalten Aktien, die ich zwischen 1984 und 2012 selbst gehandelt habe. Diese »praxiserprobte« Recherche liegt mir sehr am Herzen. Ich hoffe, Sie werden aus diesem hart erarbeiteten Wissen nützliche Erkenntnisse ziehen, und dass Sie meine Erfolgsgeschichte zu überdurchschnittlicher Performance bei Aktien und im Leben inspirieren wird. Wenn Sie bereit sind, zu arbeiten und an sich zu glauben, ist alles möglich.

KAPITEL 2:

WAS SIE ALS ERSTES WISSEN MÜSSEN

Es gibt niemanden, der nicht mehr erreichen könnte, als er glaubt.

HENRY FORD

Viele Menschen hoffen auf den großen Erfolg an der Börse, aber nur wenige erreichen ihn. Im Laufe der Zeit erzielt der durchschnittliche Investor bestenfalls mittelmäßige oder schwankende Resultate. Der Grund für diesen Mangel an Erfolg besteht einfach darin, dass die meisten Investoren sich nicht die Zeit genommen haben, zu studieren und zu verstehen, was am Aktienmarkt wirklich funktioniert und was für überdurchschnittliche Performance tatsächlich entscheidend ist. Die Mehrheit der Investoren agierte auf der Grundlage falscher Annahmen, die auf persönlichen Meinungen oder Theorien basieren und nicht auf unverfälschten Fakten. Nur ein Bruchteil der Aktienhändler hat sich die Mühe gemacht, sorgfältig die Eigenschaften und Verhaltensmuster von Superperformance-Aktien zu studieren. Und unter denen, die sich das nötige Wissen aneignen, gelingt es vielen nicht, die emotionale Disziplin zu entwickeln, um einen Erfolgsplan umzusetzen.

Was ist die zugrunde liegende Ursache, dass so viele Menschen ihre Ziele nicht erreichen und keinen großen Erfolg am Aktienmarkt haben? Größtenteils lässt es sich auf die Tatsache reduzieren, dass nur wenige Menschen wirklich daran glauben, dass sie am Aktienmarkt eine überdurchschnittliche Performance erzielen können. Man hat ihnen gesagt, dass hohe Renditen große Risiken bergen und dass, wenn etwas zu gut klingt, als dass es wahr sein kann, dann wahrscheinlich auch nicht wahr ist.

Lassen Sie mich Ihnen versichern, dass Sie überdurchschnittliche Performance am Aktienmarkt erzielen können, wenn Sie das wirklich wollen, und dass es kein hochriskantes

Unterfangen sein muss. Es wird nicht über Nacht passieren und Sie werden vermutlich lernen müssen, ein paar Dinge zu tun, die Ihren natürlichen Instinkten widerstreben, oder ein paar tief verwurzelte Investmentüberzeugungen verändern. Aber mit den richtigen Werkzeugen und der entsprechenden Einstellung kann das jeder schaffen, der sich dazu entscheidet.

Glück ist nicht nötig

Je mehr ich trainiere, desto mehr Glück habe ich.

Gary Player

Überdurchschnittliche Performance am Aktienmarkt zu erzielen ist keine Sache des Glücks oder gar der Umstände. Im Gegensatz zu dem, was viele glauben, ist es auch kein Glücksspiel. Wie bei jeder großen Leistung wird auch überdurchschnittliche Performance durch Wissen, Beharrlichkeit und Fähigkeiten erlangt, die man sich im Laufe der Zeit durch harte Arbeit und Hingabe zulegt. Meistens geht langfristiger Erfolg am Aktienmarkt aus Disziplin hervor, aus der Fähigkeit, einen vernünftigen Plan konsequent zu verfolgen und selbstzerstörerisches Verhalten zu unterlassen. Wenn Sie diese Eigenschaften haben, stehen die Chancen gut, dass Sie erfolgreich sein werden.

Beim Glücksspiel dagegen stehen Ihre Chancen schlecht. Wenn Sie lange genug spielen, verlieren Sie in jedem Fall. Falls Sie den Aktienhandel für Zockerei halten, könnten Sie dasselbe vermutlich auch über Gehirnchirurgie sagen (es wäre ganz sicher ein Glücksspiel, wenn ich eine solche Operation durchführen würde). Für einen geübten Chirurgen mit dem nötigen Fachwissen ist es jedoch ein Job mit einem Risiko, das durch Kenntnisse, Übung und letztlich Können kompensiert wird. Beim Aktienhandel verhält es sich nicht anders.

Erfolg am Aktienmarkt hat wenig mit Glück zu tun. Im Gegenteil, je effizienter Sie einen vernünftigen Plan umsetzen, desto mehr Glück werden Sie haben.

Sie können klein anfangen

Eine neue Idee ist zerbrechlich. Sie kann durch höhnisches Lächeln oder Gähnen getötet werden. Sie kann durch einen Witz erdolcht oder durch Stirnrunzeln bei der falschen Person vor lauter Sorgen in den Tod getrieben werden.

Charles Brower

Bei jedem neuen Unterfangen, das Sie in Angriff nehmen, werden Ihnen Neinsager begegnen. Es wird dort draußen Menschen geben, die Ihnen sagen, dass Sie es nicht schaffen können. Falls Sie nicht viel Geld haben, werden sie sagen, dass es Ihnen an Handelskapital mangelt, Sie sich also die Mühe sparen können und es gar nicht erst versuchen sollten. Unsinn! Ich bin hier, um Ihnen zu sagen, dass Sie am Aktienmarkt reich werden *können*, selbst wenn Sie klein anfangen. Falls Sie in Ihrem bisherigen Berufsleben nicht bereits erfolgreich waren, steht Ihnen möglicherweise nicht viel Geld für den Börsenhandel zur Verfügung. Und falls Sie noch jung sind und erst am Anfang stehen, mag es unmöglich scheinen, einen Aktienhandel zu finanzieren. Lassen Sie sich nicht entmutigen. Sie können klein anfangen, so wie ich es auch tat.

Vor nicht allzu langer Zeit kollidierte ein Freund von mir mit dem Neinsager-Phänomen, als er lernen wollte, wie man Aktien handelt. Da er ein enger Freund ist, bat ich ihn, zu mir ins Büro zu kommen, sich neben mich zu setzen und ein paar praktische Erfahrungen zu sammeln. Als er sein relativ kleines Aktiendepot managte, begann er zu verstehen, wie er konsistent Aktien handeln und sein Risiko managen kann. Nachdem er den Bogen heraushatte, entschied mein Freund sich, von zu Hause aus selbstständig zu handeln. Eines Tages hörte ich, dass er den Aktienhandel aufgegeben habe. Das überraschte mich in Anbetracht seines doch recht guten Starts. Als ich ihn fragte, warum er aufgegeben habe, antwortete er, dass er es nicht tun könne, weil sein Trading-Kapital zu gering sei und er nur seine Zeit verschwenden würde. Entmutigt gab mein Freund einfach auf.

Michael Dell begann damit, dass er von seinem Studentenwohnheim aus Computer verkaufte. Im Jahr 1984 gründete er dann mit lediglich 1000 US-Dollar *PCs Limited*, die später in Dell Computer Corporation umbenannt werden sollte und zum größten PC-Unternehmen der Welt wurde. Ich begann mit ein paar Tausend Dollar, die innerhalb weniger Jahre auf 160 000 US-Dollar anwuchsen. Ein Jahr später war es eine halbe Million. Mit einem ordentlichen Geldbestand konnte ich meine Gewinne endlich in mein privates Vermögen einfließen lassen. Der Rest ist Geschichte.

Ich bin sicher nicht der Einzige, der überdurchschnittliche Performance erreichte. David Ryan gewann drei aufeinanderfolgende U.S. Investing Championships und erzielte jedes Jahr dreistellige Renditen. Als ich Mitte der 1980er-Jahre über David las, veranlasste mich das, mich selbst auf die Suche nach überdurchschnittlicher Performance zu machen und selbst die U.S. Investing Championship zu gewinnen.

Viele von uns haben klein angefangen und waren am Ende reich. Gemeinsam ist uns, dass wir uns nicht von anderen einreden ließen, es sei unmöglich. Denken Sie daran: Menschen, die sagen, etwas könne nicht bewerkstelligt werden, die haben es selbst nie getan. Umgeben Sie sich mit Menschen, die Sie ermutigen, und lassen Sie sich nicht von Neinsagern aus der Bahn werfen.

Nein! Das ist dieses Mal nicht anders

Mindestens während der vergangenen drei Jahrzehnte habe ich während jedes Bullen- und Bärenmarktes folgende Worte gehört: »Dieses Mal ist es anders.« In den 1920er-Jahren hörte die Investorenlegende Jesse Livermore sicherlich dieselben Worte. In seinem Buch *How to Trade in Stocks* (deutsche Ausgabe: *Mein Schlüssel zu Börsengewinnen*) sagte Livermore: »Im Laufe der Zeit haben Menschen im Grunde am Aktienmarkt immer gleich agiert und reagiert, und zwar aus: Gier, Angst, Ignoranz und Hoffnung. Die Wall Street ändert sich nie, die Geldbeutel ändern sich, die Aktien ändern sich, aber die Wall Street nie, weil sich die menschliche Natur nie ändert.«

Natürlich gab es währenddessen technische Fortschritte und manche Methoden funktionieren während bestimmter Phasen besser als andere. Aber die Aktien steigen und fallen heutzutage aus denselben Gründen wie eh und je: Menschen treiben die Aktienkurse, Menschen sind in emotionaler Hinsicht gleich geblieben. Der Aktienhandel kann sehr emotional sein. Und Gefühle können Investoren schnell zu falschen Schlussfolgerungen verleiten.

Auf der Basis von 30 Jahren persönlicher Erfahrung und historischer Analyse jedes Marktzyklus bis Anfang des 20. Jahrhunderts kann ich Ihnen versichern, dass sich nicht sehr viel verändert hat. Tatsächlich wiederholt sich die Geschichte immer wieder.

Sollen die Börsen-Gurus doch behaupten, es sei dieses Mal anders. In der Zwischenzeit tauchen neue Marktführer an der Börse auf, sichern sich einen Platz an der Spitze und erstaunen die sogenannten Experten. Vermögen werden aus den immer gleichen Gründen ein ums andere Mal gemacht und verloren. Auf eine Sache können Sie sich fest verlassen: Die Geschichte wiederholt sich. Die einzige Frage lautet: Haben Sie daraus gelernt?

Ihre größte Herausforderung ist nicht der Markt

Die Welt ist voll von Menschen, die nach einer geheimen Erfolgsformel suchen. Sie möchten nicht selbst nachdenken; sie wollen einfach ein Rezept, das sie anwenden können. Genau aus dem Grund sind sie so von der Vorstellung der Strategie angezogen.

ROBERT GREENE

Auch der beste Computer mit dem schnellsten Rechenprozessor kann nichts tun, um Ihre seelische und geistige Bereitschaft zu verbessern. Die Straße zum Erfolg am Aktienmarkt ist weder ein System noch eine Strategie: Es steckt in Ihnen und wird nur in dem Maße realisiert, in dem Sie in der Lage sind, Ihre Emotionen zu kontrollieren, wenn Sie Herausforderungen begegnen. Und ich versichere Ihnen, davon wird es viele geben. Das sollten Sie von Anfang an wissen. Ansonsten werden Sie nur falschen Hoffnungen hinterherjagen.

Wenn Sie eine ordentliche Rendite wollen, können Sie Ihr Geld immer bei einem guten Fondsmanager, in einem Hedgefonds oder einem Indexfonds anlegen. Falls Sie überdurchschnittliche Performance wollen, müssen Sie mehr tun. Aber zunächst müssen Sie verstehen, dass Ihre größte Herausforderung nicht der Aktienmarkt ist – sondern Sie selbst.

Niemand wird Ihnen diese Arbeit abnehmen

Meine erste Erfahrung beim Investieren am Aktienmarkt hatte ich Anfang der 1980er-Jahre mit einem Full-Service-Börsenmakler, und sie war höchst unerfreulich. Nach nur wenigen Monaten war mein gesamtes Konto leer. Obschon das ein schmerzhafter finanzieller Rückschlag war, entpuppte es sich als eine der wertvollsten Lektionen über das Investieren.

Mein damaliger Börsenmakler überredete mich, Aktien eines Biotech-Unternehmens zu kaufen, das angeblich ein Heilmittel für AIDS entwickelt hatte. Er sagte, er verfüge über ein paar echt gute Hinweise von einigen wichtigen »Branchenprofis«, dass die Zulassung durch die U.S. Food and Drug Administration (FDA) kurz bevorstehe und die Aktie dann in den Himmel schießen würde. Als Neuling auf dem Markt kaufte ich ihm diesen Bullshit ab, war geblendet von dem potenziellen Gewinn und dachte überhaupt nicht über das Risiko nach.

Kurz nachdem ich die Aktie gekauft hatte, fiel der Kurs von 18 Dollar auf 12,1 Dollar, was äußerst besorgniserregend war. Aber als ich den Broker anrief, versicherte er mir, dass es sich um eine Gelegenheit handele, wie man sie »nur einmal im Leben bekomme«, und dass diese Aktie ein »Schnäppchen« sei. Er empfahl mir, meine Position zu verdoppeln, denn das würde meine Durchschnittskosten senken und mir noch mehr Profit einbringen, wenn die Aktie schließlich abheben würde. (Klingt das für Sie vertraut?) Der langen Rede kurzer Sinn: Die Aktie fiel weiter und ich verlor schließlich mein ganzes Geld, während ich entsetzt zusah, wie der Kurs unter 1 US-Dollar fiel. Seine Provision bekam der Broker natürlich trotzdem.

Rückblickend hat mir dieser Broker einen großen Gefallen getan. Genau an dem Punkt entschied ich mich nämlich, selbst zu recherchieren und zu traden. Ich schwor mir, meine Investitionsentscheidungen nie wieder an jemand anderen abzugeben. Wenn Sie nicht bereit sind, einen guten Teil Ihrer Zeit zu investieren, bevor Sie Ihr Geld investieren, ist das so, als würden Sie ein Glücksrad drehen. Früher oder später werden Sie ausgenommen wie eine Weihnachtsgans.

Haben Sie Vertrauen in Ihre Fähigkeiten. Lernen Sie, selbst zu recherchieren und eigenständig zu denken. Ihre eigenen Ressourcen sind den Recherchen von anderen, Tipps und sogenannten Expertenmeinungen weit überlegen, weil es Ihre sind und Sie sie deshalb ständig im Auge behalten können. Niemand schert sich so sehr um Ihr Geld und Ihre Zukunft wie Sie selbst. Tun Sie die Arbeit, gestehen Sie sich Fehler offen ein und Sie werden Erfolg haben. Niemand wird Sie reich machen außer Ihnen selbst.

Möchten Sie rechthaben oder Geld verdienen?

Nach meinem Biotech-Fiasko mit dem Full-Service-Börsenmakler entschied ich mich, die Sache selbst in die Hand zu nehmen. Ich eröffnete ein Handelskonto bei einem Diskonthaus, wo ich einen Börsenmakler namens Ron kennenlernte. Im Laufe von ein paar Jahren wurden Ron und ich ziemlich gute Freunde; wir hatten einiges gemeinsam, was sich aber ganz sicher nicht in unseren Handelsstrategien zeigte. Er war eine Art Value-Käufer, der sich nicht sonderlich um Angebot und Nachfrage oder Kurstrends kümmerte. Mein Stil dagegen bestand darin, in neue, relativ unbekannte Unternehmen zu investieren, die sich im Aufwind befanden. Für mich war entscheidend, dass ihr Aktienkurs im Steigen begriffen war, und wenn er deutlich unter meinen Einstiegskurs fiel, verkaufte ich wieder. Das war zumindest der Plan.

Als Ron und ich die Aktiengeschäfte des jeweils anderen beobachteten, wurde es zu unserem Lieblingssport, dem anderen zuzusetzen, wenn eine seiner Aktien abstürzte. Manchmal landete ich ein paar Verlierer hintereinander, und Ron zog mich dann auf: »Hey, du Genie, was ist los? Diese [Aktie] ist ja wohl den Bach runter!« Unsere verbalen Sticheleien setzten mir echt zu. Manchmal behielt ich eine sinkende Aktie nur deshalb, weil ich den Gedanken an den Hohn und den Spott nicht ertragen konnte, wenn ich Ron eine Verkaufsorder gab.

Eine Aktie fiel erst um 5 und dann um 10 Prozent und ich wusste genau, dass ich verkaufen sollte. Dann dachte ich an Ron und hielt sie fest, bis sie erst 15 und dann 20 Prozent gefallen war. Je größer der Verlust, desto schwerer fiel es mir, Ron anzurufen und den Verkaufsauftrag zu erteilen. Selbst wenn er kein Wort zu mir sagte, spürte ich die Demütigung.

In der Zwischenzeit saugte die Aktie weiter Geld von meinem Konto wie ein Riss im Rumpf eines Schiffes.

Sowohl Gelegenheiten als auch Gefahren tauchten immer urplötzlich am Markt auf. Es bedurfte des schnellen, resoluten Handelns, um die eine zu nutzen und die andere zu meiden. Nichts kann den Mut eines Traders stärker zunichtemachen als ein riesiger Verlust in einem Aktienhandel. Erst als ich genügend große Verluste erlitten hatte, traf ich den Entschluss, der meine Performance von mittelmäßig zu herausragend veränderte. Ich entschied, dass es an der Zeit sei, Geld zu verdienen und damit aufzuhören, mir Stress wegen meines Egos zu machen. Ich begann, fallende Aktien schnell zu verkaufen. Dadurch musste ich zwar kleinere Verluste hinnehmen, konnte jedoch den Löwenanteil meines hart verdienten Kapitals behalten. Beinahe über Nacht erhielt ich ein Gefühl von Kontrolle.

Diese neue Vorgehensweise gab mir auch die Freiheit, meine Performance objektiv zu betrachten. In der Vergangenheit hatte ich versucht, meine Aktienverluste zu vergessen. Nun analysierte ich meine Verluste und lernte daraus. Ich sah mein Portfolio mit anderen Augen und begann endlich zu verstehen, dass es beim Aktienhandel nicht darum geht, Höhen und Tiefen herauszupicken oder zu beweisen, wie clever man ist. Beim Aktienhandel geht es darum, Geld zu verdienen. Wenn Sie am Markt große Gewinne einfahren wollen, sollten Sie sich auf der Stelle dazu entscheiden, den Aktienhandel und Ihr Ego voneinander zu trennen. Es ist wichtiger, Geld zu verdienen, als Recht zu haben.

Übung macht nicht perfekt

Ich kenne Leute, die jahrzehntelang an der Wall Street Geld gemanagt haben und dennoch nur mittelmäßige Resultate vorweisen können. Sie denken vielleicht, dass deren Performance nach so vielen Praxisjahren herausragend sein müsste oder sich mit der Zeit zumindest verbesserte. Nicht unbedingt. Übung macht nicht perfekt. Tatsächlich kann Übung die Performance sogar verschlechtern, wenn Sie die falschen Dinge üben. Wenn Sie etwas immerzu wiederholen, verfestigt Ihr Gehirn die neuronalen Bahnen, die dieses Handeln verstärken. Das Problem ist, dass diese Bahnen für falsches ebenso wie für richtiges Verhalten gefestigt werden. Jedes Handlungsmuster, das ständig wiederholt wird, entwickelt sich zur Gewohnheit. Deshalb macht Übung nicht perfekt, sondern bringt lediglich Gewohnheiten hervor. Anders ausgedrückt garantiert Ihnen die Tatsache, dass Sie etwas eine Weile tun, nicht zwangsläufig den Erfolg. Es könnte sein, dass Sie lediglich schlechte Gewohnheiten verstärken. Ich pflichte dem Rat des legendären Football-Trainers Vince Lombardi bei: »Übung macht nicht perfekt. Nur perfektes Üben macht perfekt.«

Am Aktienmarkt bringt Ihnen das Üben der falschen Dinge den gelegentlichen Erfolg, selbst wenn Sie mit fehlerhaften Prinzipien agieren. Schließlich können Sie auch Pfeile auf eine Liste mit Aktien werfen und dann und wann einen Gewinner treffen, aber Sie werden keine konstanten Gewinne generieren und am Ende werden Sie verlieren. Dass viele Investoren sich ein falsches Verhalten antrainieren, liegt daran, dass sie sich weigern, ihre Ergebnisse objektiv zu analysieren und herauszufinden, wo ihr Ansatz scheitert. Sie versuchen, die Verluste zu vergessen, und machen so weiter, wie sie es zuvor getan haben.

Der Wildwuchs an niedrigen Brokerprovisionen, Online-Trading und webbasierten Aktienmarktdaten mag zwar jeden mit derselben Technologie ausgestattet haben, garantierte Investoren aber nicht die gleichen Fähigkeiten für das Nutzen dieser Ressourcen. Genauso wenig wie es Sie zu Tiger Woods macht, ein Fünfer-Eisen in die Hand zu nehmen, werden Sie nicht automatisch zu einem Peter Lynch oder Warren Buffett, wenn Sie ein Brokerkonto eröffnen und vor dem Computerbildschirm sitzen. Dafür müssen Sie nämlich arbeiten, und das benötigt Zeit und Übung. Entscheidend ist, dass Sie lernen, das Richtige zu üben.

Warum ich Paper Trading nicht mag

Beginne zu handeln, dann hast du auch die Kraft dazu.

Ralph Waldo Emerson

Wenn sich angehende Investoren einarbeiten, üben sie oft mit Paper Trading, bevor sie echtes Geld riskieren. Das klingt zwar vernünftig, ich bin jedoch kein Fan von Paper Trading und empfehle, es nicht länger als unbedingt notwendig zu praktizieren, sobald Sie über ein wenig Geld verfügen, das Sie investieren können. Beim Paper Trading übt man meiner Meinung nach die falschen Dinge. Als würden Sie sich mit Schattenboxen auf einen Profiboxkampf vorbereiten; Sie werden nicht wissen, wie es ist, getroffen zu werden, bis Sie mit einem echten Gegner in den Ring treten. Paper Trading bereitet Sie nur ansatzweise darauf vor, echtes Geld zu investieren und einen Verlust zu erleiden. Es übt Sie nämlich nicht darin, den emotionalen und finanziellen Druck zu spüren, und sehr wahrscheinlich werden Sie nicht dieselben Entscheidungen treffen wie beim »Üben«. Paper Trading kann Ihnen zwar helfen, sich auf dem Markt zurechtzufinden, es kann aber auch ein Gefühl der falschen Sicherheit hervorrufen und dadurch Ihre Performance und Ihren Lernprozess behindern.

Der Psychologe Henry L. Roediger III, Forschungsleiter am Lehrstuhl für Psychologie der Washington University in St. Louis, führte Experimente durch, bei denen Studenten in zwei Gruppen eingeteilt wurden und naturkundliche Texte lesen mussten. Gruppe A studierte den Text in vier Sitzungen. Gruppe B studierte das Material nur einmal, wurde jedoch dreimal zu dem Thema getestet. Eine Woche später wurden beide Gruppen getestet, und Gruppe B schnitt 50 Prozent besser ab als Gruppe A. Das veranschaulicht die Wirkung, die es hat, etwas tatsächlich zu tun, statt sich in einer Simulation darauf vorzubereiten.

Wenn Sie gerade erst anfangen, sollten Sie dennoch so schnell wie möglich mit echtem Geld traden. Wenn Sie ein Trading-Neuling sind, besteht eine gute Möglichkeit zum Sammeln von Erfahrung darin, eine Geldmenge zu riskieren, deren Verlust nicht Ihr Leben auf den Kopf stellen, aber dennoch wehtun würde. Gaukeln Sie sich kein trügerisches Gefühl von Realität vor. Gewöhnen Sie sich an das echte Traden, denn das werden Sie tun müssen, um echtes Geld zu verdienen.

Trading ist ein Geschäft

Viele Menschen leiden unter dem Irrglauben, der Börsenhandel sei ein mysteriöses Unterfangen, das anderen Gesetzen unterliegt als jede andere Art von Handel. Der Aktienhandel und das Leiten eines Unternehmens sind praktisch identisch. Tatsächlich müssen Sie sogar so traden, als würden Sie eine Firma leiten. Als Investor sind die Aktien Ihre Handelsware. Ihr Ziel besteht darin, Aktien zu kaufen, die einer starken Nachfrage unterliegen, und sie zu einem höheren Kurs wieder zu verkaufen. Wie groß Ihre Gewinnspanne ist, hängt stark von der Art des Geschäfts ab (Portfolio), das Sie leiten. Sie können wie Walmart agieren, das mit sehr geringen Gewinnspannen operiert, aber mit einem riesigen Volumen durch hohen Warenumschlag. Oder Sie sind wie eine Boutique, die einzigartige und trendige Ware anbietet, höhere Gewinnspannen, aber einen niedrigeren Umsatz verzeichnet. Sie können zahlreiche Trades mit kleinem Gewinn durchführen, aber durch das reine Volumen am Jahresende dennoch einen beeindruckenden Ertrag vorweisen. Oder Sie sind ein langfristiger Investor mit ausgewählten Waren, die ebenfalls solide Erträge einbringen.

Letztlich kommt es darauf an, dass Ihre Gewinne im Schnitt höher sind als Ihre Verluste, Sie einen Profit erzielen und den Prozess wiederholen. Das ist das grundlegende Ziel jedes geschäftlichen Unterfangens. Die meisten Investoren behandeln das Trading als ein Hobby, da sie einen Vollzeitjob haben, bei dem sie einer anderen Beschäftigung nachgehen. Aber wenn Sie das Traden wie ein Unternehmen behandeln, wird es sich für Sie auch so auszahlen wie ein Unternehmen. Wenn Sie es wie ein Hobby behandeln, wird es nicht mehr einbringen als ein Hobby, und Hobbys zahlen sich nicht aus – sie verursachen stattdessen Kosten.

Investieren Sie nicht wie ein Fondsmanager

Regel Nummer eins in meinem Buch lautet: Hören Sie nicht immer auf die Profis! 20 Jahre in diesem Geschäft haben mich davon überzeugt, dass jeder normale Mensch, der die üblichen 3 Prozent seines Gehirns benutzt, bei der Aktienwahl mindestens genauso gut, wenn nicht besser liegen kann als der durchschnittliche Börsenexperte.

PETER LYNCH

Als Aktienhändler auf der Suche nach überdurchschnittlicher Performance sollten Sie nicht nur auf die meisten Profis nicht hören, sondern Sie sollten auch nicht so wie diese investieren. Wenn Sie investieren wie ein Fondsmanager, wieso geben Sie ihm dann nicht gleich Ihr Geld? Das wird im Wesentlichen das gleiche Ergebnis erbringen und Sie sparen sich die Arbeit. Besser noch, warum nicht in börsengehandelte Indexfonds investieren, die die meisten Fondsmanager übertreffen? Es ist nämlich so, dass die meisten großen Fondsmanager lernen müssen, nicht wie Fondsmanager zu investieren, sondern mehr wie Superperformance-Trader, um ihre Kollegen zu überflügeln. Die meisten großen Fonds sind durch ihre Struktur zur Mittelmäßigkeit verdammt. Einzelne Personen haben gegenüber diesen institutionellen Investoren einen Riesenvorteil.

Im Gegensatz zu dem, was viele glauben, hat ein professioneller Geldmanager keinen Vorteil gegenüber einem privaten Investor. Viele große Institutionen arbeiten mit fehlerhaften Prinzipien, die auf persönlichen Meinungen, Tradition und in vielen Fällen auch auf dem Ego wie auch Ignoranz basieren. Das größte Hindernis, mit dem praktisch jeder große Fondsmanager konfrontiert ist, besteht in der Größe. Institutionelle Investoren brauchen in erster Linie Liquidität, um die großen Aktienblöcke zu handhaben, die sie kaufen müssen, um Positionen hinzuzufügen, die einen spürbaren Einfluss auf ihre Portfolios haben. Das zwingt Big Player dazu, Unternehmen mit relativ großen Mengen an in Umlauf befindlichen Aktien auszuwählen. Also genau das Gegenteil von dem, was wir als Schlüsselfaktor für eine überdurchschnittliche Performance ansehen: eine relativ kleine Zahl von Aktien auf dem Markt.

Große Institutionen haben Schwierigkeiten, eine Position in einem Unternehmen mit einer geringen Zahl an in Umlauf befindlichen Aktien zu erwerben. Selbst wenn sie es können, so kommt das eigentliche Problem später, wenn es an der Zeit ist, die Aktien in einem fallenden Markt zu verkaufen. Wenn sie gezwungen sind, eine große Position zu veräußern, riskieren Institutionen als Folge des Verkaufs eines großen Aktienblocks das Beschleunigen eines noch stärkeren Absturzes des Aktienkurses. Ein einzelner Investor dagegen ist wendig und kann bei Ein- und Ausgängen blitzschnell reagieren, sich schon früh die besten Wachstumssituationen zunutze machen und wenn nötig aussteigen.

Ein weiterer Nachteil besteht darin, dass viele Manager großer Fonds nur in eine Liste von Aktien investieren dürfen, die von einem Komitee genehmigt wurden. Die Manager müssen Käufe und Verkäufe gegenüber diesem Komitee rechtfertigen. Für einen Manager ist es eine furchtbare Situation, erklären zu müssen, warum eine Position in einer kleinen, voraussichtlich riskanten Situation schiefging, obwohl das Unternehmen großartige Wachstumsperspektiven aufwies. Für diesen Manager ist es ein Vorhaben mit einer größeren Jobsicherheit, größere, anscheinend sichere Kandidaten wie IBM und Apple zu kaufen. Wenn dann etwas schiefläuft, leidet sehr wahrscheinlich der gesamte Markt und die Verluste können der allgemeinen Situation zugeschrieben werden. Zumindest wird der Ruf des Managers durch die Tatsache geschützt, dass er oder sie »Qualität« gekauft hat. Wie der alte Wall-Street-Spruch schon sagt: »Du wirst nie deinen Job verlieren, wenn du das Geld deiner Kunden mit IBM verlierst.«

Institutionen müssen in der Regel in Portfolios investiert bleiben, die über viele unterschiedliche Aktien und Branchen diversifiziert sind. Das liegt primär an ihrem Bedarf an Liquidität und der Überzeugung, dass das Verteilen des Risikos auf viele Namen das Risiko bei jedem einzelnen Namen reduziert. Der Großteil von Fonds muss zumindest teilweise investiert bleiben, auch während miserabler Marktbedingungen. Sich in Richtung sicheren Bargelds zu bewegen, ist verpönt. Die meisten Mutual Investments (amerikanischer Ausdruck für offene Investmentfonds) halten nie mehr als 5 oder 10 Prozent an Bargeld. Manager werden stets an Benchmarks wie dem S&P 500 gemessen. Sollte ein Manager über längere Zeit hinter seinen Benchmark-Durchschnitt zurückfallen, gehen die Investoren von Bord und der Manager läuft Gefahr, seinen Job zu verlieren.

Einzelpersonen können im Gegensatz dazu auf Überraschungen reagieren, die von jetzt auf gleich neue Kurstrends erzeugen. Es gibt keinen Bewilligungsprozess durch ein Komitee und keine Diversifizierungspflicht. Mit der heutigen Technologie haben die meisten Trader – professionelle wie individuelle gleichermaßen - nahezu die gleichen Werkzeuge zur Verfügung. Private Investoren haben gegenüber Profis jedoch einen immensen Vorteil allein deshalb, weil sie über größere Liquidität und Geschwindigkeit verfügen, was ihnen ermöglicht, sich auf eine kleine Liste gut ausgewählter Namen mit sogar geringerem Risiko stärker zu konzentrieren, da ein Privatanleger von dem Stopp-Loss-Schutz mit geringer oder gar keiner Verzögerung profitieren kann. Ein Privatanleger mit einer schnelleren Reaktionszeit kann geduldiger abwarten, um dann ausschließlich bei den besten Gelegenheiten zuzuschlagen – und das ist der größte Vorteil von allen.

Die meisten großen Institutionen würden eher das verfolgen, was sie als sichere Investitionen ansehen, als große Kapitalgewinne anzuvisieren. Sie würden sich eines Erfolgs rühmen, wenn der Markt um 40 Prozent gefallen ist, ihr Portfolio aber, sagen wir mal, um *nur* 32 Prozent. Das ist angeblich ein Beispiel dafür, dass sie den Markt geschlagen hätten! Falls Sie auch nur eine Minute lang denken, der Ansatz einer großen Institution sei sicher oder weniger riskant, dann empfehle ich Ihnen, einmal einen Blick auf ihren Lieblings-Mutual-Fund zu werfen und dessen Performance während der vergangenen großen Bärenmärkte zu studieren.

Für den Manager eines großen Fonds beeinträchtigt Größe die Präzision: die Fähigkeit, eine Position zu eröffnen oder zu schließen, ohne den Kurs auf kontraproduktive Weise zu beeinflussen. Dieser technische Vorteil zwingt die Manager, nach Überlegenheit durch Informationen zu suchen. Obwohl Strategien und Techniken für praktisch jeden Investor eine Rolle spielen, kann sich der private Investor mit sehr viel größerer Effizienz und Wirksamkeit eine taktische Vorgehensweise zunutze machen, als es dem großen institutionellen Akteur möglich ist.

Unterm Strich ist es so: Wenn Sie Ergebnisse wie ein offener Investmentfonds anstreben, müssen Sie investieren wie ein Fondsmanager. Wenn Sie überdurchschnittliche Performance anstreben, müssen Sie investieren wie ein Superperformance-Investor.

Gängige Meinungen bringen gängige Ergebnisse hervor

Einen »vernünftigen« Banker zeichnet aus, eine drohende Gefahr nicht beizeiten zu erkennen, so dass er auf konventionelle, von ihm und seinen Kollegen anerkannte, also orthodoxe Art und Weise ruiniert wird.

John Maynard Keynes

In diesem Buch werden Sie über Erkenntnisse und Fakten lesen, die viele weithin anerkannte Vorstellungen darüber, wie man am Aktienmarkt Erfolg hat, widerlegen. Viele dieser »Hausrezepte« werden von Universitäten gelehrt und füllen dicke Fachbücher. Einige von ihnen gelten als Standardwerke für Investment. Das sollte nicht sonderlich überraschen. Nichts wird in unserer Gesellschaft mehr respektiert als eine gängige Meinung.

Meiner Erfahrung nach resultiert überdurchschnittliche Performance am Aktienmarkt daraus, dass man die Dinge anders macht, als es offensichtlich oder gängig ist. Das wird oft als riskant fehlinterpretiert. Gängige Meinungen anzuwenden bringt gängige Resultate hervor – und keine überdurchschnittliche Performance. Wenn es so einfach wäre, erfolgreich zu werden, indem wir das tun, was alle anderen auch tun, dann könnten wir reich werden, indem wir die Massen nachahmen.

Während Sie den Markt beobachten und analysieren, müssen Sie aufgeschlossen und bereit sein, Dinge zu tun, die die meisten Menschen nicht tun würden. Wachstum geht auf Kosten von Wohlbehagen. Lernen Sie, sich aus Ihrer Komfortzone herauszubewegen, und stellen Sie gängige Meinungen stets infrage. Wenn Sie außergewöhnlich sein wollen, müssen Sie per definitionem unkonventionell sein.

Die unvermeidlichen Kosten des Erfolgs

Wenn du der Beste sein willst, musst du Dinge tun, zu denen andere Menschen nicht bereit sind.

Michael Phelps, Gewinner von 17 olympischen Medaillen

Fragen Sie sich selbst: Was sind meine Ziele? Selbst wenn Sie keinen Lebensplan aufgestellt haben, so fallen Ihnen vermutlich dennoch auf der Stelle ein paar Ziele ein. Und nun fragen Sie sich einmal, was Sie dafür aufgeben würden, um diese Ziele zu erreichen. Das ist schon eine andere Geschichte, nicht wahr? Die Entscheidung, etwas zu opfern, fällt schwer, aber sie gehört zu den wichtigsten Entscheidungen, die Sie beim Streben nach Erfolg treffen werden. Opfer bringen bedeutet, Prioritäten zu setzen, was dazu führen kann, bestimmte Aktivitäten aufzugeben, damit Sie Zeit haben, dem Aktienhandel nachzugehen. Zugegeben – das ist ein schwieriger Schritt, aber kein Champion hat ein völlig ausgewogenes Leben, wenn er oder sie die Goldmedaille anstrebt. Champions sind ausschließlich auf ihre Ziele fokussiert; sie verstehen die Macht einer fokussierten Ausrichtung. Diese hat ihren Preis; es nennt sich »Opfer bringen«.

Klar zu definieren bedeutet zu opfern

Ich fürchte nicht den Mann, der 10 000 Kicks einmal geübt hat, aber ich fürchte mich vor dem, der einen Kick 10 000 Mal geübt hat.

Bruce Lee

Da Sie dieses Buch lesen, nehme ich an, dass eines Ihrer Ziele darin besteht, zum besten Aktienhändler zu werden, der Sie nur sein können, oder zumindest Ihre Investitionsergebnisse zu verbessern. Um überhaupt eine Chance auf echten Erfolg zu haben, müssen Sie ein paar Entscheidungen darüber treffen, wie Sie dieses Ziel verfolgen wollen. Aller Wahrscheinlichkeit nach werden Sie nicht der beste Value-Trader, der beste Growth-Trader, der beste Daytrader und der beste Longterm-Investor sein. Falls Sie versuchen, alles zu tun, werden Sie vermutlich als mittelmäßiger Hansdampf in allen Gassen enden. Sie können nicht sagen: »Trader ist Trader«, genauso wie Sie nicht sagen können: »Arzt ist Arzt«. Kann ein Arzt der beste Gehirnchirurg, der beste Herzchirurg, der beste Psychiater, der beste Kinderarzt, der beste Rheumatologe und der beste Orthopäde sein? Natürlich nicht.

Folglich werden Sie sich an Marktzyklen erfreuen, wenn Ihr Trading-Stil andere Stile überflügelt, und Sie werden auch lernen, Perioden zu akzeptieren, die Ihrem Stil weniger zuträglich sind. Ich bezweifle, dass Sie diese weniger vorteilhaften Phasen dadurch überwinden, dass Sie jedes Mal, wenn es schwierig wird, einen anderen Trading-Stil annehmen. Was das Trading anbelangt, kenne ich niemanden, der zum Beispiel in dem einen Zyklus erfolgreich Value-Aktien handelt und im nächsten zu Growth-Aktien wechselt oder an einem Tag ein Longterm-Investor ist und dann wieder ein Daytrader, um sich nach dem Tagesmarkt zu richten. Um in etwas großartig zu sein, müssen Sie sich fokussieren und spezialisieren.

Trader oder Investor?

Der durchschnittliche Trader verbringt den Großteil seiner oder ihrer Zeit mit dem Schwanken zwischen zwei Gefühlen: Unentschlossenheit und Bedauern. Das passiert, wenn man seinen Stil nicht klar definiert. Lähmende Gefühle lassen sich nur dadurch bekämpfen, dass Sie ein Regelwerk haben, auf dessen Basis Sie klar formulierte Ziele ansteuern. Sie müssen sich lediglich entscheiden: Sind Sie ein Trader oder ein Investor? Manche Menschen haben eine Persönlichkeit, die sehr gut für das Traden geeignet ist, und andere bevorzugen langfristige Investitionen. Sie müssen sich entscheiden, was für Sie das Beste ist. Vergessen Sie nicht, dass Sie fast zwangsläufig in wichtigen Entscheidungssituationen in Konflikte stürzen werden, wenn Sie Ihren Trading-Stil nicht klar bestimmen.

Unentschlossenheit

- Soll ich kaufen?
- Soll ich verkaufen?
- Soll ich halten?

Bedauern

- Ich hätte kaufen sollen.
- Ich hätte verkaufen sollen.
- Ich hätte halten sollen.

Falls Sie ein Shortterm-Trader sind, müssen Sie akzeptieren, dass Sie eine Aktie für einen raschen Profit verkaufen und dann womöglich zusehen müssen, wie sich ihr Kurs verdoppelt, ohne dass Ihnen das etwas ausmacht. Sie operieren in einer bestimmten Zone des Aktienkurs-Kontinuums und jemand anderer agiert möglicherweise in einem ganz anderen Bereich der Kurve. Sollten Sie jedoch ein Longterm-Investor sein, wird es viele Gelegenheiten geben, bei denen Sie kurzfristige Gewinne einheimsen, um sie dann abzugeben, um ein höheres Ergebnis zu verfolgen. Der Schlüssel liegt darin, sich auf einen bestimmten Stil zu konzentrieren, was bedeutet, andere Stile zu opfern. Sobald Sie Ihren Stil und Ihre

Ziele definiert haben, wird es sehr viel einfacher, sich an einen Plan zu halten und Erfolg zu haben. Mit der Zeit werden Sie durch Ihr eigenes Spezialgebiet für Ihre Opfer belohnt.

Rechnen Sie mit schlechten Tagen

Viele der Misserfolge im Leben beruhen darauf, dass Menschen nicht wussten, wie nahe sie dem Erfolg waren, als sie aufgaben.

THOMAS EDISON

Der Schlüssel zum Erfolg besteht darin, ein erfolgreicher Denker zu werden und dann entsprechend dieser Gedanken zu handeln. Das bedeutet nicht, dass all Ihre Ideen und Handlungen stets die gewünschten Ergebnisse hervorbringen werden. Manchmal werden Sie das Gefühl haben, der Erfolg sei unerreichbar. Sie mögen gar verleitet sein aufzugeben. Ich weiß es, ich war schon an diesem Punkt. Sechs aufeinanderfolgende Jahre habe ich keinen einzigen Penny verdient, während ich mit Aktien handelte. In dieser Zeit gab es Tage, da war ich durch meine unbefriedigenden Ergebnisse derartig demoralisiert, dass ich beinahe das Handtuch geworfen und aufgegeben hätte. Allerdings kannte ich die Macht des Durchhaltevermögens. Und dann, nach einem Jahrzehnt voller Versuche und Irrtümer, verdiente ich in einer einzigen Woche mehr Geld, als ich es in einem Jahr zu verdienen erträumt hatte. Ich erlebte das, was der englische Dichter und Dramatiker Robert Browning meinte, als er schrieb: »Der *Erfolg* einer *Minute* entschädigt für jahrelange Fehlschläge.«

Denken Sie daran: Wenn Sie lieber keine Risiken eingehen, sondern auf Nummer sicher gehen wollen, werden Sie nie erfahren, wie es sich anfühlt, Ihre Träume zu verwirklichen. Verfolgen Sie mutig das, was Sie wollen, und rechnen Sie mit ein paar Rückschlägen, ein paar Enttäuschungen und ein paar schlechten Tagen. Nehmen Sie dies an als wertvolle Teile des Prozesses und lernen Sie zu sagen: »Danke, Lehrer.« Seien Sie glücklich, seien Sie dankbar und feiern Sie, wenn Sie gewinnen. Schauen Sie nicht bedauernd zurück auf Misserfolge. Die Vergangenheit lässt sich nicht ändern, man kann nur aus ihr lernen. Und noch wichtiger: Lassen Sie niemals zu, dass die schlechten Tage Sie dazu bringen aufzugeben.

Rekorde werden aufgestellt, um gebrochen zu werden

Lange Zeit hielt man es für unmöglich, dass ein Mensch die Meile (1609 Meter) in unter vier Minuten laufen könnte. Tatsächlich ging man viele Jahre davon aus, dass die Vier-Minuten-Meile eine physische Grenze sei, die kein Läufer überwinden könne, ohne gravierende gesundheitliche Schäden davonzutragen. Dann, am 6. Mai 1954, während eines Wettkampfs zwischen der britischen Amateur Athletic Association of England (AAA) und der University of Oxford, lief der englische Sportler Roger Bannister die Meile in 3 Minuten und 59,4 Sekunden. Plötzlich war das Unmögliche möglich. 56 Tage, nachdem Bannister die Vier-Minuten-Schallgrenze durchbrochen hatte, lief in Finnland der australische Mittel- und Langstreckenläufer John Landy die Meile in 3 Minuten und 57,9 Sekunden. Innerhalb von drei Jahren blieben 16 weitere Läufer unter der Vier-Minuten-Marke. Was war mit der physischen Grenze passiert, die die Menschen davon abgehalten hatte, die Meile in weniger als vier Minuten zu laufen? Hatte es einen Sprung in der menschlichen Evolution gegeben? Nein, eine Veränderung im Denken bewirkte den Unterschied.

Häufig existieren von uns wahrgenommene Grenzen nur in unserem Kopf. Überzeugungen beeinflussen, was wir im Leben zu erreichen versuchen oder auch nicht. Auf diesen Seiten werden Sie wirkungsvolle Lektionen und bewiesene Techniken erlernen, die einen enormen Unterschied dabei bewirken, was Sie mit dem Aktienhandel erreichen können. Rekorde werden aufgestellt, um gebrochen zu werden. Meiner eingeschlossen. Falls Sie bereit sind, sich darauf einzulassen und diese Lektionen zu lernen, wie sollten Sie dann scheitern? Glauben Sie mir, Sie *können* es schaffen. Das ist die erste Sache, die Sie wissen müssen.

KAPITEL 3:

SPECIFIC ENTRY POINT® ANALYSIS: DIE SEPA®-STRATEGIE

Als ich Anfang der 1980er-Jahre mit dem Aktienhandel begann, bestand meine Vorstellung von einer Strategie lediglich aus dem Impuls, niedrigpreisige Aktien zu kaufen, die Prügel eingesteckt hatten. Wenn sich Aktien auf ihrem historischen Tiefststand befanden, dachte ich mir, dass es sich um Schnäppchen handeln müsse. Mit dieser Vorgehensweise hatte ich keinen Erfolg. Es dauerte nicht lange, bis ich erkannte, dass diese Aktien aus gutem Grund so preiswert waren und sich weiterhin im freien Fall befanden. Ich sah allerdings viele Aktien, die ein 52-Wochen-Hoch erreichten und dann im Kurs noch höher schossen. Es stellte sich die Frage: Was unterscheidet die Höhenflieger von den Nieten? Und gibt es einen Weg, die Gewinner zu identifizieren, bevor sie zu großen Gewinnern werden?

Im Laufe der folgenden fünf Jahre, 1983 bis 1988, unternahm ich einen umfangreichen Forschungsprozess, las jedes Buch, das ich in die Finger bekam, und verschlang täglich die Finanznachrichten. Ich kaufte Bücher, wenn ich es mir leisten konnte. Was mir zu teuer war, um es zu kaufen, das las ich, während ich vor den Bücherregalen stand, und machte mir dabei mit Stift und Block Notizen. Ich ging sogar in die örtlichen Universitätsbibliotheken, die Taschen voller Münzen, fotokopierte ganze Bücher für einen Penny die Seite und tackerte sie dann zusammen. Rückblickend muss es ulkig gewesen sein, meine Sammlung fotokopierter Bücher zu sehen, zusammengehalten von ein paar Klammern, und wie ich in einer Ecke des Esszimmers meiner Mutter an einem Klapptisch saß, den ich als Schreibtisch benutzte. Niemand in meiner Familie hatte eine Ahnung, was ich mit diesen selbstgebastelten Büchern wollte. Es war ein bescheidener Anfang, aber langfristig gesehen hat es seinen Zweck erfüllt.

Der Beginn einer Wende

Das Wissen, das ich ansammelte, stammt nicht nur aus drei Jahrzehnten Praxiserfahrung, sondern auch aus dem Studium jener, die vor mir wirkten. Obwohl ich die Informationen aufnahm, weiterentwickelte und in meine eigene Specific Entry Point Analysis – SEPA – umbaute, damit sie zu meinem eigenen Trading-Stil passten, stehe ich in der Schuld der Markt-Meister, deren bahnbrechende Arbeit viele Jahrzehnte zurückreicht. Ein Buch, das mir die Augen öffnete, war Richard S. Loves *Superperformance Stocks*. Obwohl sich ein Großteil des Buches mit dem politischen Zyklus beschäftigt, war ich fasziniert von Kapitel 7, das von den Gemeinsamkeiten großer Gewinneraktien handelt. Loves Studien von 1962 bis 1976 konzentrierten sich auf die Eigenschaften von Aktien, die innerhalb von zwei Jahren um mindestens 300 Prozent gestiegen waren; er bezeichnete sie als »Superperformance Stocks« (überdurchschnittlich performende Aktien).

Obwohl Loves Herangehensweise meine Aufmerksamkeit weckte, wusste ich anfangs nicht so genau, wie ich sie bei meinem eigenen Trading nutzen konnte. Folglich schlummerten die Informationen ungenutzt in meinem Hinterkopf, während ich meine Bemühungen fortsetzte, noch mehr zu lernen. Im Jahr 1988 las ich in der März/April-Ausgabe des *Financial Analysts Journal* einen Aufsatz mit dem Titel »The Anatomy of a Stock Market Winner« (»Die Anatomie eines Aktienmarktgewinners«). Der Aufsatz beschäftigte sich mit den Erkenntnissen einer Studie zu herausragenden Wertpapieren: Aktien, die in einem Kalenderjahr um mindestens 100 Prozent zugelegt hatten. Der Autor, Marc R. Reinganum, hatte die 222 Aktienmarktsieger von 1970 bis 1983 unter die Lupe genommen, um herauszufinden, was zu ihrer überragenden Performance beigetragen hatte.

Als ich den Artikel las, begann in meinem Kopf die sprichwörtliche Glocke zu schlagen und ich erinnerte mich an Loves Buch. Zum einen gab es eine teilweise Überschneidung bei den von Love und Reinganum untersuchten Zeiträumen. Darüber hinaus waren ihre Absichten beinahe deckungsgleich: sich auf die Aktien mit den größten Gewinnen zu konzentrieren, um Eigenschaften zu identifizieren, die der Grund für diese herausragende Performance waren. Jetzt musste ich mir nur noch ein Exemplar von Loves Buch besorgen, das vergriffen war. Glücklicherweise entdeckte ein Freund von mir ein Exemplar in Kanada auf einem Trödelmarkt. Es kostete nur 1 Dollar. Er kaufte es und schickte es mir zu. Mit Loves Buch und Reinganums Erkenntnissen in den Händen verglich ich die Ergebnisse beider Studien und konzentrierte mich auf die Ähnlichkeiten. Während ich die beiden mit Querverweisen versah, wuchs meine Zuversicht, dass diese Vorgehensweise (bekannt als *»Reverse Factor Modeling«*) es wert war und ich sie methodisch nutzen könnte, um die größten Aktiengewinner zu finden. Das ergab in meinen Augen auf Anhieb Sinn: die Besten zu studieren, um die Besten zu finden.

Die Beschäftigung mit Loves Arbeit brachte mich auf den Weg zu lernen, warum der Kurs einer Aktie dramatisch ansteigt, um dem elitären Kreis der Superperformer beizutreten. Das wurde letztlich zu meinem Lebenswerk. Loves Erkenntnisse überzeugten mich von drei ermutigenden Punkten:

1. Es gibt einen richtigen und einen falschen Zeitpunkt, um Aktien zu kaufen.
2. Aktien mit Superperformance-Potenzial sind identifizierbar, *bevor* ihr Kurs dramatisch steigt.
3. Wenn man richtig in diese Aktien investiert, ist es möglich, in relativ kurzer Zeit aus einem kleinen Kapital ein Vermögen zu machen.

Der Schmelztiegel

Im Laufe meiner Handelskarriere inspirierten mich neben dem Buch von Love noch andere Werke. Darunter auch *The Relative Strength Concept of Common Stock Price Forecasting* von Robert A. Levy, das mir half, die »Kaufen bei Schwäche«-Mentalität zu verbannen, und entscheidend für meine neue Vorgehensweise war, mich auf Stärken zu konzentrieren. Dann war da noch das Buch *Stock Market Blueprints* von Edward S. Jensen aus dem Jahr 1967. Jensens Buch beinhaltete seine Konzepte für jede Art von Aktie, basierend auf Kriterien wie Einkommen, Wachstum, zyklisches Wachstum und dynamisches Wachstum. Was mir an Jensen gefiel, war, dass er, wie Love, von einer objektiven Aktienanalyse ausgehend Vorlagen aus Faktormodellen erstellte. Diese rigorose Herangehensweise inspirierte mich dazu, mein eigenes Leadership Profile® zu entwickeln.

Ein weiterer Einfluss war der von Richard Donchian, der in Hartford, Connecticut, geboren wurde, seinen Abschluss in Wirtschaftswissenschaften an der Yale machte und in den 1930er-Jahren an die Wall Street ging, um dort zu arbeiten. Donchian gilt als Begründer des systematischen Wertpapierhandels. Er entwickelte eine regelbasierte Trading-Strategie, die unter dem Namen »Trendfollowing« bekannt wurde. Zu seinen Prinzipien gehörte auch das Kaufen und Verkaufen von Aktien, wenn der gleitende Durchschnitt einer Fünf-Tage-Periode den höchsten und niedrigsten gleitenden Durchschnitt von 20 Tagen über- oder unterschreitet. Donchians Arbeit brachte mich dazu, meinem Modell verschiedene Trendelemente hinzuzufügen, um Trades und das Timing der Einstiegspunkte genau zu bestimmen.

Später stieß ich auf die Arbeiten von William L. Jiler, der sich intensiv mit Chartmustern beschäftigt hatte. In seinem Buch würdigte Jiler den Beitrag von Donchian, der damals Leiter der Research-Abteilung beim Wertpapierhaus Hayden Stone war. Diese Männer wurden meine Professoren, während ich akribisch den Markt studierte. Von Love lernte ich die Analyse historischer Präzedenzfälle und die Gemeinsamkeiten von überdurchschnittlich performenden Aktien; von Jensen das Planen und Profilerstellen; von Donchian das Trendfollowing; und von Jiler Chartmuster, einschließlich der berühmten Untertasse mit Boden, die mittlerweile unter dem Namen »Tasse-mit-Henkel-Muster« bekannt ist, publik gemacht von William O'Neil, der ebenfalls in den 1960er-Jahren bei Hayden Stone arbeitete.

Der Meister unter ihnen war natürlich Jesse Livermore, der größte Trader aller Zeiten. Im Jahr 1907 machte er an einem einzigen Tag 3 Millionen US-Dollar. Während die meisten Investoren während des großen Börsenkrachs von 1929 am Boden zerstört waren, gelang Livermore ein kolossales 100-Millionen-Dollar-Shorting am Markt. Für mich war das unglaublich inspirierend. Obwohl die meisten Menschen Livermore mit dem Buch *Reminiscences of a Stock Operator* in Verbindung bringen, wurde ich stark angezogen von dem praktischen Ratgeber *How to Trade in Stocks*. Livermores Buch zu lesen, kristallisierte meine Gedanken. Viele der Prinzipien, die anfingen, für mich zu funktionieren, schienen sich kein bisschen von jenen zu unterscheiden, die bei Livermore in den ersten Jahrzehnten des 20. Jahrhunderts funktioniert hatten.

Bei einem Marktprofessor nach dem anderen waren die Lektionen konsistent und klar. Die Grundlagen, die überdurchschnittlich performende Aktien in der Vergangenheit ausgemacht hatten, waren nicht nennenswert verändert. Wie sich die Wirtschaft auch entwickelte oder welche Branche aufstieg, die grundlegenden Kriterien für überdurchschnittliche Performance blieben gleich. Viele Menschen vor mir waren bereits zu diesem Schluss gelangt. Wenn auch die Namen wechselten und jeder seine oder ihre eigene Strategie zur Erforschung dieses Phänomens hatte, so existierte doch ein kollektives Wissen und wartete darauf, dass neue Erforscher auf dieser Grundlage aufbauten.

Und schließlich Technologie

Gegen Ende der 1980er-Jahre kaufte ich meinen ersten »leistungsstarken« Computer. Damit meine ich ein Gerät, das ich für etwas anderes nutzen konnte, als auf einem monochromen grünen Bildschirm *Pong* zu spielen. Zusätzlich dazu, dass er mir Kursdaten in Echtzeit auf den Schreibtisch brachte, ermöglichte er mir auch, eine Datenbank zu erstellen, und verschaffte mir Zugang zu noch mehr Informationen. Nun konnte ich qualitative Analysen durchführen: mehr große Gewinner verfolgen und studieren und Aktien in Echtzeit beobachten, um historische Erkenntnisse in einem modernen Zeitrahmen zu bestätigen. Der Computer ermöglichte mir außerdem, Tausende potenzieller Unternehmen auf der Basis von Eigenschaften der überdurchschnittlichen Performance durchzugehen. Bis dahin war ich beim Finden und Verfolgen von Aktien manuell vorgegangen, was, wie Sie sich denken können, stark einschränkte, wie viel ich abdecken konnte. In der Anfangszeit hatte ich meine Aktiencharts täglich mit der Hand auf Millimeterpapier eingetragen. Wie mühsam!

Während ich Aktien in Echtzeit verfolgte und handelte, stimmten die Daten, die ich sammelte, und die Ergebnisse, die ich hervorbrachte, mit den Schlussfolgerungen von Love und Reinganum überein. Bis zu diesem Punkt hatte ich noch keine konkrete Trading-Formel entwickelt, aber ich schoss mich auf die Eigenschaften überdurchschnittlich performender Aktien ein und begann, einige bedeutende Erfolge zu verzeichnen, indem ich auf diesen Erkenntnissen basierend für mein eigenes Konto zu handeln begann.

Die Erkenntnisse umsetzen

Der Aufschwung in den Bereichen Technologie, Einzelhandel und Gesundheitswesen in den 1990er-Jahren verwandelte obskure Unternehmen in bekannte Namen. Indem ich das nutzte, was ich in den 1980ern gelernt hatte, war ich in der Lage, ein paar große Aufsteiger zu erwischen, als die Aktien vom Bärenmarkt der 1990er in einen neuen Bullenmarkt übergingen. US Surgical, Amgen, American Power Conversion, Ballard Medical Products, US Healthcare, Surgical Care Affiliates, Medco Containment, Microsoft, The Home Depot, Dell Computer, International Game Technology und Cisco Systems waren zu dieser Zeit relativ unbekannte Namen, die starke fundamentale und technische Eigenschaften aufwiesen. Wegen ihrer relativ hohen Kurs-Gewinn-Verhältnisse (KGV) übersahen viele Investoren diese großartigen Unternehmen während ihrer phänomenalen Wachstumsphasen. Im Jahr 1991 begannen die 40 top-performenden Aktien (angefangen mit über 12 Dollar die Aktie) das Jahr mit einem durchschnittlichen KGV von 29 und stiegen bis zum Jahresende auf ein durchschnittliches KGV von 83.

Das Leadership Profile

Indem ich fast drei Jahrzehnte Praxiserfahrung im Trading und die akribische Akkumulation historischer Daten bis zurück zu den späten 1800er-Jahren nutzte, konstruierte ich eine Blaupause der Eigenschaften, die überdurchschnittlich performende Aktien gemein haben. Ich nenne es das »Leadership Profile«, bei dem es sich um ein fortlaufendes Bestreben handelt, die Eigenschaften und Attribute der erfolgreichsten Aktien der Vergangenheit detailliert zu identifizieren, um festzustellen, welche Aktie aller Wahrscheinlichkeit nach in der Zukunft ihre Wettbewerber überflügeln wird. Der Fokus liegt nicht nur auf der Größenordnung der Kursveränderung – um wie viel eine Aktie steigt –, sondern auch auf dem Zeitelement der Gleichung: wie schnell sie nach oben steigt und was diesen rapiden Anstieg verursacht. Auf dem Aktienmarkt ist das Timing entscheidend, denn Zeit ist Geld. Wenn ich meine Datenbank sichte, gleiche ich jeden Aktienkandidaten mit dem optimalen Leadership Profile ab und stufe ihn entsprechend ein. Das Ergebnis ist ein dramatischer Anstieg der Wahrscheinlichkeit, den nächsten Superperformer zu finden.

SEPA: Eine Strategie der Präzision

Meinen Zeitpunkt des Ein- und Austritts zu perfektionieren, ist für mich eines der Hauptaugenmerke. Im Laufe der Jahre entwickelte sich meine SEPA-Methode zu einer Strategie, die von einigen als »Traden mit chirurgischer Präzision« bezeichnet wird. Der SEPA-Ansatz, den ich detailliert erklären werde, ermöglicht es mir, jene Elite-Kandidaten zu finden, die das Potenzial zu Superperformern haben. Das Ziel von SEPA besteht darin, alle verfügbaren relevanten Informationen zu nutzen und den exakten Punkt für den Eintritt in den Handel nach Abwägung von Risiko und Ertrag festzulegen. SEPA verbindet die Fundamentaldaten von Unternehmen mit dem technischen Verhalten einer Aktie. Die zugrunde liegenden Kriterien von SEPA sind abgeleitet aus gründlicher Recherche, jahrzehntelanger Anwendung in der realen Welt und beobachteten Fakten statt persönlicher Meinungen oder akademischer Theorien.

Die fünf Kernelemente von SEPA

Die grundlegenden Eigenschaften sind heruntergebrochen auf fünf Kategorien, die die entscheidenden Grundbausteine der SEPA-Methode bilden:

1. **Trend.** Praktisch jede Superperformance-Phase großer Gewinneraktien findet statt, während sich die Aktie in einem klaren Aufwärtstrend bewegt. In nahezu allen Fällen war der Trend bereits zu Beginn des Superperformance-Aufstiegs erkennbar.
2. **Grundlagen.** Die meisten Superperformance-Phasen werden durch eine Verbesserung von Ergebnis, Umsatz und Gewinnspanne getrieben. Dies tritt normalerweise vor Beginn der Superperformance-Phase ein. In den meisten Fällen liegen die Ergebnis- und Umsatzzahlen frühzeitig auf dem Tisch und sind messbar. Während der Superperformance-Phase einer Aktie kommt es nahezu immer zu einer Verbesserung der Fundamentaldaten in Hinblick auf Umsatz, Gewinnspanne und letztlich Ergebnis.
3. **Katalysator.** Hinter jeder Aktie, die einen Riesengewinn erzielt, steht ein Katalysator. Dieser mag auf den flüchtigen Blick nicht erkennbar sein, aber ein bisschen Detektivarbeit über die Unternehmensgeschichte kann Sie auf die Spur einer Aktie mit Superperformance-Potenzial bringen. Ein neues, sich extrem gut verkaufendes Produkt, das einen beträchtlichen Anteil des Unternehmensumsatzes ausmacht, kann der Funke sein, der die Superperformance-Phase im Aktienkurs dieses Unternehmens auslöst. Eine Zulassung durch die Arzneimittelzulassungsbehörde, ein neu vergebener Auftrag oder auch ein neuer CEO kann Leben in die bislang schlummernde Aktie bringen. Bei kleinen, weniger bekannten Namen bedarf es oft eines besonderen

Ereignisses, um die Aufmerksamkeit auf diese Aktie zu lenken. Ich sehe es gern, wenn Investoren etwas begeistert. Beispiele dafür sind unter anderem Apple (AAPL), als es mit seinem Mac und seinen I-Produkten Kultstatus erreichte, Research in Motion (RIM) mit seinem Blackberry (das für Internet- und E-Mail-Junkies so gewöhnungsbedürftig war, dass es den Spitznamen »Crackberry« erhielt) und Google (GOOG), das zu einem Synonym für Internetsuchmaschinen wurde und es sogar als Verb ins Lexikon schaffte. Jede Situation mag sich von den anderen unterscheiden, sei es nun die Aktie eines klassischen Wachstumsunternehmens, eine Turnaround-Situation, eine zyklische Aktie oder ein Biotech-Handel mit der Aussicht auf ein neues Medikament. Was auch immer der Grund ist, hinter der Superperformance steht immer ein Katalysator, der das Interesse institutioneller Anleger antreibt.

4. **Einstiegspunkt.** Die meisten Superperformance-Aktien bieten Ihnen mindestens eine Gelegenheit und manchmal sogar mehrere, den meteoritenhaften Anstieg an einem Einstiegspunkt mit niedrigem Risiko zu erwischen. Der Zeitpunkt des Einstiegs ist entscheidend. Wählen Sie den falschen Zeitpunkt und Sie werden ausgestoppt oder riskieren unnötige Verluste, falls sich der Aktientrend umkehrt und Sie es nicht schaffen zu verkaufen. Wenn Sie den richtigen Zeitpunkt während eines Bullenmarktes erwischen, können Sie sofort Gewinn erzielen und sind auf dem Weg zu großen Gewinnen.
5. **Ausstiegspunkt.** Nicht alle Aktien, die Eigenschaften einer Superperformance aufweisen, führen auch zu Gewinnen. Viele werden sich nicht auszahlen, selbst wenn Sie Ihre Käufe zum richtigen Zeitpunkt platzieren. Deshalb müssen Sie Stop-Loss-Punkte einrichten, die Sie zum Schutz Ihres Kontos aus Verlustpositionen zwingen. Andererseits müssen Sie Ihre Aktie irgendwann verkaufen, um einen Gewinn zu realisieren. Das Ende einer Superperformance-Phase muss identifiziert werden, damit Sie Ihre erzielten Gewinne auch behalten.

Das SEPA-Rankingverfahren lässt sich wie folgt zusammenfassen:

1. Aktien müssen zuallererst meine Trend-Vorlage (Kapitel 5) erfüllen, um als potenzielle SEPA-Kandidaten in Betracht zu kommen.
2. Aktien, die meine Trend-Vorlage erfüllen, werden mit einer Reihe von Filtern durchleuchtet, die auf Gewinn, Umsatz- und Gewinnspannenwachstum, relativer Stärke und Kursvolatilität basieren. Etwa 95 Prozent aller Aktien, die sich nach der Trend-Vorlage qualifizieren, bestehen diese Prüfung nicht.
3. Die verbliebenen Aktien werden nach Gemeinsamkeiten mit meinem Leadership Profile unter die Lupe genommen, um zu sehen, ob sie mit spezifischen fundamentalen und technischen Faktoren übereinstimmen, die historische Modelle früherer Superperformer aufweisen. In dieser Phase fallen die meisten verbliebenen Unter-

nehmen heraus und lassen eine kurze Liste von Investmentideen zurück, die einer noch genaueren Prüfung und Bewertung unterzogen werden.
4. Im abschließenden Schritt erfolgt eine manuelle Überprüfung. Die wenigen Kandidaten werden einzeln betrachtet und nach einem »relativen Priorisierungs-Ranking« bewertet, das folgende Eigenschaften berücksichtigt:
   - ausgewiesene Gewinne und Umsätze,
   - überraschende Gewinn- und Umsatzentwicklung,
   - Wachstum und Beschleunigung des Ertrags pro Aktie (EPA),
   - Umsatzwachstum und -beschleunigung,
   - vom Unternehmen veröffentlichte Prognosen,
   - Überarbeitungen der Gewinnschätzungen der Analysten,
   - Gewinnspannen,
   - Branchen- und Marktposition,
   - potenzielle Katalysatoren (neue Produkte und Dienstleistungen oder branchen- oder unternehmensspezifische Entwicklungen),
   - Performance im Vergleich zu anderen Aktien in derselben Branche,
   - Kurs- und Handelsvolumenanalyse,
   - Liquiditätsrisiko.

Das SEPA-Rankingverfahren konzentriert sich auf das Identifizieren des Potenzials für:

1. zukünftige Gewinn- und Umsatzüberraschungen sowie positive Schätzungskorrekturen,
2. institutionelle Volumenunterstützung (erhebliche Kaufnachfrage),
3. schnellen Preisanstieg aufgrund eines Ungleichgewichts bei Angebot und Nachfrage (Mangel an Verkäufen versus Kaufinteresse).

Konvergenz in Wahrscheinlichkeit

Ich entwickelte SEPA, um exakt den Punkt zu bestimmen, an dem ich einen Handel mit dem geringsten Risiko und dem höchsten Ertragspotenzial durchführen kann. Mein Ziel besteht darin, eine Aktie zu kaufen und sofort Profite einzufahren. Dafür muss ich alle relevanten fundamentalen und technischen Faktoren sowie Marktfaktoren berücksichtigen und identifiziere den Punkt, an dem eine unterstützende Konvergenz vorliegt. Ich führe einen Handel nur dann durch, wenn das gesamte Spektrum hinsichtlich Fundamentaldaten der Unternehmen, Aktienkurs und Volumenaktivität sowie allgemeine Marktbedingungen übereinstimmt. Ich möchte sehen, dass diese Faktoren an einem Punkt zusammenlaufen wie vier Autos, die aus vier Richtungen zeitgleich an einer Stelle eintreffen. Die SEPA-Methode stellt unterstützende Wahrscheinlichkeiten zusammen, um diese Übereinstimmung zu verdeutlichen.

Praktisch jede große Gewinner-Aktie zeigt sehr spezifische und messbare Kriterien, bevor sie große Bewegungen vollzieht. An ihren Tagen mit überdurchschnittlicher Performance weisen diese Aktien Erkennungsmerkmale auf – sei es, dass es sich um ein neues Produkt handelt, eine innovative Dienstleistung oder irgendeine Art fundamentaler Veränderung –, die es dem Unternehmen ermöglichen, überdurchschnittlich oder beschleunigt und manchmal über längere Zeit, mehr Geld zu verdienen. Infolgedessen steigen die Kurse dieser Aktien beträchtlich, indem sie institutionelle Käufe anziehen. Sie müssen nicht alles über ein Unternehmen oder den Markt wissen; die richtigen Dinge jedoch schon. Indem Sie diese Elemente zusammenbringen – fundamentale, technische, qualitative und die Stimmung des Marktes – und verlangen, dass Aktien in der Lage sind, mehrere Hürden zu nehmen, werden Sie mit sehr viel größerer Wahrscheinlichkeit etwas Herausragendes identifizieren. Der Gesamtwert dieser Parameter ist größer als die Summe seiner Teile.

Superperformance-Merkmale

Im Laufe der Jahre kam ich zu dem Schluss, dass die meisten Superperformance-Aktien identifizierbare Eigenschaften gemeinsam haben. Im Großteil der Fälle lagen bereits anständige Erträge vor. Tatsächlich wies der Großteil der Superperformance-Aktien bereits Phasen von Superperformance im Hinblick auf Fundamentaldaten sowie technische Maßnahmen auf, bevor sie ihre größten Gewinne erzielten. Mehr als 90 Prozent der Superperformance-Aktien begannen ihren phänomenalen Kurssprung, als der allgemeine Markt aus einer Korrektur oder einem Bärenmarkt herauskam. Interessanterweise hatten nur wenige Aktien während eines Bärenmarktes Superperformance-Phasen.

Superperformer sind jugendlich

Für gewöhnlich kommt es zu einer Superperformance-Phase, wenn eine Aktie noch relativ jung ist, zum Beispiel während der ersten zehn Jahre nach dem Börsengang (Initial Public Offering (IPO)). Viele Superperformer waren über viele Jahre nicht börsennotierte Unternehmen, bevor sie an die Börse gingen. Aber als sie das schließlich taten, besaßen sie bereits eine Erfolgs- und Wachstumsbilanz. Einige Superperformance-Unternehmen etablierten bereits erfolgreiche Produktlinien und Marken, bevor sie an die Börse gingen.

Während der Bärenmarktkorrektur Anfang der 1990er-Jahre konzentrierte ich mich auf Aktien, die sich gut behaupteten, und bewegte mich erst nach dem Tief des Marktes in neue Höhen. Die meisten der von mir gehandelten Namen waren zu jener Zeit relativ unbekannt. Diese Aktien wurden vorangetrieben durch Eigenschaften wie ein hohes Gewinnwachstum oder starke Produktnachfrage. Ein Beispiel war US Surgical, das Pionierarbeit bei Produkten wie chirurgischen Klammern und Instrumenten für die laparoskopische Chirurgie leistete. Software-, Computerperipheriegeräte- sowie Technologieaktien performten in jener Periode ebenfalls sehr gut, angefacht vom Aufschwung bei PCs. Die meisten Investoren scheuten vor Namen zurück, die sie noch nie gehört hatten. Das ist genau das Gegenteil von dem, was Sie tun sollten, wenn es Ihr Ziel ist, große Aktienmarktgewinner zu finden.

Größe spielt eine Rolle

Die meisten Unternehmen erleben ihre Wachstumsphase, wenn sie noch relativ klein und beweglich sind. Wenn sie älter, größer und reifer werden, beginnt sich ihr Wachstum zu verlangsamen, ebenso wie die Rate, mit der ihre Aktienkurse steigen. Superperformance-Aktien sind oft Small Caps. Obwohl gelegentlich auch Big-Cap- oder Mid-Cap-Aktien nach einer Trendwende oder niedrigen Aktienkursen aufgrund eines Bärenmarktes gelegentlich einen Kursanstieg verzeichnen können. Meistens sind es jedoch die Small-Cap- oder Mid-Cap-Aktien, die eine Phase beschleunigten Wachstums durchlaufen, wodurch wiederum eine Phase eines Superperformance-Kurses entsteht. Investoren, die sich für Superperformance interessieren, sollten ständig Ausschau halten nach kleinen bis mittelgroßen Unternehmen, die sich in der Wachstumsphase ihres Lebenszyklus befinden (Beschleunigung von Gewinn und Umsatz). Unterm Strich ist das Wachstum von Ergebnis und Umsatz und, noch wichtiger, des Aktienkurses für gewöhnlich schneller für ein kleines bis mittelgroßes Unternehmen als für eine größere reifere Firma. Große Unternehmen verfügen in der Regel bereits über eine geschäftliche Erfolgsbilanz. Bei kleineren Unternehmen ist es in den meisten Fällen wichtig zu bestätigen, dass sie bereits profitabel sind und bewiesen haben, dass ihr Geschäftsmodell skaliert und verdoppelt werden kann.

Suchen Sie nach Kandidaten mit einer relativ geringen Gesamtmarktkapitalisierung und einer relativ geringen Anzahl im Umlauf befindlicher Aktien. Unter sonst gleichen Bedingungen hat ein Small-Cap-Unternehmen das Potenzial, mehr an Wert zu gewinnen als ein Large-Cap-Unternehmen – basierend auf dem verfügbaren Aktienangebot. Es wird sehr viel weniger Nachfrage nötig sein, um die Aktie eines kleinen Unternehmens mit vergleichsweise geringem Streubesitz zu bewegen als die eines Large-Cap-Kandidaten.

Diese Erkenntnis kann zudem helfen, realistische Erwartungen bezüglich der Gewinnseite der Gleichung aufzustellen. Large-Scale-Unternehmen werden nicht in dem Maße Aktienkurssteigerungen erfahren wie jüngere, kleinere Unternehmen. Es gibt Zeiten, in denen eine Big-Cap-Aktie aufgrund eines Bärenmarktes oder vorübergehender wirtschaftlicher Schwierigkeiten fällt. Das kann die Gelegenheit bieten, ein Unternehmen wie Coca-Cola oder American Express oder Walmart am Anfang eines ordentlichen Kursanstiegs, während es sich wieder erholt, zu kaufen. Im Allgemeinen würde ich aber die Aktiengewinne eines großen Unternehmens, die in kurzer Zeit entstanden sind, eher mitnehmen als bei einem kleineren, schneller wachsenden Unternehmen, das das Potenzial hat, die Gewinne in ein paar Monaten zu verdoppeln oder sogar zu verdreifachen.

Aktien-Screening

Seit den 1980er-Jahren verwende ich computerunterstütztes Screening als eine Methode, um die riesigen Informationsmengen – bestimmt 10 000 Aktien täglich – einzugrenzen und eine überschaubare Liste mit Kandidaten zu erstellen, die die Mindestkriterien erfüllen und genauer analysiert werden sollten. Heutzutage stehen dem Investor sehr viele Screening-Werkzeuge zur Verfügung. Im Folgenden ein paar Tipps zum Screening.

Wenn Sie eine quantitative Analyse durchführen (Aktien-Screening), nützt es Ihnen mehr, diese einfach zu halten, als ein kompliziertes Modell zu verwenden. Sie müssen darauf achten, nicht zu viel in einen Selektionsvorgang zu packen. Sonst werden Sie ungewollt gute Kandidaten aussortieren, die bis auf eines alle Kriterien erfüllen. Lassen Sie uns zum Beispiel annehmen, dass Sie Aktien mit einem bestimmten Gewinnniveau, einer bestimmten Marktkapitalisierung, Schätzungsrevisionen et cetera auswählen, bis Sie zwölf Filterkriterien haben. Sollte eine Aktie elf davon erfüllen, aber um Haaresbreite das zwölfte verfehlen, werden Sie diese Aktie nie zu sehen bekommen. Denken Sie daran: Wenn Sie 100 Filterkriterien haben, muss eine Aktie nur ein Kriterium nicht erfüllen, um durch das Raster zu fallen, obwohl sie den 99 anderen entspricht.

Eine bessere Vorgehensweise besteht darin, separate Screening-Durchläufe mit einer jeweils kürzeren Liste von Kriterien durchzuführen, zum Beispiel ein Screening auf relative Kursstärke und Trend und ein anderes Screening, das im Hinblick auf Gewinn und Umsatz aussortiert. Wenn Sie verschiedene Filter nutzen, werden ein paar Namen immer wieder auftauchen, während andere nur auf einer Liste stehen. Denken Sie daran: Computer sind großartig, um Störgeräusche auszusortieren und Ihre Recherche in die richtige Richtung zu lenken; aber wenn Sie beständige Superperformance anstreben, müssen Sie die Ärmel hochkrempeln und auf die altmodische Weise eine manuelle Analyse durchführen. Das ist der interessante Teil des Tradings, der es so spaßig und lohnend macht.

Bekennen Sie sich zu einer Vorgehensweise

Sie brauchen keinen Doktortitel in Mathematik oder Physik, um am Aktienmarkt erfolgreich zu sein. Es genügen das richtige Wissen, eine gute Arbeitsmoral und Disziplin. Die SEPA-Methode basiert auf jahrzehntelangem Suchen, Testen und immer wieder der Rückkehr ans Reißbrett, um herauszufinden, was tatsächlich funktioniert. Sie werden ebenfalls Ihre Trial-and-Error-Periode durchlaufen: Schaufensterbummel und das Ausprobieren verschiedener Konzepte und Herangehensweisen an den Aktienmarkt, ob es nun um Wert, Wachstum, Fundamentaldaten, Technik oder irgendeine Kombination davon geht. Um am Ende erfolgreich zu sein, müssen Sie sich für einen Ansatz entscheiden, der für Sie sinnvoll ist. Am wichtigsten ist, dass Sie sich dem Perfektionieren und Verfeinern Ihres Verständnisses dieser Methode und ihrer Durchführung verpflichten müssen. Eine Trading-Strategie ist wie eine Ehe; wenn Sie nicht treu sind, wird vermutlich nichts Gutes dabei herauskommen. Es braucht Zeit und Hingabe, aber Ihr Ziel sollte sein, ein Spezialist für Ihre Herangehensweise an den Markt zu werden.

Obwohl Strategie wichtig ist, so ist sie nicht so entscheidend wie Wissen und die Disziplin, Ihre Regeln anzuwenden und einzuhalten. Ein Trader, der die Stärken und Schwächen seiner oder ihrer Strategie kennt, kann deutlich besser abschneiden als jemand, der sich ein bisschen mit einer überlegenen Strategie auskennt. Die Idealsituation wäre natürlich, viel über eine großartige Strategie zu wissen. Das sollte Ihr letztendliches Ziel sein.

KAPITEL 4:

WERT HAT SEINEN PREIS

Es ist weitaus besser, ein wunderbares Unternehmen zu einem fairen Preis zu kaufen, als ein faires Unternehmen zu einem wunderbaren Preis.

WARREN BUFFETT

Wenn man an Wert in traditionellem Sinne denkt, fallen einem sofort Schnäppchen ein: etwas, das einst teurer war und nun weniger kostet. Es scheint logisch, dass das Investieren in Growth-Aktien diese Definition auf den Kopf stellen kann. Was auf dem Aktienmarkt preiswert wirkt, kann tatsächlich teuer sein und was teuer oder zu hoch bewertet aussieht, kann sich als die nächste überdurchschnittlich performende Aktie entpuppen. Die simple Realität besteht darin, dass Wert seinen Preis hat.

Das Kurs-Gewinn-Verhältnis: Überstrapaziert und missverstanden

Tagtäglich verbreiten ganze Armeen von Analysten und Wall-Street-Profis Tausende von Meinungen über Aktienwerte. Die eine Aktie ist überbewertet; die andere ist ein Schnäppchen. Was ist die Grundlage vieler dieser Bewertungen? Häufig ist es das Kurs-Gewinn-Verhältnis (KGV), bei dem der Aktienkurs als Vielfaches des Unternehmensgewinns ausgedrückt wird. Eine Menge falscher Informationen wurde über das KGV verbreitet. Aufgrund einer Fehleinschätzung oder eines Mangels an Kenntnissen verlassen sich viele Investoren zu sehr auf diese populäre Formel. Es mag Sie zwar überraschen, aber die historische Analyse von überdurchschnittlich performenden Aktien legt nahe, dass das KGV für sich genommen zu den nutzlosesten Statistiken an der Wall Street gehört.

Das Standard-KGV spiegelt historische Ereignisse und berücksichtigt nicht das wichtigste Element der Wertsteigerung: die Zukunft. Natürlich ist es möglich, mithilfe von Gewinnschätzungen ein zukünftiges KGV zu berechnen, aber wenn Sie das tun, verlassen Sie sich auf Schätzungen, die lediglich Meinungen sind und sich oft als falsch erweisen. Wenn ein Unternehmen enttäuschende Gewinnzahlen veröffentlicht, die die Schätzungen nicht erreichen, geschweige denn übertreffen, werden die Analysten ihre Schätzungen nach unten korrigieren. Infolgedessen schrumpft der zukunftsorientierte Nenner – das »G« in »KGV« – und sofern das »K« konstant bleibt, steigt das Verhältnis. Deshalb ist es so wichtig, sich auf Unternehmen zu fokussieren, die starke Gewinne vermelden, die wiederum eine Aufwärtskorrektur der Gewinnschätzungen nach sich ziehen. Starkes Gewinnwachstum macht eine Aktie zu einem besseren Wert.

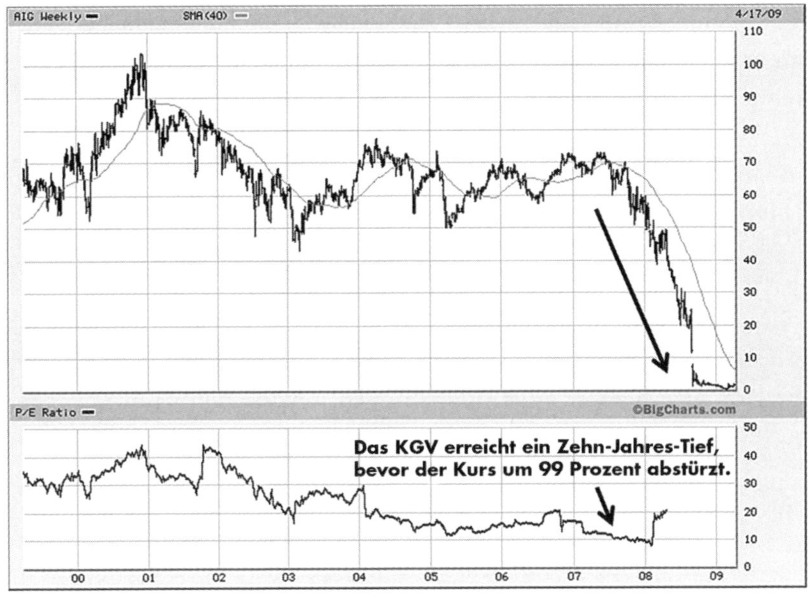

Abbildung 4.1: American International Group (AIG) 1999–2000

Der Segen eines Bottom Fishers

Manche Analysten empfehlen Ihnen, Aktien zu kaufen, die stark an Wert verloren haben. Die Rechtfertigung mag darin bestehen, dass das KGV – fast – am historischen Tiefpunkt angelangt ist. In vielen Fällen nehmen solche Kursanpassungen jedoch schlechte Gewinnberichte vorweg. Wenn die Quartalszahlen schließlich veröffentlicht werden und ein Unternehmen die Analystenschätzungen verfehlt oder einen Verlust berichtet, steigt das KGV wieder (in manchen Fällen steigt es raketenartig), was dazu führen kann, dass der Aktienkurs noch weiter fällt. Genau das erlebte Morgan Stanley (MS/NYSE) gegen Jahresende 2007. Der Aktienkurs fiel und trieb das KGV auf ein Zehn-Jahres-Tief. Morgan vermeldete später enttäuschend schlechte Gewinnzahlen im Vergleich zum Vorjahr und prompt stieg das KGV auf mehr als das 120-Fache des Gewinns. Mit sinkenden Gewinnen und einer Aktie, die sich zu einem KGV von 120 verkaufte, war die Aktie plötzlich stark überbewertet. Der Aktienkurs fiel sogar noch weiter, auf unter 7 Dollar. Der Grund für Morgan Stanleys Niedergang war eine branchenweite Finanzkrise und bis 2008 fielen die KGVs von Bank of America, Citigroup und AIG alle auf ein Zehn-Jahres-Tief, ebenso wie bei vielen anderen Unternehmen im Banken- und Finanzbereich. Innerhalb von zwölf Monaten fielen alle Aktien um mehr als 90 Prozent.

Die »Billig«-Falle

Eine preiswerte Aktie zu kaufen ist wie eine Trap Hand beim Poker, die besser aussieht, als sie ist: Davon kommt man nur schwer wieder weg. Wenn Sie eine Aktie nur deshalb kaufen, weil sie preiswert ist, wird es schwierig sein, sie wieder abzustoßen, wenn der Kurs noch weiter fällt. Je billiger sie wird, desto attraktiver wird sie im Hinblick auf das »Sie ist billig«-Argument. Diese Art von Denken bringt Investoren in große Schwierigkeiten. Die meisten Investoren halten Ausschau nach Schnäppchen statt nach potenziellen Superperformern und in den meisten Fällen bekommen sie auch nur das, wofür sie bezahlt haben.

Reichen Sie Aktien mit einem hohen KGV nicht weiter

Für Growth-Aktien ist es normal, dass sie auf dem Markt einen guten Preis erzielen; das trifft vor allem dann zu, wenn ein Unternehmen seine Gewinne rasch steigert. Anteile schnell wachsender Unternehmen können zum Drei- oder Vierfachen des Gesamtmarktes gehandelt werden. Tatsächlich können Growth-Spitzenreiter sogar noch höhere Prämien einfahren in Zeiten, in denen sie am Markt gegenüber Value-Aktien bevorzugt werden. Selbst in Phasen, in denen Growth-Aktien nicht bevorzugt werden, können sie mit einem beträchtlichen Aufschlag am Markt verkauft werden.

In vielen Fällen werden sich Aktien mit Superperformance-Potenzial zu einem scheinbar unangemessen hohen KGV verkaufen lassen. Das schreckt viele Amateur-Anleger ab. Wenn die Wachstumsrate eines Unternehmens extrem hoch ist, sind traditionelle Wertmaßstäbe, die auf dem KGV basieren, wenig hilfreich, um die Überbewertung festzustellen. Dennoch sollten Aktien mit einem hohen KGV analysiert und als Kaufkandidaten in Betracht gezogen werden, vor allem, wenn Sie feststellen, dass bei diesem Unternehmen etwas Neues und Aufregendes vonstattengeht und es einen Katalysator gibt, der zu einem explosionsartigen Gewinnwachstum führen kann. Noch besser ist, wenn das Unternehmen oder sein Geschäft falsch eingeschätzt oder von Analysten zu wenig beachtet wird.

Ein gutes Beispiel dafür waren Internetanbieter. Als Yahoo! an der Spitze einer der größten technologischen Veränderungen seit der Erfindung des Telefons stand, wurde ich in einem Fernsehinterview gefragt, ob das Internet meiner Meinung nach überleben würde. Können Sie sich vorstellen, dass das Internet nicht überlebt hätte? Heutzutage nicht. Aber Anfang bis Mitte der 1990er-Jahre hätten Sie es vielleicht anders eingeschätzt, wie so viele es taten. Es handelt sich um exakt jene Periode, als Internet-Technologie-Aktien neue 52-Wochen-Hochs erreichten und zu scheinbar absurden Bewertungen gehandelt wurden.

Die meisten der besten Growth-Aktien werden selten zu einem niedrigen KGV gehandelt. Tatsächlich wurden die größten Gewinner-Aktien der Geschichte zu einem mehr als 30- oder 40-fachen Gewinn gehandelt, bevor sie ihren stärksten Anstieg verzeichneten. Es ergibt Sinn, dass schneller wachsende Unternehmen zu einem vielfach höheren Preis gehandelt werden als langsam wachsende. Wenn Sie Aktien nur deshalb meiden, weil ihr KGV oder Kurs zu hoch scheint, werden Ihnen viele der größten Marktbeweger durch die Lappen gehen. Die wirklich spannenden, schnell wachsenden Unternehmen finden Sie *nicht* auf dem Wühltisch. Erstklassige Ware finden Sie auch nicht im 1-Euro-Laden.

Die wirklich guten Unternehmen scheinen tatsächlich immer recht teuer zu sein und genau aus dem Grund verpassen viele Investoren diese Chancen.

Starkes Wachstum verblüfft die Analysten

Sie erinnern sich vielleicht, als Mark [Minervini] das letzte Mal Mitte Oktober [1998] hier war, empfahl er Yahoo!, das seit damals um 100 Prozent gestiegen ist …

RON INSANA, CNBC-INTERVIEW, NOVEMBER 1998

Die Wall Street weiß nicht so recht, welches KGV sie bei sehr schnell wachsenden Unternehmen ansetzen soll. Es ist extrem schwierig, wenn nicht gar unmöglich vorherzusagen, wie lang eine Wachstumsphase anhalten wird und welche Verlangsamung in einem bestimmten Zeitrahmen auftreten wird, wenn man es mit einem dynamischen neuen Spitzenreiter oder einer neuen Branche zu tun hat. Viele Superperformance-Aktien neigen trotz scheinbar lächerlicher Bewertungen dazu, immer weiter in den Himmel zu klettern, und lassen die Analysten sprachlos zurück. Diese großartigen Unternehmen werden verpasst, weil Investoren die Art und Weise, wie die Wall Street arbeitet, fehldeuten und sich deshalb auf die falschen Kurstreiber konzentrieren.

Im Juni 1997 kaufte ich Yahoo!-Aktien, als diese zum 938-Fachen des Gewinns gehandelt wurden. So viel zum KGV! Jeder institutionelle Anleger, gegenüber dem ich die Aktie erwähnte, sagte: »Auf keinen Fall – Ya-WHO?« Das Unternehmen war zu jener Zeit praktisch unbekannt, aber Yahoo! leitete eine neue technische Revolution ein: das Internet. Das Potenzial für das, was damals eine neue Branche war, wurde zu der Zeit weitgehend falsch eingeschätzt. Yahoo!-Aktien stiegen in nur 29 Monaten um erstaunliche 7800 Prozent und das KGV stieg auf das mehr als 1700-Fache des Gewinns. Selbst wenn Sie nur ein kleines Stück davon frühzeitig erworben hätten, wäre daraus womöglich eine ganze Schiffsladung geworden.

Abbildung 4.2: Yahoo (YHOO) 1997–1999

Was ist hoch? Was ist niedrig?

> *Am 9. Januar kaufte Minervini Taser (TASR/NASDAQ), ein Unternehmen, das Taser-Waffen herstellt – nicht-tödliche Waffen für Polizeibehörden. Er erkannte das Potenzial mit seiner selbst entwickelten Methode »Specific Entry Point Analysis« (SEPA). Die Aktie stieg dann um 121 Prozent in nur sechs Wochen.*
>
> BUSINESSWEEK ONLINE, 10. MAI 2004

Jeder kennt das alte Sprichwort: »Billig kaufen und teuer verkaufen.« Das ergibt Sinn – so als würde man in ein Geschäft gehen, um etwas Reduziertes zu ergattern. Allerdings hat das »billig kaufen und teuer verkaufen« wenig zu tun mit dem aktuellen Aktienkurs. Wie hoch oder niedrig der Kurs ist, steht in Relation zum vorherigen Kurs und ist *kein* bestimmender Faktor dafür, dass die Aktie noch weiter steigen wird. Eine für 60 Dollar gehandelte Aktie kann auf 260 Dollar steigen, genauso wie eine Aktie zu 2 Dollar auf 1 oder sogar 0 Dollar fallen kann. War der Kurs der Yahoo!-Aktie zu hoch, als sich das Unternehmen eines KGVs von 938 rühmte? Was ist mit Taser (TASR/NASDAQ) im Januar 2004, kurz bevor die Aktie in drei Monaten um 300 Prozent stieg; war das zu teuer bei dem mehr als 200-Fachen des Gewinns? Umgekehrt schien AIG ein Schnäppchen zu sein, als es Anfang des Jahres 2008 ein Zehn-Jahres-Tief erreichte: Die Aktie fiel um 99 Prozent, bevor das Jahr zu Ende ging.

Abbildung 4.3: Taser INTL. (TASR) 2004

Abbildung 4.4: Taser INTL. (TASR) 2004. Taser stieg aus einer knapp vierwöchigen Konsolidierung auf.

Es gibt einen Grund, warum ein Ferrari mehr kostet als ein Hyundai

Wenn Sie ein Hochleistungsauto wie einen Ferrari kaufen möchten, werden Sie einen Spitzenpreis bezahlen müssen. Das Gleiche gilt für Hochleistungsaktien. Die 100 bestperformenden Small- und Mid-Cap-Aktien von 1996 und 1997 hatten im Schnitt ein KGV von 40. Ihr KGV wuchs weiter bis auf einen Schnitt von 87 und einen Mittelwert von 65. Relativ gesehen erwies sich ihr ursprünglich »teures« KGV als extrem preiswert. Diese Spitzenaktien legten vom Kaufzeitpunkt bis zum Höchststand um 421 Prozent zu. Im selben Zeitraum bewegte sich das KGV des S&P 500 zwischen 18 und 20.

***Abbildung 4.5: CKE Restaurants (CKR) 1995.** Am 13. Oktober 1995 stieg CKR mit einem 55-fachen Gewinn in neue Handelshöhen.*

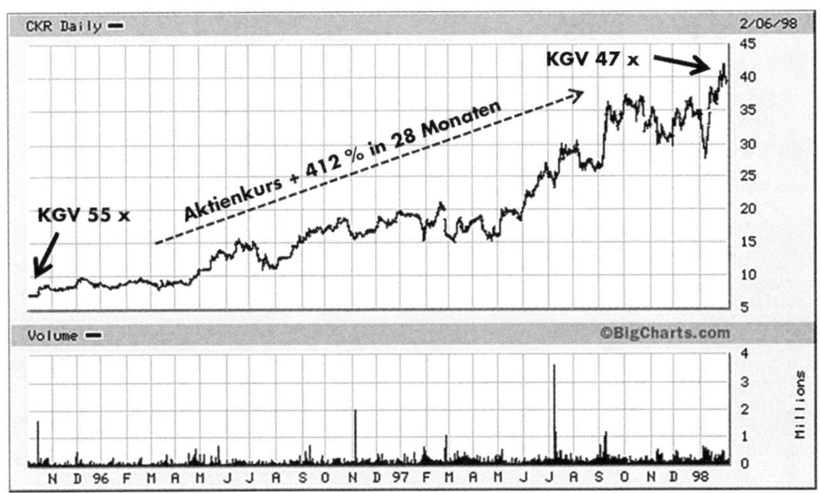

Abbildung. 4.6: ***CKE Restaurants (CKR) 1998.*** *Sobald CKR am 13. Oktober 1995 in neue Höhen stieg, legte die Aktie in 28 Monaten um mehr als 400 Prozent zu, aber das KGV fiel, weil die Gewinne noch schneller stiegen.*

Value-Investoren scheuen oft vor Aktien mit einem hohen KGV-Multiple zurück. Sie lassen die Finger von einer Aktie, deren KGV sehr viel höher ist als, sagen wir mal, das des S&P-500-Index. Ausgebuffte Wachstumsakteure wissen, dass man für die besten Produkte im Supermarkt oft mehr bezahlen muss. Betrachten Sie einmal das Beispiel von CKE Restaurants, das ein relativ hohes KGV aufwies, kurz bevor der Aktienkurs stieg. CKE Restaurants stieg bei einem extrem schnellen Handel am 13. Oktober 1995 in neue Höhen. Kurz vor dem Anstieg hatte die Aktie ein KGV von 55, also 2,9-mal das S&P-KGV von 18,9. In den beiden vorangegangenen Quartalen hatte das Unternehmen ein dreistelliges Gewinnwachstum erzielt. Analysten sahen, dass der Betreiber der Carl's-Jr.-Burger-Läden den Gewinn im kommenden Quartal um sage und schreibe 700 Prozent gegenüber den Vorjahreszahlen steigerte. Die Aktie stieg 103 Wochen lang. Im Oktober 1997 erreichte sie mit fast 41 Dollar den Höchstwert – ein Anstieg von 412 Prozent. Während des Kursanstiegs hatte CKE von 1995 bis 1997 im Schnitt beeindruckende 175 Prozent Gewinnwachstum. Sein KGV fiel auf 47, also achtmal das KGV des S&P.

Apollo Group (APOL)

Die meiste Zeit geht in Aktien investiertes Geld verloren, nicht weil das KGV zu hoch ist, sondern weil die Gewinne nicht genügend wachsen, um die Erwartungen zu stützen. Das Wachstumspotenzial des Unternehmens wurde falsch eingeschätzt. Die ideale Situation besteht darin, ein Unternehmen zu finden, dessen Wachstumsaussichten ein hohes KGV garantieren: ein Unternehmen, das die Waren liefern kann – und je länger es starkes Wachstum aufrechterhalten kann, desto besser.

Nehmen wir das Beispiel der Apollo Group. Von Mitte 2001 bis Ende 2004 blieb das KGV von Apollo praktisch unverändert, trotz einer 200-prozentigen Kursrallye der Aktie. Warum blieb das KGV trotz des starken Anstiegs des Aktienkurses auf demselben Niveau wie ein paar Jahre zuvor? Weil die Gewinne mit der Kurssteigerung Schritt hielten. Wenn ein Unternehmen genauso schnell, wie der Aktienkurs steigt oder sogar noch schneller, hohe Gewinne liefern kann, kann sich eine anfangs hohe Bewertung als sehr preiswert erweisen. Die Apollo Group ging im Dezember 1994 mit einem Marktwert von nur 112 Millionen Dollar an die Börse. In 45 aufeinanderfolgenden Quartalen erfüllte oder übertraf Apollo die Wall-Street-Schätzungen. Wie Sie sich vermutlich vorstellen können, brachte das den Aktienkurs des Unternehmens zu einer überdurchschnittlichen Performance.

***Abbildung 4.7:* Apollo Group** *(APOL)* **1999-2004.** *2001 wurde Apollo mit dem 60-fachen Gewinn gehandelt; bis 2004 stieg der Kurs um 200 Prozent, aber das KGV blieb beim 60-Fachen, weil das Gewinnwachstum Schritt hielt.*

Von 2000 bis 2004 stieg die Aktie der Apollo Group um mehr als 850 Prozent. Im selben Zeitraum fiel der Nasdaq-Composite-Index um 60 Prozent.

Crocs-Mania

Als die ursprünglich für die Gartenarbeit und den Aufenthalt auf Booten gedachten Kunststoff-Clogs Mode wurden, trug sie plötzlich jeder. Diese Beliebtheit schwappte über auf die Aktie. Die Crocs-Aktie (CROX/NASDAQ) wies ein KGV von mehr als dem 60-Fachen des Gewinns auf – *bevor* der Aktienkurs in die Höhe schoss. Aber Moden kommen und gehen, und vielleicht hielt die Welt die Crocs nicht länger für adäquat. Von April 2006 bis Oktober 2007 fiel das KGV von Crocs, weil die Gewinne schneller wuchsen als der Aktienkurs. Wenn Sie gekauft hätten, als die Crocs-Aktie zu mehr als dem 60-Fachen des Gewinns gehandelt wurde – das teuerste KGV der Geschichte –, dann hätten Sie in nur 20 Monaten eine Rendite von 700 Prozent eingestrichen. Wenn Sie gewartet hätten, bis die Aktie zu einer angemesseneren Bewertung gehandelt wurde, und erst gekauft hätten, als das historische KGV-Tief fast erreicht war, hätten Sie in weniger als einem Jahr 99 Prozent Ihres Kapitals verloren. Welche Meinung man auch immer vertritt – der Markt hat stets das letzte Wort.

Abbildung 4.8: Crocs (CROX) 2006-2008

Der Wert verändert den Aktienkurs nicht, Menschen tun das

Viele Menschen werfen etwas durcheinander; sie glauben, wir würden das konkrete Unternehmen handeln, dass die Papierfetzen, die wir handeln, investieren, besitzen, eine Art Rückkaufsrecht sind, ein Coupon, der Ihnen einen bestimmten Betrag garantiert oder ein Eigentumsrecht, das es Ihnen erlaubt, sich ein Stück aus der Hauswand zu brechen, wenn schon kein Geld bei dem Deal herausspringt. Aber letztlich sind es nur Papierfetzen, die gekauft, verkauft oder von jenen, die mehr Geld haben als andere, nach oben und unten manipuliert werden … die Fundamentaldaten des Unternehmens spielen nur bei dem eine Rolle, was die Aktie rauf und runter bewegt.

JIM CRAMER

Im Gegensatz zu dem, was viele glauben, agiert der Aktienmarkt nicht auf der Basis objektiver mathematischer Maßstäbe eines »intrinsischen Wertes« wie dem KGV oder dem Kurs-Buchwert-Verhältnis (KBV) einer Aktie. Wenn das der Fall wäre, würde die sklavische Ergebenheit gegenüber Computermodellen unentwegt Gewinner hervorbringen und Fondsmanager würden nicht regelmäßig den Marktdurchschnitt übertrumpfen. Wenn das Analysieren von Bilanzen der heilige Gral des Investierens in Aktien wäre, wären Buchhalter die besten Trader der Welt. Beides ist nicht der Fall. Es gibt weder eine Zauberformel noch ein mechanistisches Modell, die oder das zuverlässig und dauerhaft exzessive Renditen generieren kann. Alles ist relativ, subjektiv und dynamisch.

Bewertungsmethoden, die bei bestimmten Marktbedingungen hervorragend funktionieren, scheitern kläglich während anderer. Jede Aktie trägt eine Wachstumsannahme in sich, die sich ständig ändert. Diese Annahmen sind größtenteils konstruiert und basieren auf persönlichen Meinungen. Aktienkurse bewegen sich auf der Basis dessen, was die Leute darüber denken. Sei es die Meinung zu einer Bilanz, dem Unternehmenskapital, einem neuen gefragten Produkt, einer spannenden neuen Branche, dem KGV, dem Buchwert, Wachstumsprognosen oder was auch immer – letztlich ist es die Wahrnehmung, die Investoren motiviert und eine Kursbewegung erzeugt. Der Wert verändert keine Aktienkurse; die Menschen tun es, indem sie ihre Kauforder platzieren. Der Wert ist nur ein Teil der Gleichung. Letztlich bedarf es der Nachfrage.

Nur die *Wahrnehmung* von Wert kann Menschen zum Kauf bewegen, das Lesen einer Bewertungskennzahl genügt nicht. Ohne einen willigen Käufer sind selbst Aktien der qualitativ hochwertigsten Unternehmen nur ein wertloses Stück Papier. Je früher Sie das erkennen, desto besser werden Sie als Spekulant.

Auf der Suche nach Wert

1987 wurde das Gemälde *Schwertlilien* von Vincent van Gogh für 49 Millionen Dollar verkauft, das war Weltrekord für ein Kunstwerk. Das Werk wechselte zu mehr als einem doppelt so hohen Preis wie erwartet die Besitzer. In Anbetracht der Zahlen erfolgte der Verkauf zudem in Rekordzeit, angefangen mit einem Gebot von 15 Millionen Dollar, stand der Verkaufspreis bereits nach weniger als zwei Minuten fest.

Analysten und Investoren suchen ständig nach irgendeinem intrinsischen Wert, der sich vom aktuellen Marktkurs einer Aktie unterscheidet. Oft reduziert sich diese Suche darauf, den Kurs einer Aktie mit ihren Gewinnen in Relation zu setzen. Zu schließen, dass eine Aktie überbewertet ist, weil sie zum 65-Fachen des Gewinns verkauft wird, ist so, als würde man sagen, dass ein Van-Gogh-Gemälde, das auf einer Auktion für 49 Millionen Dollar verkauft wird, überbewertet ist, weil der Preis für die Leinwand und die Farben nur bei etwa 40 Dollar liegt. Der Preis eines Van Goghs hat nichts mit seinem intrinsischen Wert zu tun, das Bild verkauft sich auf Basis seines wahrgenommenen Wertes, der unmittelbar beeinflusst wird durch die Nachfrage nach der Einzigartigkeit eines Kunstwerks.

Die Wall Street nutzt für gewöhnlich zwei Kennzahlen zur Bewertung von Aktien. Die eine Methode beinhaltet das Vergleichen des KGV einer Aktie mit dem der entsprechenden Branche oder dem des Gesamtmarktes (S&P-500-Index et cetera). Das führt häufig zu der falschen Schlussfolgerung, dass Nachzügler-Aktien ein Wert und Marktführer überbewertet seien. In den meisten Fällen entpuppt sich der überbewertet wirkende Marktführer langfristig als günstiger als die schlechter performenden Aktien in dieser Gruppe mit einem niedrigen KGV.

Die andere Methode besteht in dem Vergleich des KGV einer Aktie mit ihrer historischen Bandbreite in einem bestimmten Zeitraum. Das Argument lautet, dass eine Aktie preiswert sein muss, wenn sich das KGV nahe dem unteren Ende seiner Spanne oder unterhalb des KGV der Branche des Gesamtmarktes befindet. Die Aktie mag günstig wirken, aber möglicherweise stuft der Markt den Kurs aus gutem Grund herab; tatsächlich könnte dieser Rabatt ein Vorbote von umfassenden Kursrückgängen sein.

Wenn morgen der Kurs einer Aktie, die Sie besitzen, 25 Prozent unter ihren Kaufkurs fällt, würden Sie sich dann besser fühlen, wenn Sie wüssten, dass das KGV unter seinen Branchendurchschnitt gefallen ist? Natürlich nicht. Sie sollten sich fragen: Wissen die Verkäufer etwas, das ich nicht weiß? Aktien passen sich täglich an veränderte Umstände an, dennoch halten viele Investoren ihre fallenden Aktien, weil sie diese als Schnäppchen betrachten. Manche Berater werden Ihnen sogar sagen, Sie sollten noch mehr Anteile kaufen, dem schlechten Geld gutes hinterherwerfen. Währenddessen bekommt Ihre Aktie immer weiter eins übergebraten und Sie verlieren munter Geld.

Einige der besten Value-Investoren verloren in dem Bärenmarkt, der 2007 einsetzte, 60 Prozent oder mehr. Ihre Erfahrung, Aktien von »soliden« Unternehmen zu kaufen und zu halten, die sich über lange Zeit als so erfolgreich erwiesen hatte, führte zu selbstgefälligem Verhalten und schließlich zu Verlusten. 2008 verzeichnete der gesamte Markt hohe Verluste und der Value Line Geometric Index verlor bis zum Jahresende 48,7 Prozent. Der Dow verlor im selben Jahr 34 Prozent. Die am schlechtesten performenden Kategorien im Value-Line-Index waren jedoch ein niedriges Kurs-Umsatz-Verhältnis mit einem Minus von 66,0 Prozent, ein niedriges Kurs-Buchwert-Verhältnis mit einem Minus von 68,8 Prozent und ein niedriges KGV mit einem Verlust von 79,9 Prozent. Deshalb: Value-Investing bietet nicht zwangsläufig Schutz.

Keine magische Zahl

Wie die Vergangenheit gezeigt hat, gibt es keinen gemeinsamen Nenner oder ein angemessenes Niveau, wenn es um das KGV und Superperformance-Aktien geht. Das KGV kann anfangs relativ hoch oder niedrig sein. Ich schlage vor, Sie vergessen diese Kennzahl und suchen nach den Unternehmen mit dem größten Potenzial für Gewinnwachstum. Die meiste Zeit ist ein wahrer Marktführer ein sehr viel besserer Wert als ein Nachzügler, trotz seines höheren KGV. Eine Aktie von Ihrer Liste zu streichen, weil das KGV zu hoch wirkt, lässt Sie womöglich den nächsten großen Börsengewinner verpassen.

Die 25 top-performenden Aktien von 1995 bis 2005 hatten ein durchschnittliches KGV des 33-Fachen, in einer Spanne vom 8,6- bis 223-Fachen. Die drei besten Performer in dieser Gruppe – American Eagle Outfitters, Penn National Gaming und Celgene – wiesen KGVs des 29-, 11- und 223-Fachen auf, *bevor* sie ihre großen Preissteigerungen erlebten. Alle drei verzeichneten über den Zehn-Jahres-Zeitraum einen Kursanstieg von 40 Prozent oder mehr an durchschnittlicher jährlicher Wachstumsrate. Anfang 1995 wurde CKE Restaurants mit einem relativ hohen KGV gehandelt, bevor es zu einer rasanten Kursrallye der Aktie und dann zu einem relativ niedrigen KGV kam mit anschließend starkem Absturz.

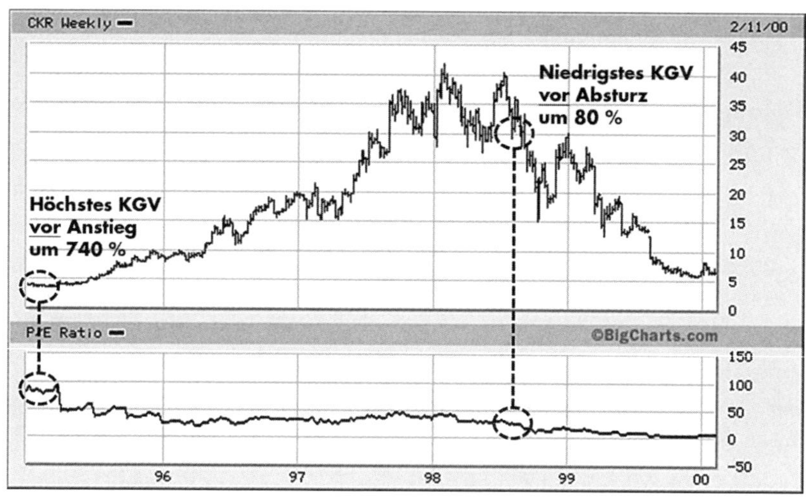

Abbildung. 4.9: CKE Restaurants (CKR) 1995–2000

Warnung: Das superniedrige KGV

Einer meiner schlechtesten Trades überhaupt war der Handel mit Bethlehem-Steel-Aktien zum zweifachen Gewinn. Ich dachte mir: »Wie tief kann der Kurs schon fallen?« Er fiel bis auf null.

Jim Cramer

Obwohl ich mir bei meiner Suche nach Superperformance-Aktien nicht zu viele Gedanken über das KGV mache, gibt es doch eine Situation, die meine Aufmerksamkeit erregt. Als Faustregel bin ich zögerlich beim Kaufen, wenn sich der Aktienkurs am oder nahe dem 52-Wochen-Tief bewegt. Eine Aktie mit einem außergewöhnlich niedrigen KGV kann sich als echte Schwierigkeit entpuppen. Eine Aktie, die zum Drei-, Vier- oder Fünffachen des Gewinns gehandelt wird oder zu einem Kurs, der weit unterhalb des in der Brache üblichen Multiple liegt, könnte ein gravierendes Problem sein. Die Prognosen dieses Unternehmens sind möglicherweise fragwürdig; der Gewinn könnte deutlich niedriger ausfallen. Möglicherweise steuert das Unternehmen auf den Bankrott zu.

Denken Sie daran: Der Markt ist ein Diskontierungsmechanismus, der mit der Zukunft handelt, nicht mit der Vergangenheit. Genauso wenig, wie Sie ein Auto steuern können, indem Sie die ganze Zeit in den Rückspiegel schauen, sollten Sie auch kein Portfolio auf der Basis zurückliegender Bewertungszahlen führen. Lieber ist mir eine Aktie, die relativ hohe Gewinne bei einem relativ hohen KGV verzeichnet, als eine Aktie, die Anzeichen von Handelsproblemen bei einem sehr niedrigen KGV aufweist.

Der KGV-Trugschluss

Wenn Sie den Kurs einer Aktie mit ihrem KGV vergleichen, werden Sie oft feststellen, dass ein niedriges KGV mit einem niedrigen Aktienkurs zusammenfällt und umgekehrt. Dasselbe könnte man über einen überkauften/überverkauften technischen Indikator wie den stochastischen Oszillator sagen. Oberflächlich betrachtet scheinen diese beiden beliebten Kennzahlen bei Wendepunkten ein hohes Maß an Genauigkeit aufzuweisen, weil der Blick auf Höhen und Tiefen gelenkt wird. Diese vollständige Sicht ist jedoch für gewöhnlich der Rückschau zu verdanken. In Echtzeit ist das Auge nicht sonderlich gut darin, sämtliche Störgeräusche und das Rauschen zwischen den Auf- und Abschwüngen herauszufiltern. Was darüber hinaus am häufigsten ignoriert oder missverstanden wird, sind die unterschiedlichen Zeitrahmen, die mit Blick auf die Gegentrenddeutung genutzt werden. So kann zum Beispiel eine Aktie über Monate überbewertet bleiben, wohingegen eine andere jahrelang auf einer nahezu gleichen Bewertung bleibt, bevor ein Richtungswechsel eintritt.

Zu versuchen, überverkaufte Positionen zu erwerben und überkaufte Positionen loszuwerden, ist als Trading-Strategie ein riskantes Geschäft. Der Handel ohne Berücksichtigung eines starken Trends führt letztlich dazu, dass man in einem jähen Absturz kauft. Gleiches gilt, wenn man Aktien nur deshalb kauft, weil das KGV relativ niedrig ist, und verkauft, weil das KGV zu hoch scheint – auch dieses Verhalten bringt immer wieder schlechte Ergebnisse hervor. Obwohl überkaufte und überverkaufte Positionen ebenso wie hohe und niedrige KGVs an Wendepunkten vorhanden sein können, können Aktien auch kurz vor Anstiegen und Abstürzen extrem hohe und niedrige Werte aufweisen. Große Marktabschwünge treffen immer stark überverkaufte Positionen und brüllende Bullenmärkte stürmen an früh überkauften Positionen vorbei, während sie sich noch besser entwickeln.

Das Broken-Leader-Syndrom

Ein verbreitetes Leiden unter vielen Investoren, einschließlich einiger Profis, ist das sogenannte Broken-Leader-Syndrom – (zu Deutsch in etwa: Abgestürzter-Spitzenreiter-Syndrom). Es funktioniert folgendermaßen: Investoren, die sich weigerten, einen neuen dynamischen Aktienstar zu kaufen, als dieser auftauchte – *bevor* er raketenartig aufstieg –, zeigten plötzlich Interesse, als diese Aktie im Kurs wieder fiel. Für gewöhnlich tritt das während der vierten Phase, der Abschwungphase, auf. Diese Leute kaufen Aktien, die einst teuer waren, weil sie glauben, dass der Kurs wieder ansteigen wird.

Das Broken-Leader-Syndrom beeinflusst Investoren, die Aktien wie Yahoo!, Amazon und Apollo Group nicht schon vor deren großen Kursbewegungen entdecken konnten. Sie waren nicht an Bord, als eine dieser unglaublichen Aktien einen Wahnsinnslauf von mehreren Tausend Prozent hinlegte. Dann wurde die Aktie ausgebremst. Nun glauben diese

Investoren, sie seien an etwas »Heißem« dran. Sie erscheinen zu spät auf der Party und halten diese ehemalige Spitzenaktie, die ihren Höhepunkt längst hinter sich hat, für ein Schnäppchen.

Sie ziehen alle möglichen Begründungen heran, zum Beispiel »dass die Aktie am unteren Ende der historischen Spanne gehandelt wird« und »dass sie nur zum 20-Fachen des Gewinns gehandelt wird und eine Wachstumsrate von 40 Prozent aufweist«. Schlimmer noch, sie werden sagen: »Die Aktie ist runter auf 70 Prozent. Wie tief kann sie da noch fallen?«

Bei all ihrer »Logik« ignorieren sie jedoch die entscheidende Grundlage: das Urteil des Marktes. Als die Aktie Marktführer war, hielten sie sich fern (vermutlich, weil sie teuer wirkte) und jetzt scheitern sie daran, einen abgestürzten Spitzenreiter zu identifizieren. Wenn ein Spitzenreiter abstürzt, kalkuliert der Aktienkurs eine zukünftige Wachstumsverlangsamung meistens ein – wodurch die Aktie alles andere als ein Schnäppchen ist.

Sun Microsystems ist ein gutes Beispiel für dieses »Abgestürzter-Spitzenreiter-Schauspiel«. In den 1990er-Jahren erlebte die Aktie einen unglaublichen Kursanstieg und überschritt Ende 2000 ihren Höhepunkt. Investoren, die darauf warteten, dass sich dieses Kraftpaket korrigierte oder »ankam«, damit sie kaufen könnten, waren möglicherweise begeistert, als die Aktie im Jahr 2001 um 75 Prozent fiel. Leider war die Party vorbei und im folgenden Jahr fiel die Aktie um weitere 80 Prozent. Acht Jahre später haben die Investoren, die zu dem um 75 Prozent reduzierten Kurs gekauft hatten, nicht nur kein Geld verdient, sondern 99 Prozent ihres Kapitals verloren.

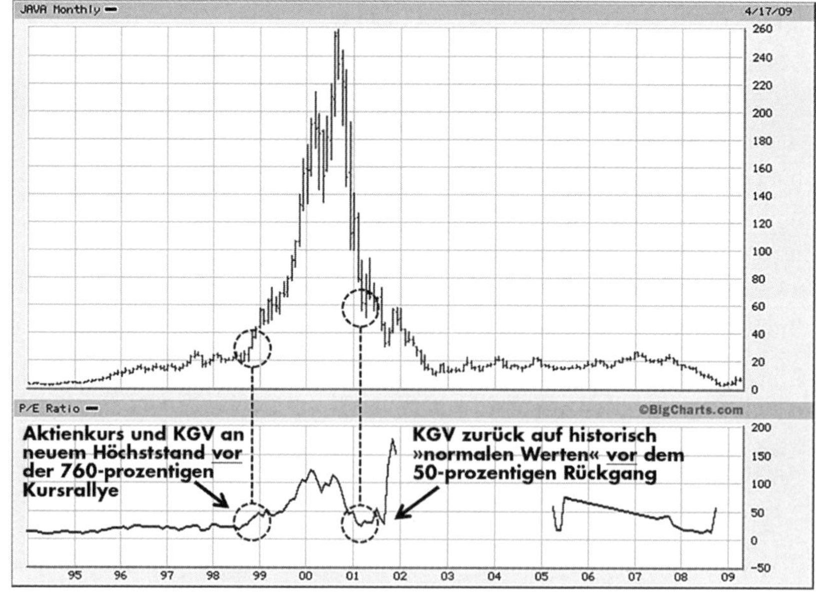

Abbildung 4.10: Sun Microsystems 1994–2009

Nach einem derart steilen Absturz einer Aktie kommt es oft zu einer Fehleinschätzung. Eine Aktie, die von 100 US-Dollar auf 25 US-Dollar gefallen ist, weist einen Verlust von 75 Prozent auf. Da eine Aktie nur um 100 Prozent fallen kann, kommt es zu der irrigen Annahme, dass das Risiko nun nur noch 25 Prozent beträgt. Falsch! Wenn Sie eine Aktie zu 25 US-Dollar kaufen, können Sie weitere 75 Prozent verlieren, wenn diese Aktie auf einen Wert von 6,26 US-Dollar abstürzt. Und wenn Sie bei 6,26 US-Dollar kaufen, können Sie wieder 75 Prozent verlieren, wenn die Aktie auf 1,56 US-Dollar fällt. Schließlich entspricht Ihr in diese Aktie investiertes Geld immer 100 Prozent.

Das KGV ist ein Stimmungsbarometer

Für sich genommen sind KGVs nicht sonderlich hilfreich beim Bestimmen der potenziellen Richtung eines Aktienkurses. Das KGV verrät Ihnen, was der Markt zum momentanen Zeitpunkt für die Gewinne eines Unternehmens zu zahlen bereit ist. Deshalb erleben viele Wachstumswerte während der Wachstumsphase eine Expansion des KGV; die Erwartungen steigen mit zunehmender Leistungsfähigkeit des Unternehmens.

Natürlich kommt eine Zeit, da verdüstern sich die Aussichten der Aktie und die Geschäftsbedingungen ändern sich. Dann könnte das Unternehmen als überbewertet gelten. An diesem Punkt verändern sich die Wahrnehmungen und der Aktienkurs passt sich so an, dass er die neuen Bedingungen widerspiegelt. Ich verwende das KGV als Stimmungsmesser, um mir ein Bild von den Erwartungen der Investoren zu machen. Im Großen und Ganzen steht ein hohes KGV für hohe Erwartungen und ein niedriges KGV für niedrige Erwartungen.

Suchen Sie nach Unternehmen mit dem größten Potenzial für Gewinnwachstum. Die beste Wahl sind Unternehmen mit starkem Umsatzwachstum. Halten Sie Ausschau nach aufkommenden Trends, die sich zu einer massiven Expansion entwickeln können: Trends, die skalierbar sind. Konzentrieren Sie sich auf unternehmerisch gemanagte Unternehmen, in denen sich Spannendes tut (ein Katalysator), und sie werden schließlich ein paar große Gewinner erwischen. Das aktuelle KGV, zu dem ein Unternehmen gehandelt wird, spielt nur eine untergeordnete Rolle im Vergleich zu seinem Potenzial an Gewinnwachstum. Wachstumsaktien werden von *Wachstum* angetrieben.

Die PEG-Ratio

Die »PEG-Ratio« ist die »Price-Earning to Growth-Ratio«, zu Deutsch: »Kurs-Gewinn-Wachstums-Verhältnis«, und wird berechnet, indem das zu erwartende KGV durch die erwartete Steigerung des Gewinns pro Aktie geteilt wird.

$$\text{PEG} = \frac{\text{erwartetes KGV}}{\text{erwartete Steigerung des Jahresüberschusses in \%} \quad \times 100}$$

Wenn eine Aktie zum Beispiel zum 20-Fachen des Gewinns gehandelt wird und eine Wachstumsrate von 40 Prozent aufweist, dann wäre die KGV-Ratio 0,5 (20 dividiert durch 40). Das Unternehmen wird zur Hälfte seiner Wachstumsrate gehandelt.

Die Theorie besagt: Wenn der resultierende Wert unter 1 liegt, könnte die Aktie unterbewertet sein. Ist die PEG-Ratio größer als 1, ist die Aktie möglicherweise überbewertet. Je weiter sich der Wert von 1 entfernt, desto stärker ist das Signal. Im Allgemeinen ist es so: Wenn die Wachstumsrate eines Unternehmens seinem KGV entspricht oder dieses übersteigt, könnten Investoren, die die PEG-Ratio zur Einschätzung nutzen, die Aktie für fair oder sogar unterbewertet halten. Übersteigt das KGV jedoch deutlich die Wachstumsrate, wird die Aktie gemäß dieser Denkweise als riskant oder überwertet eingestuft. Viele Analysten, die Wachstum zu einem vernünftigen Kurs (englisch »GARP«, »Growth at a Reasonable Price«) kaufen möchten, verwenden PEG-Ratios in unterschiedlichen Formen.

Der Punkt, an dem eine Aktie für unter- oder überbewertet gehalten wird, kann je nach Analyst variieren. Manche Investoren versuchen, ihre Bestände an einer Aktie zu reduzieren, sobald deren Kurs ihre Wachstumsrate um ein Vielfaches übersteigt.

Wie ihr KGV-Cousin kann auch die PEG-Ratio einige der profitabelsten und dynamischsten Unternehmen aus der Liste der Kaufkandidaten eliminieren. Die PEG-Ratio ist auf den beiden Seiten der Gleichung begrenzt, die am wertvollsten sind: wenn eine Aktie ein außergewöhnlich hohes oder niedriges KGV hat. Sollte eine Aktie mit einer Wachstumsrate von 2 Prozent zum Zweifachen des Gewinns gehandelt werden? Vermutlich nicht. Allerdings ist es mit traditionellen Bewertungsmethoden nahezu unmöglich, eine Hightech-Aktie wie Yahoo! zu bewerten, die zum 938-Fachen des Gewinns gehandelt wurde. Ein weiterer Nachteil der PEG-Ratio ist in meinen Augen, dass viele der abgestürzten Spitzenreiter auf Basis dieser Methode durchaus attraktiv wirken. Das kann Sie zum Kauf einer Aktie verleiten, die ein Hoch erreicht hat und nun auf negative Überraschungen zusteuert.

Eine KGV-Expansion messen

Da es sich beim KGV um eine Kennziffer handelt, wird ihr Wert durch Veränderungen entweder des Zählers oder des Nenners beeinflusst. Zum Beispiel kommt es zu einer KGV-Erhöhung, wenn der Aktienkurs (Zähler) schneller steigt als die Unternehmensgewinne (Nenner). Beide Zahlen können jedoch sich verändernde Ziele sein, vor allem, wenn ein Unternehmen ein gutes Potenzial zum Steigern seiner Gewinne aufweist und zudem Käufer anzieht, die die Aktie akkumulieren, was den Kurs in die Höhe treibt.

Um das zu veranschaulichen, nehmen wir einmal an, dass ein Unternehmen zum 25-Fachen seines Gewinns mit einem KGV von 25 gehandelt wird. Wenn es Gewinne meldet, die um 20 Prozent höher sind, und der Aktienkurs im Wesentlichen unverändert bleibt, wird das KGV auf das 20,83-Fache des Gewinns fallen. Falls der Aktienkurs aufgrund der Gewinnmeldung um 20 Prozent in die Höhe schnellt, bleibt das KGV unverändert beim 25-Fachen des Gewinns. Mit der Zeit, wenn eine Aktie immer gefragter wird und der Kurs kontinuierlich steigt, kann ihr KGV steigen, wenn der Aktienkurs schneller steigt als das Gewinnwachstum. Falls die Aktie über einen Zeitraum von 12 bis 24 Monaten signifikant steigt und das KGV um 100 bis 200 Prozent steigt, sich also im Vergleich zum Anfang oder Tiefpunkt der großen Kursbewegung verdoppelt oder verdreifacht, kann es passieren, dass die Kursbewegung in einem späten Stadium ist und zu viel Beachtung findet.

Studien zu früheren Superperformance-Aktien zeigen, dass das durchschnittliche KGV vom Anfang bis zum Ende großer Kursbewegungen im Schnitt um 100 bis 200 Prozent steigt (also um das Zwei- bis Dreifache). Diese Information kann auf zweierlei Weise genutzt werden. Erstens können Sie einen Eindruck vom Potenzial einer Aktie bekommen. Sie können einschätzen, für wie viel sie sich im besten Fall in ein oder zwei Jahren im Vergleich zum ursprünglichen Kaufkurs verkaufen lässt, wenn Sie einen dynamischen Führer in einem Bullenmarkt kaufen. Sie können zukünftige Gewinne einschätzen und das erhöhte KGV nutzen, um eine grobe Vorstellung vom theoretischen Potenzial der Aktie zu erhalten.

Zweitens können Sie sich ein Bild davon machen, wie viel von der positiven Aussicht des Unternehmens bereits eingepreist wurde, indem Sie abschätzen, wie hoch die KGV-Steigerung bereits ausgefallen ist. Mal angenommen, Sie kaufen eine Aktie mit einem KGV von 20 beim ersten Anstieg von einer soliden Basis aus. Multiplizieren Sie 20 mit 2 oder 3, um zu sehen, wohin das Verhältnis steigen kann. Sie erhalten 40 beziehungsweise 60. Sie hoffen, dass sich die Kursrallye fortsetzt. Obwohl es immer vernünftig ist, nach Verkaufssignalen Ausschau zu halten, sollten Sie besonders aufmerksam sein, sobald sich das KGV 2 nähert und vor allem, wenn es Werte rund um 2,5 bis 3 oder noch höher annimmt. Es könnte schon bald abstürzen. Falls das eintritt, halten Sie Ausschau nach Signalen für verlangsamendes Wachstum und Anzeichen von Schwäche beim Aktienkurs, die Ihr Zeichen zum Reduzieren Ihrer Position beziehungsweise zum Abstoßen der Aktie sind.

In den 1990er-Jahren, als die Home-Depot-Aktie zu einem institutionellen Favoriten wurde, trieb zügellose Begeisterung den Aktienkurs in die Höhe, weit über das Gewinnwachstum hinaus. Das KGV von The Home Depot stieg in nur zwei Jahren, nachdem die Aktie im Bärenmarkt von 1990 ihren Tiefststand erreicht hatte, vom etwa 25-Fachen auf das 70-Fache des Gewinns. In den folgenden vier Jahren fand eine Phase der Seitwärtskonsolidierung statt, während die Gewinne sich bemühten, den großen Rückstand zum Aktienkurs aufzuholen.

***Abbildung 4.11: The Home Depot (HD) 1988–2008.** Im Jahr 2000 erhöhte sich das KGV von The Home Depot dann vom 25-Fachen im Jahr 1997 auf das 75-Fache. Kurz darauf erreichte die Aktie dann ihren Höchststand.*

Was bedeutet das alles?

Wie wir gesehen haben, ist längst nicht so klar – oder wichtig –, wie Sie vielleicht angenommen haben, was ein hohes oder niedriges KGV ausmacht. Was sollten Sie aus dieser Diskussion mitnehmen? Sollten Sie Aktien ignorieren, die zu einem relativ niedrigen KGV gehandelt werden, und nur die mit hohen KGVs kaufen? Nicht zwangsläufig. Der entscheidendere Punkt ist, dass das KGV keinen großen Prognosewert für das Finden von Superperformance-Aktien aufweist. Es gibt keine magische Zahl beim KGV. Tatsächlich ist das KGV sogar viel unwichtiger als das Potenzial eines Unternehmens für Gewinnwachstum.

Hören Sie auf, sich wegen des KGVs zu beunruhigen. Wenn Sie ein Unternehmen haben, das die Waren so liefert, wie die Apollo Group es getan hat, und das vier oder fünf aufeinanderfolgende Jahre 40 Prozent pro Jahr verdient, so ist das ursprüngliche KGV völlig irrelevant. Das KGV passt schon auf sich selbst auf. Überlassen Sie das Überintellektualisieren und die komplexen Theorien den Professoren und anderen Akademikern und die Bewertungsstrategien den Wall-Street-Analysten. Ein Meeresforscher mag die Komplexität der Wellen, Gezeiten, Strömungen und Söge erklären können. Wenn es aber darum geht, auf einer Welle zu reiten, würde ich mein Geld eher auf einen 13-Jährigen aus Malibu, Kalifornien, setzen, der nichts von all diesen Fakten weiß, aber sein Leben lang gesurft ist und ein intuitives Gefühl für das Wasser hat. Als Superperformance-Trader lernen Sie, Trends zu entdecken und zu großen Gewinnen zu reiten. Und Sie lernen zu erkennen, wenn einst vorteilhafte Trends abstürzen. Wenn die Gründe für etwas bekannt werden, sind gemachte Gewinne oder Verluste oft schon Geschichte. Ein Unternehmen anhand seines intrinsischen Wertes zu schätzen, ist kein Aktienhandel – es ist das Kaufen von Werten. Ihr Ziel besteht darin, kontinuierlich Geld zu verdienen, und nicht darin, ein Schließfach mit Werten zu füllen, die Sie nicht wirklich besitzen – sondern nur Papierstücke, die für den Handel bestimmt sind.

KAPITEL 5:

TRADEN MIT DEM TREND

Ich setze keine Trends. Ich spüre sie lediglich auf und mache sie mir zunutze.

DICK CLARK

Mein Erfolg als Börsenhändler stützt sich auf eine Kombination aus Wissenschaft und Kunst. Mechanische Signale, abgesichert durch wissenschaftliche Forschung und Intuition sind beides wichtige Werkzeuge. An der Börse sind die wenigsten Dinge schwarz oder weiß. Um erfolgreich zu sein, muss ein cleverer Aktienhändler lernen, zwischen den Zeilen zu lesen und zu entziffern und Entscheidungen oft auf Basis unvollständiger Informationen treffen. Es gibt jedoch ein paar Eigenschaften, die nicht mehrdeutig sind oder Spielraum für Interpretationen bieten. Ich bezeichne sie als »nichtverhandelbare Kriterien«.

Wenn ich auf der Suche nach überdurchschnittlich performenden Aktien bin, beruht mein erster Filter auf streng qualifizierenden Kriterien, die ausschließlich auf der technischen Aktion einer Aktie basieren, und zielt darauf ab, meinen Kauf am vorherrschenden Primärtrend auszurichten. Sobald dieses Eingangskriterium erfüllt ist, führe ich weitere Screens durch und sehe mir die Fundamentaldaten der Unternehmen an, um das verbliebene Universum an Kandidaten weiter einzuschränken. Einfach ausgedrückt, spielt es keine Rolle, wie gut ein Unternehmen bei den Fundamentaldaten dasteht, denn es muss bestimmte technische Standards erfüllen, um sich als Kaufkandidat zu qualifizieren. Zum Beispiel würde ich nie bei einer Aktie long gehen, die unter ihrem fallenden gleitenden 200-Tage-Durchschnitt gehandelt wird (vorausgesetzt, es gibt 200 Handelstage). Wie attraktiv die Aktienrendite, das Umsatzwachstum, der Cashflow oder die Eigenkapitalrendite auch sein mögen, ich würde es nicht in Erwägung ziehen, eine Aktie zu kaufen, die sich in einem langfristigen Abwärtstrend befindet. Warum? Weil ich ein gewisses Interesse an der Aktie sehen möchte, vorzugsweise von großen institutionellen Investoren. Ich bin nicht scharf darauf, der Erste auf der Party zu sein, aber ich möchte sichergehen, dass auch wirklich eine Party stattfindet. Das Ziel besteht darin, Aktien auszusortieren, die meine Zeit nicht wert sind, damit ich mich auf die Kandidaten konzentrieren kann, die das Potenzial haben, die nächsten Superperformer zu werden. Aktien zu kaufen, die sich in einem langfristigen Abwärtstrend befinden, wird Ihre Chance auf einen großen Gewinner beträchtlich verringern. Wenn Sie Ihre Chancen jedoch erhöhen wollen, sollten Sie sich auf Aktien konzentrieren, die sich in einem bestätigten Aufwärtstrend befinden.

Sich mit dem Trend anfreunden

Newtons erstes Gesetz besagt, dass sich ein in Bewegung befindlicher Körper mit konstanter Geschwindigkeit weiterbewegt, wenn keine äußeren Kräfte auf ihn einwirken. In Bewegung befindliche Körper besitzen Trägheit. Den Aktienmarkt charakterisiert ein vergleichbares Merkmal: Ein Trend hält so lange an, bis etwas passiert, das ihn verändert. Anders ausgedrückt: Der Trend ist dein Freund. Obschon dieses Sprichwort bekannt ist, wissen manche Investoren dessen Weisheit möglicherweise nicht völlig zu schätzen. Ich erinnere mich daran, wie mir dieses Konzept zum ersten Mal auf bedeutsame Weise klar wurde.

Im Jahr 1990 nahm ich an einer Investment-Tagung in New York City teil. Auf der Liste der Investment-Gurus und Prognostiker standen Ned Davis, Gründer des bekannten Analysehauses Ned Davis Research, sowie Martin Zweig, Herausgeber des populären Börsenbriefs *The Zweig Forecast*. Martin prägte die Formulierung „Der Trend ist dein Freund". Einer der Redner, der nicht nur wegen seiner schillernden Persönlichkeit meine Aufmerksamkeit erregte, sondern auch wegen seiner Vorgehensweise am Aktienmarkt, war Stan Weinstein, der damals den Börsenbrief *The Professional Tape Reader* herausgab. Beim Mittagessen hatten wir Gelegenheit, uns zu unterhalten, und als Stan seine Methode erklärte, ließ er mich anschließend mit einem Grundsatzkonzept zurück, dem ich seither treu geblieben bin.

Stans Vorgehensweise basierte auf einem zeitlosen Prinzip der vier Phasen, die eine Aktie durchläuft, und legte Wert darauf, stets zu wissen, in welcher Phase sich eine Aktie gerade befindet. In Stans Augen war das ideale Szenario, Aktien zu kaufen, wenn sie die erste Phase gerade verlassen und der Kurs zu steigen beginnt, was die zweite Phase ist. Das Ziel ist, die Aktien wieder zu verkaufen, sobald sie sich dem Höhepunkt des Zyklus nähern, dem Beginn der dritten Phase. Die vierte Phase ist, wie Sie sich vorstellen können, ein totaler Kurssturz, den Sie vermeiden wollen oder währenddessen Sie short gehen. Kürzlich las ich über Stans Vorgehensweise in seinem Buch *Secrets for Profiting in Bull and Bear Markets* (McGraw-Hill, 1988). Obwohl Stan nicht als Einziger die Vier-Phasen-Vorgehensweise anwendete, so war er doch der Erste, den ich darüber reden hörte. Ich übernahm dieses Konzept als Teil meiner Aktienanalyse.

Superperformance und Phasenanalyse

Wie alle Aktien, so durchlaufen auch überdurchschnittlich performende Aktien die vier Phasen. Im Laufe meiner Trader-Karriere habe ich mich intensiv damit beschäftigt, die zyklischen und lang andauernden Lebenszyklen von Aktienkursen zu studieren. Vor allem bei der Untersuchung der historischen Kursentwicklung der meisten großen Marktführer über viele Marktzyklen hinweg konnte ich eindeutig feststellen, wie sie verschiedene Stadien durchlaufen. Eine Aktie bewegte sich eine Zeit lang seitwärts und stieg dann stark an. Schließlich verlangsamte sich die Aufwärtsbewegung und wurde unregelmäßiger, während Aktienpakete abgestoßen wurden, und überschritt dann den Höhepunkt. Nach dem Höhepunkt kam der Abstieg, die Aktie kehrte zu einer Basisphase zurück, bevor sie schließlich in einen weiteren Anstieg überging. Das Aufeinanderfolgen aller vier Stufen konnte mehrere Jahre in Anspruch nehmen. Was ich bei meiner Analyse der größten Kursperformer herausfand, war, dass praktisch jede Superperformance-Aktie ihren größten Gewinn erzielte, während sie sich in der zweiten Phase ihres Kurszyklus befand.

So interessant es rückblickend auch gewesen sein mag, die Phasen der Aktienkursreifung zu analysieren, das half mir in Echtzeit nicht, auf meinem Radar zu erkennen, wann sich die Aktien in der optimalen zweiten Phase befanden. Darüber hinaus fragte ich: Was erzeugte den profitablen Fortschritt der zweiten Phase? Auf der Jagd nach dem Schlüssel, um den Beginn einer zweiten Phase zu identifizieren, stellte ich die zugrunde liegenden Fundamentaldaten grafisch dar und legte sie übereinander, um zu sehen, inwiefern sie mit der Kursbewegung korrelierten. Mein Ziel bestand darin, zu sehen ob es Ursache und Wirkung beim Übergang von einer Phase zur anderen gab, und wenn ja, worin diese bestanden.

Aktienkursreifung: Die vier Phasen

Meine Analysen großer Marktgewinner verschafften mir einen tiefen Einblick in alle vier Stufen des Lebenszyklus einer Aktie: von der Ruhephase über das Wachstum zum Höhepunkt und folgenden Abstieg. Neben der Konzentration auf die Aktienkurse fragte ich mich auch, was jede dieser Phasen anstieß. Aus Sicht der Fundamentaldaten stand der Grund nahezu immer in Zusammenhang mit Gewinnen: von einer schwachen Performance über eine positive Überraschung und beschleunigtes Wachstum bis zur Enttäuschung. Die zugrunde liegenden Veränderungen der Fundamentaldaten trieben institutionelle Anleger in die Aktien und wieder hinaus, Phasen, die leicht identifiziert werden konnten durch ausgeprägte Volumenspitzen, die sowohl während der Aufstiegs- wie auch der folgenden Abstiegsphase auftraten. Ich identifiziere diese vier Phasen auf der Basis dessen, was mit der Aktie im Hinblick auf die Kursbewegung passiert.

1. Phase 1 – Vernachlässigungsphase: Konsolidierung
2. Phase 2 – Aufstiegsphase: Akkumulation
3. Phase 3 – Gipfelphase: Ausschüttung
4. Phase 4 – Abstiegsphase: Kapitulation

Phase 1 – Die Vernachlässigungsphase: Konsolidierung

Phase 1 liegt vor, wenn nichts Bemerkenswertes passiert. Die Aktie befindet sich in einer Phase der Vernachlässigung: Nur wenige große Investoren schenken ihr Beachtung oder zumindest hat der Markt bisher nicht voll dafür bezahlt. Während der ersten Phase können die Gewinne, Umsätze und Margen eines Unternehmens ebenso glanzlos oder sprunghaft sein wie der Aktienkurs. Möglicherweise herrscht auch eine unsichere Prognose für das Unternehmen oder die Branche. Es passiert nichts Elektrisierendes, um die Aktie aus ihrer Flaute zu reißen und die erforderliche institutionelle Unterstützung in großem Umfang anzulocken, um diese Aktie in den Aufwärtstrend der Phase 2 zu bewegen.

Phase 1 kann sich über einen längeren Zeitraum hinziehen, von Monaten bis zu Jahren. Phase 1 kann auch verursacht werden durch einen schwachen Gesamtmarkt. Während eines Bärenmarktabschwungs können sogar Aktien mit guten Fundamentaldaten auf der Stelle treten oder mit dem Gesamtmarkt abstürzen. Sie sollten es vermeiden, in Phase 1 zu kaufen, wie groß die Versuchung auch sein mag. Selbst wenn die Fundamentaldaten des Unternehmens attraktiv wirken, sollten Sie warten und erst in Phase 2 kaufen. Denken Sie an Newtons erstes Gesetz, das von der Trägheit. Ein Körper in Bewegung wird in Bewegung bleiben und ein in Ruhe befindlicher Körper verharrt in Ruhe. Falls Ihre Aktie keine Chance hat, dann raten Sie mal, in welchem Stadium sie verbleibt, solange sich nichts Signifikantes ändert. Sie werden keine überdurchschnittliche Performance erlangen, indem Sie auf leblosen Waren herumsitzen. Um in raschem Tempo Kapital anzuhäufen und überdurchschnittliche Performance zu erreichen, ist es entscheidend, dass Sie Phase 1 vermeiden und lernen zu entdecken, wo in Phase 2 das Momentum stark ist.

Merkmale von Phase 1

- In Phase 1 wird sich der Aktienkurs seitwärts bewegen, ohne anhaltende Aufwärts- oder Abwärtsbewegung.
- Der Aktienkurs wird um seinen gleitenden 200-Tage- (oder 40-Wochen-) Durchschnitt oszillieren. Während dieses Oszillierens zeigt er keinen klaren Trend nach oben oder unten. Diese Phase der »Leblosigkeit« kann Monate oder Jahre anhalten.

- Diese Basisphase ergibt sich oft, nachdem der Aktienkurs über etliche Monate oder noch länger in Phase 4 stark gefallen ist.

Abbildung 5.1: Amgen (AMGN) in Phase 1: 1987–1989

- Das Volumen wird in der Regel schrumpfen und relativ gering sein im Vergleich zum vorherigen Volumen während des Abstiegs in Phase 4.

Es ist nicht nötig, vom Boden aufzusammeln

Ich kann Ihnen aus Erfahrung sagen, dass sich der Versuch, Bottom Fishing zu betreiben – eine Aktie am oder nahe dem Boden zu kaufen – als frustrierendes und fruchtloses Unterfangen erweist. Selbst wenn Sie genug Glück haben, den Boden zu erwischen, so erfordert es in der Regel monate- oder sogar jahrelanges Herumsitzen ohne viel Fortschritt, denn wenn Sie eine Aktie in Bodennähe kaufen, befindet sie sich in Phase 4 oder 1 und es mangelt per definitionem an Aufwärtsschwung.

Es ist nicht mein Ziel, zum tiefsten oder niedrigsten Kurs zu kaufen, sondern zum »richtigen« Kurs, wenn die Aktie gerade im Begriff ist, nach oben zu schießen. Zu versuchen, am Boden zu fischen, ist Zeitverschwendung und verfehlt das Ziel. Um überdurchschnittliche Performance zu erlangen, müssen Sie die Wirkung der Aufzinsung maximieren; deshalb ist es wichtig, sich auf Aktien zu konzentrieren, die sich rasch, nachdem Sie sie gekauft haben, in Bewegung setzen. Sie müssen sich auf Aktien konzentrieren, die sich bereits in Richtung

Ihres Handels bewegen. Dazu sollten Sie mit Ihrer Investition bis zu einem Aufwärtstrend in Phase 2 warten.

Übergang von Phase 1 zu Phase 2

Ein Vorrücken in Phase 2 kann ohne Vorwarnung beginnen: Es gibt keine großen Ankündigungen oder Nachrichten. Eines ist jedoch sicher: Eine anständige Phase 2 wird beträchtliches Volumen aufweisen, da die Aktie an großen Aufwärtstagen und -wochen stark nachgefragt wird und das Volumen während Kursrücksetzern relativ gering ist. Es sollte vorher *stets* eine Rallye mit einer Kurssteigerung von mindestens 25 bis 30 Prozent ausgehend vom 52-Wochen-Tief stattgefunden haben, *bevor* Sie zu dem Schluss kommen, dass ein Übergang zu Phase 2 ansteht, und Sie erwägen zu kaufen.

Achten Sie einmal darauf, dass sich in der folgenden Abbildung der gleitende 200-Tage-Durchschnitt eindeutig nach oben verändert hat. Der gleitende 150-Tage-Durchschnitt liegt über dem gleitenden 200-Tage-Durchschnitt und die Aktie wird während der Kursaufschlagphase sowohl über dem gleitenden 150-Tage-Durchschnitt wie auch über dem gleitenden 200-Tage-Durchschnitt gehandelt. Beachten Sie auch das steigende Volumen bei den Rallyes, im Gegensatz zu geringerem Volumen bei Rücksetzern. Als bei Amgen Phase 2 eindeutig angelaufen war, hatte sich der Aktienkurs bereits um mehr als 80 Prozent vom 52-Wochen-Tief gesteigert. Das wäre der Punkt, an dem ich *anfangen* würde, einen neuen Kauf zu erwägen; vorher würde es an Bestätigung mangeln und es wäre verfrüht, will heißen, Sie laufen Gefahr, in totem Geld steckenzubleiben. Die meisten Amateure würden denken, dass der Aktienkurs zu hoch ist, und wünschen, sie hätten gekauft, als er noch niedriger war, verwenden also quasi den Rückblick als Orientierung. Genau aus diesem Grund machen die meisten Amateure auch nicht das große Geld an der Börse.

Transition (daily)

Abbildung 5.2a: Tägliche Kursbalken von Amgen (AMGN) beim Übergang von Phase 1 zu Phase 2: 1987–1989

Übergangskriterien

1. Der Aktienkurs liegt sowohl über dem gleitenden 150-Tage-Durchschnitt wie auch über dem gleitenden 200-Tage-Durchschnitt.
2. Der gleitende 150-Tage-Durchschnitt liegt über dem gleitenden 200-Tage-Durchschnitt.
3. Der gleitende 200-Tage-Durchschnitt hat sich nach oben gedreht.
4. Eine Reihe höherer Hochs und höherer Tiefs ist aufgetreten.
5. Starke Aufwärtswochen bei Volumenspitzen stehen geringem Volumen bei Rücksetzern gegenüber.
6. Beim Volumen gibt es mehr Aufwärts- als Abwärtswochen.

Transition (weekly)

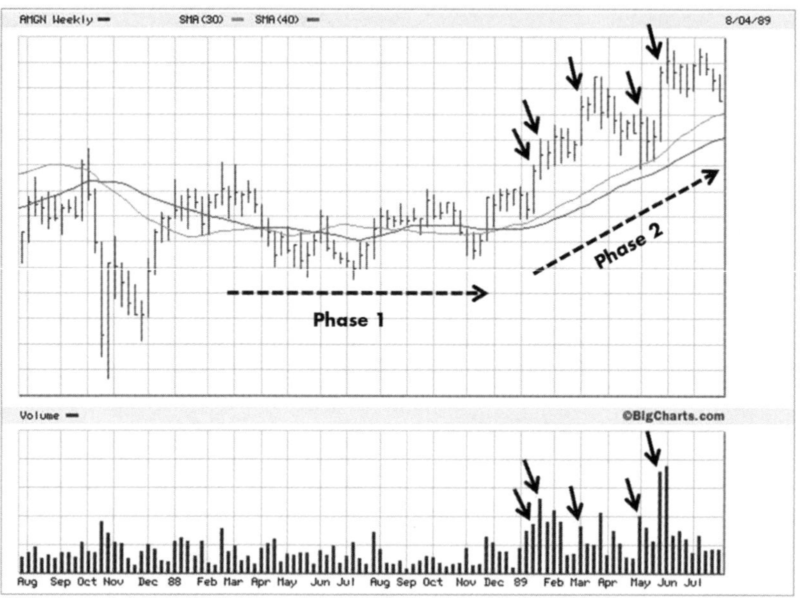

Abbildung 5.2b: Wöchentliche Kursbalken von Amgen (AMGN) beim Übergang von Phase 1 zu Phase 2: 1987–1989

Obwohl es möglicherweise ohne Vorwarnung passiert, kann der Übergang zu Phase 2 auch durch überraschende Nachrichten ausgelöst werden, wie zum Beispiel eine vorteilhafte regulatorische Änderung, eine vielversprechende Geschäftsperspektive oder ein neuer CEO, dessen Vision die Aussichten des Unternehmens verbessert. Vielleicht handelt es sich aber auch um ein neues Unternehmen, das plötzlich mit einer großen Gewinnüberraschung, die sämtliche Prognosen übertrifft, Aufmerksamkeit erregt.

Wenn sich der sprichwörtliche Wind dreht und Sie ihn nun eindeutig im Rücken haben, signalisiert der Übergang in Phase 2 das Potenzial für freie Fahrt nach vorn. Mit einer Zunahme der Gewinndynamik (in manchen Fällen auch der Gewinnerwartungen) beginnt der Aktienkurs zu steigen, wegen des Anstiegs der Aktiennachfrage, da große institutionelle Anleger hohe Stückzahlen kaufen. Ein Volumenchart zu Tages- und Wochenkursen zeigt große Aufwärtsbalken, die für ein ungewöhnlich großes Volumen bei Rallyes stehen, im Gegensatz zu geringerem Volumen bei Kursrücksetzern. Diese Zeichen von Akkumulation sollten bei jedem Übergang in Phase 2 vorliegen.

Ist Phase 2 angelaufen, bewegt sich der Aktienkurs in einem Treppenmuster mit höheren Höhen und höheren Tiefen. Der Aktienkurs kann sich an diesem Punkt verdoppelt oder gar verdreifacht haben; möglicherweise ist das aber erst der Anfang. Die Aktie könnte noch sehr viel höher steigen. Wenn das Unternehmen weiterhin hohe Gewinne verzeichnet, wird die Wachstumsrate schon bald viel Aufmerksamkeit erregen, gefolgt von Käufen, vor allem wenn das Unternehmen mehrere Quartale mit beeindruckenden Gewinnzuwächsen meldet.

Merkmale von Phase 2

- Der Aktienkurs liegt über dem gleitenden 200-Tage- (40-Wochen-) Durchschnitt.
- Der gleitende 200-Tage-Durchschnitt befindet sich im Aufwärtstrend.
- Der gleitende 150-Tage- (30-Wochen-) Durchschnitt liegt über dem gleitenden 200-Tage- (40-Wochen-) Durchschnitt.
- Der Aktienkurs befindet sich klar im Aufwärtstrend, definiert durch höhere Höhen und höhere Tiefen in einem Treppenmuster.
- Kurzfristige gleitende Durchschnitte liegen über den langfristigen gleitenden Durchschnitten (zum Beispiel liegt der gleitende 50-Tage-Durchschnitt über dem 150-Tage-Durchschnitt).
- Volumenspitzen an starken Aufwärtstagen und -wochen stehen im Gegensatz zu Volumenrückgängen während normaler Kursrückgänge.
- Es gibt mehr Aufwärtstage und -wochen mit überdurchschnittlichem Volumen als Abwärtstage oder -wochen mit überdurchschnittlichem Volumen.

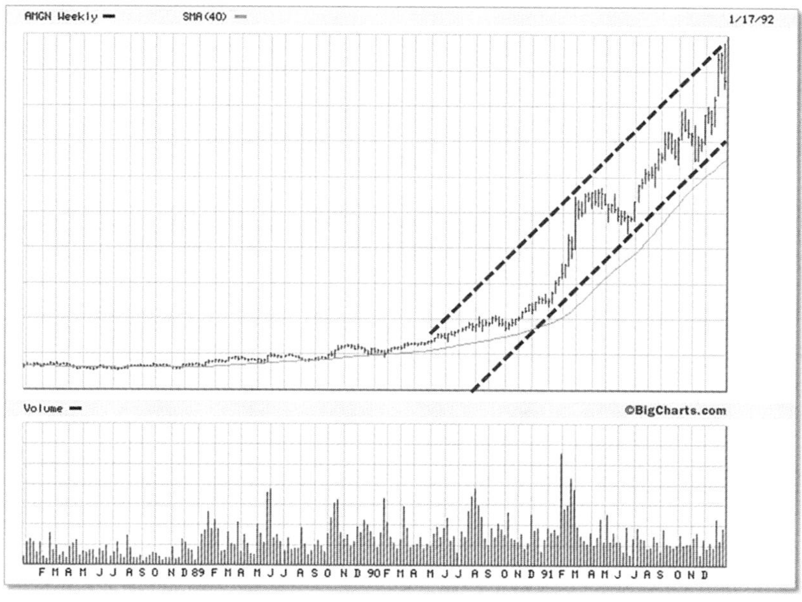

Abbildung 5.3: Amgen (AMGN) in Phase 2: 1992

Phase 3 – Die Gipfelphase

Wie es so schön heißt, hat alles Gute sein Ende. Am Markt können Aktien nicht unbegrenzt das Momentum aufrechterhalten und immer höhere Prozente an Gewinnwachstum ausstoßen. Irgendwann steigen die Gewinne zwar noch, aber nicht mehr so stark. Der Aktienkurs mag sich weiterhin nach oben schieben, allerdings erfährt er womöglich mehr Volumenrückgänge und zunehmende Volatilität.

Während Phase 3 befindet sich die Aktie nicht länger unter extremer Akkumulation. Stattdessen wechselt sie von den Händen starker Käufer in die schwächerer. Cleveres Geld, das früh gekauft hat, als die Aktie zu steigen begann, erzielt nun Gewinne, verkauft in die letzten Anzeichen von Kursstärke. Wenn das eintritt, sind die Käufer auf der anderen Seite der Transaktion die schwächeren Spieler, die von der Aktie wissen, weil sie einen dramatischen Lauf hingelegt und für Schlagzeilen gesorgt hat. Anders ausgedrückt, ist das Kaufen der Aktie zu gehäuft und offensichtlich geworden. Die Ausschüttungsphase weist ein Gipfel-Muster auf. Die Volatilität nimmt merklich zu und die Aktie wird im Vergleich zu den Handelsmustern in Phase 2 unbeständiger.

Gewinnprognosen, die kontinuierlich gestiegen sind bei positiven Überraschungen, werden irgendwann zu hoch sein, um noch übertroffen werden zu können. Ein Unternehmen kann nicht dauerhaft die Prognosen übertreffen. Irgendwann wird sich die Dynamik des EPS (Earnings per Share; Gewinn je Aktie oder Aktienrendite) verlangsamen. Entweder wird der Aktienkurs diese Veränderung antizipieren und niedriger ausfallen als vor dem Gewinnereignis, oder es folgen mehrere Quartale verlangsamenden Gewinnwachstums (Verlangsamung) und ein Absturz des Aktienkurses.

Merkmale von Phase 3

- Die Volatilität nimmt zu, die Aktie bewegt sich in größeren Schwüngen vor und zurück. Obwohl das Kursmuster insgesamt ähnlich der Phase 2 aussehen mag – die Aktie geht nach oben –, ist die Kursbewegung viel unregelmäßiger.
- Für gewöhnlich gibt es einen Anstieg des Volumens mit einhergehendem starkem Kurseinbruch. Oftmals handelt es sich dabei um den stärksten Tagesrückgang seit Beginn des Phase-2-Anstiegs. Auf einem Wochenchart kann die Aktie als größter Wochenrückgang seit Beginn der Kursbewegung abgebildet sein. Die Kurseinbrüche treten nahezu immer bei überwältigendem Volumen auf.
- Der Aktienkurs kann seinen gleitenden 200-Tage-Durchschnitt unterschreiten. Die Kursvolatilität um die gleitende 200-Tage- (40-Wochen-) Durchschnittslinie ist hoch, da viele Aktien in Phase 3 während des Überschreitens des Höhepunkts mehrmals über und unter den 200-Tage-Durchschnitt federn.

- Der gleitende 200-Tage-Durchschnitt wird den Aufwärtsschwung verlieren, sich abflachen und dann in den Abwärtstrend kippen.

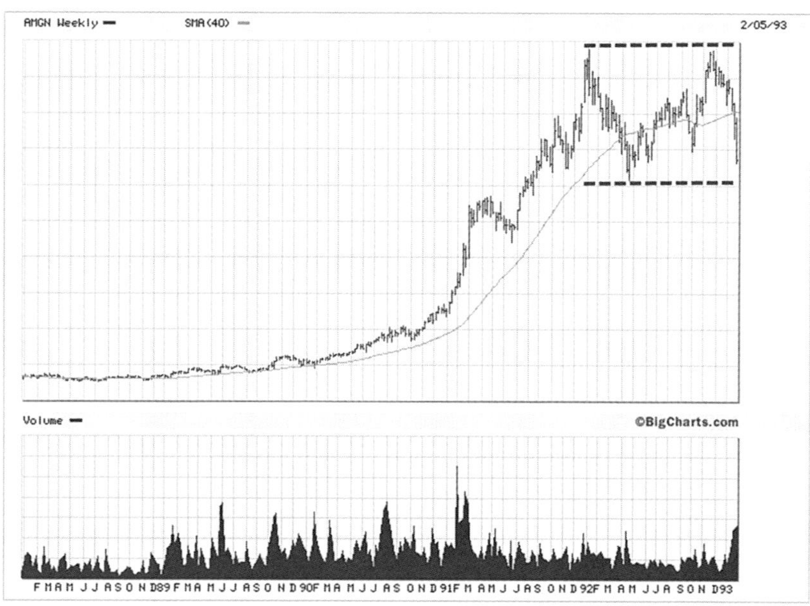

Abbildung 5.4: Amgen (AMGN) in Phase 3: 1993

Phase 4 – Abstiegsphase: Kapitulation

Wenn das Unternehmen beginnt, sein EPS-Momentum zu verlieren und sich die Gewinne verringern, wird es an einem Punkt eine negative Überraschung geben. Das Unternehmen wird eine Gewinnprognose nicht erfüllen oder Gewinne vorankündigen und dann gegenüber den Wall-Street-Analysten nach unten korrigieren. Für manche Aktien in bestimmten Branchen kann das durch die Lagerbestände vorhergesagt werden: ein Anstieg gelagerter Endprodukte oder Einzelhandelswaren, die eine sinkende Nachfrage oder einen stärkeren Konkurrenzkampf im Markt widerspiegeln, was die Wachstumsperspektive des Unternehmens beeinträchtigt. Was sich einst von einem Aufwärtstrend in eine Gipfelphase (oder auch Topping-Phase) entwickelte, hat sich in einen voll erblühten Phase-4-Abwärtstrend umgewandelt.

Während Phase 4 werden die Gewinnmodelle für gewöhnlich nach unten korrigiert, was der Aktie noch mehr Verkaufsdruck auferlegt. Der Verkauf in Phase 4 kann sich über längere Zeit hinziehen, bis er sich schließlich erschöpft und die Aktie in die Phase der Vernachlässigung eintritt. Wenn eine Aktie auf niedrigem Niveau stagniert, befindet sie sich wieder in Phase 1. Es kann lange dauern, bis das Unternehmen wieder in die Wachstumsspur kommt und zu starken Gewinnen zurückkehrt. Möglicherweise verharrt das Unternehmen viele Jahre in diesem Stadium. In manchen Fällen endet das mit dem Bankrott.

Phase 4 ist im Hinblick auf Kurs und Volumen im Wesentlichen das Gegenteil von Phase 2, mit höherem Volumen an Tagen mit Abwärtsbewegung und niedrigerem Volumen an Tagen mit Aufwärtsbewegung. Sie sollten unbedingt vermeiden, eine Aktie zu kaufen, die sich in Phase 4 befindet.

Merkmale von Phase 4

- Der Großteil der Kursbewegungen vollzieht sich *unter* dem gleitenden 200-Tage-(40-Wochen-) Durchschnitt.
- Der gleitende 200-Tage-Durchschnitt, der in Phase 3 flach oder nach unten gerichtet war, befindet sich nun in einem eindeutigen Abwärtstrend.
- Der Aktienkurs nähert sich einem neuen 52-Wochen-Tief oder erreicht es.
- Das Aktienkursmuster weist eine Reihe niedriger Tiefen und niedriger Höhen aus, in Stufen nach unten.
- Kurzfristige gleitende Durchschnitte unterschreiten die langfristigen gleitenden Durchschnitte.
- Volumenspitzen an starken Abstiegstagen und -wochen stehen Rallyes mit geringem Volumen gegenüber.
- Es gibt mehr Abstiegstage und -wochen mit überdurchschnittlichem Volumen als Aufstiegstage und -wochen mit überdurchschnittlichem Volumen.

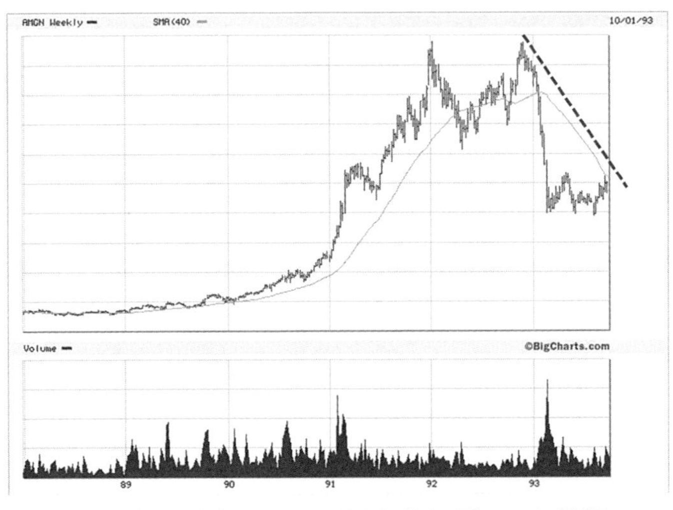

Abbildung 5.5: Amgen (AMGN) in Phase 4: 1993

Der Zyklus der Kursreifung

Nachdem wir die vier Phasen separiert haben, ist es wichtig zu verstehen, dass das Studium der vier Phasen des Lebenszyklus einer Aktie nicht dazu gedacht ist, exakte Zeitpunkte zu lokalisieren, was eine noch präzisere Herangehensweise und Strategie erfordert, auf die ich im Folgenden eingehen werde. Die vier Phasen sind jedoch äußerst nützlich, um einen Eindruck davon zu bekommen, wo sich eine Aktie preislich gesehen in ihrem Lebenszyklus gerade befindet und dies dann damit zu vergleichen, wo in seinem Gewinnzyklus sich das Unternehmen befindet. Eine Aktie kann den Zyklus viele Male durchlaufen. Beim Studieren der vier Phasen werden Sie deutlich erkennen, dass Sie in Phase 2 daran teilhaben wollen. Ich bin rein gar nicht daran interessiert einzusteigen, wenn sich die Aktie noch in Phase 1 befindet, und ich möchte mich definitiv nicht mehr am Ende von Phase 3 dort aufhalten, geschweige denn in Phase 4.

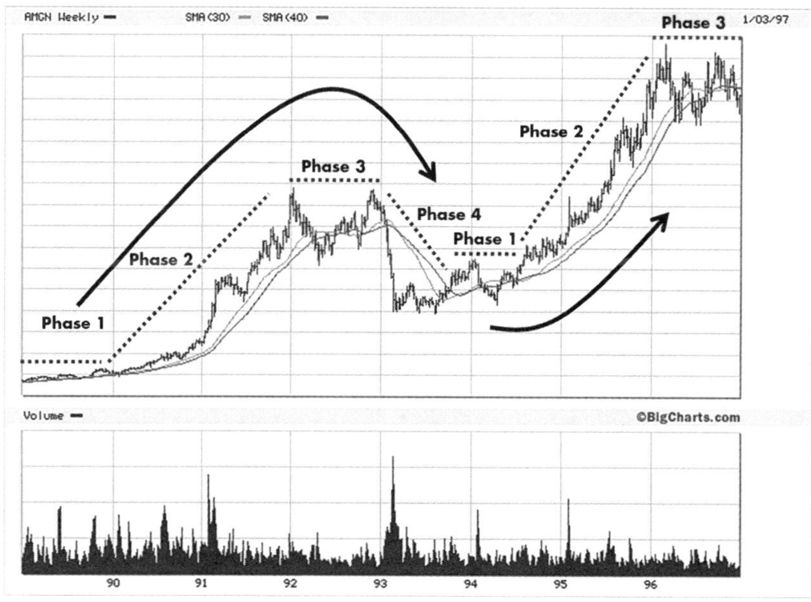

Abbildung 5.6: Amgen (AMGN) 1989–1997

Wenn man Amgen als Beispiel für einen Aktienzyklus in den verschiedenen Phasen heranzieht, sieht man eindeutig, warum Sie während Phase 2 kaufen und es in den anderen Phasen vermeiden wollen.

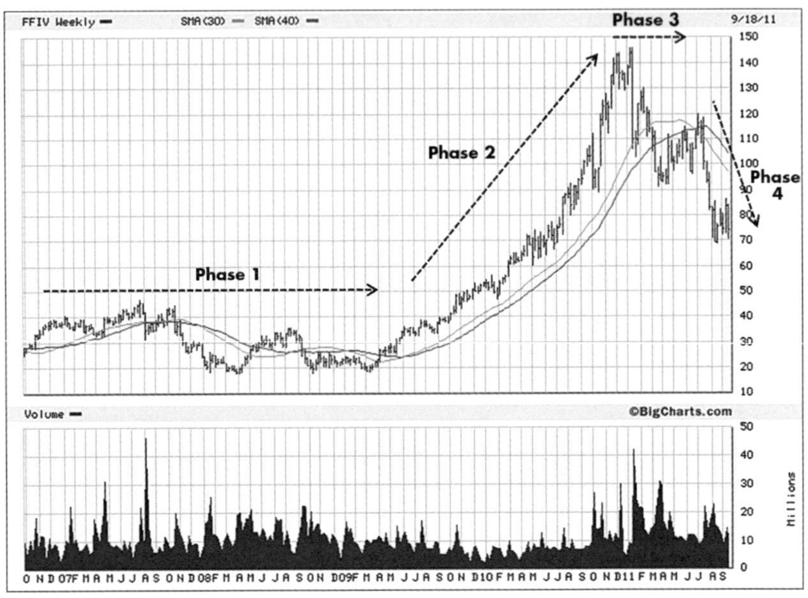

Abbildung 5.7: F5 Networks 2007–2011. *F5 Networks ging rasch von Phase 3 zu Phase 4 über und fiel in nur acht Monaten um mehr als 50 Prozent ab.*

Abbildung 5.8: Weight Watchers (WTW) 2009–2012. *Die Aktie von Weight Watchers erreichte im Mai 2011 den Gipfelpunkt, hielt sich dann aber ein Jahr oben in Phase 3, bevor sie überging in Phase 4.*

Abbildung 5.9: Novell (NOVL) 1989–1998. *Novell erreichte 1993 den Gipfelpunkt. Abgesehen von einer Bärenfallen-Rallye im Jahr 1995 verbrachte der Aktienkurs die folgenden vier Jahre in Abstiegsphase 4 und fiel um mehr als 80 Prozent.*

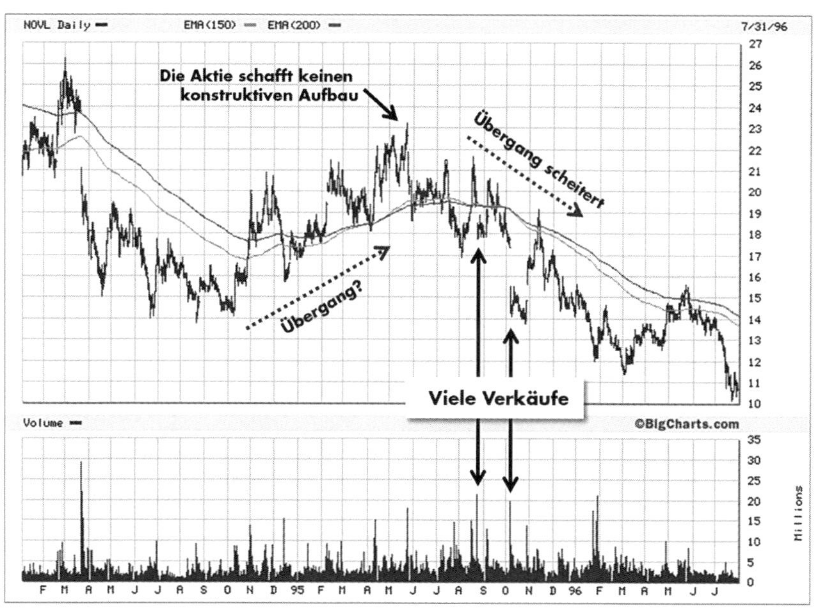

Abbildung 5.10: Novell (NOVL) 1994–1996. *Novell schaffte nicht den Übergang in Phase 2 und einen konstruktiven Aufbau.*

Wie man Phase 2 lokalisiert

Wie ich bereits sagte, zeigt die Geschichte, dass sich praktisch jede Superperformance-Aktie in einem eindeutigen Aufwärtstrend befand, *bevor* sie ihre großen Fortschritte erlebte. Tatsächlich wurden 99 Prozent der Superperformance-Aktien *vor* ihrem großen Kursanstieg über ihrem gleitenden 200-Tage-Durchschnitt gehandelt und 96 Prozent über ihrem gleitenden 50-Tage-Durchschnitt.

Ich wende die Kriterien der Trendvorlage (siehe unten) bei jeder einzelnen Aktie an, die ich in Erwägung ziehe. Die Trendvorlage fungiert als Qualifikationskriterium. Sobald eine Aktie nicht die Kriterien der Trendvorlage erfüllt, ziehe ich sie nicht in Betracht. Selbst wenn die Fundamentaldaten überzeugend sind, muss sich die Aktie in einem langfristigen Aufwärtstrend befinden – gemäß der Trendvorlage –, damit ich sie als Kandidaten in Erwägung ziehe. Wenn Investoren den Aktientrend nicht identifizieren, laufen sie Gefahr zu kaufen, wenn sich die Aktie in einem gefährlichen Abwärtstrend befindet, und während eines explosiven Aufwärtstrends zu verkaufen oder während einer seitwärts verlaufenden Vernachlässigungsphase Kapital in einer verlorenen Aktie zu binden. Es ist wichtig zu betonen, dass eine Aktie alle acht Kriterien der Trendvorlage erfüllen muss, um als in einem bestätigten Aufwärtstrend der Phase 2 befindlich eingestuft zu werden.

Trendvorlage

1. Der aktuelle Aktienkurs liegt sowohl über der gleitenden 150-Tage- (30-Wochen-) Durchschnitt-Kurslinie wie auch über der 200-Tage- (40-Wochen-) Linie.
2. Der gleitende 150-Tage-Durchschnitt liegt über dem 200-Tage-Durchschnitt.
3. Die Linie des gleitenden 200-Tage-Durchschnitts führt seit mindestens einem Monat nach oben (vorzugsweise in den meisten Fällen seit vier bis fünf Monaten).
4. Der gleitende 50-Tage- (10-Wochen-) Durchschnitt liegt sowohl über dem gleitenden 150-Tage- als auch über dem gleitenden 200-Tage-Durchschnitt.
5. Der aktuelle Handelskurs der Aktie liegt über dem gleitenden 50-Tage-Durchschnitt.
6. Der aktuelle Aktienkurs übersteigt sein 52-Wochen-Tief um mindestens 30 Prozent. (Bei vielen der besten Kandidaten sind es sogar 100 oder 300 Prozent oder noch mehr über dem 52-Wochen-Tief, bevor sie aus einer soliden Konsolidierungsphase aufsteigen und nach oben schießen.)
7. Der aktuelle Aktienkurs erreicht mindestens 25 Prozent seines 52-Wochen-Hochs (je näher er an einem neuen Höchstwert ist, desto besser).
8. Der Indikator der Relativen Stärke (gemäß *Investor's Business Daily*) ist nicht tiefer als 70, sondern befindet sich vorzugsweise in den 80ern oder 90ern, was bei den besseren Kandidaten für gewöhnlich auch der Fall ist.

Gezeiten reiten: Die richtige Welle abpassen

Durch das Anwenden der Kriterien der Trendvorlage werden Sie in der Lage sein, sofort Unternehmen zu identifizieren, die sich in einem Aufwärtstrend in Phase 2 befinden, ohne dass Vermutungen die Grundlage sind. Aber wir kaufen eine Aktie nicht nur, weil sie sich zufällig gerade in einem Aufwärtstrend in Phase 2 befindet. Deshalb ist es wichtig zu berücksichtigen, was im Laufe des Aufstiegs in Phase 2 passiert. Stellen Sie sich diese Aufwärtsbewegung einmal bildlich als steigende Flut vor. Wie Sie wissen, kommt die Flut nicht auf einen Schlag, sie erfolgt sukzessive durch Wellen, die den Wasserstand stetig erhöhen. Die Gesamtrichtung des Trends ist nach oben, aber innerhalb dieser Bewegung gibt es Schübe oder Wellen.

Innerhalb eines langfristigen Aufwärtstrends (der Flut) gibt es kurz- oder mittelfristige Kursbewegungen (die Wellen) in Form von Rückgängen oder Stagnation. Diese kurzfristigen Bewegungen können von vier oder fünf Wochen bis zu einem Jahr oder in vielen Fällen mehreren Jahren andauern. Meistens dauern die grundlegenden Muster, die sich während eines Aufwärtstrends in Phase 2 einstellen, zwischen 5 und 26 Wochen. Während dieser Grundlagen-Perioden bewegt sich der Aktienkurs für eine Weile seitwärts, als würde er Luft holen, bevor er den nächsten Sprung nach oben macht. Dieser Seitwärtskurs ist nicht zu verwechseln mit dem Zustand in Phase 1. Die Aktie befindet sich nun im Aufwärtstrend der Phase 2 und begibt sich stufenweise von einer Basis zur nächsten hinauf. Das wird sich während des gesamten Phase-2-Fortschritts so fortsetzen.

Wo auf dem Berg sind wir? Die Basis entscheidet

Wechseln wir zu einer anderen Metapher. Stellen Sie sich die Bewegung des Kurses einer Aktie durch die vier Phasen ihres Lebenszyklus als die Umrisse eines Berges vor, vom Flachland hinauf zum Gipfel und wieder zurück. Während der Berg auf der linken Seite ansteigt (Phase 2), gibt es Bereiche, in denen der Weg oder Anstieg kleine Plateaus erreicht. An diesen Stellen würde der Bergsteiger ein Basiscamp errichten, sich ausruhen, Kraft tanken und sich bereit machen für die nächste Phase des Aufstiegs zum Gipfel. Genau das passiert auch mit einer Aktie. Nach einem Aufwärtslauf kommt es zu Gewinnmitnahmen, die einen vorübergehenden Kursrückgang herbeiführen, während eine Aktie eine Basis aufbaut. Wenn sich die Aktie mitten in etwas Signifikantem befindet, wird der langfristige Trend wieder aufgenommen. Die kurzfristigen Pausen erlauben es der Aktie, den vorherigen Aufstieg zu verdauen, damit sie noch höher steigen kann, wenn sie aus einer konstruktiven Konsolidierungsphase hervortritt.

Irgendwann verebbt das Aufwärtsmomentum; die Aktie ermüdet und es geht nicht höher. Das ist wie das Erreichen des Gipfels, es gibt kein weiteres Bergstück mehr zu erklimmen, nun kommt der Abstieg. Dieser erfolgt für gewöhnlich, nachdem sich auf dem Weg nach oben in Phase 2 vier oder fünf Basisplateaus gebildet haben. Das letzte Basisplateau fällt mit dem Punkt zusammen, an dem die Akkumulationsphase der Aktie zu offensichtlich geworden ist und den letzten Rest der starken institutionellen Nachfrage abgreift.

Die Basisplateaus 1 und 2 ergeben sich im Allgemeinen aus einer Marktkorrektur, was der beste Zeitpunkt ist, um an Bord eines neuen Trends zu gehen. Beim Aufwärtstrend in Phase 2 entstehen eine Reihe kleiner Basisplateaus, wobei die dritte Basis ein wenig offensichtlicher, aber immer noch handelbar ist. Wenn die vierte oder fünfte Basis auftaucht (falls es so weit kommt), wird der Trend extrem offensichtlich und befindet sich definitiv in einem späten Stadium. Zu diesem Zeitpunkt kommt es häufiger zu abrupten Basisabstürzen. Manche Aktien können jedoch in parabolischer Form aufdrehen zu einem Höhepunktlauf oder Blow Off. Das Zählen der Basisplateaus allein wird Ihnen nicht verraten, ob eine Aktie die Spitze erreicht hat oder noch wesentlich steigen wird. Kombiniert mit einer genauen Kurs- und Volumenanalyse sowie einer Analyse der Fundamentaldaten, kann es jedoch ein wirkungsvolles Werkzeug sein. Das Basis-Zählen wurde vor vielen Jahren von Bill O'Neil und David Ryan eingeführt; es ist ein wertvoller Weg, um zu ermitteln, an welcher Stelle im Kursreifungszyklus sich die Aktie befindet.

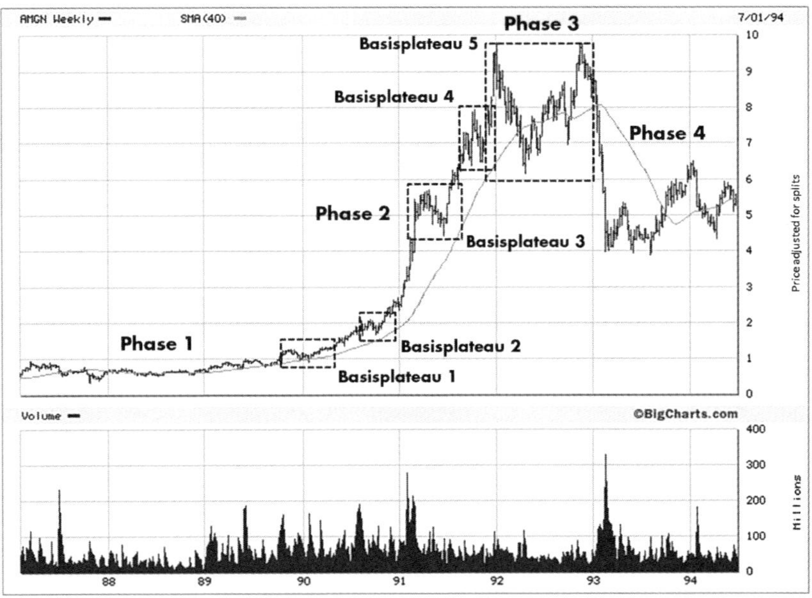

Abbildung 5.11: Amgen (AMGN) 1987–1994. *1992 bildete Amgen eine Doppelspitze, bevor Phase 3 beendet wurde und in einen abrupten Phase-4-Abstieg überging.*

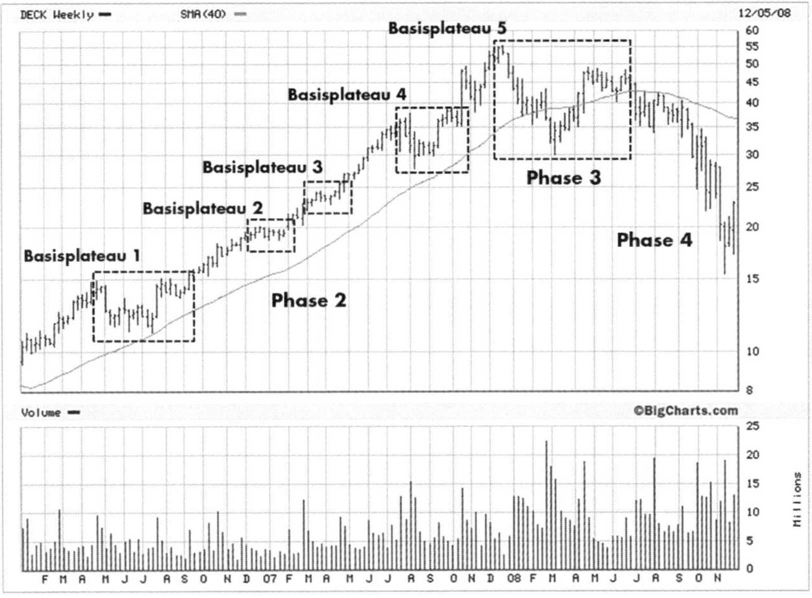

Abbildung 5.12: Deckers Outdoor (DECK) 2006–2008. *2008 bildete Deckers Outdoor eine Phase-3-Spitze, die von einem relativ breiten fünften Basisplateau gekennzeichnet war.*

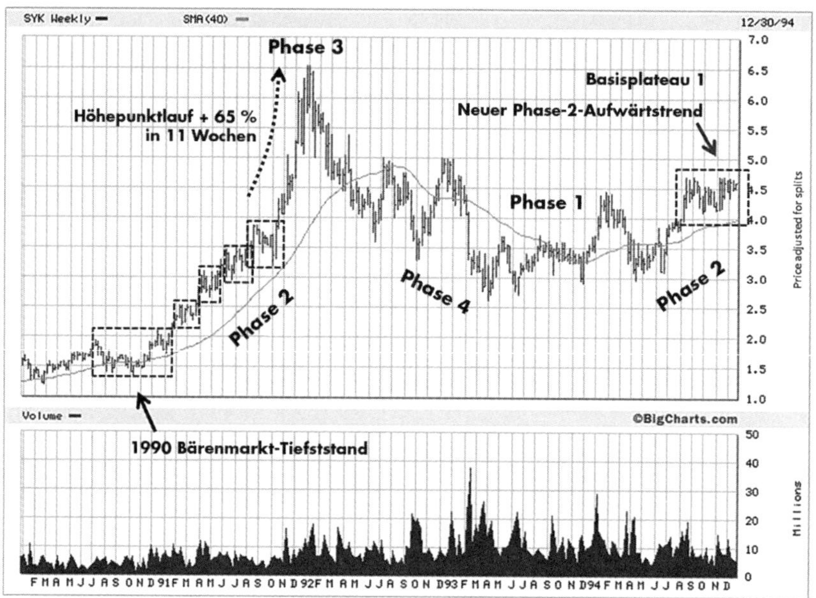

*Abbildung 5.13: **Stryker Corp. (SYK) 1990–1995.** 1991 erreichte Stryker nach einem Höhepunktlauf die Spitze. Fünf Jahre später entwickelte sich ein neues Basisplateau während eines neuerlichen Phase-2-Aufwärtstrends.*

Vertrauen ist gut, Kontrolle ist besser

Ohne eine Bestätigung durch den Markt, nämlich den Aktienkurs, setze ich nur begrenzt Vertrauen in meine Fundamental-Ideen über ein bestimmtes Unternehmen. In meinen Augen ist das ganz einfach: Wenn das Management eines Unternehmens und seine Produkte so großartig sind, dann sollte die Aktie diese Fundamentaldaten irgendwann auch widerspiegeln. Wenn starke Fundamentaldaten nicht durch den Aktienkurs bestätigt werden, ist die Zukunft des Unternehmens möglicherweise nicht ganz so strahlend, wie es scheint. Oder die Investorenwahrnehmung des Unternehmens hat sich nicht geändert oder noch nicht materialisiert. Sie möchten an Bord gehen, wenn institutionelles Geld in die Aktie fließt und deren Kurs merklich anhebt. Um das zu tun, brauchen Sie die Bestätigung, dass dieser Kapitalzufluss erfolgt, bevor Sie investieren.

Warum ist eine Kursbewegung so wichtig? Selbst wenn Sie bei Ihrer Fundamentaldatenanalyse des Unternehmens richtig liegen, so ist es die Wahrnehmung der Investoren, die zu Kaufaufträgen führt, und Sie werden große Kaufaufträge bei Ihrer Aktie benötigen, damit der Kurs signifikant steigt. Denken Sie daran: Wenn die Gemeinschaft der institutionellen Investoren nicht das sieht, was Sie sehen, kann Ihre Aktie für sehr lange Zeit vor sich hinschlummern. Warum herumsitzen und warten, wenn Sie Ihr Geld in eine andere Aktie stecken können, die sich bereits im Auftrieb befindet und die Unterstützung großen institutionellen Volumens angezogen hat?

Um Ihr Kapital schnell aufzuzinsen, müssen Sie dort sein, wo die Musik spielt; Sie können es sich nicht leisten, dass Ihr Kapital in einer Aktie gebunden ist, die darauf wartet, dass das, was Sie für eine großartige Fundamental-Story halten, auch vom Rest der Welt erkannt wird. Ich bin bereit, einer Aktie auf die Sprünge zu helfen, wenn mir im Gegenzug jemand bestätigt, dass sich der Trend definitiv in Phase 2 befindet und sich ein gewisses Momentum aufbaut. Das Ziel besteht nicht darin, die Aktie zu kaufen, wenn sie am wenigsten kostet, sondern sie im kürzesten Zeitraum zu beträchtlich mehr zu verkaufen als dem, was Sie dafür bezahlt haben. So erreicht man Superperformance.

Achten Sie auf eine Trendumkehr

Irgendwann wird Ihre Aktie den Höchstkurs erreichen und den Höhepunkt überschreiten. Das kann mit oder ohne Vorwarnung passieren. Wie sehr Sie auch an einem bestimmten Wertpapier hängen mögen, es ist wichtig, eine Trendwende zu entdecken, und noch wichtiger, sie auch zu respektieren. Aktien überschreiten oft den Höhepunkt, wenn die Gewinne immer noch gut aussehen. Investoren, die darauf warten, dass sich das Gewinnbild verdüstert, bevor sie im Angesicht der Spitze in Phase 3 oder dem Abstieg in Phase 4 aktiv werden, enden oft mit einem Riesenverlust oder geben zumindest viel, wenn nicht gar alles von ihren Gewinnen wieder ab. Wenn die ersten Signale auftauchen, dass nach einem langen, ausgedehnten Kursanstieg der Gipfel erreicht ist, sollten Sie Ihre Gewinne abräumen und sich zum Ausgang begeben. Unternehmen werden Rekordgewinne melden und versuchen, einen Hype zu erzeugen, um die Aktienkurse oben zu halten. Beobachten Sie aufmerksam die Aktienkursbewegung im Hinblick auf wertvolle Hinweise, in welche Richtung sich institutionelle Anleger lehnen und neigen Sie sich wie Schilf im Wind mit ihnen. Falls Sie unflexibel sind und sich gegen die starke Macht des institutionellen Geldflusses stellen, riskieren Sie, wie ein brüchiger Zweig abzubrechen.

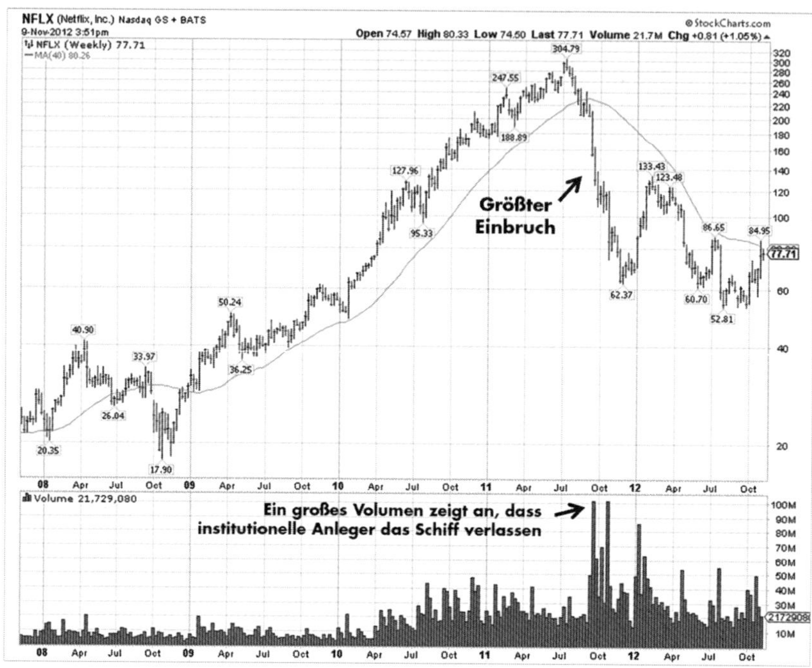

Abbildung 5.14: **Netflix (NFLX) 2008–2012.** *Im Juli 2011 stürzte Netflix bei enormem Handelsvolumen durch seinen gleitenden 40-Wochen-Durchschnitt, als die institutionellen Anleger zum Ausgang stürmten.*

Finanzaktien warnen vor drohenden Problemen

Die Nachrichtenmedien möchten Sie glauben machen, dass die Probleme im Finanzsektor 2008 aus dem Nichts kamen. In Wahrheit fielen jedoch die Aktienkurse von Finanzunternehmen im Phase-4-Abstieg schon seit vielen Monaten und warnten vor drohenden Problemen. Um eine große Katastrophe zu vermeiden, hätten Sie lediglich dem Phase-4-Abstieg Beachtung schenken und verkaufen müssen. Selbst wenn Sie nahe dem Allzeit-Hoch gekauft haben, hätten Sie nur einen relativ kleinen Verlust auf viele der Bankaktien, die in einer totalen Katastrophe endeten, erlitten – wenn Sie auf die Gefahrenzeichen geachtet hätten. Für viele Finanzaktien, wie Citigroup und Bank of America, gab es eindeutige Warnungen. Wenn Sie damals diese Aktien gehalten hätten, hätten Sie verkaufen oder Ihre Position zumindest schrittweise verringern müssen, bis Sie in Cash umgeschichtet hätten.

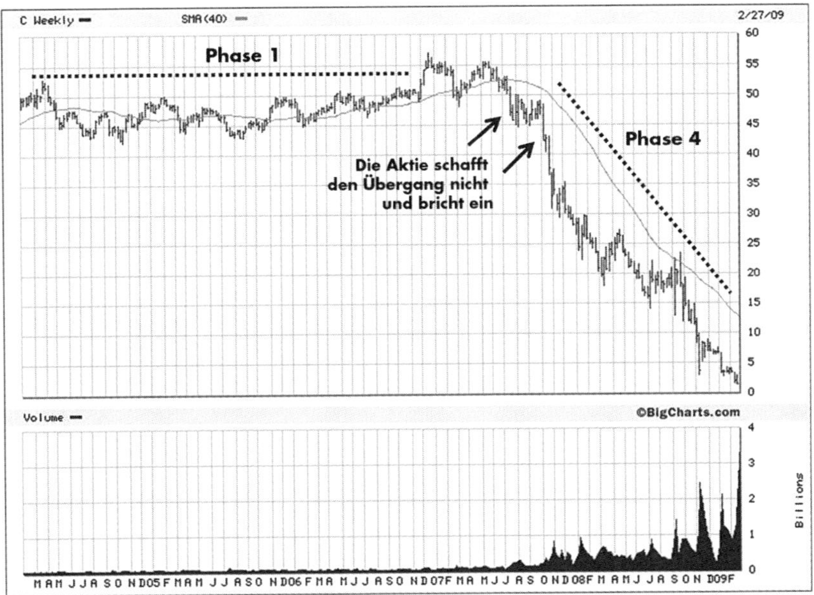

Abbildung 5.15: Citigroup (C) 2004–2009. *Ende 2007 und Anfang 2008 gab es reichlich Warnsignale, dass sich ein Phase-4-Abstieg anbahnte, lange bevor die Finanzkrise mit aller Macht zuschlug.*

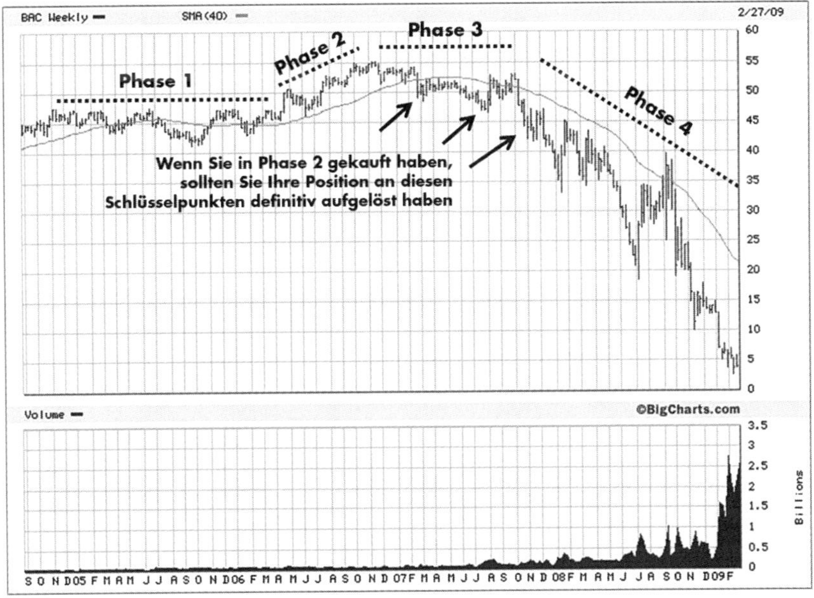

Abbildung 5.16: Bank of America (BAC) 2004–2009. *Im Jahr 2001 hätten die Warnzeichen der Phase 3 Sie dazu bringen müssen, Ihre Bank-of-America-Aktien zu verkaufen. Selbst wenn Sie Ihre Position schrittweise aufgelöst hätten, hätten Sie das Gemetzel vermieden, zu dem es 2008 kam.*

Vertrauen Sie Ihren Augen, nicht Ihren Ohren

Wenn eine Aktie Anzeichen aufweist, dass sie den Gipfel erreicht hat oder, schlimmer noch, in den Abstieg der Phase 4 übergeht, sollten Sie dem vertrauen, was Sie sehen, und nicht dem, was Sie hören. Blenden Sie den Hype von Analysten und die Abzinsung von Unternehmen aus. Der Chart von Vicor zeigt, dass zu dem Zeitpunkt, als die schwachen Gewinne gemeldet wurden (was ein dramatischer Rückgang zum vorherigen Trend eines dreistelligen Gewinnwachstums war), die Aktie bereits einen heftigen Absturz erlitten hatte. Das lag daran, dass große institutionelle Investoren einen Verlust der Gewinndynamik voraussahen und daraufhin ausstiegen. Zu dem Zeitpunkt, als eine erhebliche Änderung bei den Gewinnen gemeldet wurde, war die Aktie von Vicor bereits um fast 70 Prozent gefallen.

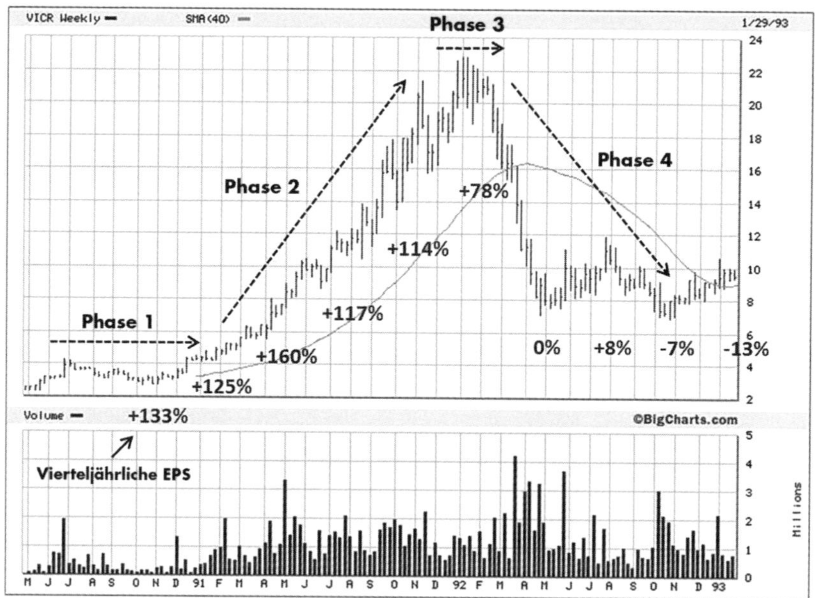

Abbildung 5.17: Vicor (VICR) 1990–1993. Zu dem Zeitpunkt, als eine erhebliche Änderung bei den Gewinnen gemeldet wurde, war die Aktie von Victor bereits um fast 70 Prozent gefallen.

Vierteljährliche EPS

Wenn Sie sich die folgende Grafik zu Crocs ansehen, achten Sie einmal darauf, wie das negative Quartal (minus 71 Prozent) lange *nachdem* die Aktie den Gipfel überschritten hatte, berichtet wurde und erst, als der Kurs bereits um 73 Prozent gegenüber seinem Höchststand gefallen war. Das zeigt deutlich, warum Sie nicht auf eine Veränderung der Fundamentaldaten warten können, wenn die Kursbewegung einer Aktie schwankend oder aggressiv in Phase 3 übergeht, oder, schlimmer noch, in Phase 4. Um Erfolg zu haben, müssen Sie den Trend und die Weisheit des Marktes respektieren. Der Wochenchart von Crocs zeigt den Massenausstieg, der stattfand, als große institutionelle Anleger ihre Positionen auflösten, während die Aktie rasch von Phase 2 zu Phase 4 überging.

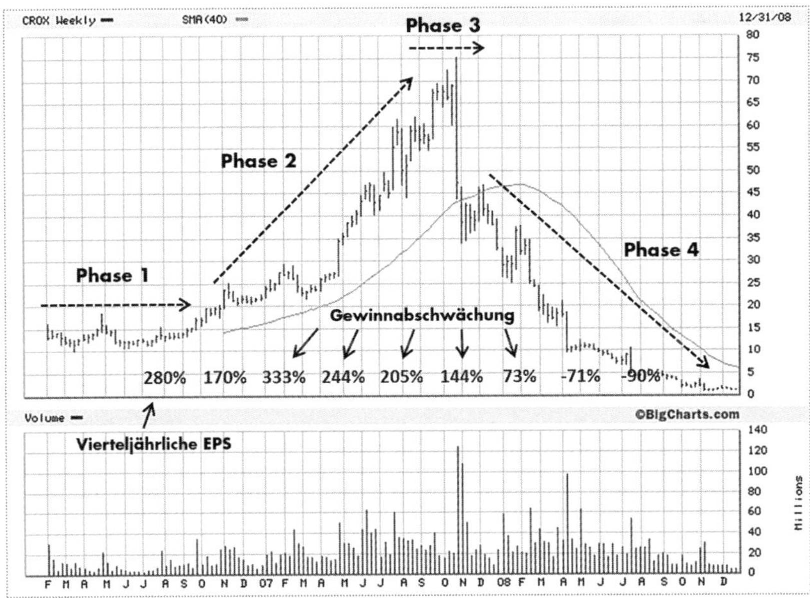

***Abbildung 5.18: Crocs (CROX) 2006–2009.** Der Wochenchart von Crocs zeigt den Massenausstieg, der stattfand, als große institutionelle Anleger ihre Positionen auflösten, während die Aktie rasch von Phase 2 zu Phase 4 überging.*

*Abbildung 5.19: **Green Mountain Coffee Roasters, Inc.** (GMCR) 2010–2012.*
Zu dem Zeitpunkt, als eine erhebliche Änderung bei den Gewinnen gemeldet wurde, war die Aktie von GMCR bereits um fast 80 Prozent gefallen.

Brokerhaus-Meinungen

Sollten Sie Aktien auf Empfehlung eines Brokerhauses kaufen? Wenn sich die Aktie im Abwärtstrend von Phase 4 befindet, dann ganz bestimmt nicht. Große Brokerhäuser empfehlen gerne Aktien, deren Kurse im Keller sind. Häufig basieren diese Hochstufungen auf Einschätzungen, die den starken Kurseinbruch der Aktie völlig ignorieren. Aktien, die auf Basis einer Einschätzung nach einem starken Kursrückgang hochgestuft wurden, als gute Kandidaten, um short zu gehen. Lernen Sie, Ihre eigene Analyse durchzuführen, und stützen Sie Ihre Käufe auf solide Kriterien, statt zu kaufen, weil Ihnen jemand sagt, dass es sich bei einer abgestürzten Aktie um einen guten Wert handle. Acht Tage, bevor die Citigroup ihr Kaufrating angehoben hat, setzten wir CMG auf unsere Verkaufs-Alarmliste. Drei Monate später war die Aktie um 40 Prozent gefallen.

Abbildung 5.20: Chipotle Mexican Grill (CMG) 2011–2012

Eine wesentliche Verhaltensänderung ist eine wichtige Warnung

Institutionelle Investoren können misstrauisch gegenüber bisher starken Performern werden: Wenn sie aussteigen, können sie die Aktie ruckartig abstürzen lassen. Wenn das passiert, müssen Sie das beherzigen. Bevor offensichtlich wird, dass sich die Fundamentaldaten verändert haben, kommt es zu einem starken Einbruch des Aktienkurses bei überwältigendem Handelsvolumen. Sollte Ihre Aktie den größten Tages- oder Wocheneinbruch seit Beginn des Anstiegs in Phase 2 aufweisen, ist das in den meisten Fällen ein Verkaufssignal – auch wenn es kurz nach einer anscheinend großartigen Gewinnmeldung folgt. Hören Sie nicht auf das Unternehmen oder die Medien; hören Sie auf die Aktie. Ich habe Unternehmen gesehen, deren Gewinnmeldungen nur ein paar Cents über den erwarteten Umsätzen lagen und dann in die Höhe schossen; und ich habe auch Unternehmen gesehen, deren Gewinne und Umsätze sehr viel besser als erwartet ausfielen, deren Aktien jedoch massiv fielen und die sich davon nicht erholten.

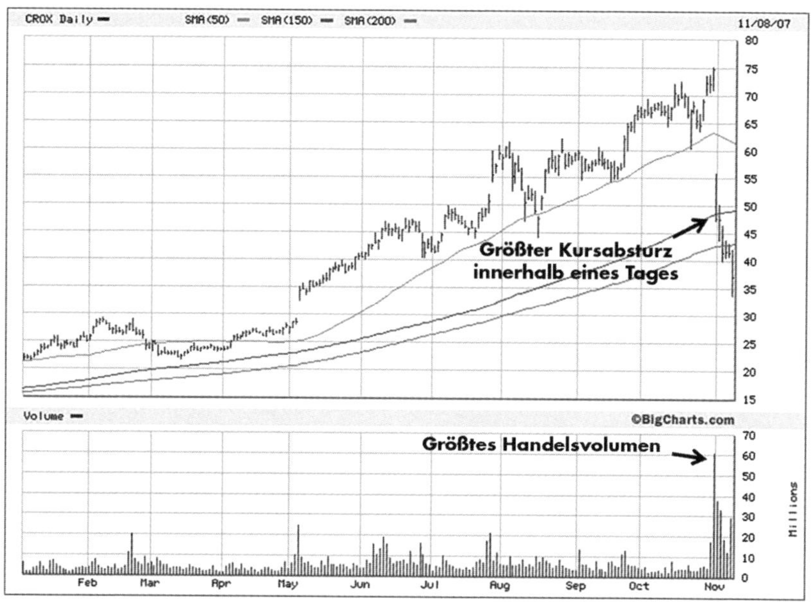

Abbildung 5.21: Crocs (CROX) 2007. *Nach einer Gewinnmeldung, die »besser als erwartet« ausfiel, fiel der Aktienkurs von Crocs (CROX) bei überwältigendem Handelsvolumen. Das war erst der Anfang dessen, was sich in den folgenden Monaten als Kursabsturz um 99 Prozent entpuppte.*

Nachdem am 31. Oktober 2007 der Markt schloss, berichtete Crocs Quartalsgewinne pro Aktie von 0,66 US-Dollar gegenüber einer allgemeinen Erwartung von 0,63 US-Dollar. Obwohl diese Meldung 144 Prozent über der vom Vorjahr lag und sogar die Schätzungen der Wall Street übertraf, fiel die Reaktion der Aktie alles andere als begeistert aus. Nach der Gewinnmeldung fiel sie an einem einzigen Tag um 36 Prozent bei überwältigendem Handelsvolumen. Ungeachtet eines Dead Cat Bounce von 5 Prozent (eine kurzfristige Erholung, die jedoch keine Trendwende nach oben herbeiführte) fiel der Aktienkurs an den folgenden Handelstagen um weitere 29 Prozent. Am 13. November 2008 wurde die Crocs-Aktie zu 0,79 US-Dollar als Kleinaktie gehandelt und war gegenüber dem Vorjahr von 75 US-Dollar um 99 Prozent abgestürzt.

Bevor sich ein grundsätzliches Problem zeigt, findet sich häufig ein Hinweis in Form einer gravierenden Veränderung des Kursverhaltens. Diese Veränderung sollten Sie stets respektieren, auch wenn Sie keinen Grund für den plötzlichen Stimmungswechsel erkennen können. Die Gewinne sehen möglicherweise immer noch gut aus. In den meisten Fällen tun Sie jedoch gut daran auszusteigen – erst schießen und danach Fragen stellen – statt darauf zu warten, den Grund zu erfahren. Wenn eine Aktie, die sich in einer starken Phase 2 befunden hat, plötzlich in ein Phase-3-Muster der Gipfelüberschreitung oder rasch in Phase 4 übergeht, dürfen Sie nicht herumsitzen und denken, dass alles in Ordnung sei. Es gibt einen Grund für die nachteilige Kursbewegung; Sie kennen ihn lediglich noch nicht. Was immer Sie auch tun, denken Sie auf keinen Fall, dass ein starker Kurseinbruch eine Kaufgelegenheit sei. Viele Investoren tappen in diese Falle: Eine Aktie in ihrem Besitz fällt plötzlich tief. In dem Glauben, dass sich der Markt irren muss und die Aktie immer noch ein guter Performer sei, entscheiden sie sich, noch mehr Anteile zu kaufen. Sie erkennen nicht, dass der Aktienkurs so tief ist, weil die großen Anleger wissen (oder zumindest vermuten), dass etwas nicht stimmt, und aussteigen. Wenn Sie sehen, dass das bei der Kursbewegung passiert, unabhängig davon, was die Fundamentaldaten sagen, ist es Zeit auszusteigen.

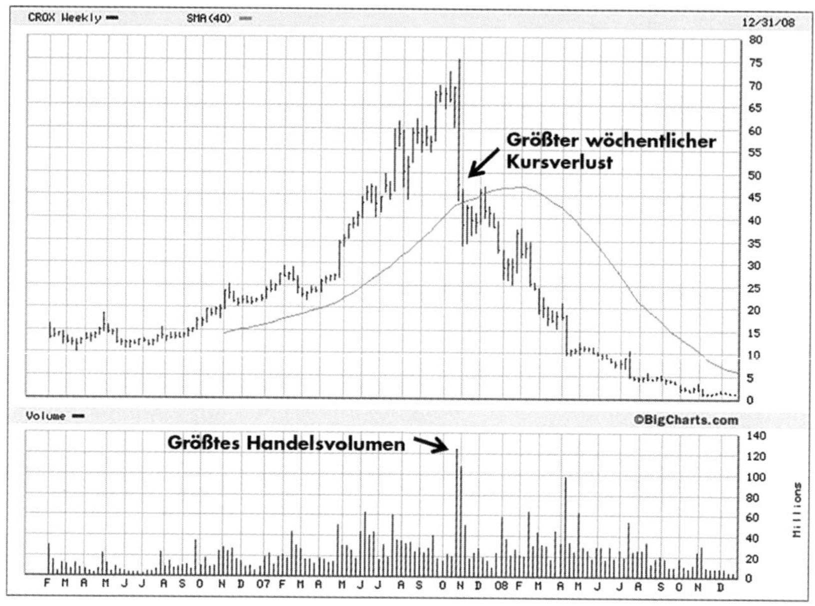

***Abbildung 5.22:* Crocs (CROX) 2006–2009.** *Der größte Tagesrückgang für Crocs wurde auch zum größten Wochenrückgang bei großem Handelsvolumen.*

***Abbildung 5.23:* OpenTable (OPEN) 2011.** *Nach einer Gewinnmeldung bricht die Aktie bei großem Handelsvolumen ein.*

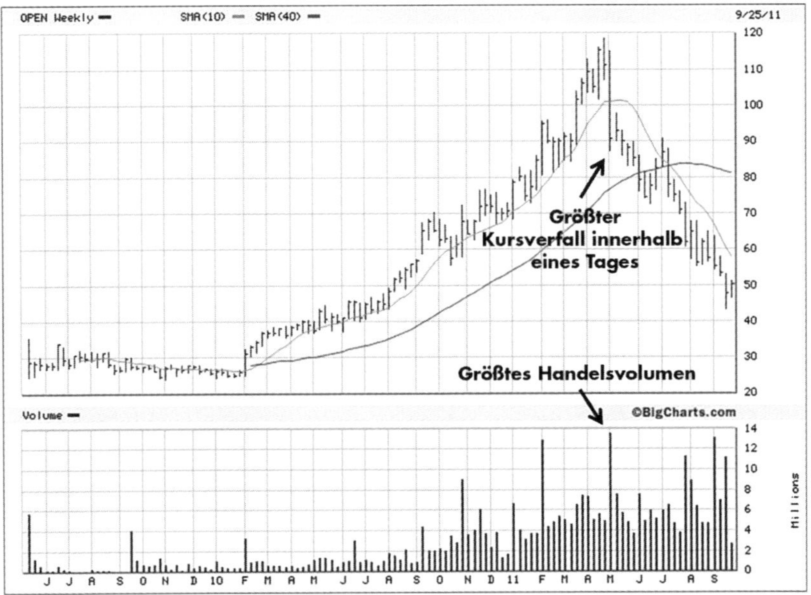

Abbildung 5.24: OpenTable (OPEN) 2011. *Der größte Kurseinbruch innerhalb einer Woche beim größten Volumenanstieg zeigte an, dass die institutionellen Anleger die Aktie abstießen.*

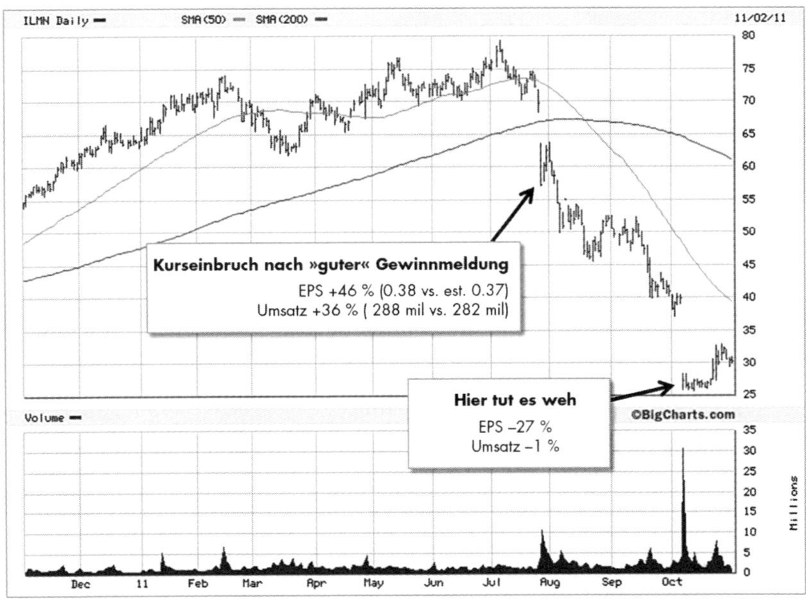

Abbildung 5.25: Illumina Inc. (ILMN) 2011. *Nach einer anscheinend guten Gewinnmeldung stürzte die Illumina-Aktie ab. Sie verlor 50 Prozent bis zur nächsten Gewinnmeldung, die sowohl bei Gewinn als auch bei Umsatz negativ war.*

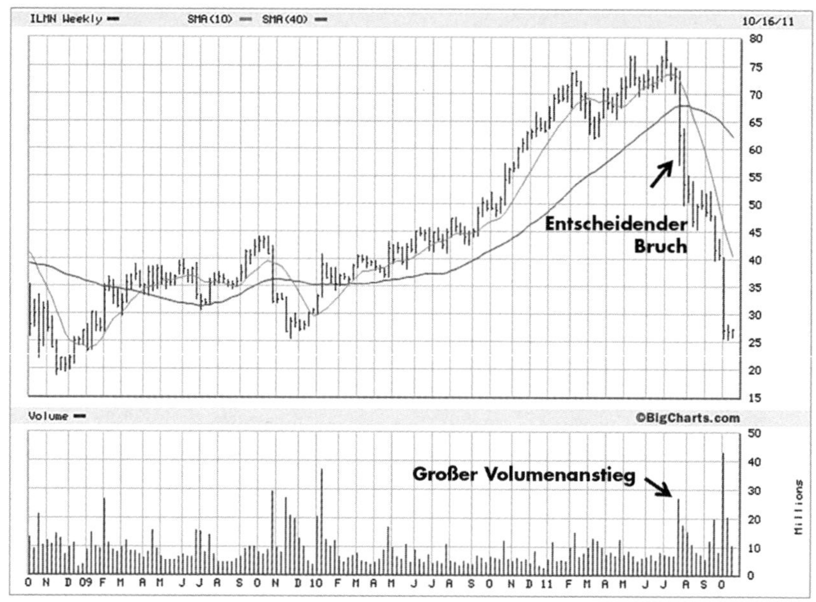

*Abbildung 5.26: **Illumina Inc. (ILMN)**. Nach der Gewinnmeldung von Illumina kam es zu einem radikalen Trendbruch.*

Lassen Sie den Wind Ihre Segel füllen

Wie wir in diesem Kapitel erörtert haben, benötigen Sie zum Erreichen von überdurchschnittlicher Performance die mächtige Kraft institutioneller Käufer auf Ihrer Seite, damit Ihr Aktienkurs weiter hinaufgetrieben wird. Ein ordentlicher Aufwärtstrend in Phase 2 liefert den Beweis, dass institutionelle Anleger mit einsteigen, ebenso wie ein Abstieg in Phase 4 das Gegenteil aufzeigt. Den langfristigen Trend auf Ihrer Seite zu haben, ist so, als hätten Sie beim Segel den Wind im Rücken. Wenn es windstill ist, haben Sie keine Chance (Phase 1). Und wenn Ihnen der Wind ins Gesicht weht, haben Sie kaum eine Chance voranzukommen (Phase 4). Der sprichwörtliche Wind in Ihren Segeln ist der langfristige Trend des großen Geldes, das synchron mit Ihnen kauft. Sie sollten zusehen, dass Sie mit dieser starken Kraft in Einklang sind. Halten Sie Aktien, die sich in einem soliden Aufwärtstrend befinden, und Sie werden sehr viel wahrscheinlicher eine Aktie besitzen, die das Potenzial hat, nach oben zu schießen und ein Superperformer zu werden.

KAPITEL 6:

KATEGORIEN, BRANCHENGRUPPEN UND KATALYSATOREN

Wenn ich den Kauf einer Aktie in Erwägung ziehe, bestimme ich als Erstes die Art von Situation, mit der ich es zu tun habe. Im Kontext der Art des Geschäfts und der Branche, in der das Unternehmen agiert, möchte ich eine Erwartung seines zukünftigen Gewinnwachstums entwickeln und herausfinden, ob diese Prognosen gemeinhin anerkannt werden und sich folglich im aktuellen Börsenkurs niederschlagen. Unternehmen zu kategorisieren ist eine gute Möglichkeit, sich eine Perspektive zu verschaffen und Ihre Gedanken über eine bestimmte Aktie zu ordnen. Das hilft Ihnen, die Art von Unternehmen zu finden, die Sie in Relation zu anderen am Markt in Erwägung ziehen, damit Sie beurteilen können, an welchem Punkt ihres Reifungszyklus oder ihrer Reifekurve sich die Aktie befindet. Unternehmen bleiben nicht für immer an derselben Stelle der Kurve und manche verbringen mehr Zeit als andere in bestimmten Phasen des Zyklus. Allerdings durchlaufen nahezu alle Unternehmen einen natürlichen Reifungsprozess. Im Laufe der Jahre habe ich Zehntausende börsennotierte Unternehmen analysiert. Dabei fand ich heraus, dass sie sich für gewöhnlich einer der folgenden Gruppen zuordnen lassen:

1. Marktführer,
2. Herausforderer,
3. institutionelle Favoriten,
4. Turnaround-Situationen,
5. zyklische Werte,
6. ehemalige Marktführer und Nachzügler.

Der Marktführer

Mein bevorzugter Aktientyp zum Investieren – der Bereich, in dem ich den größten Teil meines Geldes als Trader verdient habe – ist der Marktführer. Diese Unternehmen können am schnellsten ihre Gewinne steigern. Die stärksten Player einer Branche sind für gewöhnlich die Nummer eins, zwei und drei bei Umsatz und Gewinn und vergrößern ihre Marktanteile. Marktführer sind leicht zu erkennen, aber die meisten Investoren hindert eine psychologische Hemmschwelle, sich zum Kauf dieser Aktien zu entscheiden. Die Aktienkurse der Marktführer steigen in der Anfangsphase einer Markt-Rallye am meisten. Sie schießen als Erste in neue Höhen. Diese unglaubliche Kursstärke lässt viele Investoren denken, dass diese Aktien zu stark gestiegen seien; folglich trauen sich die meisten Investoren nicht, diese zu Superperformance fähigen Aktien zu kaufen.

Was treibt diese Aktien noch weiter in die Höhe? Institutionelle Anleger, die genug über ein Unternehmen und dessen Zukunftsaussichten wissen, liefern die größte Kaufkraft. Für sie ist nicht von Belang, wie sehr die Aktie bereits gestiegen ist, sondern vielmehr, wohin sie sich entwickelt und wie ihre zukünftige Wachstumsprognose aussieht. Die beste Wachstumssituation ist skalierbares Wachstum: ein Unternehmen, das in einer schnell wachsenden Branche Marktanteile gewinnt. Der Markt für die Produkte oder Dienstleistungen des Unternehmens ist extrem groß in Relation zur Unternehmensgröße. Und die Produkte und Dienstleistungen werden stark genug nachgefragt, damit das Unternehmen für längere Zeit mit hoher Geschwindigkeit wachsen kann. Diese Unternehmen haben überlegene Produkte und Dienstleistungen und gehören oft zu einer Wachstumsbranche; obwohl es nicht notwendig ist, dass ein Marktführer zu einer schnell wachsenden Branche beziehungsweise einem schnell wachsenden Sektor gehört. Es ist jedoch sicherlich ein zusätzlicher Pluspunkt.

Ein Unternehmen, das in einer langsam wachsenden Branche Marktanteile gewinnt, kann seine Gewinne ebenso hübsch steigern. Am wichtigsten ist, dass das Unternehmen beträchtliche Profite erwirtschaftet. Eine gute Bilanz, wachsende Gewinnmargen, hohe Eigenkapitalrendite und vertretbare Verschuldung sind allesamt Zeichen für ein gutes Management. Manche Marktführer steigern ihre Gewinne in einem gesunden Maß über längere Zeit in Branchen mit einer prozentualen Wachstumsrate im niedrigen bis mittleren einstelligen Bereich. Allerdings kann ein Unternehmen, das in einer schnell wachsenden Branche Marktanteile gewinnt oder bereits einen großen Marktanteil besitzt, seinen Gewinn in einem meteoritenhaften Tempo steigern.

Die Hauptfragen sollten lauten: »Worin besteht der Wettbewerbsvorteil des Unternehmens?« und »Ist das Geschäftsmodell skalierbar?«. Dann kommt es darauf an, dass das Management gut arbeitet und die Ware – sprich: den Gewinn – liefert.

Marktführer sind in der Lage, während ihrer Wachstumsphase enorme Kurssteigerungen zu erzielen. Für gewöhnlich erzielen sie eine Zuwachsrate von 20 Prozent oder mehr.

Viele erreichen während ihrer besten fünf oder zehn Jahre durchschnittlich 35 bis 45 Prozent. Während ihrer stärksten Wachstumsphase verdreifachen manche ihre Gewinne. Von März 1989 bis Mai 1993 erzielte Cisco Systems ein durchschnittliches vierteljährliches Gewinnwachstum von 100 Prozent. Der Kurs der Cisco-Aktie steigerte sich in dieser Periode um mehr als das 13-Fache. Während der frühen 1980er-Jahre, als Walmart ein kleines unbekanntes Unternehmen war, von dem täglich lediglich 20 000 Aktien gehandelt wurden, betrug das Gewinnwachstum in 14 aufeinanderfolgenden Quartalen im Schnitt 38 Prozent. Der Kurs der Walmart-Aktie stieg in dem Zeitraum um 1000 Prozent. Heute werden im Schnitt täglich mehr als sieben Millionen Walmart-Anteile gehandelt.

Wenn teuer in Wahrheit preiswert ist

Marktführer in der Phase starken Wachstums wirken fast immer teuer. Es ergibt nur Sinn, ein schnell wachsendes Unternehmen höher zu bewerten als ein langsam wachsendes. Das Schöne an ultraschnell wachsenden Unternehmen: Diese Unternehmen wachsen so schnell, dass die Wall Street sie nicht genau einschätzen kann. Das kann dazu führen, dass eine Aktie unter Wert eingestuft wird und somit eine Riesenchance darstellt. Solange ein Unternehmen signifikant wachsende Umsätze und Gewinne aufrechterhalten kann, wird der Aktienkurs folgen – vielleicht nicht unmittelbar, aber Aktienkurse folgen dem Gewinnwachstum mit der Zeit. Je schneller ein Unternehmen seinen Gewinn steigern kann, desto wahrscheinlicher ist es, dass sich der Aktienkurs anschließt.

Aber machen Sie sich nichts vor: Extrem wachstumsstarke Unternehmen bergen auch jede Menge Risiken. Die Wall Street kann ein schnell wachsendes Unternehmen bestrafen, wenn sich die Gewinne auch nur geringfügig gegenüber den Erwartungen verlangsamen. Schnell wachsende Unternehmen leben und sterben mit den Gewinnprognosen. Diese Unternehmen müssen die allgemein erwartete Prognose übertreffen. Fällt die Gewinnmeldung des Unternehmens höher aus als die Erwartungen, steigt die Messlatte, die das Unternehmen beim nächsten Mal überspringen muss. Irgendwann ist die Messlatte zu hoch und das Unternehmen verfehlt die Zielvorgabe. Aber solange das Unternehmen starke Gewinne liefern kann und die Erwartungen bedient, kann der Aktienkurs steigen und eine Steigerung des KGV um ein Vielfaches erreichen. Das Ziel besteht darin, Marktführer relativ früh in deren Wachstumsphase zu identifizieren und in sie zu investieren, wenn die Profite noch weiter steigen.

Der Kategorienkiller

Hin und wieder tauchen Unternehmen auf, die eine Kategorie absolut dominieren; das Unternehmen weist einen derart klaren und nachhaltigen Wettbewerbsvorteil auf, dass andere Unternehmen im selben Markt oder derselben Nische es nahezu unmöglich finden, damit zu konkurrieren. Diese Marktführer werden als »Kategorienkiller« bezeichnet. Ein Kategorienkiller ist ein Unternehmen, dessen Markt und Marktposition so stark ist, dass es sehr schwierig sein würde, dagegen anzukommen, selbst wenn Sie über unbegrenztes Kapital verfügten. Ein gutes Beispiel dafür ist eBay, mit einer Online-Auktionsseite, die ihm einen überwältigenden Vorteil verschafft, da Käufer und Verkäufer am größten Markt mit den meisten Mitspielern teilhaben wollen. Deshalb kommen sie zu eBay, das die Möglichkeiten komplett abdeckt und nur Brotkrumen für die anderen übriglässt. Oder denken Sie an Apple, das seinen Bereich dominiert und den vorherrschenden Trend setzt mit seinen innovativen Technologien und wahrhaft einzigartigen Produkten. Disneys Themenparks rangieren ganz sicher als Kategorienkiller mit wenig ernst zu nehmender Konkurrenz. Genauso verhält es sich mit einem Unternehmen wie Walmart, das im Einzelhandelsbereich seine Opfer fordert, da viele Geschäfte es schwierig finden, mit dem Giganten zu konkurrieren.

Das standardisierte Konzept

Wenn ein Unternehmen eine erfolgreiche Formel in einem Geschäft hervorbringt und diese dann immer wieder repliziert – in Einkaufszentren und Orten überall im Land oder auf der ganzen Welt –, dann handelt es sich um ein standardisiertes Konzept. Denken Sie an Systemgastronomie wie McDonald's, Starbucks, Taco Bell, Chili's, Cracker Barrel, Wendy's, Outback Steakhouse oder Filialisten wie The Gap, Walmart, The Home Depot, The Limited, Dick's Sporting Goods und Costco Wholesale, die wunderbare Beispiele für erfolgreiche Einführungen eines standardisierten Konzepts sind.

Wie Sie sehen können, gehören viele Unternehmen, die mit diesem Geschäftsmodell erfolgreich sind, in den Einzelhandelsbereich. Wenn ein Unternehmen mit diesem Konzept in neue Märkte expandiert und in schnellem Tempo neue Filialen öffnet (vor allem, wenn die Umsätze auf den bestehenden Verkaufsflächen munter weiterflorieren), können sich die Gewinne in einem guten Tempo steigern. Bei dieser Art von Unternehmen ist es am leichtesten, sie in ihrer Wachstumsphase zu erkennen, im Auge zu behalten und in sie zu investieren. Ihre Phase der steigenden Gewinne hält lange genug an, dass Sie das Gewinnwachstum sichtbar erkennen können, während noch hinreichend zukünftiges Wachstum vorhanden ist.

Welche Punkte zu berücksichtigen sind, wenn Sie in ein standardisiertes Konzept investieren

Umsätze im bestehenden Filialnetz, auch bezeichnet als »vergleichbare Filialumsätze« (oder »flächenbereinigter Umsatz«) sind eine wichtige Kennzahl, die bei der Analyse im Einzelhandel zum Einsatz kommt. Diese Kennzahl vergleicht den Umsatz von Geschäften, die seit mindestens einem Jahr geöffnet sind. Das ermöglicht den Investoren festzustellen, welcher Teil der gestiegenen Verkaufszahlen auf Umsatzwachstum beruht und welcher auf der Eröffnung neuer Filialen. Diese Analyse ist wichtig, denn neue Filialen erzielen zwar einen Großteil der Expansion und des Gewinnwachstums, aber irgendwann ist der Sättigungspunkt erreicht, an dem zukünftiges Umsatzwachstum durch das Umsatzwachstum auf der vorhandenen Verkaufsfläche bestimmt wird. Mittels dieser Vergleiche können Analysten die Verkaufsleistung von Einzelhändlern messen, die im Vergleich zu anderen in dem Bewertungszeitraum möglicherweise nicht genauso aggressiv bei der Eröffnung neuer Standorte vorgehen. Sie möchten sehen, dass die Verkaufszahlen in den vorhandenen Filialen jedes Quartal steigen. Ein hohes einstelliges bis moderates zweistelliges Umsatzwachstum in bestehenden Filialen genügt, um als robust zu gelten, aber nicht als zu hoch, um nachhaltig zu sein (25 bis 30 Prozent oder mehr Umsatzwachstum in ein und derselben Filiale ist langfristig definitiv nicht nachhaltig). Im Allgemeinen gilt ein Umsatzwachstum von 10 Prozent oder mehr langfristig als gesund.

Welche Faktoren beeinflussen die Verkaufszahlen einer Filiale? Die beiden Hauptfaktoren sind Preis und Kundenvolumen. Durch das Messen von Umsatzanstieg oder -rückgang in Geschäften, die seit mindestens einem Jahr geöffnet sind, können Sie ein besseres Gefühl dafür bekommen, wie das Unternehmen wirklich performt, da diese Messung – auf bestehende Geschäfte bezogen – Ladenschließungen und Eröffnungen neuer Filialen nicht einbezieht. Steigende Umsätze in bestehenden Geschäften bedeuten, dass mehr Kunden mehr Produkte in diesen Geschäften kaufen oder mehr ausgeben oder eine Kombination aus beidem. Dies ist ein Zeichen dafür, dass sich die Marketingbemühungen des Managements auszahlen und dass die Marke bei Kunden beliebt ist.

Sinkende Umsatzzahlen in bestehenden Geschäften bedeuten offenkundig ein Problem. Schwächer werdende Vergleichszahlen können eines der folgenden Dinge bedeuten:

- Die Marke verliert an Stärke und die Menschen kaufen nicht mehr in den Filialen des Unternehmens ein.
- Die Gesamtwirtschaft verschlechtert sich und die Menschen haben kein Interesse, überhaupt irgendwo einzukaufen.
- Das Unternehmen hat zu viele Warenpreise reduziert und der Umsatz pro Kunde ist niedriger als gewöhnlich.

Manche Unternehmen wachsen durch Franchising oder eine Kombination aus unternehmenseigenen und Franchise-Filialen. Franchisegebühren können zwar für den Franchisegeber hohe Profite darstellen, die Gewinne gelten aber als von schlechterer Qualität und geringerer Gewinnstabilität als bei einem unternehmenseigenen Geschäft. Wenn das Unternehmen relativ viele neue Franchise-Filialen eröffnet, steigt das Risiko von Filialpleiten und Gewinnenttäuschungen. Im Jahr 2007 hatte McDonald's, eines der am besten geführten standardisierten Franchise-Modelle überhaupt, etwa 60 Prozent seiner Restaurants in den Händen von Franchisenehmern.

Eine weitere wichtige Überlegung bei einem standardisierten Konzept (vor allem, wenn es sich um ein relativ neues Geschäftskonzept handelt) ist eine Erfolgsbilanz in der Vergangenheit in verschiedenen geografischen Regionen (Nordosten, Süden, Mittlerer Westen, international et cetera). Sie möchten den Beweis, dass das Modell skalierbar ist. Darüber hinaus kann zu viel zu schnell eine rote Flagge sein. Für die meisten Unternehmen ist die Eröffnung von mehr als 100 Geschäften im Jahr nur schwer handhabbar. Starbucks eröffnete im Jahr 2006 1102 Filialen mehr als im Vorjahr; der Aktienkurs erreichte seinen Höchstwert und fiel in den darauffolgenden 24 Monaten um 82 Prozent. 2011 unterhielt Starbucks weniger Filialen als 2008. Andere wichtige Kennzahlen sind unter anderem das Vergleichen des Gewinns je Quadratmeter Verkaufsfläche sowie Umsatz je investiertem Dollar in diese Filiale im Vergleich zu anderen Unternehmen derselben Branche.

Der starke Mitbewerber: Behalten Sie die Konkurrenz im Auge

Für gewöhnlich sind nur ein, zwei, vielleicht drei Unternehmen in einer Branche führend. Wenn ich Sie bitte, die Nummer eins und Nummer zwei der Softdrink-Branche zu nennen, würden Sie mit ziemlicher Sicherheit Coca-Cola und Pepsi sagen. Wenn ich Sie nach der Nummer drei fragen würde, könnten Sie dann genauso schnell antworten? Wie ist es mit Kaffee? Starbucks und Dunkin' Donuts vielleicht? Oder Baumarktketten – The Home Depot und Lowe's? Denken Sie daran, dass wir auf der Suche nach den nächsten Superperformern sind, dem Starbucks, Apple, Google von morgen. 1981 forderte MCI Communications den dominanten Marktführer AT&T heraus. MCI meldete hohe Gewinne, als der Aktienkurs nach einer 17-wöchigen Konsolidierung anstieg und am 2. April 1981 einen neuen Höchstwert erreichte. Aber das war erst der Anfang. Während der folgenden 22 Monate stieg die MCI-Aktie um 500 Prozent.

Ein starker Mitbewerber ist möglicherweise nicht das führende Unternehmen in einer Branche und hat vielleicht nicht mal überlegene Produkte im Vergleich zum wahren Marktführer; er ist zum richtigen Zeitpunkt am richtigen Ort. Auch wenn er vielleicht zur selben schnell wachsenden Branche wie der Marktführer gehört, so können die Produkte oder Filialen weniger beliebt oder auf irgendeine Weise denen des Marktführers unterlegen sein. Diese »Konkurrenz«-Unternehmen können auch hohe Raten an Gewinnwachstum hervorbringen und große Preissteigerungen erzielen, wenn auch geringere als der Marktführer. Dennoch kann die Nummer zwei innerhalb der Branche dem Branchenführer schließlich Marktanteile abnehmen und diesen in manchen Fällen vom Spitzenplatz verdrängen. Der Aktienkurs der starken Mitbewerber kann dieses Phänomen widerspiegeln und relativ stark performen, während der Marktführer seine vorherigen Kursgewinne verdaut.

Von 1990 bis 2000 stieg der Aktienkurs von The Home Depot um 3700 Prozent, das entspricht einer kumulierten Jahresrendite von mehr als 40 Prozent. Während dieses Zeitraums stieg der Aktienkurs von Lowe's um mehr als 1000 Prozent und erreichte nur ein Viertel des Kursgewinns von The Home Depot. Dann stieg der Aktienkurs von Lowe's von Januar 2000 bis Januar 2004 um 100 Prozent, während der von The Home Depot sogar um mehr als 40 Prozent von seinem Allzeit-Hoch fiel. Das steigerte die 14-jährige Erfolgsbilanz von Lowe's um 2900 Prozent, die von The Home Depot dagegen nur um 1800 Prozent. The Home Depot war mehr als ein Jahrzehnt Marktführer gewesen und für Investoren, die dessen Potenzial erkannten, stellte sich nur die Frage, wann sie einstiegen.

Behalten Sie stets die führenden zwei oder drei Aktien einer Branche im Blick. Der Internetdienstanbieter America Online war klarer Marktführer auf dem Internetmarkt, bis die Suchmaschine Yahoo! den Platz des Spitzenreiters übernahm. Dann ging Yahoo!s unmittelbarer Konkurrent Google an die Börse und gilt nun als das führende Unternehmen bei den Suchmaschinen. Ein Konkurrent des Marktführers kann eine großartige Investitionsmöglichkeit darstellen, vor allem, wenn es sich um eine starke Branchengruppe handelt. Wie ein Rennfahrer, der dem führenden Fahrzeug an den Hinterreifen klebt und nur auf den Moment wartet, um überholen zu können und schließlich Marktanteile zu gewinnen. Sie sollten sich auf die zwei oder drei führenden Aktien in dieser Gruppe konzentrieren: die Spitzenreiter im Hinblick auf Gewinn, Umsatz und Gewinnmarge und relative Kursstärke. Das gilt vor allem dann, wenn die Branche ein führender Bereich während eines Bullenmarktes ist.

Netflix geht an die Börse: Blockbuster erreicht Höchststand

Es ist kein Zufall, dass innerhalb von 15 Handelstagen, nachdem Netflix an die Börse ging, die Aktie von Blockbuster Video dauerhaft den Höhepunkt überschritt. Das ergibt Sinn: Der Wettbewerb reckt den Kopf und bietet eine bequemere Lösung für das Filmverleihgeschäft. Der Aktienkurs von Blockbuster erreichte in dem Moment seinen Gipfel, als Netflix auf der Bildfläche erschien, beinahe so, als wären die Dollars aus den Blockbuster-Aktien heraus und direkt in die des neuen Wettbewerbers rotiert. Ich konnte dieses Phänomen in meiner unmittelbaren Nachbarschaft beobachten, wo eine Filiale nach der anderen von Mom-&-Pop-Videotheken schloss und deutlich wurde, was die Stunde geschlagen hatte: Videotheken gehörten zu einer aussterbenden Art.

Als Blockbuster 2009 die Talsohle verließ, litt es unter rückläufigem Umsatz, während die Aktie mit gerade einmal 0,13 US-Dollar gehandelt wurde. Nach einem Hoch von ehemals 18 US-Dollar. In der Zwischenzeit, am 18. März 2009, nur sieben Tage nachdem der Nasdaq Composite an seinem Bärenmarkttief gehandelt wurde, und nur zehn Tage nachdem der Dow an seinem Bärenmarkttief von 6469 gehandelt wurde, erreichte Netflix ein Allzeithoch. Gerade einmal 17 Tage danach war Netflix erneut um 20 Prozent gestiegen. Die Umsätze waren in den vorhergehenden drei Quartalen von 11 Prozent erst auf 16 und dann auf 19 gestiegen. Der Gewinn war sogar noch beeindruckender, er stieg um 36, 38 beziehungsweise 58 Prozent. Im Oktober 2009 kaufte ich Netflix-Aktien. Neflix' Gewinne, Umsätze, Gewinnmargen, Eigenkapitalrendite und Schuldenlevel waren diesen Kennzahlen bei Blockbuster überlegen. Netflix wurde zum 32-Fachen seines Gewinns gehandelt, Blockbuster dagegen nur zum Zweifachen. Welche Aktie war nun die wirklich »preisgünstige« Aktie? Von dem Moment an, als Netflix an die Börse ging, stieg die Aktie um mehr als 3400 Prozent. Im selben Zeitraum verlor die Blockbuster-Aktie 99 Prozent ihres Wertes.

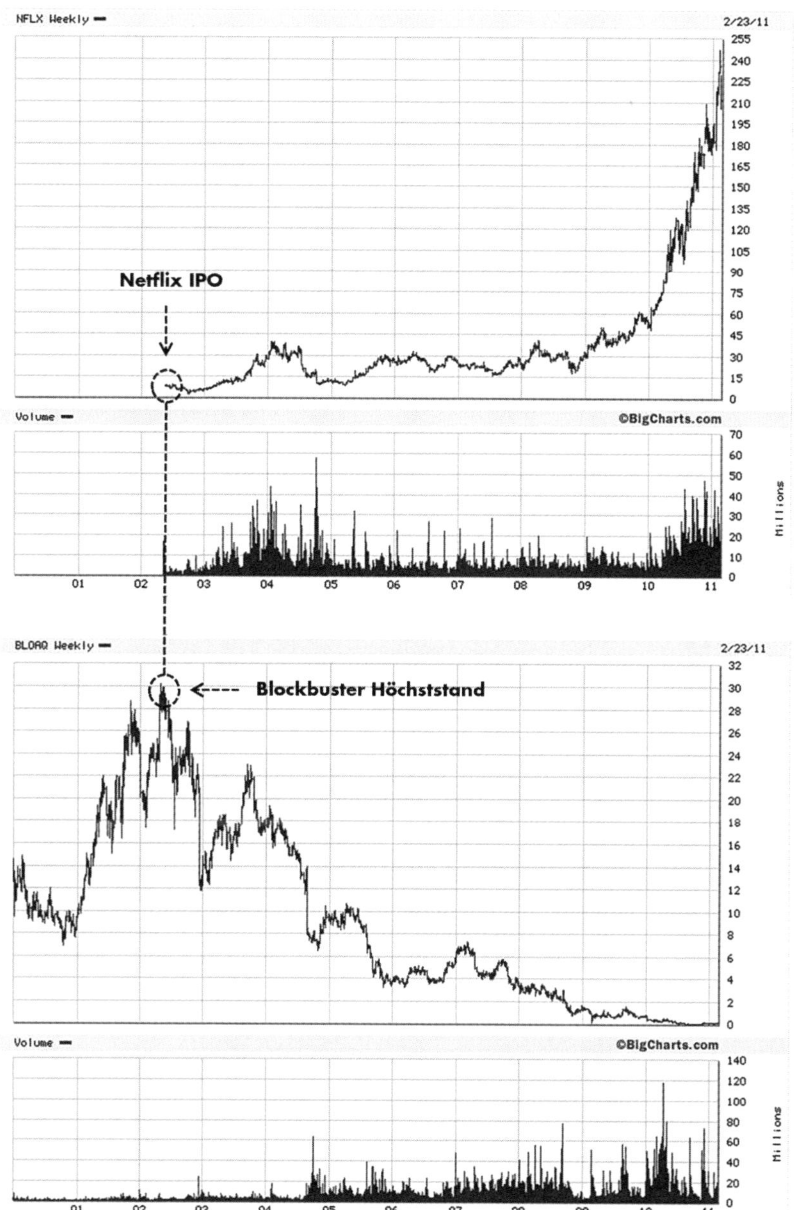

Abbildung 6.1: *Netflix* (NFLX) *vs.* Blockbuster Video (BLOAQ) 2002–2011. *Der starke Mitbewerber Netflix übernimmt Marktanteile und erhebt durch ein neues Geschäftsmodell im Videoverleih Anspruch auf den Spitzenplatz, während es Blockbuster nicht gelingt, sich zu entwickeln.*

Der institutionelle Favorit

Institutionelle Favoriten werden auch als »Qualitätsunternehmen« oder »offizielle Wachstumsaktien« (oder »Growth-Aktien«) bezeichnet. Aber lassen Sie sich von diesen Titeln nicht zu sehr beeindrucken. Es handelt sich um reife Unternehmen, und die sind ganz sicher kein Geheimnis. Für gewöhnlich verfügen sie über eine gute Erfolgsbilanz in Bezug auf kontinuierliches Umsatz- und Dividendenwachstum. Häufig ziehen sie konservatives institutionelles Kapital an, weil ihre Geschichte belegt, dass das Management in der Lage ist, die Gewinne zu steigern, die Gewinnspanne zu erhöhen und Shareholder Value zu generieren. Ihr Gewinnwachstum liegt für gewöhnlich im unteren bis mittleren Zehnerbereich. Bei diesen Unternehmen wird es als am unwahrscheinlichsten angesehen, dass sie ihr Geschäft aufgeben müssen. Häufig werden ihre Aktien als »Blue Chips« bezeichnet. Beispiele dafür sind Coca-Cola, Johnson & Johnson und General Electric, um nur ein paar zu nennen. Obwohl sich das alles gut anhört, gibt es doch ein Problem: Diese Unternehmen sind zu dem Zeitpunkt, an dem sie den Status institutioneller Favoriten erlangen, für gewöhnlich groß und träge. Obwohl ihre Gewinne als kontinuierlich und von hoher Qualität erachtet werden, wachsen sie für gewöhnlich nur langsam und die Unternehmen werden so stark beachtet, dass für schnelle Kurssteigerungen nur wenig Raum bleibt.

Auf bestimmten Märkten können diese Aktien geschätzt werden und sich gut entwickeln. Allerdings werden Sie durch General Electric oder Procter & Gamble wohl kaum einen Superperformance-Schub bekommen. Unter Umständen können Missmanagement, Pech oder eine starke Bärenmarktkorrektur diese Unternehmen urplötzlich abstürzen lassen. Während sich die Aktie erholt, können sie nach dem Auftauchen aus der Korrekturphase einen hübschen Kursanstieg verzeichnen.

Die Turnaround-Situation

Mit Unternehmen, die angeschlagen sind und dann den Turnaround schaffen, können hohe Profite erzielt werden. Beim Einstieg in eine Turnaround-Situation sollten Sie nach Unternehmen suchen, die in den vergangenen zwei oder drei Quartalen sehr starke Ergebnisse aufwiesen. Sie sollten mindestens zwei Quartale mit starken Gewinnsteigerungen sehen oder ein Quartal, das hoch genug ist, um die zurückliegenden Gewinne je Aktie der letzten zwölf Monate nahe an oder über die alte Höchstmarke zu bringen. Wenn Sie sich Turnarounds ansehen, müssen Sie sich fragen: Erholen sich die Gewinnspannen und sind sie am oder nahe am Höchststand? Basieren die Ergebnisse nur auf Kostenreduzierungen? Welche Maßnahmen ergreift das Unternehmen zur Gewinnsteigerung, die über Kostenreduzierungen, Produktivitätssteigerungen und das Abstoßen verlustbringender Bereiche hinausgehen?

Über wie viel Liquidität verfügt das Unternehmen? Natürlich kann ein Unternehmen die liquiden Mittel verbrennen, aber Sie können versuchen, die Cash-Burn-Rate (CBR) und die Schuldenlast zu ermitteln, um eine Vorstellung davon zu bekommen, wie lange das so weitergehen kann, während das Unternehmen rote Zahlen schreibt. Wie hoch ist das Unternehmen verschuldet? Bankschulden sind am schlimmsten und ungünstiger als Anleihen. Wie lange kann das Unternehmen den Betrieb aufrechterhalten, während es seine Probleme löst?

Es ist wichtig, die Geschichte zu verfolgen und zu ermitteln, ob der Turnaround besser, schlechter oder so wie erwartet verläuft. Verläuft er schlimmer als erwartet, ist das für gewöhnlich ein Grund, ans Verkaufen zu denken. Ich suche nach einer Beschleunigung der Wachstumsrate in den vergangenen Monaten im Vergleich zur Drei- und Fünf-Jahres-Wachstumsrate, die häufig negativ ist oder ein nur sehr langsames Wachstum widerspiegelt. Die wichtigsten Fragen beim Einstieg in eine Turnaround-Situation lauten: Bewegt sich der Kurs gut am Markt? Sind die Fundamentaldaten stark? Sie werden beides sehen wollen. Turnaround-Aktien stehen relativ anspruchslosen Vergleichszahlen aus früheren Quartalen gegenüber, deshalb ist es so wichtig, dass die aktuellen Ergebnisse signifikant nach oben weisen: für gewöhnlich 100 Prozent Wachstum oder mehr in den letzten zwei oder drei Quartalen sowie eine dramatische Steigerung gegenüber der früheren Wachstumsrate.

Denken Sie daran, dass Aktien nicht zwangsläufig für immer in einer Kategorie bleiben. Deshalb ist es so wichtig, die vorhandenen Dynamiken im Hinblick auf Produkte und Dienstleistungen sowie das Wachstumspotenzial zu verstehen. Apple Computer war eine Turnaround-Situation, die überging in eine Wachstumsaktie und seither institutionellen Favoriten-Status erlangt hat. Von 2001 bis 2003 standen Umsatz und Gewinnspannen unter hohem Druck, was wiederum schwache Ertragszahlen und einen fallenden Aktienkurs nach sich zog; der Kurs der Apple-Aktie war im Vergleich zum Höchststand um mehr als 80 Prozent gefallen. Die Situation sah so düster aus, dass Michael Dell, Gründer des konkurrierenden Computerherstellers Dell Inc., gefragt wurde, was er als Chef von Apple tun würde. Er sagte, er würde »den Laden dichtmachen und den Aktionären ihr Geld zurückgeben«.

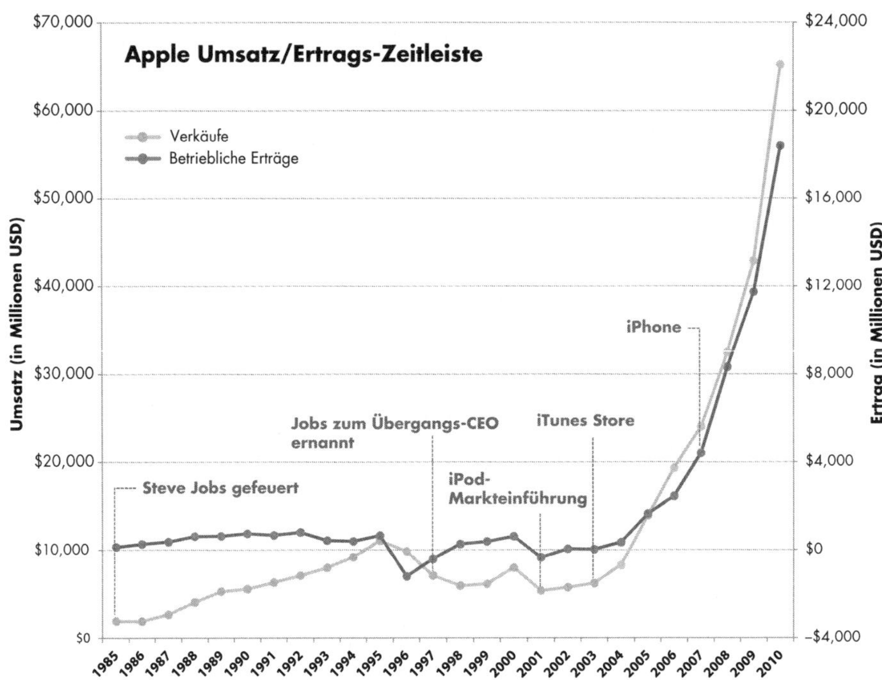

Abbildung 6.2: ***Apple Computer (AAPL) 1985–2010.*** *Apple Computer erlebte einen phänomenalen Turnaround in unmittelbarer Folge der Einführung neuer Produkte einschließlich iPod, iTunes und iPhone. (Erstellt von Max Olson/Max Capital Corporation)*

Ein neues Produkt kann einem schlummernden Unternehmen neues Leben einhauchen und die Markteinführung des iPod im Jahr 2001 und des iTunes Store im Jahr 2003 sollte das befeuern, was zum größten Turnaround in der Unternehmensgeschichte wurde. Von 2003 bis 2011 stieg Apples Nettoumsatzrendite jährlich ausgehend von 1,2 Prozent auf insgesamt beeindruckende 23,9 Prozent. Während dieses Zeitraums gab es ein Umsatzwachstum von durchschnittlich 39 Prozent pro Jahr. Durch die schnelle Expansion von Gewinnspannen und hohen Umsatzzahlen stiegen die Gewinne im Schnitt auf 114 Prozent pro Jahr. Von ihrem Tiefststand im Jahr 2003 stieg die Apple-Aktie um mehr als 10 000 Prozent im Wert; 73 Prozent dieses phänomenalen Wachstums beruhten auf neu eingeführten Produkten.

Zyklische Werte

In ein zyklisches Unternehmen zu investieren, das jahrelang Rekordgewinne verzeichnet hat und dessen Kurs-Gewinn-Verhältnis den Tiefpunkt erreicht hat, ist eine erwiesene Methode, um innerhalb kurzer Zeit die Hälfte Ihres Geldes zu verlieren.

PETER LYNCH

Ein zyklisches Unternehmen reagiert empfindlich auf die Konjunktur oder Rohstoffpreise. Beispiel dafür sind Automobilhersteller, Stahlproduzenten, Papierprodukte und Chemieunternehmen. Interessanterweise weisen zyklische Aktien einen umgekehrten Kurs-Gewinn-Zyklus auf, will heißen, dass sie im Allgemeinen ein hohes Kurs-Gewinn-Verhältnis aufweisen, wenn sie nahe daran sind, in eine Rallye einzusteigen, und am Ende Ihres Zyklus ein niedriges Kurs-Gewinn-Verhältnis. Das liegt daran, dass die Wall-Street-Analysten versuchen, den vom Konjunkturzyklus abhängigen Gewinnzyklus dieser Unternehmen vorherzusehen. Wachstums-Investoren könnte es verwirren, wenn sie versuchen, ein Ertragsmodell auf den Auswahlprozess für zyklische Aktien anzuwenden und ihre ausgewählten Aktien nicht wie ein standardisiertes Filialisten- oder ein wachstumsstarkes Technologieunternehmen reagieren, das gut aufgestellt ist, um noch viele weitere Quartale oder Wachstumsjahre zu verzeichnen, nachdem die Gewinne bereits offensichtlich sind. Deshalb packe ich diese in eine eigene Kategorie und wende eine leicht abgewandelte Vorgehensweise an im Vergleich zu der bei Aktienkategorien, die nachhaltige Wachstumserwartungen aufweisen.

Der Trick bei zyklischen Aktien besteht darin herauszufinden, ob der nächste Zyklus früher oder später als gewöhnlich einsetzen wird. Lagerbestände sowie Angebot und Nachfrage sind wichtige Variablen beim Analysieren der Dynamiken von zyklischen Aktien. Wenn die Kurs-Gewinn-Verhältnisse zyklischer Aktien sehr niedrig sind, nachdem die Gewinne monate- oder jahrelang gestiegen sind, ist das oft ein Zeichen dafür, dass sie sich dem Ende ihres Aufwärtszyklus nähern. Wenn das Kurs-Gewinn-Verhältnis sehr hoch ist und Sie längere Zeit nichts als Schwarzmalerei bezüglich des Unternehmens oder der Branche gehört haben, könnte die Talsohle nah sein.

Am Boden einer Konjunkturschwankung können folgende Dinge passieren:

1. Die Gewinne gehen zurück.
2. Dividenden können gekürzt werden oder ausfallen.
3. Das Kurs-Gewinn-Verhältnis ist hoch.
4. Die Nachrichten sind für gewöhnlich negativ.

An der Spitze einer Konjunkturschwankung:

1. Die Gewinne nehmen zu.
2. Dividenden werden erhöht.
3. Das Kurs-Gewinn-Verhältnis ist niedrig.
4. Die Nachrichten sind für gewöhnlich positiv.

Halten Sie sich von Nachzüglern fern

Ein Nachzügler ist eine Aktie, die zur selben Gruppe wie der Marktführer gehört, aber eine schlechtere Kursentwicklung und in den meisten Fällen auch ein schwächeres Gewinn- und Umsatzwachstum aufweist. Diese Aktien können – für gewöhnlich kurze – Zeiträume mit anständiger Performance haben, während sie versuchen, gegen Ende eines Zyklus oder wenn ein Sektor brandaktuell ist und der Marktführer schnell aufgestiegen ist, mit den wahren Marktführern gleichzuziehen. Die Kursbewegungen von Nachzügler-Aktien verblassen für gewöhnlich jedoch im Vergleich mit denen der wahren Marktführer.

Nachzügler wirken für gewöhnlich im Vergleich zu den Marktführern preiswert, und das zieht unerfahrene Investoren an. Lassen Sie sich von einer Aktie mit einem relativ niedrigen Kurs-Gewinn-Verhältnis oder einer, die nicht so stark an Interesse gewonnen hat wie der Branchenführer, nicht in Versuchung bringen. Es gibt immer einen Grund, warum die eine Aktie zu einem hohen Multiple (dem Kurs im Verhältnis zu einer Kennzahl, wie etwa dem Nettogewinn) und andere zu einem niedrigen Multiple gehandelt werden. Meistens ist der teure Marktführer in Wahrheit preiswert und beim Nachzügler handelt es sich um die teure Variante.

Im Laufe der Jahre dachten viele Leute, Aktien von Wild Oats zu kaufen, dem kleinen Konkurrenten von Whole Foods, sei ein besserer Weg, beim Trend der gesunden Ernährung mitzuspielen, wegen dessen niedrigerem Kurs-Gewinn-Verhältnis. Es gab aber einen guten Grund für das niedrige Kurs-Gewinn-Verhältnis: Wild Oats schaffte es nicht, sonderlich viel Gewinnwachstum zu generieren. Investoren, die sich auf Gewinnwachstum konzentrierten, machten sehr viel mehr Geld mit Whole-Foods-Aktien, obwohl diese gemeinhin im Vergleich zu Wild Oats als teurer angesehen wurde.

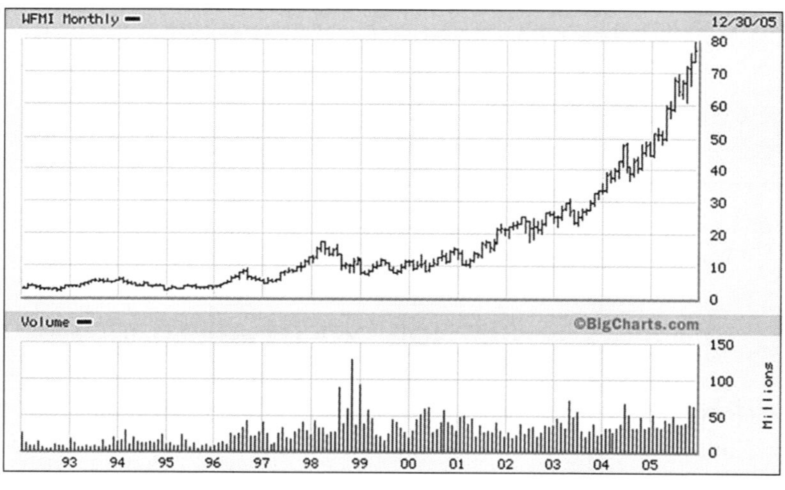

Abbildung 6.3: Whole Foods (WFMI) versus Nasdaq Composite 1993–2005. *Von 2000 bis 2005 stieg der Aktienkurs von Whole Foods um das Achtfache. Im selben Zeitraum fiel der Nasdaq Composite um mehr als 50 Prozent.*

Während seiner dramatischen Wachstumsphase wurde Whole Foods selten unter dem 30-Fachen des Gewinns gehandelt. Oberflächlich betrachtet überrascht es nicht, dass viele Investoren auf einen Lebensmittelhändler mit einem so hohen Kurs-Gewinn-Verhältnis verzichten, aber wenn sie die Wachstumschance erkannt hätten, hätte das hohe KGV keine Rolle gespielt. Der Schlüssel bestand für Whole Foods in seiner Fähigkeit, die Gewinne in hohem Maße zu steigern und im Schnitt um mehr als 20 Prozent zu wachsen. Dadurch zahlte sich seine Aktie für die Investoren extrem gut aus.

Bestimmte Branchengruppen führen zu neuen Bullenmärkten

Die Bildung eines Bärenmarktbodens beginnt in der Regel mit den Anzeichen einer Akkumulation in bestimmten Marktbereichen oder -segmenten. Im Allgemeinen führen drei oder vier bis maximal acht bis zehn Branchengruppen oder Untergruppen zu einem neuen Bullenmarkt. Der Markt kann auch ein breiteres Thema wie Wachstum, Wert, Small-Cap, Large-Cap und so weiter haben. Die Führungsgruppen oder -kategorien können mit ihren Bullenmarktrallyes beginnen, bevor der allgemeine Benchmarkboden erreicht ist. Am Markt im Jahr 1974 zeigten zum Beispiel Mid-Cap- und Small-Cap-Aktien im September und Oktober deutliche Anzeichen einer Akkumulation, obwohl die wichtigsten Marktindizes ihren Tiefststand nicht vor Dezember erreichten. Als im März 2003 ein neuer Bullenmarkt einsetzte, war bereits offensichtlich, dass die Investoren seit mehreren Monaten Finanz-, Energie- und Grundstoffwerte sowie Mid-Caps und Small-Caps akkumuliert hatten. Wie finden Sie nun heraus, welche Gruppen führen? Verfolgen Sie die Entwicklung der einzelnen Aktien. Ich verfolge gern die aktuellen Listen der Aktien, die gerade ein neues 52-Wochen-Hoch markieren konnten. Die Branchengruppen mit einer Anzahl von Aktien, die in einem neuen Bullenmarkt neue Höchststände erreichen, werden oft zu den führenden. Ihr Portfolio sollte aus den besten Unternehmen in den vier oder fünf Top-Bereichen bestehen. In einem Bullenmarkt steigen manche Bereiche um mehrere Hundert Prozent, während andere kaum den Durchschnitt übertreffen oder sogar unterperformen. Es gibt ausgedehnte Bereiche, die eine große Spannbreite von Unternehmen und Untergruppen beinhalten. Gesundheitswesen/Medizin, Technologie, Dienstleistungen, Grundstoffe, zyklische Konsumgüter, nichtzyklische Konsumgüter, Finanzen, Transport, Investitionsgüter, Energie und Versorger sind alle breite Bereiche.

In jedem Bereich gibt es Unterbereiche oder Branchengruppen. Zum Beispiel enthält der Gesundheitswesen/Medizin-Bereich die Unterbereiche Arzneimittel, Generika, verschreibungspflichtige Medikamente, Biotechnologie/Genetik, Krankenhäuser, Altersheime und Pflegedienste, medizinische Geräte, medizinische Dienstleistungen und medizinische Bedarfsartikel.

Sich zu einem frühen Zeitpunkt eines Bullenmarktes in die führenden Bereiche einzukaufen, kann zu erheblichen Kapitalgewinnen führen. Manche Gruppen tauchen erst spät in einem Bullenzyklus auf und können während des nächsten Aufschwungs nach einem Bärenmarkt führend sein. Es lohnt sich definitiv, jene Branchengruppen unter die Lupe zu nehmen, in denen sich die meisten Aktien dem Absturz widersetzten und dann in der Folge wieder neue Höchststände erreichten, während sich der Markt von seinen Tiefstständen löste, oder während der ersten Rallyes im Markt.

Die besten Relative-Stärke-Spitzenreiter in diesen Gruppen führen in der Regel von Anfang an den Fortschritt ihrer Gruppe an und zeigen sehr wahrscheinlich die größte Wertzunahme. Wenn Sie eine wachsende Zahl von Namen in einer bestimmten Branche mit neuen 52-Wochen-Hochs sehen (vor allem nach einem Markttief), könnte das ein Hinweis darauf sein, dass sich ein Gruppenfortschritt anbahnt.

Ich tendiere dazu, mich von einzelnen Aktien in eine Branchengruppe oder einen Branchenbereich führen zu lassen, und verfolge eher einen Bottom-up-Ansatz als einen Top-down-Ansatz. Ich habe festgestellt, dass in den meisten Fällen die besten Aktien in der Führungsgruppe ansteigen, bevor erkennbar wird, dass die Gruppe oder der Bereich heiß ist. Deshalb fokussiere ich mich auf Aktien und lasse mich von ihnen zu der Gruppe führen. Allerdings nicht immer. Ich behalte gleichzeitig im Auge, was auf branchenweiter Ebene passiert, und wenn ich etwas entdecke, das meine Aufmerksamkeit erregt, schaue ich mir die Aktien dieser Branche an und sortiere sie entsprechend meiner Kriterien. Die stärksten Aktien schaue ich mir zuerst an: die mit den besten Gewinnen und Umsätzen, die am dichtesten an einem neuen Höchststand dran sind und die größte relative Preisstärke gegenüber dem Markt zeigen. Dort finden Sie die wahren Marktführer.

Die Geschichte zeigt, dass Aktien mit großen Gewinnen dazu neigen, bestimmte Branchengruppen zu favorisieren. Zu den Gruppen, die die größte Zahl an überdurchschnittlich performenden Aktien hervorgebracht haben, zählen die folgenden:

- Konsumgüter/Einzelhandel,
- Arzneimittel, Medizin und Biotechnologie,
- Freizeit/Unterhaltung.

Innovationen schaffen neue Möglichkeiten

Wesentliche Veränderungen der Rahmenbedingungen können dramatische Auswirkungen auf die Gruppen-Performance haben. Das bedeutet nicht, dass eine Aktie zu einer starken Gruppe gehören muss, um eine große Steigerung zu erzielen. Es setzt auch nicht voraus, dass eine starke Flut all die sprichwörtlichen Boote anhebt. Halten Sie Ausschau nach neuen Technologien oder Anpassungen mit Marktnischen, spezialisiertem Know-how, firmeneigenen Technologien oder einer positiven Bereichsveränderung wie Deregulierung. Suchen Sie nach neuen Technologien oder Anpassungen alter Technologien, die den Menschen versprechen, besser zu arbeiten, länger zu leben und das Leben mehr zu genießen, oder die den Unternehmen helfen, Kosten zu reduzieren und Produktivität sowie Effizienz zu verbessern. Halten Sie Ausschau nach Möglichkeiten in Unternehmen, die positive Veränderungen durchlaufen. Sie können zum Beispiel Fachzeitschriften für einzelne Branchen lesen. Sie können Firmenvertreter anrufen und fragen, welche Veröffentlichungen sie Ihnen empfehlen, um stets auf dem Laufenden zu sein, was sich in der Branche und dem Geschäftsfeld gerade tut.

Wenn eine neue Kategorie eingeführt wird oder ein Unternehmen eine neue Branche schafft, stellt dies häufig eine Erweiterung der breiteren Gruppenkategorie dar. Ein Beispiel: US Surgical ist ein Unternehmen, das medizinische Instrumente herstellt. Nachdem es 1987 Pionierarbeit im Bereich chirurgischer Klammern leistete, wurde ein ganz neuer medizinischer Ansatz zu seiner Nische. In den frühen 1990er-Jahren führte US Surgical den Endo Clip ein, der eine Gallenblasenentfernung mittels Laparoskopie ermöglichte. Der Markt für diese Geräte begann schnell zu wachsen. Schon bald wurde Laparoskopie auch bei Weichteilbrüchen, Appendektomien, Gebärmutterentfernungen und anderen Arten von Bauchoperationen eingesetzt. Da US Surgical praktisch ein Monopol auf den Verkauf der Geräte für derartige Eingriffe hatte, wuchsen die Unternehmensumsätze im Jahr 1990 um 50 Prozent und in der ersten Hälfte von 1991 um 75 Prozent. Die Gewinne wuchsen in diesem Zeitraum um 78 Prozent und hatten sich bis zum Jahresende fast verdoppelt. US Surgical verkaufte 1991 Instrumente für die laparoskopische Chirurgie im Wert von mehr als 300 Millionen US-Dollar und wurde zu einem der am schnellsten wachsenden Unternehmen in den Vereinigten Staaten, mit Profiten von 91 Millionen US-Dollar. Wenige Jahre zuvor hatte US Surgical Laparoskopie-Instrumente für lediglich 10 Millionen US-Dollar verkauft. 1992 lag der Jahresumsatz des Unternehmens bei über 1 Milliarde US-Dollar.

Gruppenzyklusdynamik

Ereignisse in einer Branchengruppe können sich auf andere Branchengruppen auswirken. Zum Beispiel hatten der Irakkrieg und die Terroranschläge vom 11. September dramatische Auswirkungen auf Unternehmen der Rüstungsindustrie. Das wirkte sich wiederum auf die Hersteller von Elektronikteilen aus, vor allem auf jene, die empfindliche Messgeräte herstellen. In den USA führte in den 1990er-Jahren eine Gesundheitsreform unter anderem zu einer Nachfrage nach Kosteneinsparungen und damit einem Bedarf an Software für Patientenverwaltung und -logistik. Die Einführung des Personalcomputers hatte direkte Auswirkungen auf Halbleiter. Die Verbreitung kleiner Handheld-Geräte führte zu einem Bedarf an 1-Zoll-Festplatten. Hohe Energiepreise in der Zeit von 2006 bis 2008 und der weltweit steigende Energieverbrauch, einhergehend mit der steigenden Umweltverschmutzung, führten zu einer Verbreitung von Solar- und alternativen Energietechnologien. Personalcomputer erzeugten einen Bedarf an Software und Peripheriegeräten, was wiederum zur verbreiteten Nutzung des Internets führte und die Nachfrage nach schnelleren Geschwindigkeiten und Breitbandzugang erzeugte. Heutzutage erleben wir Social Media und Cloud Computing als neue Vorstoßgebiete. Sie können sicher sein, dass sich zukünftige Wachstumsbereiche in maßgeblichen Aktien führender Branchengruppen zeigen werden.

Wenn der Marktführer niest, kann sich die gesamte Gruppe erkälten

Genauso wie führende Aktien mitunter auf einen starken Gruppenfortschritt vorausdeuten, sollten Sie die führenden zwei oder drei Unternehmen einer Branche im Auge behalten, da sie Ihnen einen Hinweis darauf liefern können, dass eine Gruppe möglicherweise auf Probleme zusteuert. Es ist wichtig, ein Auge auf wichtige führende Namen in den top-performenden Bereichen zu haben. Oftmals können Sie sehen, dass eine wichtige Aktie in einer Gruppe Einbrüche erleidet und die gesamte Gruppe darunter leidet. Wenn eine oder mehrere wichtige Aktien in einer Branchengruppe den Höhepunkt überschreiten, kann dies eine Warnung sein, dass die gesamte Gruppe schon bald in Schwierigkeiten gerät. Sogar Aktien außerhalb dieser Gruppe, wie Zulieferer und Kunden, werden möglicherweise in Mitleidenschaft gezogen. Historisch gesehen waren mehr als 60 Prozent von überdurchschnittlich performenden Aktien Teil des Anstiegs einer Branchengruppe. Es zahlt sich aus, die führenden Aktien einer Branche im Blick zu behalten, um ein Gefühl für die potenzielle Stärke der Gruppe zu bekommen. Nehmen Sie sich jedoch in Acht, wenn eine der führenden Aktien nach einem Anstieg einbricht. Hierbei handelt es sich oft um das erste Anzeichen, dass die gesamte Gruppe bald schwächeln wird.

Neue Technologien werden zu veralteten Technologien

Jede Innovation ist irgendwann keine mehr. Sie folgt einem Weg der Marktdurchdringung und schließlich der Sättigung. Diese Wahrheit ist zeitlos. Jede neue Innovation (Eisenbahn, Auto, Radio, Fernsehen, Computer, Internet et cetera) beginnt mit einem relativ hohen Preis, den sich nur ein kleines Marktsegment leisten kann. Fortschritte in der Technologie und Herstellung verringern schrittweise den relativen Preis des neuen Produkts. Das führt zu einer Marktdurchdringung, bei der sich immer mehr potenzielle Nutzer das neue Produkt oder die neue Dienstleistung zulegen können. Irgendwann ist die Marktsättigung erreicht: Alle Unternehmen oder Haushalte, die das neue Produkt kaufen und nutzen, haben Zugang dazu; gute Beispiele hierfür sind das Auto und der Fernseher. Der Markt wird größtenteils zu einem Ersatzgeschäft-Markt, wobei sein Wachstum durch das langsame Wachstum der Gesamtwirtschaft begrenzt wird.

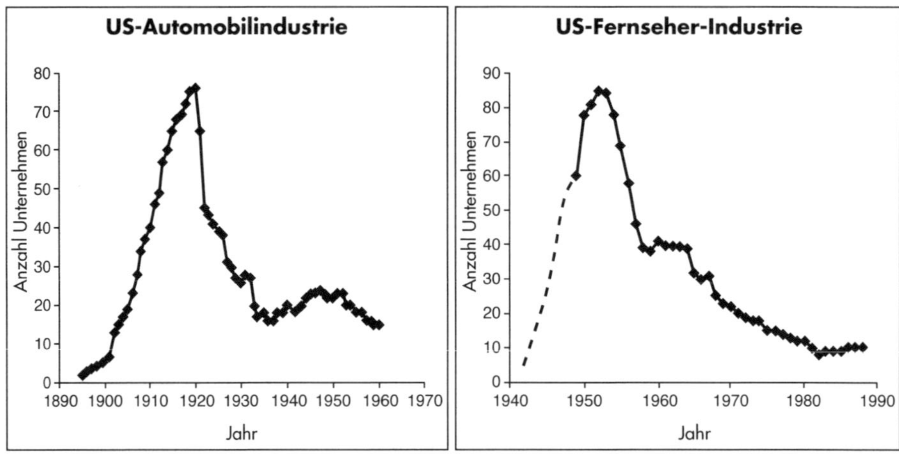

Abbildung 6.4: Anzahl der Unternehmen in der Automobilbranche (1890–1970) und der Fernseher-Industrie (1940–1990). *(Quelle: James M. Utterback Mastering the Dynamics of Innovation)*

Sobald ein Markt gesättigt ist, bleibt nur wenig Raum für weitere Durchdringung. Relative Preisrückgänge haben immer weniger eine positive Auswirkung auf die Umsatzstückzahlen. Die Branche hört auf, eine Wachstumsbranche zu sein. In manchen Fällen können Fortschritte in der Technologie und beim Herstellungsprozess zu Preissenkungen führen, die durch die darauffolgenden Steigerungen der Umsatzstückzahlen nicht wettgemacht werden. Während solcher Phasen der Marktsättigung führt der Konkurrenzdruck für gewöhnlich zu ernsten Rückgängen der Gewinnmargen. Eine ehemalige Wachstumsbranche, die auf schnelles Umsatzwachstum ausgerichtet war, tritt in eine Konsolidierungsperiode ein, in der der Wettbewerb ungewöhnlich hart ist. Solche Konsolidierungsphasen zeichnen sich für gewöhnlich durch Profitraten aus, die deutlich unter dem bisherigen Branchendurchschnitt liegen, durch einen Rückgang der Anzahl von Unternehmen in einer Branche und durch Insolvenzen. In den 1980er- und 1990er-Jahren durchlief die PC-geprägte Hightech-Branche einen solchen Prozess der Marktdurchdringung. Dieser unterschied sich nicht von der Erfahrung der Automobilindustrie in den 1920er-Jahren und der Fernseher-Industrie in den 1950er-Jahren; allerdings verlief der Zyklus in einem höheren Tempo, vermutlich als Folge des gesteigerten Informationsflusses und Zugangs zu den Weltmärkten.

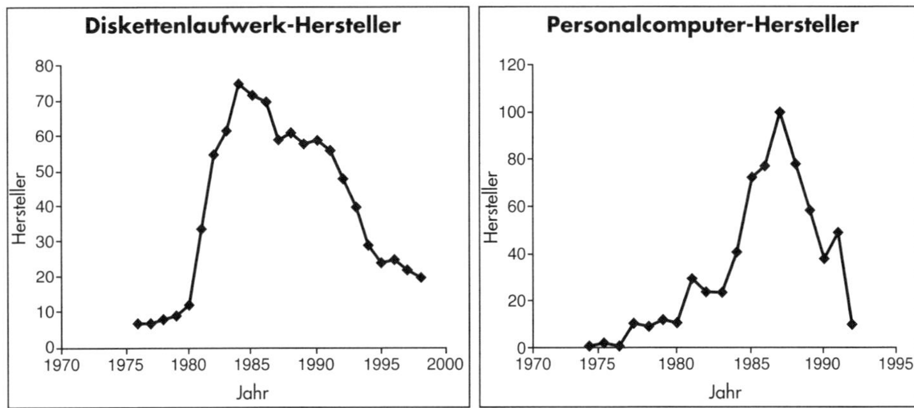

Abbildung 6.5: ***Anzahl der Hersteller von Diskettenlaufwerken*** *(1976–1998)* ***und von Personalcomputern*** *(1974–1992). (Quelle: DISK/TREND-Berichte, Management Science sowie CSFB-Schätzungen)*

KAPITEL 7:

FUNDAMENTALDATEN, AUF DIE MAN SICH KONZENTRIEREN SOLLTE

Wenn eine Aktie einen starken Kurseinbruch erlebt, gibt es dafür einen Grund, und sehr oft ist es der Beginn niedriger Kurse. Nahezu immer stimmt etwas grundsätzlich nicht mit dem Geschäft oder der Branche des Unternehmens. Zu Beginn des Jahres 2008 waren viele Großbanken, einschließlich der Citigroup, samt ihrer Börsenmakler und verwandten Investmentbanken wie Lehman Brothers und Bear Stearns mit zu viel Fremdkapital ausgestattet und ihre Bilanzen verschlechterten sich. Dieser giftige Cocktail ließ den Finanzsektor schließlich zusammenbrechen, als die Gesamtwirtschaft in eine schwere Rezession stürzte. Von 2007 bis 2009 stürzte das ehemals im Dow gelistete Unternehmen American International Group (AIG) von 103 US-Dollar runter auf gerade einmal 0,33 US-Dollar. Am 22. September 2008 wurde AIG aus dem Index Dow Jones Industrial entfernt. Die Citigroup wurde am 8. Juni 2009 aus dem DAX gestrichen.

Sie kennen sicher den alten Investmentratschlag »Kaufe niedrig, verkaufe hoch«. Möglicherweise halten Sie das also für die Chance Ihres Lebens – GR, Citigroup oder Anteile eines anderen bekannten Unternehmens zu kaufen, während die Kurse tief sind. Jede Wette, dass diejenigen, die 2008 Blue-Chip-Aktien des Automobilherstellers General Motors kauften, das ebenfalls für ein Schnäppchen hielten. Aber in nur einem Jahr fiel die GM-Aktie auf ein Niveau wie seit 1933 nicht mehr und verlor fast 95 Prozent ihres Werts. Am 8. Juni 2009 wurde General Motors ebenfalls aus dem Index Dow Jones Industrial entfernt. Wie groß oder prestigeträchtig ein Unternehmen auch ist, wenn sich die Fundamentaldaten verschlechtern – vor allem die Gewinne –, kann man nie wissen, wie tief die Aktie fallen wird.

Abbildung 7.1: Citigroup (C) 2006–2011

Was treibt Superperformance an?

Der Aktienmarkt schert sich nicht groß um die Vergangenheit, auch nicht, was den Status des Unternehmens betrifft. Ihn interessiert die Zukunft, vor allem Wachstum. Behalten Sie im Hinterkopf, dass unser Ziel darin besteht, überdurchschnittlich performende Aktien zu entdecken: Aktien, die den Rest der Meute weit hinter sich lassen. Diese Aktien sind die mit dem größten Potenzial und man findet sie selten auf dem Wühltisch. Sie werden stark, weil sie eine mächtige Kraft im Rücken haben: Wachstum – echtes Wachstum – bei Gewinn und Umsatz. Wieso also beschädigte Ware kaufen?

Wenn Ihr Ziel darin besteht, überdurchschnittliche Performance mit Aktien zu erreichen, muss sich jedes Unternehmen seinen Platz in Ihrem Portfolio verdienen, indem es ein herausragendes Unternehmen ist. Überdurchschnittlich performende Aktien zeigen ihre Stärke durch ihre Fähigkeit, Gewinn, Umsatz und Gewinnmarge zu verbessern und zu steigern. Diese leistungsstarken Unternehmen melden Quartalsergebnisse, die besser sind als die von der Wall Street prognostizierten, mit positiven Überraschungen, die die Aktie noch weiter nach oben treiben. Verlieben Sie sich nicht in eine Aktie, nur weil sie zu einem besonders günstigen Kurs verkauft wird und einen bekannten Namen trägt. Viele Gewinneraktien gehören möglicherweise zu Unternehmen, von denen Sie noch nie gehört haben. Ihre besten Tage liegen noch vor ihnen und nicht in der Vergangenheit. Unabhängig von

Größe, Status oder Reputation eines Unternehmens gibt es für einen Investor keinen vernünftigen Grund, sich für eine unterlegene Erfolgsbilanz zu entscheiden, wenn der Markt doch voller Unternehmen mit herausragenden Fundamentaldaten ist.

Jedes Quartal liefern Quartals- und Verkaufsberichte eine aufgefrischte Liste mit neuen Namen, da diejenigen mit schwächeren Aussichten oft durch die mit größerem Potenzial ersetzt werden. Dieselben Veröffentlichungen von Quartalsergebnissen liefern aktuelle Daten, um die bereits im Portfolio befindlichen Unternehmen neu zu bewerten. Auf diese Weise entwickelt sich das Portfolio durch zwangsläufigen Austausch hin zu seinem Performance-Ziel. Aktien, die weiterhin liefern, bleiben im Portfolio, diejenigen, die keine oder schlechte Performance zeigen, müssen gehen.

Warum Gewinne?

Auf dem Immobilienmarkt lautet das Mantra »Lage, Lage, Lage«. Beim Aktienmarkt ist es »Gewinne, Gewinne, Gewinne«. Letztlich zählt, was unterm Strich übrigbleibt. Wie viel Geld kann ein Unternehmen verdienen und für wie lange? Das führt zu drei grundlegenden Fragen, die sich jeder Investor stellen sollte, wenn es um Gewinn geht: Wie viel? Wie lange? Und wie sicher? Profitabilität, Nachhaltigkeit und Sichtbarkeit repräsentieren die einflussreichsten Faktoren, die Auswirkungen auf die Aktienkurse haben.

Um den Einfluss von Gewinnen auf Aktienkurse zu verstehen, müssen wir einen Blick hinter die Kulissen werfen und uns genau ansehen, wie die Wall Street arbeitet. Wer bewegt die Aktienkurse? Große institutionelle Anleger wie Investmentfonds, Hedgefonds, Pensionsfonds und Versicherungsgesellschaften. Viele institutionelle Anleger, zu denen eine relativ große Zahl an Investmentprofis gehört, arbeiten mit Investmentmodellen, die Gewinnüberraschungen erkennen, das heißt, Gewinnmeldungen, die die Erwartungen der Analysten übertreffen. Sobald eine Gewinnüberraschung bekannt gegeben wird, springen diese Opportunisten an Bord oder nehmen die Aktie zumindest als potenzielle Kaufkandidaten auf ihr Radar.

Die meisten großen institutionellen Anleger nutzen Bewertungsmodelle, die auf Gewinnschätzungen basieren, um den aktuellen Wert einer Aktie zu erkennen.

Wenn ein Unternehmen Vierteljahresergebnisse meldet, die wesentlich besser als erwartet sind, müssen Analysten, die diese Aktie verfolgen, erneut prüfen und die Gewinnschätzungen nach oben korrigieren. Das erhöht die Aufmerksamkeit, die einer Aktie zuteilwird. Die nach oben korrigierte Schätzung wird den von institutionellen Anlegern prognostizierten Wert des Unternehmens erhöhen. Wenn Gewinnschätzungen für eine Aktie steigen, wird sie dadurch natürlich attraktiver und lädt zum Kaufen ein.

Erwartung und Überraschung

Aktien bewegen sich aus zwei wesentlichen Gründen: Erwartung und Überraschung. Jede Kursbewegung wurzelt in einem dieser beiden Elemente: Erwartung von Nachrichten, eines Ereignisses, einer wichtigen Geschäftsveränderung oder die Reaktion auf ein unerwartetes Ereignis und eine Überraschung, positiv oder negativ.

Erwartung bedeutet Vermutung, zum Beispiel bei Gerüchten, dass ein Dienstleister einen Riesenauftrag bekommen wird. In Erwartung einer Ankündigung kann der Aktienkurs steigen. Sobald der Deal auf dem Tisch liegt und der Vertrag offiziell erteilt ist, könnte die Aktie ausverkauft werden. Das Gleiche kann mit Gewinnen passieren, die den Erwartungen entsprechen; sobald die Bekanntgabe erfolgt ist, fällt der Aktienkurs, weil das Ereignis bereits eingepreist oder abgezinst wurde. Aktien bewegen sich oft in Erwartung guter oder schlechter Nachrichten und bewegen sich anschließend in die entgegengesetzte Richtung (das heißt, einer Rallye in Erwartung einer positiven Entwicklung und eines Ausverkaufs, wenn die Ankündigung erfolgt ist). Dieses Marktphänomen kann Investmentneulinge verunsichern. Der Grund dafür ist, dass der Aktienkurs in zukünftigen Ereignissen fußt. Das ist damit gemeint, wenn Leute sagen, dass der Aktienmarkt ein Diskontierungsmechanismus sei. Erwartung bewegt zwar die Kurse, aber sobald das erwartete Ereignis eintritt, verkauft der Markt. Deshalb die alte Börsenweisheit: »Kaufen Sie bei Gerüchten, verkaufen Sie bei Fakten!«

Überraschungen können viele Formen annehmen, von Gewinnen, die weit über oder weit unter den Schätzungen liegen, bis zu einer plötzlichen Entwicklung, die die Geschäftsaussichten eines Unternehmens signifikant verändert. Überraschungen haben jedoch per definitionem eine Sache gemeinsam: Sie kommen unerwartet. Plötzlich setzt sich im Kongress die Idee durch, eine Branche zu deregulieren, oder ein Medikament, das kaum Aussichten hatte, von der Zulassungsbehörde bewilligt zu werden, erhält unerwartet grünes Licht. Bei den Gewinnen liegen die Ergebnisse bei positiven Überraschungen deutlich über der Erwartung, oder sie fallen bei negativen Überraschungen deutlich geringer aus.

Die Gewinnüberraschung

Lassen Sie uns definieren, was die Wall Street unter einer Gewinnüberraschung versteht: Einfach ausgedrückt fallen die Gewinne eines Unternehmens besser (oder schlechter) aus als die übereinstimmende Schätzung der Analysten. Durch Nachrichtenquellen wie Yahoo! Finance, Zacks und Briefing.com können Sie die Gewinnschätzungen für ein Unternehmen in Erfahrung bringen. Wenn ein Dutzend Analysten Unternehmen XYZ unter die Lupe nehmen und der übereinstimmende (durchschnittliche) geschätzte Quartalsgewinn bei 0,53 US-Dollar je Aktie liegt, das Unternehmen jedoch ein Ergebnis von 0,60 US-Dollar je Aktie meldet, so ist dies eine positive Überraschung von 0,07 US-Dollar. Falls das Unternehmen 0,48 US-Dollar je Aktie meldet, so läge eine negative Überraschung von 0,05 US-Dollar vor.

Eine Überraschung kann jede Menge Aktionen lostreten, einschließlich einer Kaufwelle, die, im Fall einer positiven Überraschung, den Aktienkurs nach oben treibt. Studien zeigen, dass die Auswirkungen dieser Überraschung und der positiven Tendenz (Bewegung in Richtung der Überraschungsreaktion) über Monate anhalten können. Die Markteffizienzhypothese besagt, dass der Markt unmittelbar reagiert und die neue Information vollständig einpreist. Erfahrene Trader wissen, dass diese Hypothese aus mehreren Gründen falsch ist. Zum einen ist es unmöglich, dass alle zum selben Zeitpunkt reagieren. Liquidität ist auch ein Faktor, durch sie wird begrenzt, wie viele Aktien zum Kauf und Verkauf verfügbar sind. Großkäufer müssen nach und nach kaufen, damit eine Aktie nicht zu schnell nach oben schießt, und wenn sie zu schnell verkaufen, könnten sie die Aktie zerquetschen. Das führt zum Post-Earnings-Announcement-Drift, einer anhaltenden Verzerrung in Richtung der Überraschung. Halten Sie Ausschau nach Unternehmen, die Gewinnschätzungen übertreffen; je größer die Gewinnüberraschung, desto besser.

Der Kakerlaken-Effekt

Der Name erklärt sich wie folgt: Sieht man eine Kakerlake, kann man sicher sein, dass es mehr davon gibt. Das Gleiche gilt für Unternehmen, die Gewinnüberraschungen melden. Wenn ein Unternehmen sehr gute Quartalsergebnisse meldet, die wesentlich besser ausfallen, als von den Analysten prognostiziert, stehen vermutlich noch mehr gute Quartale bevor. Wenn ein Unternehmen gut performt und Gewinnüberraschungen zeitigt, ziehen möglicherweise andere Unternehmen derselben Branche nach.

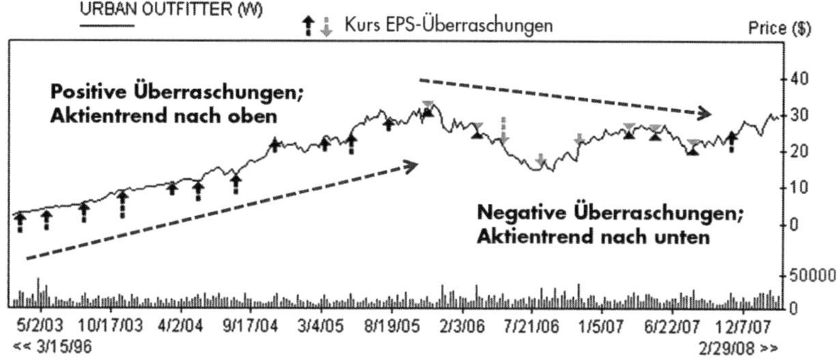

Abbildung 7.2: Urban Outfitters (URBN) 2003–2007. Angefacht durch fortgesetzte positive Gewinnüberraschungen, stieg der Kurs der Urban-Outfitters-Aktie von 2003 bis 2005 dramatisch. Im Gegensatz dazu wurde der Zeitraum von 2006 bis 2007 von negativen Überraschungen dominiert und der Aktienmarkt blieb im Wesentlichen unverändert. (Chart mit freundlicher Genehmigung von Zacks Research Wizard)

Die Aussicht auf weitere Überraschungen kann bei institutionellen Anlegern zu Aktienspekulationen führen, bevor die Gewinnmeldungen veröffentlicht sind. Eine solche Strategie kann sich lohnen. Eine begründete Gewinnüberraschung für das Quartal weist vermutlich auf höhere Gewinne auch im nächsten Quartal hin. Der Spiegeleffekt trifft allerdings oft auch auf negative Überraschungen zu. Unternehmen, die Gewinnschätzungen nicht einlösen können, enttäuschen in den kommenden Quartalen möglicherweise genauso. Da Gewinnüberraschungen nachwirken, sollten wir uns auf Unternehmen konzentrieren, die ihre Schätzungen übertreffen, und Unternehmen mit negativen Gewinnüberraschungen meiden. Eine Möglichkeit des Findens von Kandidaten besteht darin zu prüfen, ob die berichteten Gewinne in den vergangenen paar Quartalen besser ausfielen als erwartet.

Nicht alle Überraschungen sind gleich

Nicht alle Überraschungen kommen wirklich überraschend. Manchmal übertrifft ein Unternehmen die veröffentlichte Schätzung. Zum Beispiel meldet Unternehmen XYZ einen Gewinn von 1,23 US-Dollar je Aktie im Gegensatz zur Schätzung der Wall Street von 1,20 US-Dollar. Obwohl dies eine positive Überraschung von 0,03 US-Dollar ist, sollten Sie sich nicht übermäßig von Unternehmen beeindrucken lassen, die die Prognose der Analysten übertreffen. In den Nachrichten wird oft betont, dass der Gewinn eines Unternehmens die Analystenschätzungen um 1 oder 2 Penny übertroffen hat. Das ist nichts Neues. Unternehmen schneiden häufiger besser gegenüber den Schätzungen ab. Das liegt daran, dass sie in ihren Veröffentlichungen im Laufe des Quartals sorgfältig darauf achten, die Erwartungen zu steuern. Sie sorgen dafür, dass die Analystenschätzungen sich einen Tick unter dem bewegen, was das Unternehmen aus Sicht des Managements liefern wird. Das liegt zum Teil auch am Herdeneffekt bei den Analysten, die nicht wollen, dass ihre Prognosen weit über oder unter denen ihrer Kollegen liegen.

Analysten gehen bei Gewinnschätzungen eher konservativ vor. Da der Markt positive Überraschungen mag und es das Geschäft der Wall Street ist, Konsumenten Aktien zu verkaufen, werden Sie verstehen, wie es dazu kommt. Bei Schätzungen ist es nicht von Vorteil, aggressiv zu sein. Wenn sich die Mehrheit der Analysten, sagen wir mal, zwischen 0,25 US-Dollar und 0,30 US-Dollar je Aktie bewegt und die allgemeine Einschätzung bei 0,27 US-Dollar liegt, wer würde dann die Gewinnschätzung auf 0,40 US-Dollar je Aktie erhöhen? Auch eine besser als prognostiziert ausfallende Gewinnmeldung kann wie eine Gewinnenttäuschung anmuten; die Aktie könnte ins Stocken geraten, wodurch der Analyst ohne Job dasteht. Konservativ und auf Nummer sicher vorzugehen und sich in einem vernünftigen Rahmen der Konsenszahl zu bewegen, macht alle glücklich, vor allem wenn das Unternehmen die Prognosen übertrifft. Auch wenn es oberflächlich betrachtet gut aussieht, sollten Sie sich nicht täuschen lassen und denken, dass es sich hierbei tatsächlich um eine positive Überraschung handelt. Sie sind auf der Suche nach einem signifikanten Ereignis mit Ergebnissen, die die Schätzungen deutlich übertreffen.

Vor Jahren war es beliebt, die an der Wall Street *geflüsterte Zahl* wahrzunehmen, eine schemenhafte Zahl, die realistischer ist als die veröffentlichte Schätzung oder der Konsens. Die geflüsterte Zahl existierte, weil es früher legal war, dass das Unternehmensmanagement in einem geschlossenen Kreis bestimmter Analysten Informationen weitergeben durfte; diese Analysten gaben diese Information wiederum an ihre größten Klienten weiter.

Der Sarbanes-Oxley Act von 2002 brachte dieses Flüstern durch strengere Regeln zum Schweigen, indem es von Unternehmen verlangte, Informationen nur noch stark eingeschränkt weiterzugeben. Verstöße werden hart bestraft. Und bereits im August 2000 erließ die Securities and Exchange Commission die Fair-Disclosure-Regelung, eine Offenlegungspflicht für börsennotierte Unternehmen, nach der alle Marktteilnehmer die gleichen Informationen erhalten müssen. Im Allgemeinen besagt diese Regel: Wenn ein Unternehmen Informationen an bestimmte Einzelpersonen, wie Analysten, herausgibt, muss es diese Informationen auch der Öffentlichkeit zugänglich machen. Zweck dieser Vorschrift ist laut der SEC, eine vollständige und faire Offenlegung zu fördern.

Korrekturen der Analystenschätzungen

Wenn ein Unternehmen eine bedeutende Gewinnüberraschung meldet, werden die Analysten, die diese Aktie beobachten, sehr wahrscheinlich Gewinnschätzungen korrigieren. Ich freue mich, wenn die Schätzungen nicht nur für das laufende Quartal, sondern für das gesamte Geschäftsjahr angehoben werden. Studien haben gezeigt: Wenn Schätzungen um 5 oder mehr Prozent nach oben korrigiert werden, dann liefert die Aktie in der Regel eine überdurchschnittliche Performance. Umgekehrt zeigt eine um 5 oder mehr Prozent nach unten korrigierte Aktie eine unterdurchschnittliche Performance.

Für gewöhnlich folgen Schätzkorrekturen aufgrund einer Gewinnüberraschung kurz nach deren Bekanntgabe. Manchmal werden Schätzungen jedoch vor einer Gewinnmeldung angehoben, zum Beispiel in der Mitte eines Quartals. Das spiegelt die Erwartung guter Ergebnisse wider. Möglicherweise verkauft sich ein Produkt besser als erwartet oder die Geschäftsbedingungen haben sich verbessert. Analysten, die ein Unternehmen beobachten, werden ihre Schätzungen sorgfältig korrigieren, nicht nur auf Basis historischer Daten, sondern auch wegen dem, was sie in Gesprächen mit Kunden und Zulieferern erfahren.

Je näher der Berichtszeitraum rückt, desto mehr nähern sich die Schätzungen um den Konsens herum an. Ihre Aufgabe ist es, die Aktie im Auge zu behalten, um eine Vorstellung davon zu bekommen, ob der Kurs diese zu erwartenden Ergebnisse bereits vorwegnimmt. Beachten Sie auch: Wenn Analysten ihre Gewinnschätzungen auf Basis der letzten Ergebnisse anheben, senkt das das Kurs-Gewinn-Verhältnis einer Aktie, weil der Nenner – die Gewinne – größer ist.

Um zukünftige Gewinne zu berechnen, beginnen Analysten mit einer Umsatzprognose, basierend auf zum Beispiel sämtlichen Aufträgen, die ein Unternehmen bereits hat oder die zu bekommen es sicher ist. Dann nehmen sie die erwartete Gewinnmarge und ziehen davon einen bestimmten Prozentsatz an Steuern ab. Heraus kommt der Gewinn je Aktie für das Quartal oder Jahr. Die meisten Inputs für eine Schätzung stammen von der Geschäftsleitung in Form von Pressemitteilungen, Telefonkonferenzen und Einzelgesprächen mit Führungskräften. Der Analyst kann die Zahlen in der Gewinnprognose auf Basis der Gespräche mit Kunden anpassen, wenn diese andeuten, dass die Verkaufszahlen möglicherweise nicht so gut wie prognostiziert oder umgekehrt besser als von dem Unternehmen angegeben sind.

Oder der Analyst stellt fest, dass sich das Unternehmen für einen niedrigeren Steuersatz qualifiziert. Ein Wettbewerber könnte im Begriff sein, niedrigere Preise anzukündigen, was zu einem Preiskampf führt, der die Gewinnmargen schmälert.

	Dieses Quartal	Nächstes Quartal	Dieses Jahr	Nächstes Jahr
Aktuell	**0,34**	0,66	**1,32**	1,94
Vor 7 Tagen	0,32	0,65	1,28	1,94
Vor 30 Tagen	**0,29**	0,65	**1,18**	1,92
Vor 60 Tagen	0,29	0,65	1,18	1,92
Vor 90 Tagen	0,29	0,63	1,09	1,88

Abbildung 7.3: Überarbeitung der Gewinnschätzung

Suchen Sie nach Unternehmen, bei denen die Analysten die Schätzungen anheben. Sowohl die vierteljährliche Schätzung als auch die des gesamten Geschäftsjahres sollte nach oben tendieren; je höher die Schätzungskorrekturen, desto besser. Zumindest möchte ich sehen, dass das aktuelle Finanzjahr oder die Schätzungen des kommenden Finanzjahres höher tendieren als vor 30 Tagen: Wenn beide höher tendieren, ist das noch besser. Obwohl ich eine Aktie nicht zwangsläufig als Kaufoption disqualifizieren würde, wenn sie keine Korrektur nach oben erhalten hat, so sind starke Korrekturen nach unten definitiv ein Warnsignal.

Hohe Gewinne ziehen viel Aufmerksamkeit an

Wenn ein Unternehmen über mehrere Quartale hohe Gewinne generiert, treibt das nicht nur die Gewinnschätzungen der Analysten und die Brokerprovisionen in die Höhe, sondern führt auch zu einer breiteren Berichterstattung über die Aktie, da weitere Investmenthäuser Analysten beauftragen, das Unternehmen zu beobachten. Eine optimistische Analyse kann weitere Käufe nach sich ziehen. Diese Aktie, die noch vor wenigen Quartalen kaum Beachtung fand, beginnt, Aufmerksamkeit zu erregen und sich im Rampenlicht zu sonnen.

Wenn sich die Gewinne von Quartal zu Quartal mit zunehmendem Tempo beschleunigen, kann die Dynamik des Gewinns je Aktie (EPS) den Aktienkurs noch weiter nach oben treiben. Während sich die EPS-Dynamik entwickelt – zum Beispiel 10 Prozent Gewinnwachstum, dann 30 Prozent, 50 Prozent und so weiter –, werden die Käufer der Gewinndynamik auf den Zug aufspringen. Nun setzt ein Fressrausch ein, genährt vom EPS-Wachstum und den Erwartungen zukünftigen Wachstums.

Während der Aktienkurs wegen der Aussichten auf sich verbessernde Fundamentaldaten durch die Käufe institutioneller Anleger schnell ansteigt, treten zusätzliche quantitative Modelle in den Markt ein und auf Kursdynamik setzende Anleger beginnen, die Aktie nur aufgrund eines starken Kurstrends und einer starken Kursdynamik zu kaufen. Einige dieser Investoren kaufen Aktien, die eine starke Kursbewegung zeigen, unabhängig von den Fundamentaldaten. Sie glauben, dass eine Aktie, deren Kurs so stark steigt, diesen Anstieg allein durch die Dynamik bedingt kurz- bis mittelfristig fortsetzen wird.

An einem gewissen Punkt wird das Wachstum offensichtlich und nahezu jeder weiß davon. Die Aktie wird offiziell zur Wachstumsaktie erklärt. Das clevere Geld, das früh eingestiegen ist, zieht sich nun mit kräftigem Gewinn zurück und naive Investoren kommen hinzu, um das zu kaufen, worüber sie auf den Finanzseiten gelesen oder im Fernsehen gehört haben. Dann endet das Aufwärtsmomentum. Es folgt der Verlust des EPS-Momentums, schließlich eine negative Gewinnüberraschung und Korrekturen nach unten. All das übt Druck auf den Aktienkurs aus. Dieser Gewinn-Reifungszyklus ereignet sich immer wieder, in einem Marktzyklus nach dem anderen. Der Schlüssel besteht darin, zu erkennen, an welchem Punkt des Zyklus man sich befindet, und sich das zunutze zu machen.

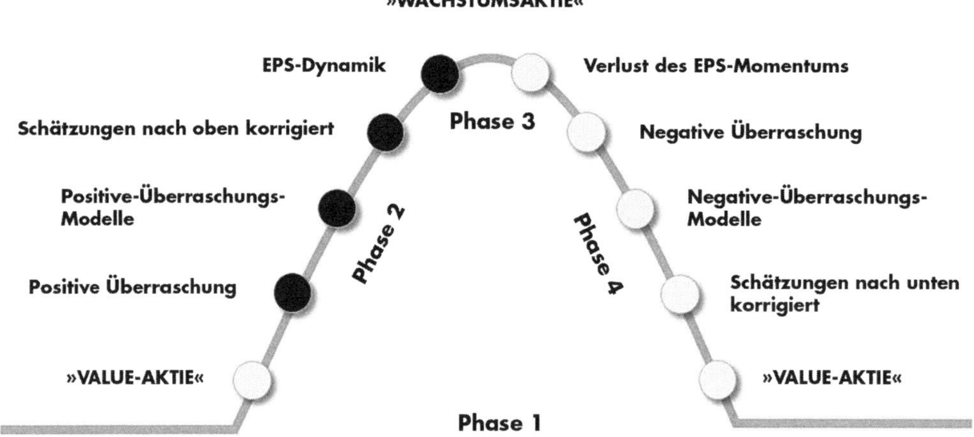

*Abbildung 7.4: **Gewinn-Reifungszyklus.** Um Ihren nächsten Superperformer zu finden, müssen Sie nach Aktien Ausschau halten, die sich in Phase 2 befinden und starke Gewinne, positive Überraschungen und nach oben korrigierte Schätzungen aufweisen.*

Bringen Sie es auf den Tisch

Große Gewinne werden früher oder später Big Player anziehen und die Bedingungen für eine hohe Kursperformance schaffen. Wie lange eine Aktie in Phase 2 bleibt, hängt von den Fundmentaldaten des Unternehmens ab, vor allem davon, wie lange es seine Muster starken Gewinnwachstums aufrechterhalten kann. Manchen Unternehmen gelingt das eine ganze Weile. Um sich dieses Phänomen zunutze zu machen, müssen Sie weder raten noch wahrsagen und Sie müssen sich in Bezug auf die Fundamentaldaten auch nicht mit weniger als einer herausragenden Leistung zufriedengeben. Halten Sie Ausschau nach Aufwärtstrends in Phase 2, die durch starkes Gewinnwachstum unterstützt werden, und Sie werden Ihre Chancen auf einen großen Erfolg mit Aktien immens erhöhen.

Mitunter macht ein Unternehmen mit einer nach oben schießenden Aktie keine großen Gewinne, aber der Kursanstieg bedeutet, dass die Investoren auf zukünftige Profite hoffen. Aber in drei von vier Fällen weisen die besten Performer bedeutende Gewinnzunahmen im letzten Quartal im Vergleich zum entsprechenden Vorjahresquartal auf. Sie sollten ein deutliches Plus nicht nur im letzten Quartal, sondern in den vergangenen zwei bis drei Quartalen zur Voraussetzung machen.

Tatsächlich ist es sogar noch besser, wenn die Gewinne von Quartal zu Quartal steigen. Bei unserer Analyse ehemaliger Superperformance-Aktien sowie den Studien von Love und Reinganum zeigten die Gewinne des aktuellen Quartals die größte Korrelation mit der großen Aktienkursentwicklung.

Um sicherzugehen, dass Ihre Aktie für institutionelle Anleger attraktiv ist, muss vor der Investition ein Mindestniveau der Gewinnentwicklung des aktuellen Quartals erreicht sein. Viele erfolgreiche Manager von Wachstumsaktien verlangen in den letzten ein, zwei oder drei Quartalen eine Steigerung von mindestens 20 bis 25 Prozent gegenüber dem Vorjahr. Je höher die prozentuale Steigerung, desto besser. Richtig erfolgreiche Unternehmen melden für gewöhnlich Gewinnsteigerungen von 30 bis 40 Prozent oder mehr während ihrer Superperformance-Phase. In einem Bullenmarkt können Sie Ihr Minimum sogar noch höher ansetzen; versuchen Sie, Unternehmen zu finden, die Gewinnsteigerungen von 40 bis 100 Prozent oder mehr in den vergangenen zwei bis drei Quartalen aufwiesen. Unternehmen, die vier, fünf oder sechs starke Quartale in Folge berichten, bieten noch mehr Sicherheit, auf dem richtigen Weg zu sein.

Es ist wichtig zu wissen, wann die Unternehmen in ihrem Portfolio und die auf ihrer Beobachtungsliste Quartalsgewinne melden werden. Es ist nicht unüblich für ein Unternehmen, eine Vorankündigung zu seinen Ergebnissen vor dem tatsächlichen Ergebnisdatum herauszugeben. Darüber hinaus sollten Sie die Augen offenhalten bezüglich Gewinnmeldungen und Nachrichten von Unternehmen aus derselben Branchengruppe wie die von Ihnen gehaltenen Aktien.

Im Folgenden ein paar Beispiele für große Gewinner, deren Gewinne bereits offensichtlich waren, als ihre Aktienkurse in die Höhe schossen:

- März 1989 bis Mai 1993: Cisco Systems (CSCO) meldete in 15 von 17 Quartalen Gewinnsteigerungen von 100 Prozent oder mehr und in den anderen beiden Quartalen 92 beziehungsweise 71 Prozent. Der Kurs der Cisco-Aktie stieg in diesem Zeitraum um mehr als das 13-Fache.
- September 1989 bis Dezember 1992: The Home Depot (HD) meldete in 14 aufeinanderfolgenden Quartalen einen Gewinn von über 29 Prozent. Der Kurs der The-Home-Depot-Aktie stieg um mehr als 500 Prozent.
- Von 1987 bis 1991 meldete Microsoft (MSFT) nur ein Quartal unter 36 Prozent in 16 aufeinanderfolgenden Quartalen. Der Aktienkurs legte um mehr als 1200 Prozent zu.
- Die Apollo Group (APOL) meldete 45 aufeinanderfolgende Quartale Gewinne entsprechend der oder über den Schätzungen der Wall Street. Apollos herausragende Kursentwicklung qualifiziert es als einen der größten Aktienmarktgewinner aller Zeiten.
- Von 2009 bis 2011 verzeichnete Green Mountain Coffee Roasters (GMCR) durchschnittliche Steigerungen der Quartalsgewinne von 112 Prozent und vierteljährliche Umsatzsteigerungen von 67 Prozent. Der Aktienkurs legte innerhalb von 24 Monaten um 650 Prozent zu.
- Amgens (AMGN) Quartalsgewinne stiegen während seines phänomenalen Laufs in den frühen 1990ern um durchschnittlich 288 Prozent.

Crocs: Zum richtigen Zeitpunkt ein- und aussteigen

Crocs Inc. (CROX) war eine Modeerscheinung im Einzelhandel, vergleichbar mit einem Sneaker-Unternehmen namens LA Gear, das ich in den 1980ern handelte. Beide verzeichneten kometenhafte Kurssprünge aufgrund der hohen Verkaufszahlen ihrer trendigen Schuhe. Anfangs mit einem Kurs von 9,90 US-Dollar dotiert, eröffnete Crocs am 8. Februar 2006 mit einem Kurssprung um 200 Prozent auf 30 US-Dollar die Aktie. Von Juni 2006 bis September 2007 rühmte sich Crocs jedes Quartal dreistelliger Kursgewinne. Von seinem Börsengang bis Oktober 2007 lagen die durchschnittlichen Quartalsgewinne je Aktie bei 229 Prozent. In diesem Zeitraum legte die Aktie um satte 400 Prozent zu.

Angesagte Ein-Produkt-Aktien, die quasi über Nacht bekannt werden und einen rasanten Aufstieg verzeichnen, können fantastische Investitionen sein, wenn Sie zum richtigen Zeitpunkt ein- und aussteigen. Crocs verzeichnete einen raketenhaften Anstieg, während das Geschäft boomte – wenn auch nur kurz. Es gibt zahllose Beispiele für Unternehmen, die infolge einer zyklischen Modeerscheinung ein Riesengewinnwachstum verzeichneten.

Während sich ein Produkt schnell verkauft, kann es jede Menge Begeisterung bezüglich der Unternehmensaktie geben. Aus welchem Grund auch immer beschleunigt eine Entwicklung im Unternehmen die Wachstumsrate und den Aktienkurs. Diese Wachstumsrate kann zwar nicht dauerhaft aufrechterhalten werden – das schafft kein Unternehmen –, aber mit einem starken EPS-Momentum durchaus sechs, neun oder zwölf Quartale oder sogar noch länger. Wenn Sie in der Phase starken Gewinnwachstums einsteigen, kann die Aktie innerhalb von ein oder zwei Jahren um 100 oder sogar 300 oder 500 Prozent steigen, in seltenen Fällen gar um 1000 Prozent.

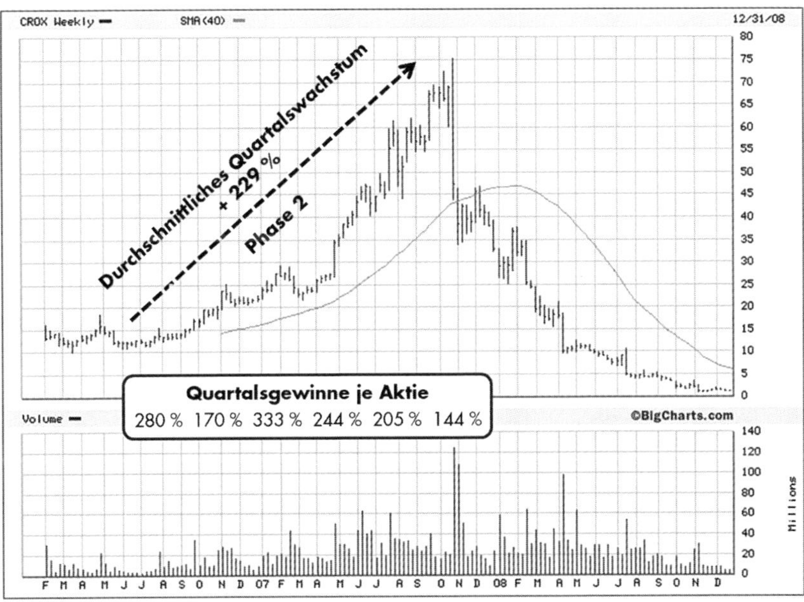

Abbildung 7.5: Crocs 2006–2009. Crocs Inc. (CROX) profitierte vom schnellen Verkauf seiner trendigen Schuhe, was sich in sechs aufeinanderfolgenden Quartalen in einem dreistelligen Gewinnwachstum niederschlug und einem sehr profitablen Kursanstieg in Phase 2.

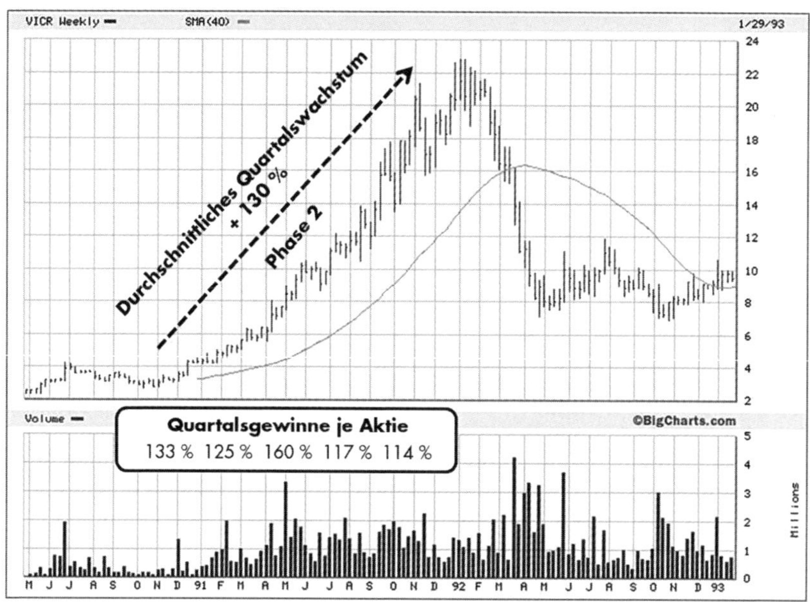

Abbildung 7.6: VICOR (VICR) 1990–1993. Vicor (VICR) verzeichnete in fünf Quartalen ein dreistelliges EPS-Wachstum, das innerhalb von 14 Monaten zu einem Anstieg des Aktienkurses um 460 Prozent führte.

Vicor: Dreistellige Gewinne treiben den Aktienkurs nach oben

Das Phänomen des Gewinnzyklus ist *keine* einmalige Angelegenheit oder etwas Ungewöhnliches. Er läuft immer wieder ab, in einem Marktzyklus nach dem anderen. Das Einzige, was sich ändert, sind die Namen. 1991 kaufte ich Aktien des Elektronikgeräteherstellers Vicor Corporation (VICR), die in weniger als einem Jahr um mehr als 400 Prozent zulegten. Grund war ein Verkaufsschub durch einen patentierten Ansatz zur Bereitstellung von Strom für empfindliche elektronische Geräte, der als »Nullstromschalter« bezeichnet wird. Von September 1990 bis September 1991 meldete Vicor bei den Quartalsgewinnen ein dreistelliges prozentuales Wachstum. Diese enorme Leistung ließ den Aktienkurs um 460 Prozent zulegen, von aktiensplitbereinigten 4 US-Dollar je Aktie auf über 22 US-Dollar.

Wie Sie sehen, können während starker Wachstumsphasen große Gewinne gemacht werden, manche Kursanstiege sind geradezu kometenhaft. Der Schlüssel besteht darin, sich auf Phase 2 des Zyklus zu fokussieren, während das Unternehmen ein starkes EPS-Wachstum an den Tag legt.

Gewinnbeschleunigung

Zusätzlich zu starkem Gewinnwachstum, das die Erwartungen der Analysten übertrifft, halte ich Ausschau nach Gewinnbeschleunigung, will heißen, ein höheres Gewinnwachstum als in früheren Perioden. Mehr als 90 Prozent der größten Aktienmarktgewinner zeigen vor oder während ihrer großen Kursbewegungen irgendeine Form von Gewinnwachstum.

Mal angenommen, dass ein Unternehmen vor vier Quartalen einen Rückgang von 0,05 US-Dollar im Vergleich zum Vorjahr meldete. Vor drei Quartalen war der Gewinn um 10 Prozent höher als im Vorjahr. Dann, vor zwei Quartalen, war der Gewinn um 28 Prozent höher, und im letzten Quartal sogar um 56 Prozent. Das sind drei Quartale mit einer Gewinnbeschleunigung. Im Jahresvergleich wächst der Gewinn Quartal für Quartal fortlaufend mit einer höheren Rate. Diese Eigenschaft ist sehr positiv und zeigte sich bei den meisten Aktien mit der besten Wertentwicklung.

	Q4	Q1	Q2	Q3	Q4
EPS	-34 %	+12 %	+ 44%	+ 83 %	+ 244%
EPS (USD)	0,14	0,29	0,39	0,50	
Schätzung	0,16	0,23	0,30	0,36	0,48
+/-	-0,02	0,06	0,09	0,14	

Abbildung 7.7: Beispiel für eine Gewinnbeschleunigung von Quartal zu Quartal

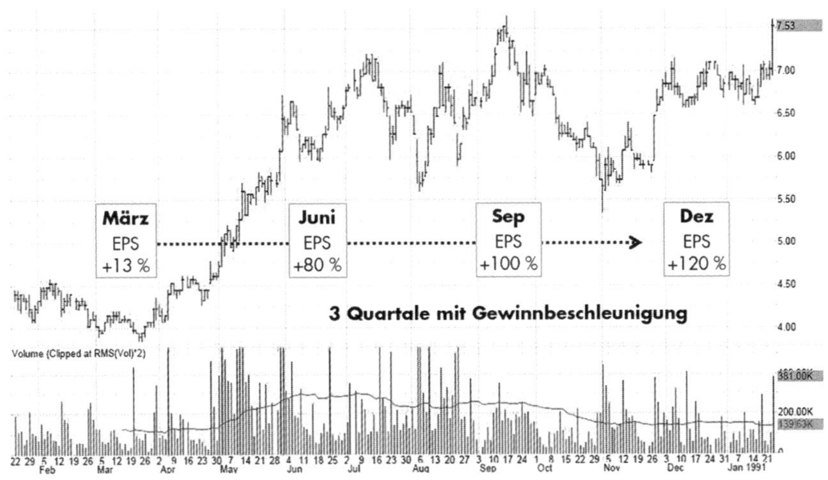

Abbildung 7.8: ELAN PLC (ELN) 1990. *1990 beschleunigten sich die Gewinne in drei aufeinanderfolgenden Quartalen, bevor das Unternehmen zum Marktführer aufstieg. Elan stieg in 12 Monaten um 152 Prozent. (Chart mit freundlicher Genehmigung von Interactive Data © 2009)*

Suchen Sie nach umsatzgestützten Gewinnen

Neben einem starken, sich beschleunigenden Wachstum möchten Sie, dass der Umsatz dieselben Eigenschaften aufweist: starkes Wachstum und Beschleunigung von Quartal zu Quartal. Für neue Marktführer ist es nicht unüblich, ein dreistelliges Umsatzwachstum in den letzten zwei, drei oder mehr Quartalen aufzuweisen. Tatsächlich liefern ein paar großartige Aktienmarkterfolge kontinuierlich über mehrere Jahre große Steigerungen von einem Quartal zum nächsten. Zum Beispiel meldete Netflix von März 2009 bis Dezember 2010 in acht aufeinanderfolgenden Quartalen Umsatzwachstum von 21 auf 34 Prozent. In diesem Zeitraum lagen die durchschnittlichen Quartalsgewinne bei 45 Prozent. Der Kurs der Netflix-Aktie stieg um mehr als 500 Prozent. The Home Depot schaffte eine 698-prozentige Steigerung von Juni 1982 bis Juni 1983. Sein Umsatz wuchs um 104 Prozent, 158 Prozent, 191 Prozent beziehungsweise 220 Prozent während der vier Quartale. 2010 unterstützten steigende Verkaufszahlen den Gewinn und trieben den Aktienkurs von F5 Networks um mehr als 500 Prozent in die Höhe. Das ist es, was bei überdurchschnittlicher Aktienperformance wirklich zählt: starkes Gewinnwachstum gestützt durch starke Umsätze – statt Buchhaltungstricks. Wenn Ihre Aktienauswahl nicht nur starke Gewinne, sondern auch starke Umsätze zeigt, vergrößern Sie Ihre Chancen auf überdurchschnittliche Performance.

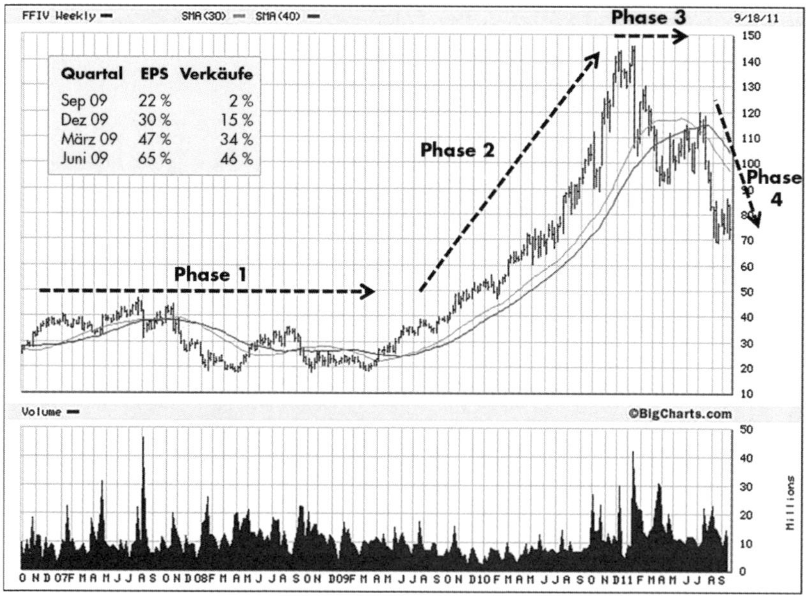

Abbildung 7.9: F5 Networks (FFIV) 2007–2011. F5 Networks zeigt sowohl steigende Gewinne als auch wachsende Umsätze während seines starken Anstiegs in Phase 2.

Den Trend checken

Für gewöhnlich schaue ich mir das letzte oder sogar die beiden letzten Jahre an, um zu sehen, ob Gewinn- oder Umsatzsteigerungen stattfanden. Das Leben ist nicht perfekt, wenn also dann und wann ein Quartal keine Steigerung aufweist, ist das möglicherweise zu vernachlässigen. Quartalsergebnisse können Sie durch einen gleitenden Zwei-Quartals-Durchschnitt über die letzten vier, sechs oder acht Quartale glätten. Idealerweise möchten Sie natürlich einen stabilen Aufwärtstrend sehen.

	Q1	Q2	Q3	Q4	Q5	Q6	Q7	Q8
EPS	-14 %	17%	43 %	23 %	52 %	36 %	65 %	59 %
2-Quartals-Durchschnitt		2 %	30 %	33 %	39 %	44 %	51 %	62 %
Verkäufe	0 %	2 %	2 %	7 %	13 %	15 %	15 %	14 %
2-Quartals-Durchschnitt		1 %	2 %	5 %	10 %	14 %	15 %	14 %

*Abbildung 7.10: **Beispiel für geglättete Gewinne und Umsätze mittels eines gleitenden Zwei-Quartals-Durchschnitts***

Im Gegensatz dazu sollte ein erheblicher Rückgang über mehrere Quartale oder noch länger Misstrauen wecken.

Jahresgewinne

Wenn es für ein Unternehmen gut läuft, ist es sehr unwahrscheinlich, dass dieser Erfolg über Nacht endet. Ein überraschend guter Gewinnbericht kann der Beginn einer ganzen Reihe erfolgreicher Quartale sein. Starke Quartalsergebnisse sollten in starke Jahresergebnisse übergehen. Nur ein oder zwei Quartale mit guten Gewinnen genügen nicht, um den Kurs einer Aktie über einen längeren Zeitraum signifikant nach oben zu treiben.

Eine der erfolgreichsten Aktien der vergangenen Jahrzehnte war die der Apollo Group. Von 2000 bis 2004 stieg der Kurs der Apollo-Aktie von 10 auf 96 US-Dollar. Während dieses Zeitraums lag das jährliche EPS-Wachstum bei durchschnittlich fast 40 Prozent, gestiegen von 28 Prozent im Jahr 2000 auf 55 Prozent im Jahr 2003. Diese Art Wachstum sorgt für überdurchschnittliche Performance. Zusätzlich zum Wachstum von einem Quartal zum nächsten sollten Sie auf ein starkes jährliches Wachstum achten.

Abbildung 7.11 ***Apollo Group (APOL) versus Nasdaq mit prozentualer Veränderung des Jahresgewinns je Aktie 1999–2004.*** *Von 2000 bis 2003 stiegen die Gewinne von Apollo jährlich.*

In welchem Jahr ging es los?

Sie können zwei bis vier Jahre oder sogar noch weiter bis zu einem Rekordjahr zurückgehen, um zu sehen, ob die aktuellen Gewinne den früheren Trend übertreffen. Es kann ein bezeichnendes Ereignis sein, wenn die Gewinne plötzlich aus einer über Jahre gleichbleibenden Spanne ausbrechen. Überprüfen Sie auch die folgenden ein oder zwei Quartale sowie das nächste Finanzjahr, um zu sehen, ob sich die Gewinnbeschleunigung vermutlich fortsetzen wird.

Jahr	EPS (USD)	% CNG
2003	1,13	
2004	1,02	
2005	0,83	
2006	0,23	
2007	0,26	
2008	0,18	
2009	0,32	
2010	**1,32**	+312 %
2011	**1,94**	+47 %

Abbildung 7.12: ***Beispiel für einen Gewinn-Breakout.*** *In diesem Beispiel durchbrechen die Gewinne von 2010 nicht nur den vorherigen Vierjahrestrend, sondern übertreffen auch den Höchststand von 2003. Das ist eine bemerkenswerte Entwicklung.*

Daran erkennen Sie eine Turnaround-Situation

Eine andere Form von Gewinnbeschleunigung, nach der Sie Ausschau halten sollten, ist eine Turnaround-Situation. Eine Aktie entwickelte sich gut, aber dann folgten schwierige Zeiten, in denen das Unternehmen möglicherweise negative Gewinnüberraschungen verzeichnete oder langsamer als erwartet wuchs – nur im einstelligen Prozentbereich – oder sogar negative Ergebnisse melden musste. In manchen Quartalen sind die Gewinne im Vergleich zur Vorjahresperiode gesunken. Und dann, ganz plötzlich, explodiert das Gewinnwachstum. Das Unternehmen meldet Vierteljahresgewinne, die um 50 Prozent höher liegen als im Vorjahreszeitraum; und im darauffolgenden Quartal zeigt es eine Gewinnsteigerung zum letzten Jahr von mehr als 100 Prozent. Im darauffolgenden Quartal steigen die Ergebnisse auf 150 Prozent. Diese Leistung wird noch verstärkt durch die Vergleiche zum Vorjahr, als das Unternehmen zu kämpfen hatte. Die Situation wendet sich und das Unternehmen verbucht nicht nur höhere Gewinne, sondern auch die prozentualen Gewinne sehen erheblich besser aus.

Bei Turnaround-Situationen sollten Investoren darauf achten, dass die aktuellen Gewinne sehr stark sind. (plus 100 Prozent oder besser im letzten Quartal oder den letzten beiden Quartalen). Falls die vorhergehenden Ergebnisse düster aussahen, sollte das Unternehmen prozentual zwecks einfacherer Vergleichbarkeit deutlich besser abschneiden. Sie können auch darauf bestehen, dass Gewinne und Margen einen neuen Höchstwert erreichen oder sich diesem annähern, als zusätzliche Bestätigung, dass das Unternehmen wieder auf Kurs ist.

In manchen Fällen können Sie Turnarounds und Gewinnsteigerungen erkennen, indem Sie die aktuelle jährliche Wachstumsrate oder die aktuellen Quartalsergebnisse mit der Drei- oder Vier-Jahres-Wachstumsrate vergleichen. Ein Unternehmen, das jährlich um 12 Prozent gewachsen ist und plötzlich eine Wachstumsrate von 40 Prozent und dann von 100 Prozent zeigt, könnte ein vielversprechender Kandidat sein.

3-Jahres-WR	+12 %
5-Jahres-WR	-7 %

	Q$	Q1	Q2	Q3	Q4
EPS	-88 %	-7 %	+44 %	+ 183 %	+900 %
EPS (USD)	0,01	0,10	0,39	0,50	
Schätzung	0,03	0,09	0,30	0,36	0,10
+/-	-0,02	0,01	0,09	0,14	

Abbildung 7.13: Beispiel für eine Gewinnsteigerung im Vergleich mit der Drei- und Fünf-Jahres-Wachstumsrate. *Q2 und Q3 zeigen signifikante Beschleunigung im Vergleich mit der Drei- und Fünf-Jahres-Wachstumsrate mit einem dreistelligen Gewinn in Q3.*

Entschleunigung ist eine rote Flagge

Ein Unternehmen kann ein starkes Wachstum im hohen zweistelligen Prozentbereich an den Tag legen und dann auf eine mittelhohe zweistellige Wachstumsrate zurückfallen. Für ein anderes Unternehmen kann ein Wachstum um 20 oder 30 Prozent eine große Verbesserung sein. Für ein Unternehmen, das zuvor bei 50 oder 60 Prozent oder mehr lag, ist eine Wachstumsrate von 20 bis 30 Prozent jedoch eine gravierende Verschlechterung. Erinnern Sie sich, was mit Dell Computer passierte, dessen EPS von 1995 bis 1997 jährlich bei 80 Prozent lag und dann zurückging auf 65 Prozent im Jahr 1998 und 28 Prozent im Jahr 1999? Obwohl das immer noch ein ansehnliches Wachstum darstellte, bedeutete es eine gravierende Veränderung und markierte das Ende der gigantischen Kursbewegung der Dell-Aktie. Im Jahr 2000 erreichte die Aktie ihren Höhepunkt. Zehn Jahre später war der Aktienkurs beträchtlich niedriger, im Vergleich zum Höchstwert war er um mehr als 80 Prozent gefallen.

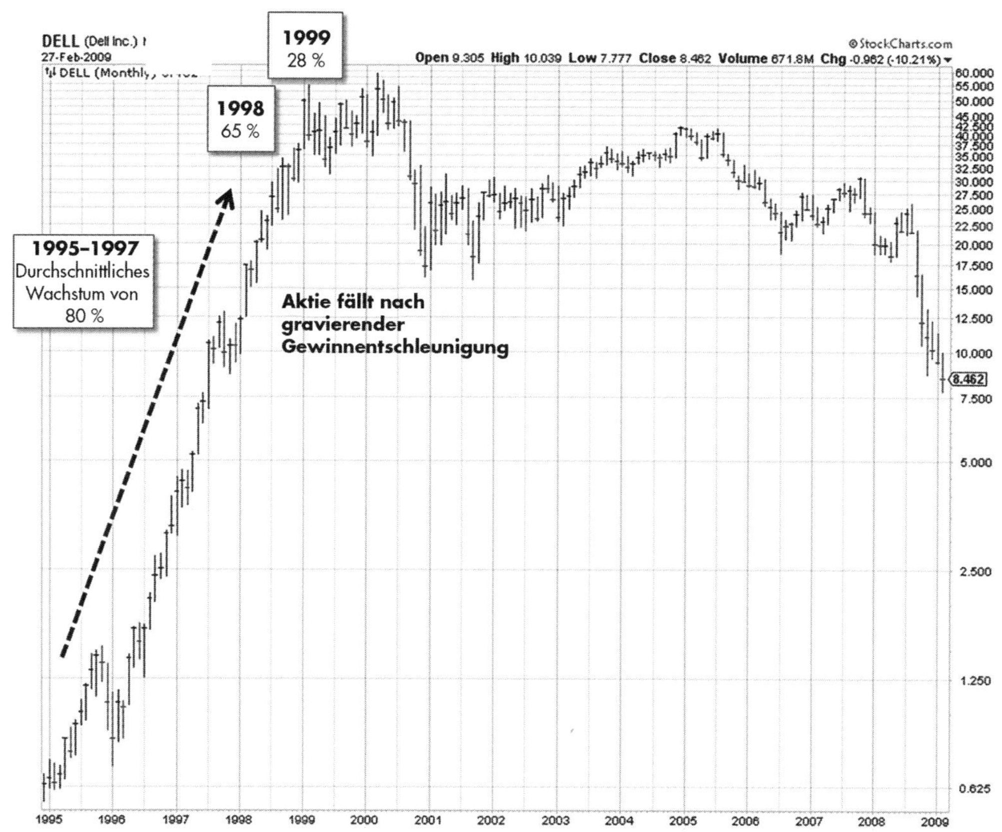

Abbildung 7.14: Dell Computer 1995–2009

The Home Depot

Nach einer fünfjährigen Stagnierungsphase, die im Jahr 1994 begann, als sich The Home Depot eindeutig in einer Seitwärtsbewegung in Phase 1 befand, trat die Aktie im Jahr 1997 in eine Beschleunigungsphase ein. Die Gewinne (auf Jahresbasis dargestellt) stiegen in jenem Jahr um 21 Prozent, gefolgt von einer Steigerung um 37 Prozent im Jahr 1998 und 41 Prozent im Jahr 1999. Deutlich wird, dass eine Aktie am besten performt, wenn die Gewinne die stärkste Wachstumsrate aufweisen. Die The-Home-Depot-Aktie stieg von 10 US-Dollar auf einen Höchststand von über 70 US-Dollar. Was den Kursanstieg nährte, war eine durchschnittliche jährliche EPS-Wachstumsrate von 27 Prozent, die sich 1998 und 1999 beschleunigte.

Den Höchststand erreichte die The-Home-Depot-Aktie im Jahr 2000. Nach einer starken Gewinnperformance im Jahr 1999 mit einer Wachstumsrate von 41 Prozent verlangsamte sich das EPS-Momentum dramatisch. Im Jahr 2000 lag das EPS-Wachstum nur bei 11 Prozent. Diese Reduzierung holte die Aktie aus ihren luftigen Höhen, als das durchschnittliche jährliche EPS-Wachstum von 2000 bis 2007 bei 15 Prozent lag, praktisch eine Halbierung der Werte während der Aufstiegsphase. Während der langsameren Wachstumsperiode performte die The-Home-Depot-Aktie schwach. Das lag daran, dass der Aktienkurs den Gewinnen vorausgelaufen war und schließlich der Gewinnverlangsamung zum Opfer fiel, was passieren kann, wenn eine Wachstumsaktie zu beliebt wird.

Zusammengefasst sehen institutionelle Anleger gern Folgendes:

- Gewinnüberraschungen,
- eine Beschleunigung des Gewinns pro Aktie und des Umsatzes,
- eine Erhöhung der Margen,
- einen EPS-Ausbruch,
- eine starke jährliche EPS-Veränderung und
- Anzeichen dafür, dass die Beschleunigung anhält.

Abbildung 7.15: The Home Depot (HD) 1992–2008. Der Chart von The Home Depot (HD) zeigt, dass starke, sich beschleunigende Jahresgewinne einen schnellen Anstieg des Aktienkurses auslösten, gefolgt von einem langen, steilen Abstieg, da sich die Gewinnwachstumsrate deutlich verlangsamte.

KAPITEL 8:

DIE ERTRAGSQUALITÄT EINSCHÄTZEN

Ein Unternehmen kann auf unterschiedliche Weise Gewinne erzielen, von denen einige jedoch unzuverlässig sind. Ich bevorzuge qualitativ hochwertige Gewinne. Anders ausgedrückt: Woher stammen die Gewinne? Hat das Unternehmen aufgrund starker Umsatzzahlen bessere Ergebnisse gemeldet? Basierte der starke Umsatz auf einem einzigen Produkt oder Großkunden? In dem Fall ist das Wachstum anfällig. Oder beruhen die überraschend guten Ergebnisse auf einem branchenweiten Phänomen oder Aufträgen zahlreicher Käufer? Vielleicht reduziert das Unternehmen Kosten und setzt den Sparstift an? Gewinnsteigerungen durch Kostenreduzierung, Werksschließungen und andere sogenannte Produktivitätssteigerungen haben kurze Beine. Derartige Verbesserungen können von Zeit zu Zeit auftauchen, aber nachhaltiges Gewinnwachstum erfordert Umsatzwachstum. Die Gewinnqualität zu untersuchen, verschafft Ihnen Einblick und liefert Ihnen eine Begründung, bevor Sie Ihr hart verdientes Geld an eine Aktie binden.

Nicht operativer oder nicht wiederkehrender Ertrag

Abhängig davon, wie Sie den Quartalsbericht eines Unternehmens analysieren, kann er aussehen wie ein stürmischer Erfolg oder ein durchhängender Faulpelz. Es ist alles eine Frage der Perspektive. Folgendermaßen kann es dazu kommen: Unternehmen XYZ berichtet 3,01 US-Dollar je Aktie gegenüber 2,40 US-Dollar im Vorjahr. Das zeigt eine stolze Gewinnzunahme von 25 Prozent. Sieht hervorragend aus, oder? Bei genauerer Betrachtung fällt Ihnen auf, dass Unternehmen XYZ einen »unüblichen Gewinn« bezogen auf den Verkauf von nicht strategischen Vermögenswerten gemeldet hat. Dieses einmalige Ereignis macht 0,84 US-Dollar je Aktie des Ertrags aus und wird als nicht wiederkehrend erachtet.

Deshalb sollte dieser Teil des Ertrags beim Unternehmensgewinn ausgeklammert werden. Das führt zu einem korrigierten Wert von 2,17 US-Dollar je Aktie, fast 10 Prozent weniger als im Vorjahr. Riesenunterschied!

Ich suche nach Gewinnen, die aus dem Kerngeschäft stammen, nicht aus einmaligen Einnahmen oder einem außergewöhnlichen Ereignis. Die meiste Zeit ist der Unterschied zwischen operativem und nicht operativem Ergebnis eindeutig. Betrachten wir ein Unternehmen, das Kaffee verkauft; einige seiner Filialen befinden sich in unternehmenseigenen Immobilien und das Management entscheidet in dem Glauben, dass die Immobilienpreise hoch seien, einige dieser Immobilien zu veräußern. Diese Immobilientransaktionen und die dadurch generierten Profite haben eindeutig nichts mit dem Verkauf von Kaffee zu tun. Von daher sind die Einnahmen aus dem Immobilienverkauf als nicht wiederkehrendes Ereignis oder außergewöhnliche Einnahmen zu betrachten, die abgezogen werden müssen, damit der Gewinn einen Ertrag widerspiegelt, der aus dem Kerngeschäft des Unternehmens stammt.

Vorsicht vor frisierten Zahlen

Das Management ist geschickt darin geworden, Erwartungen zu managen und Zahlen zu frisieren, um ein »underpromise and overdeliver« (weniger versprechen und mehr liefern) zu erzielen. Geschickte Mitspieler können sogar tiefstapeln, indem sie eine Gewinnwarnung platzieren, um die Messlatte der Schätzung kurzfristig zu senken und dadurch in Zukunft besser abzuschneiden. Heraus kommt eine Gewinnüberraschung, allerdings im Kontext einer niedrigeren allgemeinen Schätzung. Wenn Sie sehen, dass wegen einer Abwärtsprognose die Schätzung kürzlich revidiert wurde und das Unternehmen dann die Erwartungen übertrifft, muss bei Ihnen eine rote Flagge hochgehen; der Bericht ist vielleicht nicht so gut, wie es den Anschein hat.

Einmalige Belastungen

Eine andere Verschleierungstaktik besteht in der Mehrfachverwendung einmaliger oder nicht wiederkehrender Belastungen. Ein Unternehmen, das andernfalls schwache Gewinne melden müsste, kann tatsächlich eine nicht wiederkehrende einmalige Belastung nutzen, um den Gewinn besser dastehen zu lassen. Es ist nur eine einmalige Kostenbelastung und dann kehrt man zurück zur Tagesordnung, richtig? Falsch! Nicht, wenn dieses Vorgehen ein Muster erkennen lässt. Manche Unternehmen setzen diese einmaligen Belastungen regelmäßig an und treiben so Missbrauch. Wenn derartige Einmalkosten immer wieder auftauchen, sollten Sie die Gewinnqualität ernsthaft infrage stellen, auch wenn es die größten und angesehensten Unternehmen sind, die sich dieser Praxis bedienen.

Abschreibungen und Gewinnverschiebungen

Abschreibungen auf den Bestand und laufende Kosten sind ebenfalls Punkte, nach denen Sie Ausschau halten sollten. Manche Unternehmen halten Abschreibungen zurück und bunkern sie für einen späteren Zeitraum, wenn sie ihnen nützlich sind. Sie entscheiden sich möglicherweise, Gewinne oder Kosten in die Zukunft oder eine andere Abrechnungsperiode zu verschieben, die es ihnen erlaubt zu kontrollieren, in welchem Quartal sie die Rechnungen oder Umsätze wirksam werden lassen. Manche Unternehmen verbuchen Einnahmen und Forderungen zum Zeitpunkt des Warenversands und schätzen Verluste für zurückgesendete Waren nur. Wenn die Rücksendungen die Schätzungen übersteigen, könnte das zukünftige Gewinne beeinträchtigen.

Das Management kann sich auch entschließen, die Gewinne so zu verschieben, dass ein Einbruch in einem einzigen enttäuschenden Quartal kompensiert wird. Durch das Verschieben von Gewinnen, damit das Unternehmen ein einzelnes großes schlechtes Quartal hat, kann das Unternehmen im darauffolgenden Quartal besonders gut dastehen, weil der vorherige Bericht die Analysten gezwungen hat, ihre Schätzungen zu senken. Das macht es dem Unternehmen leichter, die Wall Street zu schlagen. Als Anleger möchten Sie jedoch Gewinne sehen, die auf robusten Spitzen-Umsatzzahlen beruhen und nicht auf Buchhaltungstricks und -spielereien.

Vorsicht vor Profitabilität durch Kostenreduzierung

Da Sie die drei Hauptantreiber des Gewinns kennen (höheres Volumen, höhere Preise und geringere Kosten), macht es sich bezahlt, vorsichtig zu sein, wenn ein Unternehmen Gewinne nur über die Kostenreduzierungen erzielt. Ein Unternehmen kann durch das Streichen von Jobs, durch Werksschließungen oder durch das Abstoßen von nichtprofitablen Betriebsteilen die Profite steigern. Diese Maßnahmen haben jedoch eine begrenzte Lebensdauer. Letztlich wird das Unternehmen etwas anderes tun müssen, um sein Geschäft wachsen zu lassen und seinen Umsatz zu erhöhen. Deshalb müssen Sie sich die Story hinter dem Gewinnwachstum genau ansehen. Stellen Sie sicher, dass es nicht nur auf ein einmaliges Ereignis zurückzuführen war, dass die Umsätze aufgrund eines außergewöhnlichen Gewinns in die Höhe schossen oder sich die Profite aufgrund von Kostenreduzierung verbesserten.

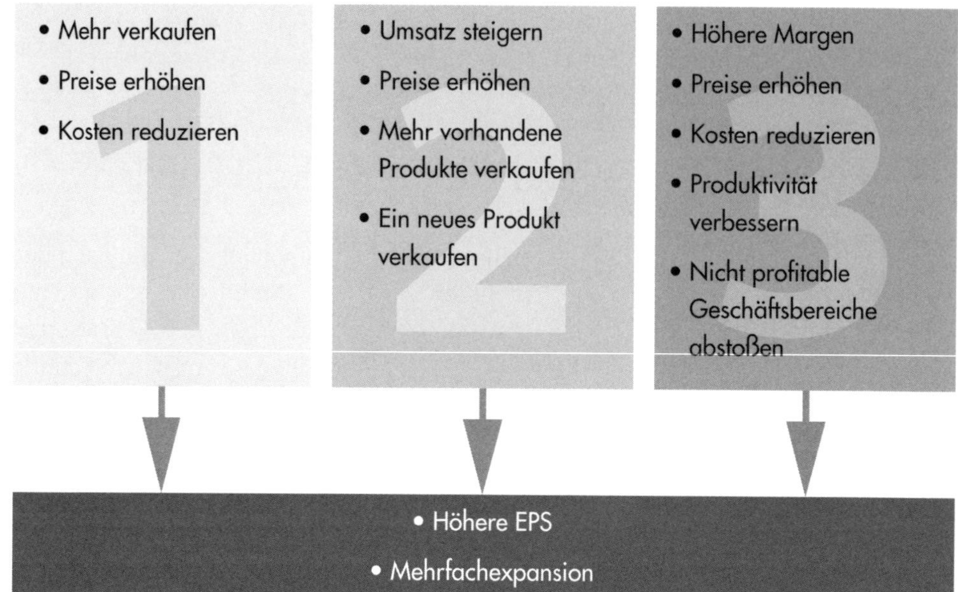

Abbildung 8.1: Drei Wege, durch die ein Unternehmen Profite steigern kann.
Ein höherer Umsatz und expandierende Margen können zu größeren Gewinnen und KGV-Mehrfachexpansion führen.

Unternehmen mit gutem Kurssteigerungspotenzial zeigen, dass ihr Gewinnwachstum nachhaltig ist und über einen längeren Zeitraum anhält. Die ideale Situation besteht darin, dass ein Unternehmen ein höheres Verkaufsvolumen mit neuen und aktuellen Produkten in neuen und existierenden Märkten hat sowie höhere Preise und reduzierte Kosten. Das ist eine Gewinnkombination.

Im Allgemeinen haben die besten Wachstumskandidaten die Möglichkeit zu expandieren, neue Produkte und Dienstleistungen einzuführen und neue Märkte zu erschließen. Sie haben die Macht, Preise anzuheben, und können die Produktivität verbessern sowie Kosten reduzieren. Die Kombination aus Umsatzsteigerung und Margenerhöhung wird sich dramatisch auf das Endergebnis auswirken.

Die schlimmste Situation liegt vor, wenn ein Unternehmen begrenzte Preissetzungsmacht hat, sein Geschäft kapitalintensiv ist, die Margen gering sind oder unter Druck stehen und das Unternehmen mit starken Regulierungen oder einem harten Wettbewerb oder beidem konfrontiert ist. Ein Beispiel ist die Luftfahrtbranche, die keine große Preissetzungsmacht besitzt, behördlichem Druck ausgesetzt ist, sehr kapitalintensiv und wegen der Treibstoffkosten sehr rohstoffsensibel ist.

Wenn hohe Gewinne gemeldet werden, sollten Sie die Story dahinter überprüfen, um sicherzugehen, dass die guten Nachrichten nicht auf einem einmaligen Ergebnis beruhen, sondern das Produkt von Bedingungen sind, die vermutlich anhalten werden. Folgende Fragen sollten Sie unter anderem stellen:

- Gibt es neue Produkte oder Dienstleistungen oder positive Branchenveränderungen?
- Gewinnt das Unternehmen Marktanteile? Ein Markt wird letztlich durch wenige Unternehmen dominiert.
- Was unternimmt das Unternehmen, um den Umsatz zu steigern und Margen zu erhöhen?
- Was unternimmt das Unternehmen, um Kosten zu senken und die Produktivität zu steigern?

Margen messen

Das Ziel jedes Unternehmens besteht darin, so viel Geld wie möglich aus dem generierten Umsatz zu erhalten, das heißt, die höchstmögliche Gewinnspanne zu erreichen. Wenn die Margen steigen, erzielt das Unternehmen einen höheren Preis für seine Produkte oder hat einen Weg gefunden, seine Produktivität zu steigern oder Kosten zu reduzieren, manchmal beides. Steigende Gewinnspannen zeigen, dass mehr Profite für jeden Dollar Umsatz gemacht werden, den das Unternehmen erzielt.

Gewinnspannen-Kennzahlen gibt es in unterschiedlichen Formen. Die Bruttomarge spiegelt wider, wie viele Kunden mehr für das Produkt bezahlen im Vergleich zu den Kosten des Unternehmens. Sie zeigt den Investoren, wie gut ein Unternehmen seine Kosten und die Preisgestaltung seiner Produkte im Griff hat. Die Bruttomarge hängt von ein paar Variablen ab, von denen manche außerhalb der Kontrolle des Unternehmens liegen, zum Beispiel wenn die Rohmaterialkosten in dem einen Quartal niedriger waren oder ein Konkurrent Lieferschwierigkeiten hatte, die dem Unternehmen einen unerwarteten Vorteil verschafften, der ein kurzlebiges Phänomen sein kann. Die beste Art von Gewinnspannenerweiterung kommt aus der Preisgestaltungsmacht wegen der starken Nachfrage nach den Produkten eines Unternehmens.

Die Nettoumsatzrendite oder Nettomarge basiert auf dem Nettogewinn des Unternehmens dividiert durch den Umsatz und reflektiert alle Variablen, die die Profitabilität beeinflussen. Eine fallende Nettomarge weist darauf hin, dass ein Unternehmen geringere Profite bei seinen Umsätzen erzielt. Das kann an gestiegenen Kosten liegen, an Ineffizienz oder Besteuerung. Gewinnspannendruck kann zu ernsthafter Profiterosion führen. Die Ursache eines Rückgangs bei der Nettomarge kann vorübergehend sein, zum Beispiel eine kurzfristige Erhöhung der Rohstoffpreise oder eine vorübergehende Ineffizienz des Produktionssystems. Weitaus beunruhigender ist es, wenn die Nettomarge rückläufig ist, weil die Preise aufgrund schwindenden Käuferinteresses fallen.

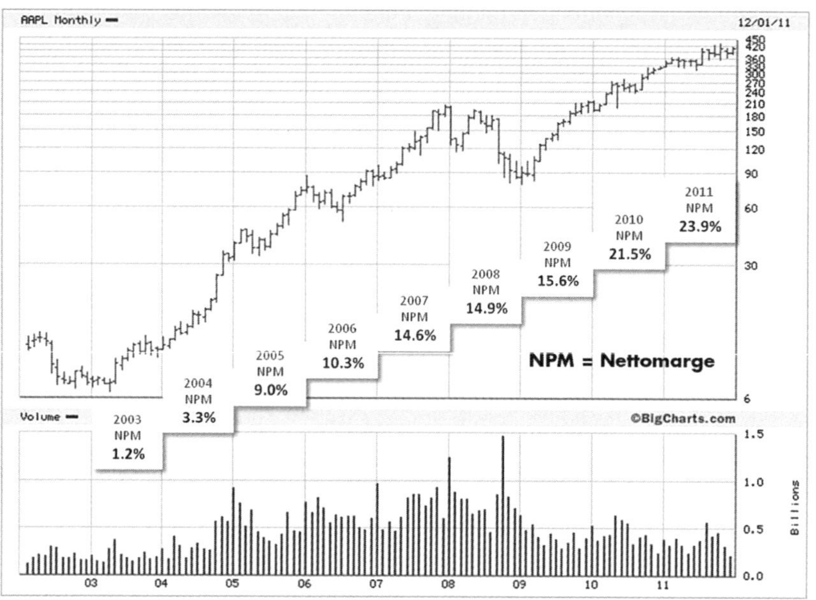

Abbildung 8.2: ***Apple Computer (AAPL) 2003–2011.*** *Von 2003 bis 2011 stieg der Kurs der Apple-Aktie um mehr als 6000 Prozent. Während dieses Zeitraums expandierte die Nettomarge von 1,2 Prozent im Jahr 2003 auf 23,9 Prozent im Jahr 2011.*

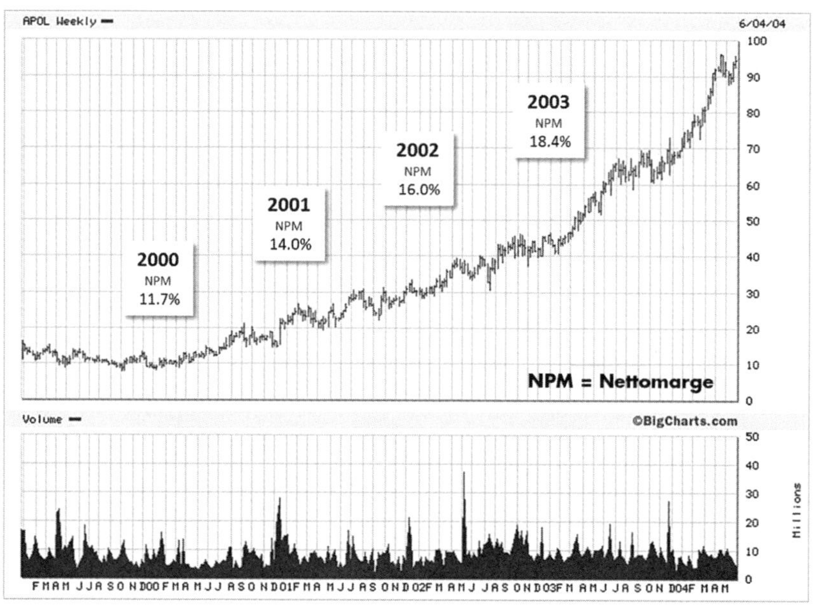

Abbildung 8.3: ***Apollo Group (APOL) 1999–2004.*** *Die Apollo Group erhöhte ihre Nettomarge von 11,7 Prozent im Jahr 2000 auf 18,4 Prozent im Jahr 2003.*

Ein Unternehmen mit einer starken Nettomarge im Vergleich zum Branchendurchschnitt besitzt einen Wettbewerbsvorteil. Mittels eines Vergleichs der Nettomarge von Unternehmen einer Branche kann man die Qualität des Managements beurteilen. Ein gut geführtes Wachstumsunternehmen sollte eine beständige Verbesserung bei operativen Margen und Nettomargen aufweisen.

Worauf es schließlich ankommt

Wie gut ein Gewinnbericht auf den ersten Blick auch aussehen mag, Sie müssen die Kursreaktion der Aktie genau betrachten, um bestimmen zu können, wie gut der Bericht wirklich ist oder wie gut er aufgenommen wird. Eine Möglichkeit besteht darin, sich anzuschauen, wie die Aktie direkt nach der Gewinnmeldung und an den darauffolgenden Tagen gehandelt wurde. Wenn der Bericht wirklich großartig war, sollten Sie eine starke Kursreaktion sehen, die anhält und durch zusätzliche Käufe bei angemessenen Rückschlägen gestützt wird. Ich sehe es gern, wenn der Aktienkurs stark auf den Bericht reagiert und seine Gewinne hält.

Um festzustellen, ob der Markt vorteilhaft auf die Gewinne des Unternehmens reagiert, achte ich auf drei spezifische Reaktionen:

1. **Erste Reaktion**. Findet eine Kursrallye statt oder erlebt die Aktie einen Kurssturz? Falls es zu einem Kurssturz kommt, rutscht die Aktie dann nach einem Dead Cat Bounce noch tiefer? Oder erholt sich der Aktienkurs schnell?
2. **Nachfolgender Widerstand**. Wie gut hält die Aktie die Gewinne und widersteht der Gewinnmitnahme?
3. **Resilienz**. Erholt sich die Aktie schnell und kraftvoll? Oder gelingt ihr das nach einem Pull Back (Rückzug) oder Kurssturz nicht?

Als Investor können Sie nicht mit Sicherheit wissen, worauf die Wall Street in einem Gewinnbericht achtet, bis Sie die Reaktion der Aktie auf den Bericht sehen. Wenn eine positive Überraschung verkündet wird, erwarte ich, dass sich der Aktienkurs ziemlich gut entwickelt.

Sollte das nicht eintreten – steigt die Aktie zum Beispiel kurz, stürzt aber dann um 15 Prozent ab und erholt sich nicht –, so ist das ein großes Problem. Diese Art Reaktion sagt mir, dass möglicherweise etwas nicht stimmt. Obwohl es nicht unüblich ist, dass Aktien aufgrund von Gewinnmitnahmen nach einer großen Rallye abstürzen und nach Nachrichten fallen, würde sich eine überdurchschnittlich performende Aktie erholen und ihr Kurs würde wieder steigen. Für einen echten Superperformer sollte es definitiv keinen großen Absturz geben, der der Aufwärtsbewegung komplett die Beine wegzieht.

Nachdem ein Unternehmen einen Gewinn meldet, wendet sich mein Fokus dem Post Earnings Announcement Drift (PEAD) zu, der nahelegt, dass es möglicherweise noch nicht zu spät ist, eine Aktie zu kaufen, nachdem das Unternehmen bessere als die geschätzten Gewinne gemeldet hat. Selbst wenn Sie die erste Aufwärtsbewegung verpassen, nachdem Ergebnisse veröffentlicht wurden, kann der PEAD nach einer signifikanten Überraschung noch eine Weile anhalten. Aktienkursbewegungen durch signifikante Gewinnüberraschungen sind nicht nur unmittelbar spürbar, sondern können auch langfristige Auswirkungen über die unmittelbare Kursanpassung hinaus haben.

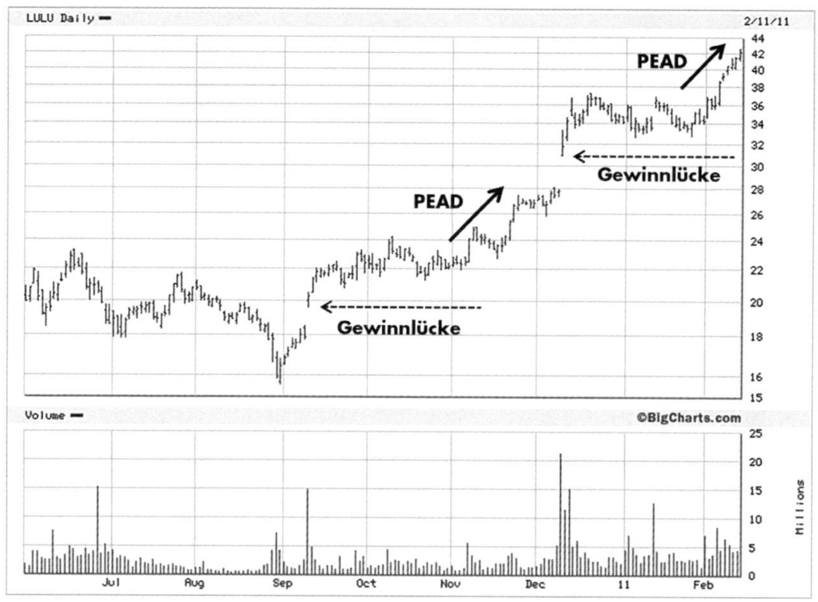

***Abbildung 8.4: Lululemon Athletica Inc. (LULU) 2010–2011.** Lululemon erlebte einen Post Earnings Announcement Drift (PEAD) nach gemeldeten Gewinnen im September und Dezember 2010.*

Manchmal sind Gewinne weitgehend diskontiert, will heißen, dass die Erwartungen für eine Gewinnüberraschung bereits eingepreist sind. Weil derartig hohe Erwartungen den Aktienkurs reduzieren, wird selbst eine Gewinnüberraschung den Markt nicht zufriedenstellen. Wenn Gewinne zum Beispiel 0,05 US-Dollar je Aktie über den Erwartungen liegen, diese überragende Performance aber vorhergesehen wurde, stellt dies für einen Markt eine Enttäuschung dar, der auf eine noch größere Überraschung gehofft hatte, sagen wir mal 0,07 oder 0,10 US-Dollar die Aktie. Selbst wenn die allgemeine Erwartung bei 0,50 US-Dollar die Aktie lag und das Unternehmen einen Gewinn von 0,55 US-Dollar die Aktie berichtet, könnte die Aktie abstürzen, weil die Gewinne nicht noch höher ausfallen.

Wie können Sie wissen, was der Markt im Gegensatz zu den veröffentlichten Schätzungen möchte? Sehen Sie sich genau an, wie der Aktienkurs reagiert. Wurde die Aktie belohnt oder bestraft, als die Ergebnisse hereinkamen? War eine positive Überraschung groß genug, um den Aktienkurs nach oben zu treiben, oder ist die Aktie abgestürzt? Selbst wenn ein Gewinnbericht eine Überraschung zu sein scheint, können Sie nur durch die Reaktion des Aktienkurses herausfinden, wie diese tatsächlich bewertet wird. Unerwartete Überraschungen können sich dramatisch auswirken.

Abbildung 8.5: Netflix (NFLX) 2009–2010. *Im Januar 2010 machte die Netflix-Aktie nach einer Gewinnmeldung einen Riesensprung nach oben. Nach einem kurzen und seichten Pull Back befand sich die Aktie auf einem neuen Höchststand.*

Prognosen der Unternehmen

Bei Prognosen der Unternehmen handelt es sich schlicht und ergreifend um öffentliche Mitteilungen des Managements bezüglich Zukunftserwartungen. Diese Mitteilungen werden auch als »zukunftsgerichtete Aussagen« bezeichnet und betreffen für gewöhnlich Gewinn-, Umsatz- und Margenerwartungen. Die Unternehmen geben Prognosen heraus, damit Investoren das Wachstumspotenzial des Unternehmens einschätzen können. Gemäß den aktuellen Vorschriften ist dies für Unternehmen die einzig legale Möglichkeit, ihre Erwartungen dem Markt mitzuteilen. Analysten verwenden diese Information in Kombination mit ihren eigenen Recherchen, um Gewinnaussichten zu entwickeln.

Die Prognosen der Unternehmen spielen eine große Rolle beim Anlageentscheidungsprozess, denn das Management kennt sein Unternehmen besser als jeder andere und besitzt Informationen aus erster Hand, auf denen seine Erwartungen basieren. Seien Sie jedoch vorsichtig, denn das Management kann die Prognosen nutzen, um Anleger zu beeinflussen. So treffen zum Beispiel während eines Bullenmarktes Unternehmen positive Vorhersagen, weil der Markt dynamische Aktien mit schnell wachsenden Gewinnen sucht. Zu Zeiten von Bärenmärkten versuchen Unternehmen, die Erwartungen zu senken, damit sie die Gewinnvorhersagen übertreffen können.

In der Regel geben Unternehmen Prognosen zu dem oder nahe dem Zeitpunkt ab, an dem die vierteljährlichen Gewinnberichte veröffentlicht werden. Nehmen wir einmal an, dass nicht nur höhere Gewinne als erwartet gemeldet werden, sondern das Unternehmen auch eine Prognose für das kommende Quartal und das verbleibende Jahr herausgibt und dabei sehr viel bessere Gewinne in Aussicht stellt. Zum Beispiel könnte das Unternehmen sagen, dass es für das kommende Quartal gegenüber der ursprünglichen Prognose einen Mehrgewinn von 0,10 bis 0,12 US-Dollar erwartet und dass es auch die Erwartung für das Jahresendergebnis um 0,30 bis 0,50 US-Dollar die Aktie nach oben korrigiert. Dann hat das Unternehmen nicht nur die Erwartungen für dieses Quartal übertroffen, es fühlt sich auch zuversichtlich genug, im nächsten Quartal gute Ergebnisse zu erzielen, um mit einer entsprechenden Erklärung an die Öffentlichkeit zu gehen. Da Unternehmen bezüglich ihrer Gewinnprognosen eher konservativ sind, können wir davon ausgehen, dass eine solche Erklärung nur abgegeben wird, wenn das Management sicher ist, die Erwartungen nicht nur zu erfüllen, sondern sogar zu übertreffen. Genau danach suche ich: bessere Gewinne als erwartet bei gleichzeitig positiver Gewinnprognose. Ein Unternehmen sollte nicht nur gut abschneiden, sondern besser, als die Analysten vorhersagen.

Je nachdem, ob ein Unternehmen über seine zukünftigen Geschäftsaussichten positive oder negative Ausblicke abgibt, kann die Reaktion des Aktienkurses drastisch ausfallen. In manchen Fällen ist die Reaktion auf die Unternehmensprognose stärker als die auf den tatsächlichen Gewinnbericht, wenn dieser veröffentlicht wird. Indem Sie verfolgen, was ein

Unternehmen bekannt gibt und was sich dann später entwickelt, können Sie die Qualität und Ausrichtung der Prognosen des Unternehmens erkennen.

Falls Sie glauben, dass Gewinnberichte keinen Einfluss auf die Aktienkurse haben, dann schauen Sie sich einmal an, was passiert, wenn ein Unternehmen bekannt gibt, dass sein Gewinn auch nur wenige Pennys unter den Erwartungen bleibt, oder es eine nachteilige Prognose veröffentlicht. Rosetta Stone Inc. (RST) korrigierte im Juli 2009 seine Prognose für das dritte Quartal und das Fiskaljahr 2009 nach oben. Nach einem kurzen Kursrückgang vier Tage nach dieser Veröffentlichung wurde die Aktie massiv abgestoßen und erholte sich nicht wieder. In Anbetracht der rosigen Prognose war das ungewöhnlich. Nur wenige Tage später machte das Unternehmen eine Kehrtwende und veröffentlichte eine schwächere Prognose. Die Aktie rauschte ab. Es ergab schlichtweg keinen Sinn, dass die Aktie abstürzte und sich nach den als positiv aufgenommenen Nachrichten nicht erholen konnte. Das war Zukunftsmusik. Die Tatsache, dass das Unternehmen die Prognose gerade einmal elf Tage nach der Erhöhung wieder absenkte, wurde zu einem irreführenden Warnsignal.

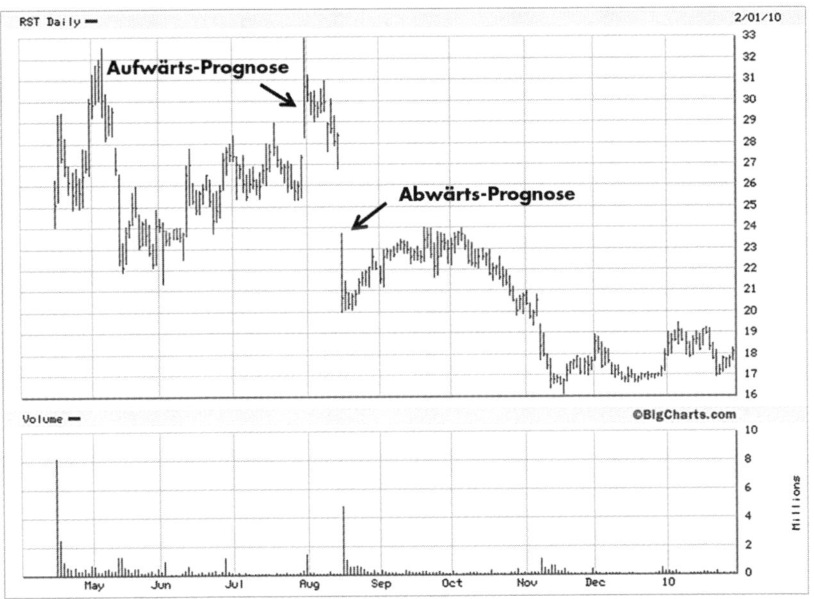

Abbildung 8.6: Rosetta Stone (RST) 2009–2010. *Der Kurs der Rosetta-Stone-Aktie stieg, nachdem das Unternehmen seine Gewinnprognose anhob. Elf Handelstage später stürzte der Kurs steil ab, als das Unternehmen seine Prognose unerwartet senkte.*

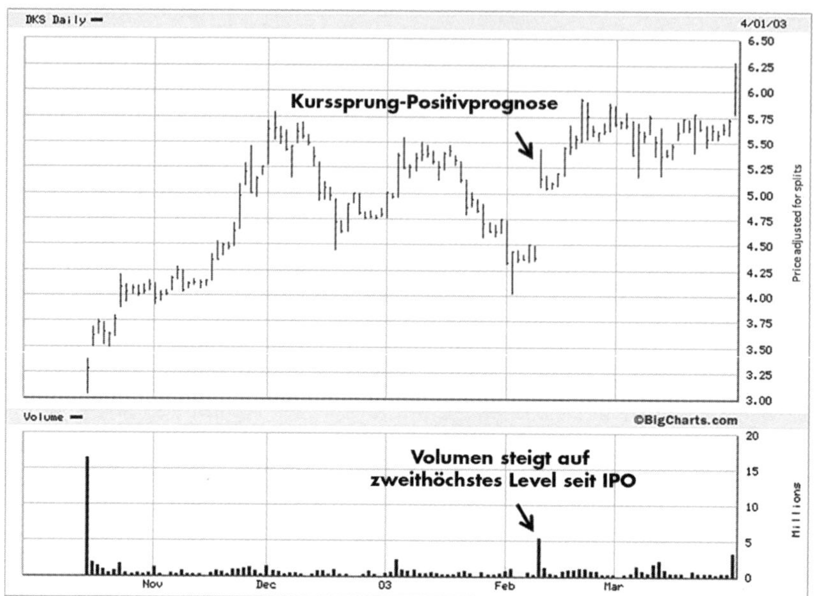

Abbildung 8.7: ***Dick's Sporting Goods (DKS)*** *2003. Nach einer positiven Unternehmensprognose explodierte der Kurs der Dick's-Sporting-Goods-Aktie und stieg von einem Tiefststand zum zweithöchsten Wert seit seinem Börsengang auf.*

Wie Sie an dem Rosetta-Stone-Beispiel sehen können, können vom Unternehmen herausgegebene Prognosen eine Aktie nach oben schießen oder abstürzen lassen, je nachdem, wie das von den Investoren wahrgenommen wird. Im Februar 2003 verzeichnete die Aktie von Dick's Sporting Goods einen Aufwärtssprung, nachdem das Unternehmen eine positive Prognose herausgegeben hatte. Das überwältigende Volumen war aufschlussreich; ein verräterisches Zeichen, dass institutionelle Anleger die Informationen als beruhigend wahrnahmen.

Langfristige Prognosen

Wenn ein börsengehandeltes Unternehmen schlechte Nachrichten eingestehen muss, wird es oft versuchen, die Nachricht in einem besseren Licht dastehen zu lassen. Möglicherweise verkündet es zeitgleich zur Bekanntgabe eines enttäuschenden Quartals einen Aktienrückkauf oder andere »positive« Nachrichten, um den Schlag abzufedern und mögliche negative Auswirkungen zu kompensieren. Für gewöhnlich funktioniert das nicht. Eine windige Taktik besteht darin, gleichzeitig mit schlechten Nachrichten über das aktuelle oder kommende Quartal eine positive Langfristprognose herauszugeben. Beim Umgang mit zukünftigen Gewinnen ist es wichtig, nicht zu weit in die Ferne zu schauen. Wachstumsinvestoren neigen zu einer Mentalität des »Was hast du in letzter Zeit für mich getan?«. Konzentrieren Sie sich deshalb auf das, was das Unternehmen über das kommende Quartal und das aktuelle Geschäftsjahr sagt. Meine Faustregel besteht darin, langfristige Prognosen mit Vorsicht zu genießen. Niemand, nicht einmal das Management, kann exakt vorhersagen, was ein Unternehmen verdienen wird oder wie in einem oder zwei Jahren seine Wachstumsrate aussehen wird. Wenn es sagt: »Dieses Jahr sind die Geschäftsbedingungen schwierig, aber für nächstes Jahr erwarten wir Verbesserungen«, so ist das keine positive Prognose. Es ist eine gezielte Tatsachenverdrehung.

Bestandsanalyse

Als ich in den frühen 1980er-Jahren mit dem Aktienhandel anfing, wurde von Aktiengesellschaften nicht verlangt, ihre Bestandszahlen zu veröffentlichen; heutzutage sind die Zahlen leicht verfügbar. Bestandszahlen finden sich in den veröffentlichten Bilanzen einer Aktiengesellschaft, die mit den 10-Q- (quartalsweise) und 10-K-Unterlagen (jährlich) bei der Securities and Exchange Commission (SEC) eingereicht werden. Unternehmen veröffentlichen die Einreichungen auf ihren Websites; die Daten von Aktiengesellschaften finden sich auch in der SEC-Datenbank EDGAR.

Bei einem Hersteller oder Einzelhändler können Bestands- oder Debitorenanalysen Aufschluss darüber geben, ob sich die Geschäftsbedingungen vermutlich verbessern werden oder sich die guten Zeiten dem Ende nähern. Ende 2003 bis 2004 ging der Kupferpreis durch die Decke. Dieser rapide Preisanstieg eines Rohmaterials würde, das wusste ich, die Hersteller von Kupferprodukten in die Lage versetzen, Preissteigerungen an die Kunden weiterzugeben.

Indem ich die Bestandszahlen der Quartalsberichte mehrerer Hersteller durchging, fand ich meinen Kandidaten: Encore Wire (WIRE). Encore besaß einen beträchtlichen Kupferbestand und erfüllte die Kriterien meiner SEPA-Aktienanalyse. Ich wusste, dass ich einen potenziellen großen Gewinner vor mir hatte. Encore besaß einen Kupfervorrat, den es zu einem niedrigeren Preis gekauft hatte. Durch den angestiegenen Kupferpreis konnte

Encore seinen Kunden beträchtlich mehr berechnen, als es selbst bezahlt hatte, was steigende Gewinnmargen nach sich ziehen würde.

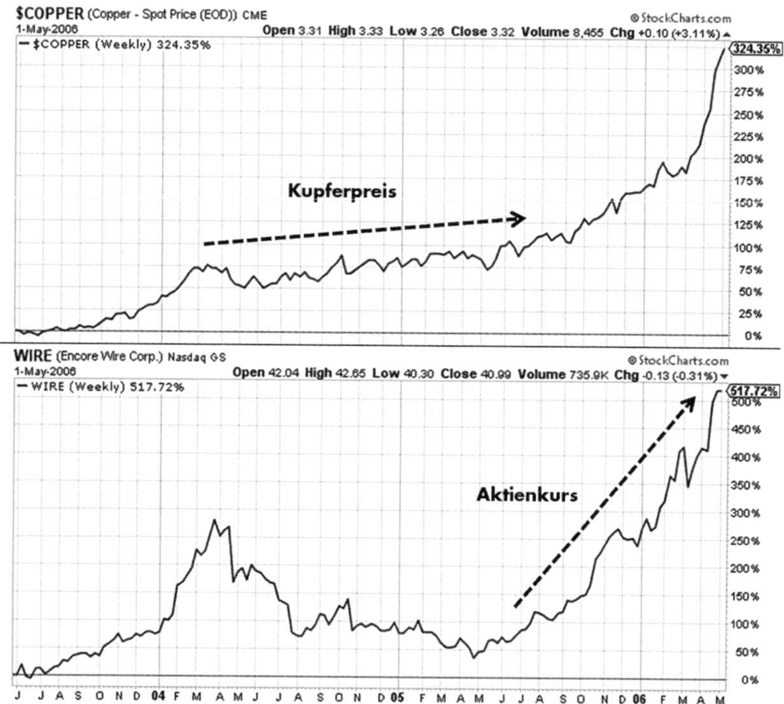

Abbildung 8.8: ***Kupferpreis und Encore Wire (WIRE)*** *2003–2006. Ein zu einem niedrigeren Preis eingekaufter Kupfervorrat ermöglichte Encore Wire eine beträchtliche Margensteigerung.*

Vergleichen Sie den Bestand mit dem Umsatz

Für bestimmte Branchen wie die Fertigung ist der Vergleich von Bestand und Umsatz entscheidend. Ich sehe mir insbesondere die Aufschlüsselung des Bestands an (sprich fertige Produkte, halbfertige Erzeugnisse und Rohmaterialien) und das Verhältnis der einzelnen Segmente zueinander. Die Inventaraufschlüsselung hilft auch, den Umsatz zu relativieren. So kann ein starker Umsatzgewinn beeindruckend wirken, allerdings könnte das Unternehmen es so aussehen lassen, wenn in Wahrheit der Bestand schneller wächst als die Verkaufszahlen. Wenn der Anteil fertiger Produkte im Bestand sehr viel schneller wächst als die Segmente Rohmaterial oder halbfertige Erzeugnisse, kann das bedeuten, dass sich die Produkte im Lager stapeln. Die Produktion wird sich folglich verlangsamen, da das Unternehmen bereits einen Vorrat an fertigen Waren hat.

Falls es sich bei diesem Bestand an fertigen Produkten um stark an Wert verlierende Waren wie Computer und bestimmte Einzelhandelswaren handelt, könnten noch schwere Zeiten bevorstehen. Ein Unternehmen, das auf einem Berg von Waren sitzt, deren Wert schwindet, muss mit den Preisen heruntergehen, um die Produkte loszuwerden. Außerdem muss sich dieser veraltende Bestand auf dem Markt gegen neuere Produktlinien durchsetzen. Stärker Nachfrageschwankungen unterworfene Lagerbestände können zu Preisreduzierungen und Abschreibungen führen, ein Szenario, das zu einem Schlag gegen zukünftige Gewinne fähig ist, was das Unternehmen dazu bringt, von einem enttäuschenden Quartal zu berichten.

Behalten Sie im Hinterkopf, dass nicht die Bestandsmenge an sich bedeutsam für Ihre Analyse ist. Es ist der Trend beim Bestand gegenüber dem Umsatz und die prozentuale Zunahme oder Abnahme des Bestands innerhalb der Bestandskette, die wertvolle Informationen liefern.

Denken Sie an Bestand als Ware, die darauf wartet, verkauft zu werden. Unter den meisten Bedingungen sollte der Bestand in einem ähnlichen Muster wie das des Umsatzes steigen und fallen. Das Management versucht, zukünftigen Umsatz und Bestand vorherzusagen, um die Nachfrage beziehungsweise die erwartete Nachfrage zu erfüllen. Wenn der Bestand schneller wächst als der Umsatz, kann das ein Zeichen für zurückgehenden Absatz, eine Fehleinschätzung der zukünftigen Nachfrage seitens des Managements oder beides sein. Diese Szenarien werden sehr wahrscheinlich die Gewinne untergraben. Je schneller ein Bestand an Wert verliert, desto schädlicher wird der überflüssige Lagerbestand.

Dells Lösung bei Anwachsen des Bestands

Unternehmen, die ihren Bestand in einer Umgebung fallender Preise am besten unter Kontrolle haben, besitzen das Potenzial, sich am besten zu halten und andere hinter sich zu lassen, vor allem während einer Konjunkturschwäche. Dell Computer reagierte auf dieses Problem mit seinem revolutionären Build-to-Order-Geschäftsmodell (BTO, deutsch: Fertigung nach Auftrag). Dieses Modell verwandelte das Produktionsgeschäft, indem es die Bestandsberge abbaute und das Risiko verringerte, veraltende Computer zu halten. Mittlerweile haben sogar Unternehmen außerhalb der Computerbranche dieses Modell übernommen. Dells Modell basiert darauf, dass Aufträge am Telefon oder über die Website eingehen. Vor Auftragserteilung wird kein Computer produziert. Das reduzierte drastisch die Tage der Lagerhaltung und steigerte die Lagerumschlagsquote auf mehr als das Dreifache im Vergleich zur Konkurrenz.

Dieses einzigartige neue Geschäftsmodell ermöglichte es Dell, höhere Profitmarken als seine Wettbewerber zu erzielen, Marktanteile zu gewinnen und den Computermarkt während der 1990er-Jahre zu dominieren. Der Grund dafür, dass dieses Konzept im Computergeschäft so gut funktionierte, besteht darin, dass dieses Produkt so schnell veraltet. Praktisch alle Konkurrenten von Dell stützten sich auf ein Geschäftsmodell, bei dem Einzelhändler mit Waren ausgestattet wurden. Als das Geschäft einbrach, saßen Dells Wettbewerber auf großen Warenbeständen, deren Wert mit der Zeit und mit der Weiterentwicklung der Leistung und der Fähigkeiten von Computern schwand. Damit ihre Ware nicht wie Obst in der Sonne vergammelte, waren Compaq, Hewlett-Packard und Gateway gezwungen, die Preise zu senken, um ihre Lagerbestände abzubauen. Dazu kommt es oft bei Beständen, wenn die Anzahl fertiger Produkte schneller zunimmt als Umsatz und Rohmaterialien.

Das Anwachsen eines Bestands ist nicht immer schlecht. Möglicherweise muss ein Unternehmen die Regale von 20 neuen Geschäften füllen, die es gerade eröffnet hat. Die rote Flagge geht erst dann hoch, wenn eine Bestandszunahme einer Erklärung entbehrt oder diese Erklärung nicht gut ist. Wenn Sie eine unerklärliche Bestandszunahme entdecken, können Sie das Unternehmen anrufen oder an einer Telefonkonferenz für Investoren teilnehmen und um eine Erklärung bitten. Auf der anderen Seite kann ein plötzlicher Anstieg von Rohstoffen ein Hinweis darauf sein, dass das Unternehmen davon ausgeht, dass der Absatz steigen wird. Wenn das der Fall ist, sollten die Umsätze kurze Zeit später Anzeichen von Zunahme aufweisen, um zu bestätigen, dass das Anwachsen von Rohmaterial tatsächlich in Erwartung einer stärkeren Nachfrage erfolgte.

Analyse der Forderungen

Neben dem Bestand verdient noch ein weiterer Punkt der Bilanzen eines Unternehmens unsere Aufmerksamkeit. Forderungen sind das, was dem Unternehmen für bereits getätigte Verkäufe noch zusteht. Einige offene Forderungen sind im Laufe der Geschäftsdurchführung zu erwarten; es ist normal, dass zwischen der Lieferung von Produkt oder Dienstleistung und dem Erhalt der Zahlung eine angemessene Verzögerung liegt. Wenn die Forderungen jedoch in weitaus größerem Maße ansteigen als die Umsätze oder sich der Trend beschleunigt, könnte das ein Warnsignal sein, dass das Unternehmen Probleme hat, Geld von seinen Kunden einzuziehen.

Wenn die Außenstände und der Bestand in höherem Maße als der Umsatz zunehmen (um das Doppelte oder noch mehr und ohne Erklärung), könnte das doppelten Ärger bedeuten.

Denken Sie darüber nach. Wir wissen aus der vorhergehenden Erörterung: Wenn Bestände – vor allem fertiger Produkte – schneller steigen als der Umsatz, bedeutet das ein Anwachsen der Zahl fertiger Produkte. Das Unternehmen hat mehr hergestellt, als es unter den aktuellen Marktbedingungen verkaufen kann, vorausgesetzt, es gibt keinen guten Grund für das Anwachsen des Bestands wie zum Beispiel die Notwendigkeit, neue Einzelhandelsgeschäfte zu bestücken. Dies ist ein umso größeres Problem, wenn es sich bei dem anwachsenden Bestand um Waren handelt, die schnell an Wert verlieren. Wenn auch die Außenstände steigen, wird das Unternehmen nicht für das bezahlt, was es bereits an Kunden verkauft hat. Dies ist ein Doppelschlag, der oft Probleme ankündigt: Konsumenten kaufen nicht und Händler verkaufen nicht und können die erhaltene Ware folglich nicht bezahlen. Der Hersteller bekommt kein Geld für verkaufte Ware und seine Lager sind voll mit noch mehr Ware, die verschickt werden könnte.

Für die steigenden Außenstände gibt es möglicherweise eine vernünftige Erklärung, zum Beispiel eine neue Produktlinie oder neue Kunden in einer anderen Branche, denen längere Zahlungsfristen eingeräumt wurden. Vielleicht wurden Aufträge nicht so versandt wie erwartet, weil es eine Produktionsverzögerung gab. Was auch immer der Grund sein mag, es lohnt nachzuforschen, um zu sehen, ob es sich um eine rote Flagge handelt oder eine leicht zu erklärende Situation.

Im folgenden Beispiel ist die Steigerungsrate der Gesamtbestände viermal so hoch wie die der Umsätze und die Forderungen sind dreimal so hoch wie die Umsatzsteigerungsrate. Noch beunruhigender ist die Tatsache, dass fertige Produkte und unfertige Erzeugnisse in Relation zum Rohmaterial stark gestiegen sind. Das könnte auf einen ungewöhnlich hohen Warenbestand hinweisen. In dem Maße, in dem diese Waren einem Wertverlust unterliegen, ist das vorrätige Produkt im Laufe der Zeit immer weniger wert und die Margen und letztlich die Gewinne schwinden. Bei solchen Szenarien sollte die Warnlampe aufleuchten.

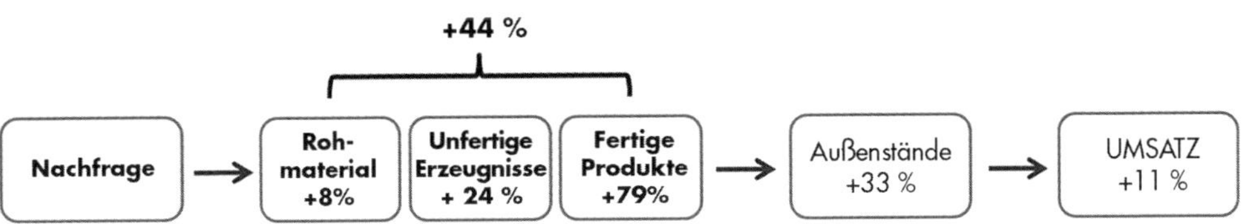

Abbildung 8.9: Szenario mit Warnsignal. *Beispiel für einen Bestandsanstieg, bei dem fertige Produkte und Außenstände schneller wachsen als der Umsatz.*

Abweichende Offenlegung

Wenn ein Unternehmen in dem einen Dokument etwas behauptet und in einem anderen etwas anderes, haben Sie eine *abweichende Offenlegung*. Das passiert weitaus häufiger, als die meisten Menschen annehmen. Der Grund ist einfach: Die Richtlinien für die Berichte an die SEC sind wesentlich strenger als die für die Berichterstattung gegenüber Anteilseignern. Ein Beispiel ist der Bericht für die Anteilseigner versus die Meldung ans Finanzamt. Achten Sie darauf, Fußnoten und andere steuerrelevante Angaben gemäß den Vorschriften für das Finanzamt mit den Informationen in den Gewinnberichten für die Anteilseigner abzugleichen. Sollten Sie große Abweichungen entdecken, ist das eine rote Flagge. Skepsis sollten Sie auch dann walten lassen, wenn ein Unternehmen hohe Gewinne berichtet, aber nur wenig Steuern zahlt.

Aus allen Rohren feuern: Der Code 33

Wenn ein Unternehmen seinen Umsatz zunehmend steigert (erst 25 Prozent, dann 35 Prozent, dann 45 Prozent und so weiter), ist das großartig. Besser noch ist jedoch ein Unternehmen, das seinen Umsatz immer weiter steigert und gleichzeitig seine Gewinnmargen ausbaut. Diese wirkungsvolle Kombination kann Gewinne entfachen und einen explosionsartigen Kursanstieg befeuern. Die beste Situation für schnelles Gewinnwachstum besteht darin, gleichzeitig aus allen Rohren zu feuern, indem Umsatz und Gewinnmargen gleichzeitig steigen.

	Q4	Q3	Q2	Q1
EPS	-34 %	+12 %	+44 %	+83 %
Umsatz	-22 %	+3 %	+16 %	+38 %
Nettomargen	4,5 %	4,9 %	5,8 %	6,6 %

Abbildung 8.10: Der Code 33. *Gewinn je Aktie, Umsatz und Margen steigen in drei aufeinanderfolgenden Quartalen.*

Halten Sie Ausschau nach dem, was ich als »Code-33-Situation« bezeichne: drei Quartale beschleunigte Gewinne, Umsätze und Gewinnmargen. Das ist ein wirkungsvolles Rezept. Wenn ein Unternehmen stark nachgefragte Produkte oder Dienstleistungen anbietet und von einem Management-Team geleitet wird, das Herr der Lage ist, sollte sich das in Umsatzzahlen und Margen niederschlagen. Die Gewinnmargen sollten sich verbessern, wenn das Unternehmen seine Produktivität steigert. Umsätze sollten steigen, wenn das Unternehmen in neue Märkte expandiert. Treten diese Dinge nicht ein, ist dies möglicherweise nicht der richtige Zeitpunkt, um die Aktie zu kaufen.

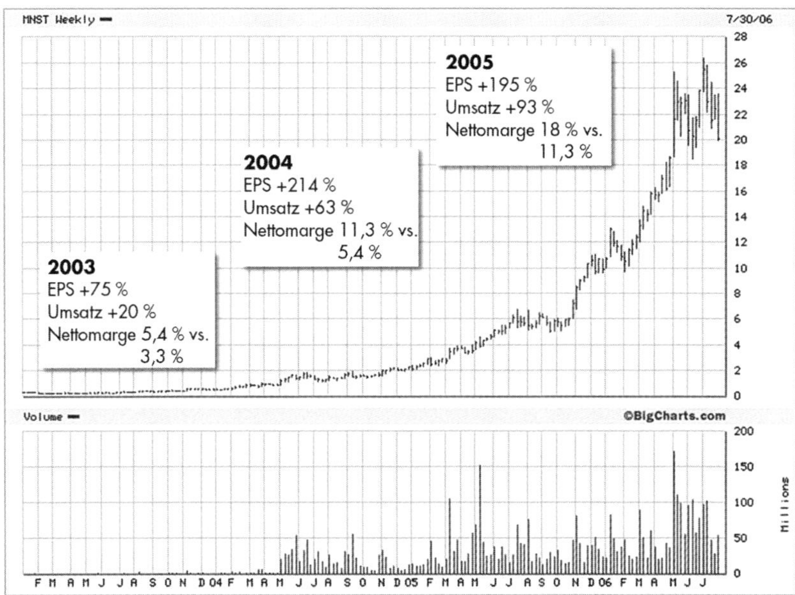

Abbildung 8.11: Monster Beverage (MNST) 2003–2006. *Monster Beverage (MNST) (ehemals Hansen Natural) zeigte eine klassische Code-33-Jahresbeschleunigung. Von 2003 bis 2005 beschleunigten sich Gewinne, Umsätze und Margen dramatisch und schufen die notwendige Voraussetzung für überdurchschnittliche Performance.*

KAPITEL 9:

FOLGEN SIE DEN SPITZENREITERN

Der größte Teil des in Bullenmärkten verdienten Geldes kommt in den Anfangsstadien herein, während der ersten 12 bis 18 Monate. Zu dem Zeitpunkt, an dem sich der große Aufschwung in den breiten Indizes durchsetzt, sind viele der besten Aktien bereits seit Wochen gestiegen. Für Sie stellt sich nun die Frage, wann genau Sie einsteigen, bevor eine sich abzeichnende Rallye Ihnen davonläuft und Sie von den allerbesten Aktien nur noch eine Staubwolke sehen. Die Antwort: Folgen Sie den Spitzenreitern.

Überdurchschnittlich performende Aktien werden an den wichtigen Wendepunkten den allgemeinen Marktdurchschnitt anführen. Wenn ein Bärenmarkt die Talsohle erreicht hat, werden die Spitzenreiter-Aktien, die dem Rückgang am besten standhielten, als Erste wieder nach oben sprinten – Tage, Wochen oder sogar Monate, bevor die Indizes Dow, S&P und Nasdaq ihre Laufschuhe anziehen. Diese führenden Namen werden in neue Höhen vorstoßen, während die Hauptindizes gerade einmal anfangen, sich von ihren jeweiligen Tiefstständen aufzurappeln. Zu diesem Zeitpunkt sehen die Marktbedingungen insgesamt für die meisten Investoren noch trübe aus und die Nachrichten sind größtenteils noch negativ und warnend. Später weitet sich die Rallye aus und treibt die Indizes in die Höhe, was die Namen an der Spitze noch höher hinaufschiebt. Dann beginnt sich die Stimmung von Angst in Optimismus zu wandeln. Indem Sie die Spitzenreiter des Marktes gut im Auge behalten, können Sie bei den besten Aktien im Geschäft sein, bevor diese für andere offensichtlich sind. Dieses Vorgehen ist nicht neu für kluge Anleger, die wissen, worauf sie achten müssen. Der legendäre Jesse Livermore baute sein Vermögen auf, indem er in den 1920ern und 1930ern Aktien führender Namen handelte. Ich selbst machte 99 Prozent meines Gewinns auf dem Aktienmarkt durch das Handeln von Aktien führender Namen.

Marktführer neigen dazu, auch Kehrtwenden nach unten vorherzusagen. Wenn ein Bullenmarkt in seine Spätphasen eintritt (für gewöhnlich nach ein oder zwei Jahren), beginnen viele der führenden Aktien einzubrechen, während der breite Marktdurchschnitt weiter auf seine Höchststände zumarschiert. In der Regel bildet sich eine zweite Welle von Aktien aus der zweiten Reihe, während das Geld aus den wahren Spitzenreitern heraus in einige der anderen Gruppenmitglieder, Folge- und Nachzügleraktien oder defensive Gruppen wie Arzneimittel-, Tabak-, Versorgungs- und Lebensmittelaktien rotiert, die als weniger anfällig für einen wirtschaftlichen Abschwung gelten. Folge- und Nachzügleraktien erleben jedoch selten die Länge oder, was noch wichtiger ist, die Dauer der Kursbewegung, die echte Marktführer erreichen. Wenn Sie sehen, dass diese Rotation stattfindet, ist das ein Warnsignal, dass die Markt-Rallye möglicherweise in ihr Endstadium eintritt. Die ultimative Marktspitze kann noch Wochen oder gar Monate entfernt sein, aber diese interne Marktaktivität ist der sprichwörtliche Schuss vor den Bug, der Ihre Aufmerksamkeit wecken sollte.

Synchronisieren

Das Problem der meisten Investoren besteht darin, dass sie die wichtigen Nuancen und Hinweise von führenden Aktien nahe dem Wendepunkt übersehen. Dadurch verlieren sie das Gesamtbild aus den Augen. Warum? Investoren sind vorsichtig, nachdem der Markt stetig rückläufig war. Etwa zu der Zeit, wenn der Markt die Talsohle erreicht, haben die meisten Investoren in ihren Portfolios bereits herbe Verluste verzeichnet, weil sie sich weigerten, ihre Verluste zu reduzieren. Nach einer Marktkorrektur sind viele Investoren damit beschäftigt zu hoffen, ihre offenen Verluste auszugleichen, oder sie sind davon überzeugt, dass das Ende der Welt naht, weil sie während des vorherigen Rückgangs erdrückt wurden, und weigern sich, die Kaufsignale einzelner führender Aktien anzuerkennen.

Erschwerend ist die Tatsache, dass führende Aktien für die meisten Investoren stets zu hoch oder zu teuer wirken. Marktführer sind jene Aktien, die als Erste aufsteigen und ihr 52-Wochen-Hoch erreichen, wenn der Markt gerade erst beginnt, sich nach oben zu wenden. Nur wenige Investoren kaufen Aktien nahe deren neuem Höchststand und noch weniger kaufen sie zum richtigen Zeitpunkt. Sie konzentrieren sich auf den Markt statt auf einzelne Marktführer, kaufen deshalb häufig zu spät und besitzen Nachzügler. Für zusätzliche Verwirrung sorgt, dass sich die Nachrichtenmedien bezüglich der Wendepunkte häufig irren. An einem Markttief sehen sie den Weltuntergang nahen und bei einem Hoch behaupten dieselben Leute, dass Sie nichts falsch machen können, wenn Sie in Aktien investieren. Es kann sehr verwirrend sein, wenn Sie auf das hören, was die Leute sagen, statt Ihre Aufmerksamkeit auf das zu richten, was Ihnen die Aktien verraten. Mehr als 90 Prozent der Superperformance-Aktien steigen aus Bärenmärkten und allgemeinen Marktkorrekturen auf. Der Schlüssel liegt darin, dass Sie Ihre Hausaufgaben machen, während der Markt unten ist. Dann sind Sie vorbereitet, um große Profite zu erzielen, sobald er wieder steigt.

***Abbildung 9.1:* Pharmacyclics, Inc. (PCYC) versus Nasdaq Composite, 2009–2010.**
Marktführer Pharmacyclics steigt am selben Tag zu neuem Höchststand auf, an dem Nasdaq ein Korrekturtief erreicht. Anschließend steigt er in 33 Monaten um 1500 Prozent.

Am 4. Februar 2004 kaufte ich Aktien von Pharmacyclics, Inc. (PCYC) und empfahl sie auch unseren Minervini-Private-Access-Klienten; an jenem Tag erreichte der Nasdaq Composite einen neuen Tiefststand. Im Laufe der folgenden 48 Handelstage stieg PCYC um 90 Prozent, Nasdaq dagegen nur um 18 Prozent. Es zeigte sich, dass die 90 Prozent erst der Anfang waren; PCYC stieg in 33 Monaten um 1500 Prozent, ein klares Beispiel für einen Marktführer.

Ein Lockout

Während der ersten Monate eines neuen Bullenmarktes sollten Wellen von Aktien in neue Höhen aufsteigen; allgemeine Marktrückgänge sind geringfügig und vermutlich vom Tiefst- bis zum Höchststand auf 3 bis 5 Prozent beschränkt. Viele unerfahrene Investoren werden versuchen, bei einem Kursrückgang zu kaufen, der jedoch in der Anfangsphase eines neuen starken Bullenmarktes, der von Anfang an überkauft zu sein scheint, selten eintritt.

In der Regel weist die Anfangsphase nach einem wichtigen Tiefpunkt die Eigenschaften einer Lockout-Rallye auf. Während dieser Lockout-Phase warten Investoren auf eine Gelegenheit, bei einem Kursrückgang in den Markt einzutreten – dieser Rückgang wird jedoch nie eintreten. Die Nachfrage ist so stark, dass der Markt stetig ansteigt und die Anzeichen ignoriert werden, dass er überkauft ist. Infolgedessen sind Investoren im Wesentlichen vom Markt ausgeschlossen. Wenn die großen Marktindizes einen extrem überkauften Zustand nach einem Bärenmarktrückgang ignorieren und ihre Liste der Marktführer erweitern, kann das als Zeichen von Stärke gesehen werden. Um festzustellen, ob die Rallye echt ist, sollten die aufsteigenden Tage mit einem gesteigerten Volumen einhergehen, während die absteigenden Tage oder Kursrückgänge ein niedrigeres Gesamtmarktvolumen aufweisen sollten. Noch wichtiger ist, die Kursreaktion der führenden Aktien zu studieren, um festzustellen, ob es Aktien gibt, die aus einer soliden, kaufbaren Basis hervorgehen.

Eine zusätzliche Bestätigung erfolgt, wenn die Liste der Aktien, die neue Jahreshochs erreichen, die neue Liste mit den Jahrestiefs übertrifft und deutlich zu wachsen beginnt. An diesem Punkt sollten Sie entsprechend Ihrer Handelskriterien Aktie für Aktie stärker einsteigen. Wie das Sprichwort sagt, ist »Aktienmarkt nicht gleich Aktienmarkt«. In den Anfangsphasen einer Rallye nach einem Markttief ist es absolut entscheidend, sich auf führende Aktien zu konzentrieren, wenn Ihr Ziel darin besteht, sich an die großen Gewinner zu hängen. Manchmal werden Sie sehr früh dran sein. Halten Sie an der Stop-Loss-Disziplin fest und wenn die Rallye echt ist, wird der Großteil der Aktien sich gut halten und Sie werden lediglich ein paar Anpassungen vornehmen müssen. Wenn Sie jedoch wiederholt ausgestoppt werden, sind Sie möglicherweise zu früh dran.

Die besten Aktien erreichen als Erste ihren Tiefststand

Um an der Börse das große Geld zu machen, müssen Sie den Haupttrend des Aktienmarktes auf Ihrer Seite haben. Ein starker Markttrend ist nichts, gegen das Sie sich stellen möchten. Wenn Sie sich jedoch nur wegen des Timings Ihrer einzelnen Aktienkäufe auf den Gesamtmarkt konzentrieren, werden Sie vermutlich viele echt gute Möglichkeiten verpassen, da sich diese am oder nahe dem Tiefststand ergeben.

Der wahre Marktführer zeigt *vor* dem Anstieg eine große relative Kursstärke. Solche Aktien korrelieren schwach mit den Gesamtmarktdurchschnitten und agieren während ihrer stärksten Aufstiegsphase häufig als einsame Wölfe. Die Suche nach diesen Aktien verläuft konträr zum Denken der meisten Anleger, die häufig nach dem Top-down-Ansatz vorgehen, sich erst die Gesamtentwicklung der Volkswirtschaft und den Aktienmarkt ansehen, dann Marktsektoren und abschließend Unternehmen in einer bestimmten Branchengruppe. Wie ich Ihnen anhand verschiedener Beispiele in diesem Kapitel zeigen werde, neigen viele der absolut besten Spitzenaktien dazu, vor ihren entsprechenden Sektoren aufzusteigen oder zu fallen, wohingegen bestimmte Branchengruppen eine allgemeine Marktwende herbeiführen können. Obwohl es zutrifft, dass viele der größten Marktgewinner Teil der Bewegung ganzer Branchengruppen sind, haben sich nach meiner Erfahrung die echten Branchenführer – die absolute Crème de la Crème – zu dem Zeitpunkt, wenn offensichtlich wird, dass der entsprechende Sektor heiß ist, längst dramatisch im Kurs gesteigert.

Im Anfangsstadium des Aufwärtstrends eines Spitzenreiters mit relativer Stärke liegt von der Gesamtgruppe noch keine bestätigende Kursstärke vor. Das ist normal. Häufig zeigen nur ein oder zwei andere Aktien in der Gruppe eine relative Stärke. Deshalb erfordert es zusätzliche Fähigkeiten, um diese Aktien frühzeitig zu entdecken. Während sich der Trend des Spitzenreiters fortsetzt und dessen Branchengruppe und Sektor schließlich Zeichen von Stärke an den Tag legen, wird der Kursfortschritt des Marktführers eines von zwei Dingen tun: Er setzt seinen Aufstieg fort, während die Gruppe ihn noch weiter hinauftreibt, oder er konsolidiert in einer Seitwärtsbewegung und verdaut seine bisherigen Gewinne, während andere Aktien in dieser Gruppe angestrengt versuchen, den Rückstand aufzuholen. Das bedeutet nicht zwangsläufig, dass der Kursanstieg des Spitzenreiters beendet ist, denn Spitzenreiter können in die eine Richtung laufen, während der Markt sich in die andere bewegt. Das ist typisch für starke Spitzenaktien. Sie sollten Ausschau halten nach eindeutigen Anzeichen, dass die Aktie den Höchststand erreicht hat, bevor Sie den Rückschluss ziehen, dass der Anstieg beendet ist.

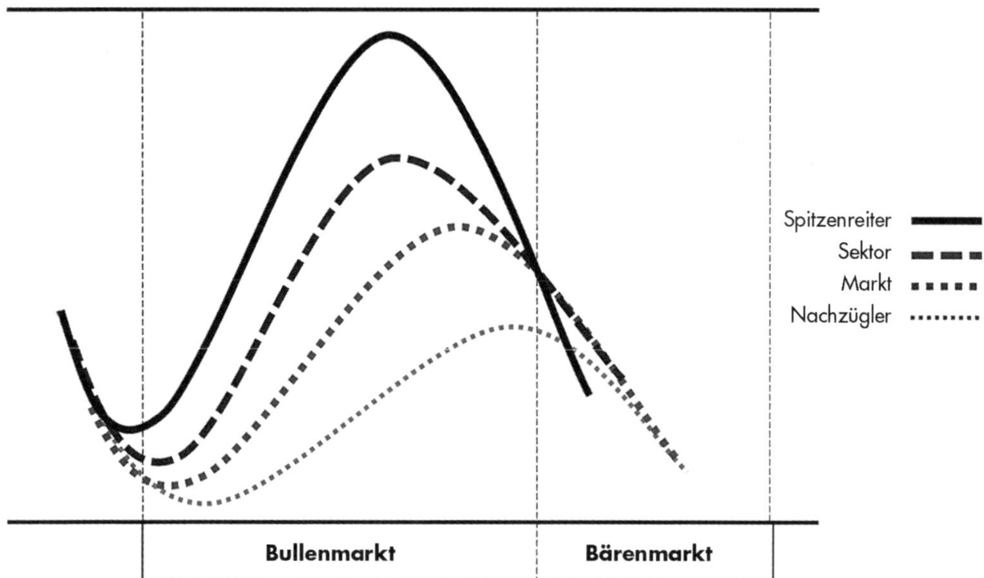

Abbildung 9.2: ***Führende Aktien versus entsprechender Sektor und Nachzügler-»Follow-up-Effekt«.*** Theoretische Zyklusdynamiken, die die Anführer, der Gesamtsektor und die Nachzügler während eines Bullenmarktes und des anschließenden Eintretens in die Bärenmarktphase zeigen können.

Das ist Ihre Chance

Marktführer sind die Aktien, die den Wert eines Portfolios signifikant und schnell verändern können, die Art Aktien, die Superperformance hervorbringen können. Indem Sie den Bottom-up-Ansatz anwenden, um die besten relativen Performer in den Frühstadien eines Bullenmarktes zu erkennen, bringen Sie sich in Position, um sich an ein paar echt große Gewinner zu hängen. Die Aktien, die sich in den ersten vier bis acht Wochen eines neuen Bullenmarktes am besten behaupten und vom Markttief in neue Höhen aufsteigen, sind die wahren Marktführer und können deutlich vorankommen. Sie können es sich nicht leisten, diese ausgezeichneten Chancen zu ignorieren.

Es gibt zahllose Beispiele von Marktführern, die offensichtliche Anzeichen von Stärke an den Tag legten, bevor es weit verbreitete Hinweise auf eine Stärke des Gesamtmarktes oder der Branchengruppe gab. Es geht darum zu wissen, wonach man suchen muss. Zum Beispiel erreichte im Jahr 2001 Amazon den Tiefpunkt weit vor dem Markt und gab den Investoren ein Jahr Zeit, sich auf den Kaufzeitpunkt vorzubereiten, von dem an die Aktie innerhalb von zwölf Monaten um 240 Prozent zulegte.

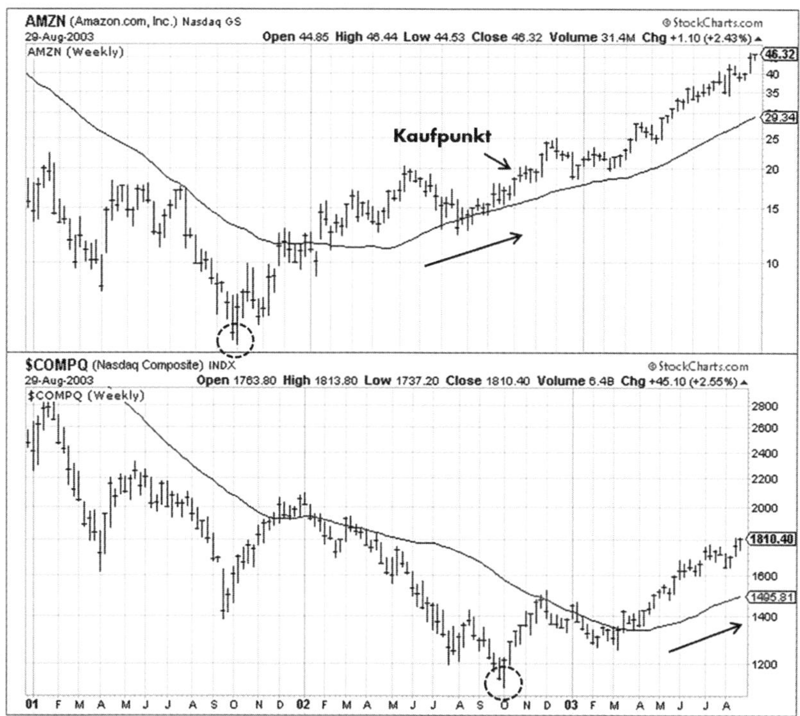

Abbildung 9.3: ***Amazon (AMZN) versus Nasdaq Composite, 2001–2003.*** *Amazon (AMZN) ging sehr viel früher als der Gesamtmarkt in einen Aufwärtstrend der Phase 2 über und ließ den Investoren reichlich Zeit, sich auf den Kaufpunkt vorzubereiten, der einem Anstieg von 240 Prozent in nur zwölf Monaten voranging.*

Marktführer schlagen sich während einer vorübergehenden Marktkorrektur oder in den späten Phasen eines Bärenmarktes in der Regel am besten. Halten Sie Ausschau nach robusten Aktien, die sich am besten behaupten, am schnellsten erholen und prozentual am stärksten vom allgemeinen Markttief abheben. Damit identifizieren Sie auch potenzielle Spitzenreiter. Nach einer ausgedehnten Marktkorrektur müssen Sie Ausschau halten nach Aktien, die sich behaupten oder besser noch nach oben arbeiten, während der allgemeine Marktdurchschnitt nach unten tendiert. Eine Reihe von höheren Tiefs während tieferer Tiefs im allgemeinen Durchschnitt ist ein Hinweis darauf, dass ein potenzieller Marktführer im Werden begriffen ist. Die Linie der relativen Stärke der Aktie sollte bei fallendem Markt eine stete Verbesserung aufweisen. Es ist wichtig, sorgfältig die Kursreaktion einzelner Unternehmen mit neuen positiven Entwicklungen und starkem EPS während starker Marktrückgänge zu beobachten. Viele der sich am stärksten erholenden Aktien und diejenigen, die sich am besten schlagen, werden wahrscheinlich die Superperformer im nächsten Aufwärtszyklus.

Superperformance kann durch mehrere Faktoren angestoßen werden, einschließlich einer positiven Gewinnüberraschung, branchenweiten regulatorischen Änderungen, Veränderungen der Regierungspolitik, neu vergebenen Aufträgen, besseren Ergebnissen als erwartet bei der Lancierung eines neuen Produkts und der geplanten Markteinführung eines einzigartigen Produkts. Für ein pharmazeutisches oder biotechnologisches Unternehmen kann die Zulassung eines vielversprechenden Medikaments oder medizinischen Geräts durch die Arzneimittelbehörde eine enorme positive Auswirkung haben. Am 20. Juli 2009 schossen die Aktien des kleinen Biopharmaunternehmens Human Genome Sciences (HGSI) in die Höhe, sie stiegen an einem einzigen Tag um mehr als 270 Prozent. Aber das war erst der Anfang. Das Unternehmen stellte Testergebnisse eines Medikaments vor, das seit 50 Jahren die erste neue Behandlung von Lupus werden könnte, ein Präparat mit geradezu revolutionärem Potenzial. Sieben Monate später war die HGSI-Aktie um weitere 165 Prozent gestiegen. Auf ähnliche Weise schossen die Aktien von Dendreon um fast 200 Prozent in die Höhe, nachdem das Unternehmen bekannt gegeben hatte, dass Provenge, sein Impfstoff gegen Prostatakrebs, die Lebensdauer von Patienten im Vergleich zu einem Placebo beträchtlich erhöht habe. Elf Monate später war die Aktie um weitere 117 Prozent gestiegen.

Von Juni 1977 bis August 1978 gab es einen starken Kontrast zwischen der Kursentwicklung der Humana-Aktie und der allgemeinen Kursentwicklung des Marktes. Die Humana-Aktie befand sich in einem Aufwärtstrend der Phase 2 und erreichte einen neuen Höchststand, während der Dow noch nicht einmal die Kehrtwende geschafft hatte. Und als der Gesamtmarkt sich schließlich von seinem Tiefststand löste, stieg Humana zu neuen Höhen auf. In den darauffolgenden 38 Monaten legte die Humana-Aktie um 1000 Prozent zu.

Humanas Reaktion lieferte die Art subtiler Hinweise, die nur wenige während eines Bärenmarkttiefs erkennen. Auf folgende Zeichen für einen Markttiefststand müssen Sie achten:

Abbildung 9.4: Humana (HUM) versus Dow Jones Industrial Average, 1978. *Humana (Daten von 1978, um Splits bereinigt) bietet ein klassisches Beispiel für einen aufstrebenden Marktführer, mit einem Anstieg von 1000 Prozent in 38 Monaten.*

1. Eine erste Welle von Marktführern steigt auf und bildet Basen in einem Stufenmuster, wie in dem Beispiel von Humana.
2. Aktien-Setups nehmen zu, während die ursprünglichen Spitzenreiter kaum Boden verlieren und sich sehr schnell von jeglichem Kurssturz erholen. Führende Aktien steigen im Allgemeinen um 15 bis 20 Prozent und ruhen dann. Während dieser Zeit können sie 5- bis 10-prozentige Kursrückgänge erleben.
3. Die Mehrheit der Anführer sollte sich behaupten. Auch wenn es unweigerlich ein paar Aktien geben wird, die aufsteigen und dann scheitern, möchten Sie nicht erleben, dass die meisten der aufgestiegenen Spitzenreiter abstürzen und sich nicht wieder erholen.
4. Das Volumen der wichtigen Indizes sollte ebenfalls auf Anzeichen einer Umschichtung beobachtet werden. Sollte das mit einem steigenden Volumen an Down-Tagen gegenüber Up-Tagen einhergehen, ist es möglicherweise zu früh und Sie möchten vielleicht zur Absicherung auf Bargeld zurückgreifen.

Emulex

2001 kaufte ich Aktien von Emulex (EMEX). Diese Aktie erregte aus verschiedenen Gründen meine Aufmerksamkeit. Erstens: Als sich der Gesamtmarkt nahe einem neuen Tief bewegte, legte Emulex in einer einzigen Woche um 100 Prozent zu. Diese beeindruckende Stärke war der erste Hinweis, dass von dieser Aktie noch viel zu erwarten war. Eine derartige Nachfragewelle ist häufig die Reaktion auf eine positive Entwicklung, die kürzlich die Wall Street überraschte, oder ein Hinweis darauf, dass etwas erwartet wird. Als Nächstes ging die Aktie stark zurück, erholte sich jedoch innerhalb weniger Tage. Danach gab die Aktie nur noch wenig Boden ab. Der Kurs stieg in neue Höhen, während sich der Gesamtmarkt von seinem Tiefststand erholte. Das bedeutete grünes Licht für den Kauf.

Abbildung 9.5: Emulex (EMEX) 2001

Abbildung 9.6: ***Emulex (EMEX) versus Nasdaq Composite****, 2001. Von dem Punkt an, an dem Emulex einen neuen Höchststand erreichte, legte die Aktie innerhalb von nur 17 Tagen um 161 Prozent zu. Währenddessen erkämpfte sich der Nasdaq im selben Zeitraum nur einen Bruchteil dieses Gewinns.*

W.R. Grace & Co.

Am 26. August 2004 kaufte ich Aktien von W.R. Grace & Co. (GRA), während der Nasdaq Composite sich am neunten Tag seines Korrekturtiefs gerade erst zu erholen begann. In 13 agen legte die Aktie um mehr als 40 Prozent zu. 44 Tage später waren es bereits 110 Prozent. Im selben Zeitraum stieg der Nasdaq Composite lediglich um 10 Prozent.

Abbildung 9.7: W.R. Grace & Co. (GRA) versus Nasdaq Composite, 2004

Säkulare Wachstumszyklen

Oftmals befinden sich Aktien, die sich während einer Bärenmarktkorrektur gut halten, in ihren eigenen Gewinnsteigerungszyklen. Diese Aktien können von starken Gewinnen und Umsätzen, von neuen Produkten oder Dienstleistungen profitieren oder auch von Branchenveränderungen, die sich positiv auf das Unternehmen auswirken. Allerdings kann der Trend einer Aktie vorübergehend durch das Gewicht des Bärentrends des Gesamtmarktes zurückgehalten oder gedämpft werden. Das lässt eine Aktie zurückgehen, aber nicht so stark wie die Kurse der anderen Aktien. Diese Aktien sind für gewöhnlich sehr robust und erreichen nach ihren Rückschlägen schnell wieder neue Höhen. Wenn sich der Bärenmarkt totgelaufen hat und es wieder aufwärts geht, werden Aktien, die sich in ihrem eigenen Gewinnzyklus befinden, signifikant steigen, in manchen Fällen über einen längeren Zeitraum. Auf der anderen Seite bleiben Aktien, die sich in ihrem eigenen Bärenzyklus befinden, selbst von einem starken Markt unberührt und gehen nirgendwohin. Das ist häufig ein Anzeichen für eine ungünstige Perspektive und man sollte die Aktien meiden.

Panera Bread (PNRA) legte innerhalb von 26 Monaten um unglaubliche 1100 Prozent zu, und das während eines der verheerendsten Bärenmärkte in der US-Börsengeschichte. Im selben Zeitraum verlor der Nasdaq Composite etwa 80 Prozent. Das bedeutet nicht, dass Sie sich auf den Kauf von Aktien während eines starken Rückgangs im Gesamtmarkt fokussieren sollten; Panera Bread ist eindeutig nicht die Norm. Allerdings veranschaulicht Panera sehr lebhaft die Macht des Gewinnzyklus, wenn das Timing stimmt.

Abbildung 9.8: ***Panera Bread (PNRA) versus Nasdaq Composite****, 2000–2002.*
Panera Bread legte einen kometenhaften Aufstieg um 1100 Prozent hin, während der Nasdaq Composite um 80 Prozent fiel.

Ein klassischer Fall von Marktführerschaft

Während des gesamten Bärenmarktes im Jahr 1990 beobachtete ich, dass der Kurs der Amgen-Aktie so gut wie nie für längere Zeit unter den gleitenden 50-Tage-Durchschnitt fiel. Während der Markt seinen steilen Absturz fortsetzte, machte Amgen eine Seitwärtsbewegung und pausierte. Auf diese Weise kann eine Aktie ihr relatives Stärke-Ranking während einer Marktkorrektur verbessern, ohne dass die Aktie deutlich steigt.

Abbildung 9.9: Amgen (AMGN) versus Nasdaq Composite, 1990. *Amgen schlug sich außergewöhnlich gut und zeigte ausgeprägte relative Stärke, während der Gesamtmarkt zurückging.*

Jedes Mal, wenn sich der Dow von seinen tieferen Tiefstständen erholte, bahnte sich Amgen den Weg in neue Höhen. Das erregte meine Aufmerksamkeit. Im Oktober 1990 erreichte der Markt schließlich seinen Tiefpunkt. Nur 22 Tage danach stand Amgen auf einem neuen Allzeithoch. Der Nasdaq Composite und andere populäre Indizes waren immer noch 25 Prozent von ihren Höchstständen entfernt. Aber die Marktindizes entmutigten mich nicht. Ich begann, Aktien von den Unternehmen im Gesundheitswesen zu kaufen, die die besten Gewinne und Kursstärken aufwiesen. Der größte Teil des Marktes hatte während der gesamten Korrektur die Aktie festgehalten, aber sobald der Markt den Druck wegnahm, legte Amgen los. Die Amgen-Aktie gehörte zu den ersten, die im Bullenmarkt von 1990 aufstiegen, und sie legte in nur 14 Monaten 360 Prozent zu.

Suchen Sie nach einem technischen Thema

Jeder Marktzyklus besitzt eine einzigartige Signatur in Form von Kurs und Volumenbewegung führender Namen. Häufig ist ein ähnliches technisches Thema vorhanden. Eine wachsende Zahl von Aktien, die während eines Gesamtmarktrückgangs ein positives, davon abweichendes Kursverhalten an den Tag legen, können Ihnen einen Hinweis darauf geben, wo die nächste Gruppe von Marktführern auftauchen wird oder welche Aktien vermutlich als Erste zu steigen beginnen, sobald sich der Markt wieder erholt. Wenn Sie diese Art von Kursverhalten entdecken, ist es Zeit, die Medien und Gurus abzuschalten und sich auf die Fakten zu konzentrieren; Kurs, Volumen, Gewinn, Umsatz, Gewinnmargen, neue Produkte und positive Branchenveränderungen. Halten Sie Aktie für Aktie danach Ausschau und wenden Sie die besten Kriterien an. Meistens wird innerhalb einer bestimmten Branchengruppe mehr als eine Aktie dieses Verhalten zeigen. Sie sollten versuchen, aus dieser Branche die ersten ein, zwei oder drei Namen im Hinblick auf Performance und Ertragskraft zu besitzen. Suchen Sie nach Mustern und einem Kursverhalten, die sich auf dem Markt ausbreiten. Das kann Ihnen helfen zu verstehen, welche Art von Taktik im aktuellen Zyklus am besten funktionieren wird.

1990 entwickelten sich Aktien aus dem Bereich der Medizin eine nach der anderen zum Marktführer. Aktien wie US Surgical, UnitedHealthCare, Amgen, Ballard Medical Products und Stryker führten den Markt an. Bei vielen dieser Aktien erwies sich deren relative Kursstärke während des Bärenmarktes als wertvoller Hinweis darauf, dass sie im Begriff waren, den nächsten Bullenmarkt anzuführen und für die Investoren hohe Renditen einzufahren. Ich weiß es, weil ich damals zur Stelle war und kaufte, als diese Aktien zu steigen begannen.

Der Marktführer American Power Conversion (APCC) stieg ebenfalls aus dem Tief des Bärenmarktes von 1990 auf. Wie Amgen erregte auch dieses Unternehmen meine Aufmerksamkeit, und zwar aus ähnlichen Gründen: eine Aktie, die zulegte, sobald der Markt von der Bremse ging. Gegründet von einer Gruppe von Ingenieuren vom MIT, bestand die Zielsetzung von APCC in der Entwicklung von Solarstromprodukten. Aber nach einer Talfahrt des Ölpreises und verhaltener Förderung von Solarenergie seitens der Regierung wechselte das Unternehmen rasch zur Entwicklung Unterbrechungsfreier Stromversorgungssysteme (USV) für Computer und Arbeitsplätze. Der Zeitpunkt war perfekt. APCC führte die ersten USV-Modelle für unter 200 US-Dollar ein, die den Markt für Heimcomputer erschlossen. Der Rest ist Geschichte.

Es war kein Zufall, dass der Kurs der APCC-Aktie von der Talsohle des Bärenmarktes 1990 an exakt demselben Tag wie Amgen in neue Höhen startete (22 Tage nach Beginn der Markterholung). Beide Aktien zeigten eine nahezu identische Kursstärke, was darauf hindeutete, dass ihre Aufwärtszyklen vorübergehend vom Gewicht der Gesamtmarktkorrektur erdrückt wurden. Der Verkauf zum höchsten Kurs aller Zeiten am 12. November 1990 war nur die Spitze des Eisbergs. In den folgenden 50 Monaten legte APCC um sagenhafte 4100 Prozent zu.

Abbildung 9.10: American Power Conversion (APCC) versus Nasdaq Composite, 1990.
American Power Conversion stieg auf, als der Markt auf dem Tiefpunkt war, und legte dann innerhalb von 50 Monaten 4100 Prozent zu.

Welchen Marktführer sollte ich zuerst kaufen?

Wenn Sie in den Kaufmodus umschalten, stellt sich die Frage: Welche Aktien sollte ich zuerst kaufen? Das ist einfach. Kaufen Sie die stärkste zuerst. Nach einem Markttief kaufe ich gern in der Reihenfolge der Erholung der Aktien. Die besten in Ihrer Aufstellung werden die ersten sein, die loslegen und sich von einem anständigen Kaufpunkt aus zu neuen Höchstständen bewegen. Diejenigen, die am stärksten agieren, sind zu diesem Zeitpunkt für gewöhnlich die beste Wahl. Lassen Sie sich von der Stärke des Marktes – und nicht von Ihrer persönlichen Meinung – sagen, wo Sie Ihr Geld investieren sollen, denn Ihre Meinung ist nur selten ein guter Ersatz für die Weisheit des Marktes. Letztlich bedeuten Meinungen gar nichts im Vergleich zum Urteilsspruch des Marktes. Die Aktien, die als Erste mit der größten Kraft in der frühen Phase eines neuen Bullenmarktes aufsteigen, sind in der Regel die besten Kandidaten für überdurchschnittliche Performance.

Beim Tiefststand im August 2007 dominierten überkaufte Positionen viele Market-Timing-Indikatoren, die auf einem tiefen Niveau ähnlich den Markttiefs der Jahre 2002 und 2004 waren. Am wichtigsten war jedoch die Tatsache – und die erregte meine Aufmerksamkeit –, dass eine steigende Zahl von Unternehmen mit starken Fundamentaldaten aus vernünftigen Konsolidierungsmustern hervorging. Neue Aktienausbrüche trieben einige Branchen aus dem überverkauften Niveau heraus.

Zu meiner optimistischen Einschätzung trug auch die Tatsache bei, dass die vorhergehenden Wochen entscheidende positive Kehrtwendungen bei den wichtigsten Indizes aufwiesen, eine Verbesserung der Expertenmeinung und der Put-Call-Verhältnisse und sehr beeindruckende Aufwärts-Abwärts-Volumen-Verhältnisse des Nasdaq von 9 zu 1 und der New York Stock Exchange von 21 zu 1.

Trotzdem gab es noch eine eindeutige Möglichkeit, dass der Markt von einer zusätzlichen Verkaufswelle heimgesucht werden könnte, was einen weiteren Abwärtstrend bei den großen Indizes ausgelöst hätte. Dennoch begann ich, viele der besten Namen auf meine Kaufliste zu setzen, und glich meine Short-Positionen aus. Selbst wenn der Markt wieder zurückging, so war ich überzeugt, dass viele der Stopps bei meinen Long-Positionen vermutlich nicht übertreten werden würden. Und falls doch, würde ich einfach verkaufen und meine Verluste begrenzen.

Wenn ein Markt die Talsohle erreicht, langen die besten Aktien vor dem absoluten Tiefpunkt des Marktdurchschnitts an. Während der allgemeine Marktdurchschnitt beim letzten Abwärtstrend niedrigere Tiefpunkte erreicht, heben sich die Spitzenreiter davon ab und weisen höhere Tiefststände auf. Es ist wichtig, sich diesen kritischen Zeitpunkt sehr genau anzusehen und bereitzustehen, seine Verluste zu begrenzen, falls die Volatilität in Ihrem Aktienbesitz zu groß wird. Sollten weitere Marktführer auftauchen und der Gesamtmarkt stärker werden, sollten Sie bereit sein, in eine noch aggressivere Long-Position überzugehen.

Wie die folgenden Beispiele zeigen, besteht Ihr Ziel darin, nach Aktien zu suchen, die sich während eines Bärenmarktes am besten behaupten und entweder am wenigsten fallen oder sogar noch etwas höher steigen.

***Abbildung 9.11*: *Lumber Liquidators (LL) versus Nasdaq Composite*, 2012.** *Lumber Liquidators stieg von einem Markttief auf in neue Höhen und legte 90 Prozent zu. Im selben Zeitraum blieb der Nasdaq im Tal. Beachten Sie die Divergenz, die von Ende April bis Anfang Juni stattfand.*

Abbildung 9.12: *Chipotle Mexican Grill (CMG) versus S&P-500-Standardwerte-Index, 2012.* *Im September 2010 erreichte Chipotle Mexican Grill ein Allzeithoch und legte dann in 20 Monaten 186 Prozent zu.*

Abbildung 9.13: Apple Computer (AAPL) versus Nasdaq Composite, 2003–2004. *Im März 2004 kaufte ich Aktien von Apple Computer. Kurz danach kaufte ich an zwei Punkten jeweils nach, bevor sich der Kurs dann mehr als verdoppelte.*

Abbildung 9.14: Wal-Mart (WMT) versus Dow Jones Industrial Average, 1982. *Walmart bot den Investoren vor dem Tiefpunkt von 1982 zwei Kaufgelegenheiten, bevor die Aktie innerhalb von 21 Monaten um 360 Prozent stieg.*

Ein zweischneidiges Schwert

Genauso wie die Spitzenreiter nach oben führen, tun sie dies auch nach unten. Warum? Nach einer ausgedehnten Rallye oder einem Bullenmarkt haben die wahren Marktführer ihre großen Bewegungen bereits gemacht. Das clevere Geld, das vor dem Anstieg in diese Aktien geflossen ist, wird beim ersten Anzeichen von sich verlangsamendem Wachstum aussteigen. Wenn die führenden Namen in den führenden Branchen nach einem ausgeprägten Marktlauf ins Stocken geraten, ist das ein deutliches Gefahrensignal: Sie müssen Ihre Aufmerksamkeit nun auf die spezifischen Anzeichen von Marktproblemen oder möglichen Schwierigkeiten in einem bestimmten Markt richten.

Die meisten Aktien erleben nach einer Superperformance-Phase einen relativ starken Kursrückgang. Das liegt an den Gewinnmitnahmen und der Erwartung eines langsameren Gewinnwachstums. Wissenschaftliche Beweise und meine persönliche Erfahrung zeigen, dass die Chancen, dass Superperformer den größten Teil ihrer Gewinne wieder abgeben, hoch sind. Sie müssen einen Plan haben, zu verkaufen und Ihre Profite festzunageln. Die Geschichte zeigt, dass ein Drittel der Superperformer alles oder sogar mehr als das, was sie erreicht haben, wieder abgeben. Im Durchschnitt liegen die folgenden Kursrückgänge zwischen 50 und 70 Prozent, je nach dem gemessenen Zeitrahmen. In einem Markt nach einer Blase wie in den 1920er- und 1930er-Jahren und von 2000 bis 2003 stürzten viele führende Aktien um 80 bis 90 Prozent ab. Das ist nicht die Art Kurssturz, von der sich ein Investor wieder erholt. Und jene, die es doch tun, brauchen für gewöhnlich fünf bis zehn Jahre oder noch länger.

Anführer können zukünftigen Ärger vorhersagen

Im späteren Stadium des generellen Marktwachstums werden dieselben Spitzenreiter Sie auf Schwächen in den zugrunde liegenden Branchen sowie potenziell nahende Schwächen im Gesamtmarkt aufmerksam machen. Ihr Portfolio wird zu Ihrem besten Barometer. Ihre Liste mit Kandidaten, die Sie im Auge behalten, sollte Sie zu Beginn der Bullenphase in den Markt einsteigen lassen, wenn sich die führenden Aktien aufmachen zu neuen Höchstständen. Später werden Sie aus dem Markt gezwungen – Aktie für Aktie –, wenn viele derselben Positionen ins Wanken geraten, einknicken oder über mehrere Wochen vor der unvermeidlichen Bärenphase oder Marktkorrektur ihren Anstieg parabelförmig fortsetzen. Spitzenreiter neigen dazu, etwa zur selben Zeit ihren Höhepunkt zu erreichen, wenn der Gesamtmarkt die ersten Anzeichen von Distribution aufweist. Es ist wichtig, dass Sie die Bäume und nicht den Wald im Auge behalten.

Bullenmärkte kippen manchmal schrittweise, während Tiefs oft mit einem plötzlichen Kurssturz enden, gefolgt von einer starken Kursrallye. Wenn die Anführer beginnen, in die

Knie zu gehen, können die Indizes weiter steigen oder anfangen zu wackeln, und in die Seitwärtsbewegung gehen. Das passiert, weil Bargeld im Markt bleibt und in Nachzügleraktien übergeht. Auf dem Rücken der Nachzügler halten sich die Indizes oder steigen sogar noch höher. Seien Sie auf der Hut! Wenn das eintritt, ist das Ende nahe und die wirklich guten Gelegenheiten sind möglicherweise bereits verstrichen.

Viele Investoren übersehen diese subtilen Anzeichen, vor allem weil sie vom Aufwärtstrend des Marktes während der Bullenphase beeinflusst sind. *Was soll schon groß passieren, wenn ein paar Aktien anfangen zu wackeln, solange der Dow schön weiter steigt,* sagen sie sich. Aber das ist falsch!

Ein Bullenmarkt wird stets von mindestens einem Markt und mehreren Submärkten dominiert. Innerhalb der Top-Märkte, die einen neuen Bullenmarkt anführen, ziehen die relativ wenigen Namen, die diesen Markt dominieren, irgendwann die Aufmerksamkeit institutioneller Anleger auf sich. Eine Kaufbegeisterung für diese Spitzenreiter kann ihre Kurse weit über realistische Bewertungen hinausschieben. Als Folge neigen diese Positionen dazu, im nachfolgenden Bärenmarkt am stärksten abzustürzen. Für Investoren, die zu lange an vormaligen Spitzenreitern festhalten, kann das katastrophale Folgen haben.

In führende Aktien zu investieren, ist tatsächlich sehr riskant, wenn das Timing nicht stimmt. Die Überflieger sind großartig während ihres Aufstiegs, aber der Abstieg kann katastrophal sein. Falls Sie keinen vernünftigen Ausstiegsplan haben, um die Verluste zu minimieren, werden Sie mit Sicherheit irgendwann einen derben Rückschlag erleiden. Während optimistischer Phasen können große Profite gemacht werden. Aber wenn Sie zu spät zur Party kommen, müssen Sie den Blick auch nach unten richten! Dieselben Aktien, die gestiegen sind, könnten für eine große Korrektur fällig sein.

Zum Beispiel waren die Technologie-Aktien, die von 1998 bis 2000 den Bullenmarkt anführten, die größten Verlierer während des Bärenmarktes von 2000 bis 2002 und machten während des gesamten Bullenmarktes 2003 bis 2007 bestenfalls die Hälfte ihrer Verluste wieder wett. Die Geschichte ist übersät mit Beispielen, die zeigen, dass die Spitzenreiter des einen Bullenmarktes nur selten auch die des nächsten sind. Im Bullenmarkt von 2003 bis 2007 waren Finanz- und Immobilienwerte die Marktführer und verzeichneten dann die größten Verluste während des anschließenden Kursrückgangs im Jahr 2008. Wenn man die Geschichte als Richtwert nimmt, sollten die Top-Performer des einen Zyklus als Kaufkandidaten sowohl für Bärenmarkt-Erholungsrallyes als auch für den nächsten Bullenmarkt ausgeklammert werden. Mit einer Einschränkung: Falls die führenden Aktien oder Branchen vor dem Ende des Bullenmarktes und dem anschließenden Bärenmarkt zu steigen beginnen, können sie vielleicht im nächsten Bullenmarkt führend sein. Fest steht jedenfalls, dass die Anführer des nächsten Bullenmarktes sehr häufig aus den unwahrscheinlichsten Bereichen auftauchen, sich jedoch durch die in diesem Kapitel besprochene Kursanalyse-Methode entlarven lassen. Folgen Sie den Anführern und Sie werden an vielen aufregenden Unternehmen teilhaben und von ihnen profitieren.

Lernen Sie, Anführer zu kaufen und Nachzügler zu vermeiden

Meine Grundregel ist, Stärke zu kaufen und keine Schwäche. Wahre Marktführer werden stets eine sich verbessernde relative Stärke aufweisen – vor allem während einer Marktkorrektur. Sie sollten die Liste Ihrer potenziellen Kaufkandidaten regelmäßig aktualisieren, Positionen aussortieren, die zu viel verlieren, und durch diesen zwangsweisen Austausch neue potenzielle Kaufkandidaten hinzufügen, die sich abheben und Belastbarkeit an den Tag legen. Durch dieses Prozedere werden Sie nicht nur Ihre Liste aktuell halten, sondern auch Ihr Gefühl für die Gesundheit und Qualität des Gesamtmarktes schärfen und auf die besten Unternehmen fokussiert bleiben. Sobald die Gesamtmarktindizes die Tiefstwerte erreichen und den ersten Anstieg in einem neuen Bullenmarkt beginnen, wird es spannend.

An diesem Punkt sollten Sie sich auf die neue Liste mit den 52-Wochen-Hochs konzentrieren. Viele der größten Marktgewinner werden im Anfangsstadium eines neuen Bullenmarktes auf der Liste stehen. Sie sollten auch jene Aktien im Blick behalten, die sich während des Kursrückgangs gut gehalten haben und sich in unmittelbarer Nähe eines neuen 52-Wochen-Hochs befinden. Umgekehrt findet sich in den Finanzzeitungen jeden Tag eine Liste von Aktien, die man meiden sollte: die 52-Wochen-Tief-Liste. Ich schlage vor, dass Sie sich von dieser Liste und all ihren Bestandteilen fernhalten.

Die 95 bestperformenden Aktien von 1996 und 1997 brauchten nur fünf Wochen, um 20 Prozent zuzulegen. Im Schnitt gewannen die Aktien 421 Prozent. Unter diesen 95 Aktien machten 21 in einer einzelnen Woche einen Sprung von 20 Prozent. Diese Aktien legten weiterhin im Schnitt 484 Prozent zu. 1999 brauchten viele der besten Aktien nur eine Woche, um 20 Prozent zuzulegen; einigen gelang es innerhalb von drei Tagen. Sie alle zeigten eine überlegene relative Stärke, *bevor* sie signifikant stiegen.

Falls der Markt tatsächlich die Talsohle erreicht hat, wird eine steigende Zahl von Aktien eine sich verbessernde relative Kursstärke zeigen, während sie eine vergleichsweise enge Kurskorrektur durchlaufen. Für gewöhnlich wird die Korrektur bei einer gesunden Aktie vom Höchst- bis zum Tiefststand zwischen 25 und 35 Prozent betragen. Während eines schweren Bärenmarktrückgangs können es auch einmal 50 Prozent sein. Aber je weniger, desto besser. Eine Korrektur von mehr als 50 Prozent ist für gewöhnlich zu viel und eine Aktie könnte scheitern, wenn sie ein neues Hoch erreicht oder leicht überschreitet. Grund sind die hohen Gemeinkosten, die durch den starken Kursverfall verursacht werden.

Wenn der Gesamtmarkt den Tiefststand erreicht, sollte sich Ihre Beobachtungsliste über mehrere Wochen vervielfachen. Die besseren Aktien beginnen, in neue Höhen zu steigen, wenn sich der Markt von seinen Tiefstständen erholt. Das ist ein gutes Zeichen dafür, dass der Markt die Talsohle erreicht hat oder sich ihr nähert. Dies ist ein kritischer Punkt. Jeder ansteigende Bullenmarkt schickt in der Regel seine speziellen Anführer nach oben. Die

Anführer des letzten Bullenmarktes führen selten die nächste Kursrallye an, rechnen Sie also mit unbekannten Namen. Weniger als 25 Prozent der Marktführer eines Zyklus führen für gewöhnlich den nächsten Zyklus an. Es ist wichtig, die neue Generation leistungsstarker Unternehmen und Branchen so früh wie möglich zu erkennen. Denken Sie daran, auf das zu hören, was die Aktien Ihnen erzählen, nicht die Experten. Das wird Ihr bestes Frühwarnsystem sein.

Blenden Sie die Medien aus

Während eines Marktrückgangs sind die Nachrichten immer voll von Gurus, die den Weltuntergang vorhersagen. Pessimismus im Überfluss. Unweigerlich stimmt eine weitere Gruppe selbsternannter Experten zu, dass die Talsohle bald erreicht sein könnte. Sie verkünden jedoch, dass eine echte Rallye nur stattfinden kann, wenn sie von ihren bevorzugten technischen Indikatoren abgenickt wird. Es herrscht kein Mangel an ausgefeilten Theorien und technischen Indikatoren, mit denen Menschen das Markt-Timing bestimmen. Diese Flut von Angst und widersprüchlichen Ratschlägen kann Sie an der Schwelle zu einer starken Rallye lähmen. Schlimmer noch, wenn Sie es zulassen, könnte das Medientrommelfeuer Ihre Aufmerksamkeit davon ablenken, Ihre Hausaufgaben zu machen und sich auf die Fakten zu konzentrieren.

Schalten Sie den Fernseher aus, blenden Sie die Medien aus und halten Sie Ausschau nach der nächsten Welle von Marktführern, die ganz sicher irgendwann hervortreten wird. Konzentrieren Sie sich auf Fakten und folgen Sie den Anführern. Ich versichere Ihnen, dass neue Unternehmen mit neuen Produkten und neuen Technologien so lange weiterhin entstehen werden, wie in Volkswirtschaften das System des freien Unternehmertums vorherrscht. Die Geschichte zeigt, dass mit jedem Bullenmarkt neue Anführer auftauchen und die alten zur Seite treten. Seien Sie bereit, schnell zu handeln; seien Sie vorbereitet. Und vor allem: Schalten Sie die Medien aus und die Anführer ein.

KAPITEL 10:

EIN BILD SAGT MEHR ALS 1 MILLION DOLLAR

Obwohl der Gepard das schnellste Tier auf Erden ist und jedes andere Tier auf freier Strecke erlegen kann, wartet er, bis er absolut sicher ist, dass er die Beute schnappen kann. Wenn nötig, versteckt er sich eine ganze Woche hinter einem Busch und wartet auf den richtigen Moment. Er wartet auf eine Babyantilope, und nicht irgendeine, sondern vorzugsweise eine, die krank ist oder lahmt. Erst dann, wenn nicht das geringste Risiko besteht, dass er seine Beute verlieren könnte, greift er an.
Das ist für mich der Inbegriff von professionellem Trading.

MARK WEINSTEIN

Anhänger der Markteffizienzhypothese (kurz »EMH« für »Efficient-Market Hypothesis«), die Professor Eugene Fama in den frühen 1960ern an der University of Chicago Booth School of Business entwickelte, halten den Aktienmarkt für insoweit perfekt – oder zumindest nahezu perfekt – bepreist, als der Markt »informationseffizient« ist. Anders ausgedrückt wird die Theorie aufgestellt, dass Aktienkurse bereits alle bekannten Informationen widerspiegeln und sich der Markt so schnell an neue Informationen anpasst, dass es keinen Vorteil bringt, diese zu besitzen. Gemäß der EMH ist es von daher unmöglich, den Markt durch das Nutzen von Daten zu schlagen, die der Markt bereits kennt – außer mit Glück. Verteidiger dieser Theorie spotten über die Vorstellung, dass eine Analyse von Kurs und Volumen dem Investor einen Gewinnvorteil verschaffen kann. Unnötig zu erwähnen, dass ich dem nicht zustimme. Meine Karriere und die vieler anderer Trader, die ich kenne, haben demonstriert, dass EMH eine fehlerhafte Theorie ist. Die meisten derjenigen, die sich EMH verschrieben haben, konnten nie ihren Lebensunterhalt mit dem Aktienhandel bestreiten, ganz zu schweigen von Superperformance. Vielleicht ist EMH ja für jene sinnvoll, die den Markt nicht outperformen können. Da es ihnen nicht gelingt, halten sie es für unmöglich. Richtig erfolgreiche Trader wissen es besser.

Letztlich sind es Menschen – emotional, nicht perfekt, gar unlogisch – die Kauf- und Verkaufsentscheidungen fällen. Ego, Angst, Gier, Hoffnung, Ignoranz, Inkompetenz, Überreaktion und jede Menge andere menschliche Irrtümer beim Argumentieren und Beurteilen erzeugen alle Arten von Diskrepanz und wiederum Gelegenheiten. Ein unschätzbares Werkzeug, um diese Chancen zu erkennen, ist die grafische Darstellung des grundsätzlichen Kampfes zwischen Angebot und Nachfrage. Charts lassen uns erkennen, was bei einer bestimmten Aktie vor sich geht, wenn Käufer und Verkäufer auf einem Auktionsmarktplatz zusammenkommen. Sie destillieren den Kampf um emotionale, logische und sogar manipulative Entscheidungen in eine klare visuelle Darstellung, das Urteil über Angebot und Nachfrage. Wenn Sie Charts auf diese Weise betrachten, werden Sie zu schätzen wissen, wie diese Darstellungen alle Entscheidungen abbilden, die Menschen treffen, sei es zu kaufen oder zu verkaufen. Auf einen Blick können Sie genau sehen, was innerhalb eines bestimmten Zeitrahmens abgelaufen ist.

Die Idee der schematischen Darstellung und Verwendung von Schaubildern ist natürlich nicht neu. Seit Jahrhunderten arbeiten die Menschen mit dieser Methode. Denken Sie nur an die Seefahrer, die die Position der Sterne aufzeichneten, um sich auf dem Meer daran zu orientieren. Auf ähnliche Weise nutzen wir Charts, um uns im Markt zurechtzufinden. Viele Investoren versuchen, Charts zu lesen, aber nur wenige wissen, wie man das richtig macht. Wie ich bereits herausgestellt habe, argumentieren manche Leute, dass Charts nichts vorhersagen können. Falls Sie das zu Ihrer Lebensphilosophie machen, werden Sie niemals ein aktuelles Ereignis auf Grundlage der Erkenntnisse der Vergangenheit beurteilen können: was ein Fallen des Luftdrucks über das Wetter verrät oder dass eine Körpertemperatur von 39,5 Grad Celsius und Gliederschmerzen Anzeichen einer Grippe sind.

Manche Menschen glauben, dass man den Markt oder den Aktienhandel nicht sonderlich gut timen kann. Es dennoch zu versuchen, sei ein fruchtloses Unterfangen, egal welche Technik oder verfügbaren Informationen Sie anwenden. Ich kann Ihnen aus Erfahrung versichern, dass ich einen Großteil meines Erfolgs der Präzision meines Timings schulde, das ohne den Einsatz von Charts nahezu unmöglich wäre. Viele der besten Geldmanager nutzen Charts. Ich verlasse mich beim Aktienhandeln so sehr auf Charts, dass ich mich niemals nur auf Fundamentaldaten allein stütze, ohne Bestätigung der tatsächlichen Kursentwicklung der zugrunde liegenden Aktie. Erst verwende ich Charts, um den vorherrschenden Trend eines Aktienkurses zu bestimmen. Anders ausgedrückt ermöglicht mir die technische Analyse, Kandidaten für meine Beobachtungsliste zu finden. Und dann nutze ich Charts, um den Zeitpunkt meines Einstiegs festzulegen.

Können Charts Ihnen zu Superperformance verhelfen?

Können Charts Sie in die Lage versetzen, den Markt vorherzubestimmen? Natürlich nicht. Sie können den Markt genauso wenig vorhersagen, wie es Ihnen möglich ist, beim Roulette zu wissen, wo die Kugel als Nächstes hinfällt. Aber um beim Aktienhandel erfolgreich zu sein, müssen Sie glücklicherweise die Marktentwicklung genauso wenig vorhersagen wie ein Kasino jede Drehung beim Roulette oder jedes Blatt an den Blackjack-Tischen, um mit seinem Spielbetrieb Geld zu verdienen. Wer es für unerlässlich hält, die Aktienkurse vorherzusehen, um Erfolg zu haben, hat etwas ganz und gar nicht verstanden. Versierte Trader verwenden Analysen von Kurs und Volumen als Mechanismen zum Timen ihrer Trades, zum Managen des Risikos und zur Steigerung der Profitwahrscheinlichkeit. Viele der erfolgreichsten Trader kennen aus erster Hand den Wert von Aktiencharts. Ihr Erfolg hat nichts mit Vorhersagen oder Vorausschau zu tun; sie verlassen sich vielmehr auf ihre erworbene Fähigkeit, die Fußabdrücke des Marktes zu lesen und ihr Kapital dann bei Gelegenheit mit einem hohen Gewinn-Verlust-Verhältnis einzusetzen.

Nutzen Sie Charts als Werkzeug

Grob gesagt gibt es drei Ansätze bei der Kunst der Chartanalyse, auch *»technische Analyse«* genannt. Der erste ist die reinste Methode, die sich *ausschließlich* auf Kurs- und Volumenbewegung stützt. Vertreter dieser Richtung glauben, dass alles, was sie wissen müssen, im Chart steht; Fundamentaldaten betrachten sie im Wesentlichen als unnötige Informationen, die letztlich »abgezinst« werden, will heißen, dass sie sich im Aktienkurs widerspiegeln. Am anderen Ende des Spektrums befindet sich die zweite Gruppe: die Fundamentalisten, die glauben, dass alles, was man braucht, in den Fundamentaldaten der Unternehmen steckt. Für sie sind verschnörkelte Linien, Kerzen sowie Point- und Figure-Charts irrelevant. Diese Zahlenfresser verachten die Chartanalyse als etwas, das dem Lesen von Kaffeesatz ähnelt.

Die dritte Gruppe besteht aus Techno-Fundamentalisten. Wie der Name schon ahnen lässt, nutzen diese Trader sowohl die technische Analyse als auch die Fundamentaldatenanalyse. Wenn ich mir eine aussuchen müsste, würde ich mich dieser Gruppe zuordnen. Ich stütze mich auf Kurs und Volumen ebenso wie auf Fundamentaldaten. Wenn ich mich entscheide, ob ich eine Aktie kaufen soll, sind wichtige Eigenschaften zu berücksichtigen, sowohl fundamentale als auch technische. Ein gesunder Mischansatz nutzt Charts ebenso wie Fundamentaldaten, um die Erfolgschancen des Traders zu steigern.

Die Wirkung, nicht die Ursache

Viele der grundlegenden Chartmuster wurden in den frühen 1900er-Jahren entdeckt, der Ära vor der Großen Depression. Nun können Sie natürlich fragen: Angenommen, dass diese Trading-Muster in der fernen Vergangenheit funktionierten, sind sie dann so beliebt oder leicht verfügbar geworden, dass sie schon vor vielen Jahren aufhörten, einen Vorteil zu bieten? Die Antwort ist einfach: Chartmuster sind nicht die Ursache, sie sind die Wirkung. Die Darstellung von Angebot und Nachfrage bestimmt nicht den Markt; das menschliche Verhalten dagegen schon. Und das menschliche Verhalten hat sich nicht verändert und wird das in der Zukunft auch wohl kaum tun. Von daher bleiben Chartmuster wirkungsvolle Werkzeuge beim Timen von Handelsein- und -ausstiegen.

Heutzutage bewegen sich mehr Informationen schneller denn je und im Bruchteil einer Sekunde kann mit einem Mausklick ein Handel platziert werden. Das hat jedoch nicht die grundlegende menschliche Natur verändert. Die in diesem Kapitel erklärten Charttechniken basieren, wie alles in diesem Buch, auf dem, was ich bei meinem eigenen Trading tue: meine tägliche Arbeit, das Produkt aus 30 Jahren lernen, anwenden, verfeinern und persönlichem Erfolg am Aktienmarkt. Diese Techniken sind nicht nur heutzutage anwendbar, sondern historische Studien haben gezeigt, dass diese Techniken, die ich während meiner eigenen Karriere benutzte, auch schon Jahrzehnte vor meinem Leben erfolgreich gewesen wären. Lassen Sie uns zum Beispiel zurückreisen ins Jahr 1927, als die Radio Corporation of America (RCA) das AOL ihrer Ära war und in 18 Monaten um 721 Prozent zulegte, oder ins Jahr 1934, als Coca-Cola zum Marktführer aufstieg, Monate bevor der Gesamtmarkt die Talsohle erreichte und anschließend um 580 Prozent zulegte. Die Hinweise auf diese phänomenale Performance unterscheiden sich nicht von denen in einem heutigen Zeitrahmen. Sind Kursmuster also zeitlos?

Ich habe den Großteil meines Lebens dem Studium des Superperformance-Aktienhandels gewidmet und kann Ihnen versichern, dass dieselben elementaren Kräfte von Hoffnung und Gier, Überschwang und Panik, die in den 1990er-Jahren das beobachtbare Kursverhalten von Microsoft und America Online bildeten, sich auch bei den Kursbewegungen von Marktführern Jahrzehnte vor dieser Periode zeigten. Aktienkurse bewegen sich heutzutage auf praktisch dieselbe Weise wie in der Vergangenheit. Das ist eine beobachtete Tatsache und keine Meinung. Für einen Investor, der bereit ist, sich Zeit zum Lernen zu nehmen, sind Charts ein wertvolles Werkzeug, mitsamt der Fundamentaldatenanalyse. Sämtliche Werkzeuge in Ihre Werkzeugkiste zu packen, erlaubt Ihnen, sie bei Ihrem Streben nach Superperformance auf synergetische Weise zu nutzen.

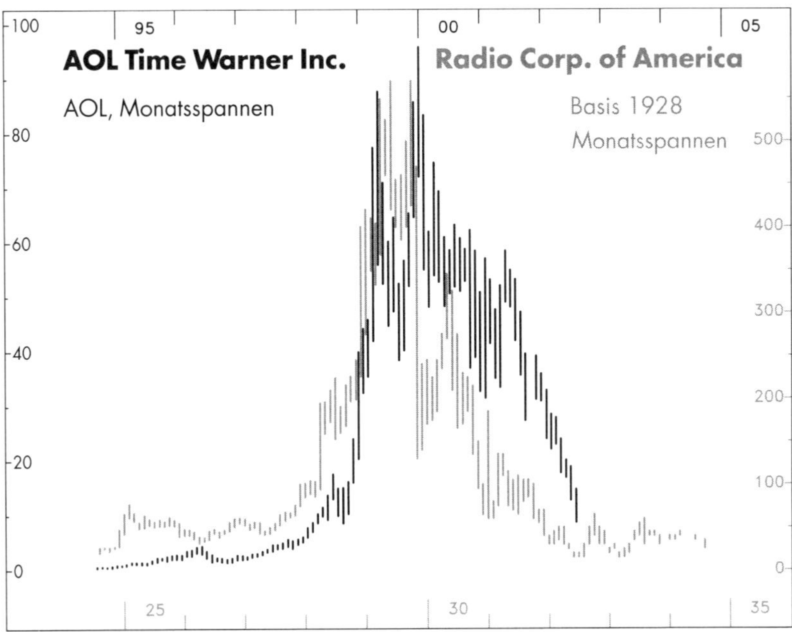

Abbildung 10.1: America Online (AOL) 1995–2005 und Radio Corp. of America (RCA) 1924–1933. (Quelle: Angefertigt für Tocqueville Asset Management, LP, by Topline Investment Graphics, www.topline-charts.com. Copyright © 2002. Alle Rechte vorbehalten.)

Kommt der Zug pünktlich?

Im Laufe der Jahre kamen Menschen in mein Büro spaziert, schauten auf meinen Computer und fragten: »Woher wissen Sie, was all diese Zeilen bedeuten? Die wirken so verwirrend.« Die Antwort lautet, dass Sie wissen müssen, wonach Sie suchen. Wenn ich in die Arztpraxis gehe und ein EKG gemacht wird, habe ich keine Ahnung, was die gezackte Linie auf dem Papierstreifen zu bedeuten hat. Aber dem geübten Fachmann kann das simple Verfahren zur Aufzeichnung von Herzaktivität und -rhythmus wertvolle Informationen darüber liefern, ob das Herz normal arbeitet oder nicht. Auf ähnliche Weise wollen wir beim Studieren der grafischen Darstellung von Kurs und Volumen einer Aktie herausfinden, ob sie sich normal verhält oder Grund zur Besorgnis gibt. Charts liefern wertvolle Anhaltspunkte und spezifische Informationen.

Die Analyse von Kurs und Volumen kann Ihnen helfen festzustellen, ob sich eine Aktie in der Akkumulations- oder Distributionsphase befindet (ob in großem Umfang gekauft oder verkauft wird). Einen scharfsinnigen Chartleser kann das auf extreme Gefahr hinweisen und es kann auch anzeigen, ob die Chancen einer potenziell profitablen Situation relativ hoch sind. Aber nur eine kleine Zahl von Menschen, die sich Charts ansehen, nutzen sie auch wirkungsvoll, und nur ein kleiner Prozentsatz weiß, worauf er sich fokussieren muss, um herausragende Resultate zu erzielen. Die ultimative Grundlage für jeden Auktionsmarktplatz ist das Gesetz von Angebot und Nachfrage. Wenn Sie lernen, konstruktive von fehlerhaften Kursbewegungen zu unterscheiden, können Sie Charts als Filter benutzen, um Ihre Anlagekandidaten zu sieben, um die bestmögliche Auswahl zu finden und ihre Erfolgschancen zu verbessern. Der Schlüssel besteht darin, zwar nicht mit Sicherheit zu wissen, was eine Aktie als Nächstes tun wird, aber zu wissen, was sie tun sollte. Dann gilt es festzustellen, ob der sprichwörtliche Zug pünktlich ist.

Angenommen, Sie nehmen jeden Morgen den Zug um 6:05 Uhr zur Arbeit. Für gewöhnlich fährt er irgendwann zwischen 6:00 Uhr und 6:10 Uhr in den Bahnhof ein. Aber heute schauen Sie auf Ihre Uhr und stellen fest, dass der Zug um 6:15 Uhr immer noch nicht eingetroffen ist. Sie denken nicht großartig darüber nach und sagen sich vermutlich, dass er sich nur ein wenig verspätet. Aber was passiert, wenn der Zug um 7:00 Uhr immer noch nicht da ist? Nun denken Sie vermutlich, dass irgendetwas nicht stimmt: Je mehr Zeit verstreicht, desto größer die Wahrscheinlichkeit, dass etwas schiefgegangen ist. Diese begründete Vermutung können Sie jedoch nur anstellen, weil Sie wissen, was normal ist und passieren sollte.

Wenn jemand die richtigen Eigenschaften für einen Superperformance-Kandidaten identifiziert, werden die Risiken eindeutig. Wenn eine Aktie sich nicht wie erwartet verhält, ist das eindeutig eine rote Flagge. Letztlich hat die Aktie bereits sehr elitäre Kriterien erfüllt und wird als potenzieller Hoffnungsträger erachtet. Wenn sich eine solche Aktie schlecht verhält, deutet das auf ein Problem hin. Zu lernen, womit Sie rechnen sollten, ermöglicht Ihnen zu erkennen, ob sich eine Aktie unter den vorherrschenden Bedingungen korrekt verhält oder nicht. Weil Sie wissen, wie etwas performen sollte, fällt Ihnen die Entscheidung auszusteigen, sehr viel leichter, wenn es nicht auf diese Weise performt.

Eins nach dem anderen

Der erste Fehler, den ich Amateure immer wieder machen sehe, wenn sie Charts benutzen, besteht darin, dass sie den ersten Schritt ignorieren: das große Ganze. Die erste und grundlegendste Information, die Charts uns geben, ist der vorherrschende Trend einer Aktie. Wir können sehen, ob sie steigt oder fällt oder sich in einem Seitwärtsmuster bewegt (will heißen, ob sie sich in Phase 1, 2, 3 oder 4 befindet). Sobald wir festgestellt haben, dass der langfristige Trend nach oben geht (Phase 2) und ein paar Beweise dafür sehen, dass ein bestimmter Name ein Kandidat ist, der unsere Aufmerksamkeit verdient, sei es ein Marktführer, eine Turnaround-Situation oder gar eine zyklische Aktie, ist es Zeit, dass wir uns mit dem besten Zeitpunkt beschäftigen, um die Aktie zu kaufen. An dem Punkt wollen wir bestimmen, wann der richtige Moment ist, um den Abzug zu betätigen und uns auf diese Position einzulassen. Deshalb können Charts eine wichtige Rolle bei Auswahl und Timing spielen.

Mein erster Rat bezüglich Aktiencharts ist, dass Sie die Dinge nicht in einem Vakuum betrachten sollten. Der größte Teil der Chartarbeit, auf die ich mich verlasse, basiert auf der Kontinuität eines vorhandenen Trends. Dieses Konzept ist grundlegend für meinen Ansatz. Wenn Sie die Aufzinsung maximieren möchten, wollen Sie dort sein, wo sich etwas tut, und sich das Momentum zunutze machen. Sie sollten Ihre Auswahl auf jene Aktien beschränken, die nachweislich durch institutionelle Anleger unterstützt werden. Sie versuchen nicht, als Erster an Bord zu sein, vielmehr suchen Sie nach dem Punkt, wo das Momentum anzieht und das Risiko zu scheitern, relativ gering ist. Um meinen Eintritt zu timen, suche ich nach Kurskonsolidierungen, die vorübergehende Pausen oder Ruhephasen im Kontext eines vorherigen Aufwärtstrends darstellen. Zu oft versucht ein Investor eine Aktie, weil sie eine »großartige« Chartbasis hat, übersieht jedoch die Tatsache, dass sich diese Basis im Kontext eines langfristigen Abwärtstrends befindet.

Bei einer »großartigen Basis« long zu gehen ist so, als würden Sie sagen, Sie seien bei bester Gesundheit, konzentrieren sich dabei aber nur auf ihre niedrigen Cholesterinwerte, obwohl Sie unter einer Lungenentzündung leiden. Die Cholesterinwerte sind zwar wirklich gut, aber Sie haben ein sehr viel ernsteres Problem. Das aktuelle Chartmuster ist nur so gut, wie es sich innerhalb des Kontextes seiner längerfristigen Trends bewegt. Wenn Sie zu früh dran sind, laufen Sie Gefahr, dass die Aktie ihren Abwärtstrend wieder aufnimmt. Sollten Sie zu spät sein, laufen Sie Gefahr, eine Basis im späten Stadium zu kaufen, die für alle offensichtlich und fehleranfällig ist. Timen Sie den Handel jedoch korrekt und Sie können auf dem Weg zu einem beträchtlichen Gewinn sein.

Ich stelle mich nie gegen den langfristigen Trend. Ich sehe zu, dass ich bei einem Aufwärtstrend in Phase 2 long gehe und im Abwärtstrend von Phase 4 short gehe. Schlicht und ergreifend. Um konsistent zu bleiben und Ihre Chancen zu erhöhen, müssen Sie systematisch vorgehen. Die Schritt-für-Schritt-Herangehensweise, die ich Ihnen hier zeige, ist ein Prozess. Der erste Teil dieses Prozesses besteht darin, das aktuelle Chartmuster zu bestimmen, indem Sie auf Basis des vorherrschenden Trends Aktien herausfiltern, und sie dann zu kaufen, wenn sie aus ihrer Konsolidierungsphase heraustreten und bevor sie offensichtlich und auf breiter Ebene verfolgt werden. Das aktuelle Chartmuster muss jedoch in den Kontext gestellt werden. Wenn der langfristige Trend nicht nach oben geht, ist die Aktie schlichtweg nicht für einen Kauf geeignet. Deshalb dürfen Sie das große Bild nicht vergessen. Wie das Sprichwort sagt: »The trend is your friend« [»Der Trend ist dein Freund«]. Wenn Sie versuchen, gegen ihn zu handeln, wird der Trend zu Ihrem schlimmsten Feind. Um Ihre Erfolgschancen zu steigern, halten Sie sich an Aktien, die sich definitiv in einem Aufwärtstrend befinden. Steckt ein Aktienkurs in einem langfristigen Abwärtstrend, dürfen Sie nicht einmal darüber nachdenken, diese Aktie zu kaufen.

Halten Sie Ausschau nach Konsolidierungsphasen

Sobald Sie einen Aufwärtstrend der Phase 2 identifiziert haben, besteht der nächste Schritt darin, nach Bedingungen Ausschau zu halten, die eine nachhaltige Aufwärtsbewegung ermöglichen: eine geeignete Basis. Achten Sie darauf, dass ich von einer *geeigneten* Basis spreche und nicht von irgendeiner Basis. Jeder kann sich einen Chart ansehen und eine Aktie identifizieren, die sich seitwärts bewegt. Mehr als das ist nötig; Sie müssen genau wissen, wonach Sie Ausschau halten. Eine konstruktive Kurskonsolidierungsphase beginnt als Ruhe- oder Verdauungsphase, während der dem vorhergehenden Momentum mit einer vorübergehenden Gewinnmitnahme begegnet wird, was zu einem Gleichgewichts- oder Korrekturmodus führt. Die besseren Aktienauswahlen korrigieren sich bis zum Ende ihrer Korrekturphase normalerweise um einen geringen Prozentsatz vom absoluten Höhepunkt. Aktien, die sich unter Akkumulation befinden, werden innerhalb des Kontexts eines langfristigen Aufwärtstrends ruhen und sich konsolidieren und dann ihren Aufstieg fortsetzen. Die meisten dieser Situationen weisen verräterische Anzeichen auf. Je nach spezifischem Fußabdruck der Kursbewegung über 3 bis 60 Wochen der Kursgeschichte gibt es verschiedene Nuancen, die es Ihnen ermöglichen, eine fundierte Entscheidung zu treffen, ob die Aktie gekauft oder verkauft werden sollte.

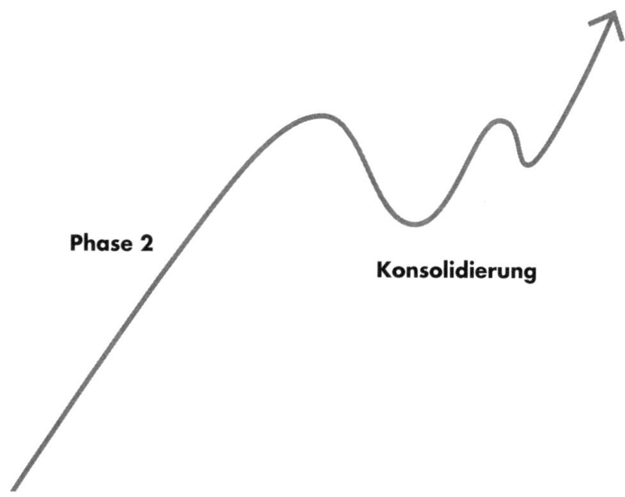

Abbildung 10.2: Bestehen Sie darauf, dass sich eine Aktie im Aufwärtstrend der Phase 2 befindet, bevor Sie einen Kauf erwägen. Der richtige Zeitpunkt, um mit dem Kaufen zu beginnen, ist, wenn der Kurs nach einer ordentlichen Konsolidierung ansteigt.

Das Muster der Volatilitätskontraktion

Die meisten Investoren können nicht dem Drang widerstehen, Aktien zum falschen Zeitpunkt zu kaufen, für gewöhnlich dann, wenn der Kurs fällt. Ich werde ständig gefragt, ob ich diese oder jene Aktie mag. In 99 Prozent der Fälle lautet meine Antwort: »Ich würde sie jetzt nicht kaufen.« Der Grund dafür ist meine strenge Disziplin, die mir das Kaufen nur an einem bestimmten Punkt erlaubt: dem Punkt, an dem der Gewinn das Risiko überwiegt. Und wie identifiziere ich diesen Punkt?

Falls es irgendeine Gemeinsamkeit oder einen Heiligen Gral gibt, dem ich folge und an dem ich regelmäßig mein Handeln ausrichte, dann ist es das Konzept der Volatilitätskontraktion. Diese ist eine Schlüsselunterscheidung, nach der ich bei nahezu jedem Trade Ausschau halte. Ein gemeinsames Merkmal praktisch aller konstruktiven Kursstrukturen (jene unter Akkumulation) ist die Kontraktion der Volatilität begleitet von bestimmten Bereichen in der Struktur der Basen, in denen das Volumen deutlich sinkt. Um das zu veranschaulichen, nutze ich ein Muster der Volatilitätskontraktion (englisch: »Volatility Contraction Pattern«, kurz »VCP«).

Für unsere Zwecke hier ist VCP Teil der Angebots-Nachfrage-Struktur. Die Hauptrolle, die VCP spielt, besteht im Bestimmen des präzisen Einstiegspunkts an der Linie des geringsten Widerstands. Bei praktisch allen Chartmustern, auf die ich mich verlasse, suche ich nach Volatilität, die von links nach rechts kontrahiert. Ich möchte sehen, dass sich die Aktie von stärkerer Volatilität auf der linken Seite der Kursbasis zu weniger Volatilität auf der rechten Seite bewegt.

Die Anzahl der Kontraktionen

Im Februar 1995 kaufte ich Aktien von FSI International (FSII), die gerade aus einem Tasse-mit-Henkel-Muster auftauchten. Die Aktie zeigte perfekte VCP-Eigenschaften in einem klaren Aufwärtstrend der Phase 2. Die Konsolidierungsphase währte zehn Wochen, korrigierte sich um 18 Prozent in der Tasse und schrumpfte auf nur 5 Prozent im Henkelbereich. Beachten Sie die Volumenkontraktion während des engsten Abschnitts des Setups auf der rechten Seite der Basis. Ich kaufte die Aktie, als sie in Woche 11 über das Hoch des Henkels stieg. Von dem Punkt an legte die Aktie 130 Prozent zu.

Während eines VCP werden Sie für gewöhnlich eine Abfolge von zwei bis sechs Kontraktionen erleben, wobei die Aktie anfänglich um sagen wir mal 25 Prozent von ihrem absoluten Höchststand zu ihrem Tiefststand abfällt. Dann erholt sich die Aktie ein wenig und fällt dann um 15 Prozent. Daraufhin kommen die Käufer wieder zurück und der Kurs steigt erneut ein bisschen und geht schließlich um 8 Prozent zurück. Die fortschreitende Reduzierung der Kursvolatilität, die einhergeht mit einer Reduzierung des Volumens an bestimmten Punkten, zeigt schließlich an, dass die Basis fertiggestellt ist.

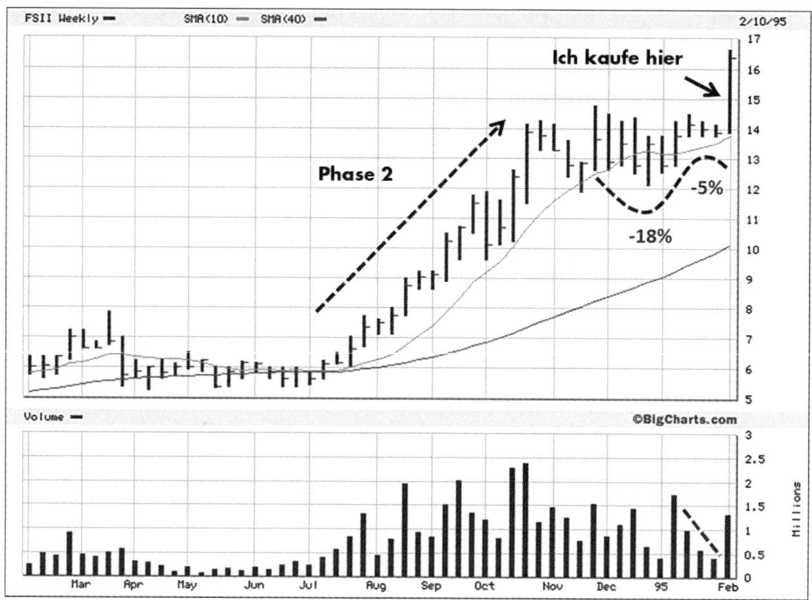

Abbildung 10.3: ***FSI International (FSII)*** *1995. Im Februar 1995 kaufte ich Aktien von FSI International, als diese gerade aus einem klassischen VCP-Muster aufstiegen. Innerhalb von sieben Monaten legten sie um 130 Prozent zu.*

Als Faustregel sehe ich gern, dass jede nachfolgende Kontraktion etwa die Hälfte (plus oder minus einer angemessenen Menge) des vorherigen Kursrückgangs oder der vorherigen Kontraktion enthält. Gemessen von Hoch bis Tief ist die Volatilität am größten, wenn die Verkäufer schnell Gewinne mitnehmen. Sobald die Zahl der Verkäufer abnimmt, fällt die Kurskorrektur weniger dramatisch aus und die Volatilität nimmt ab. In der Regel werden die meisten VCP-Setups durch zwei bis vier Kontraktionen gebildet, manchmal können es jedoch auch fünf oder sechs sein. Diese Bewegung erzeugt ein Muster, das auch die Symmetrie der gebildeten Kontraktionen erkennen lässt. Ich nenne diese Kontraktionen »Ts«.

Nicht alle Kursmuster weisen VCP-Eigenschaften auf. Es gibt Varianten wie die quadratische Darvas-Box oder die flache Basisstruktur, die vier bis sieben Wochen andauert. Bei dieser Art Basis gibt es eine richtige Volatilitätskontraktion, da es sich um ein festes oder enges Muster oder eine Box handelt, die sich in einem Seitwärtsbereich mit einer Korrektur von 10 bis 15 Prozent von Höchst- zu Tiefststand bewegt. Eine Aktie könnte auch sukzessive Konsolidierungen durchlaufen, mit variierenden Graden an Volatilität, um Kontraktionen hervorzurufen, zum Beispiel von einer 25-prozentigen Korrektur zu einer 10-prozentigen zu einer 5-prozentigen und so weiter, was auf eine klassische VCP-Progression hinweist.

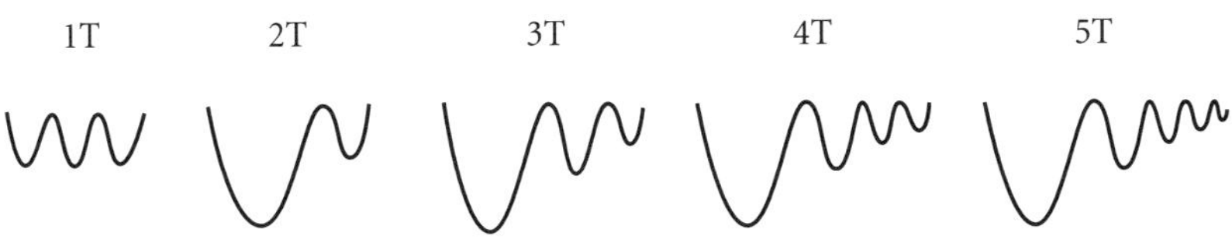

Abbildung 10.4: Beispiele von Volatilitätskontraktionen (»Ts«)

Abbildung 10.5: W.R. Grace & Co. (GRA) 2004. *2004 kontrahierte die Aktie von W.R. Grace & Co. dreimal (3 Ts) und schuf die Voraussetzungen für einen starken Anstieg. Innerhalb von 55 Tagen legte sie um 147 Prozent zu.*

Der technische Fußabdruck

Jede Aktie hinterlässt ihren einzigartigen Abdruck, während sie die Konsolidierungsphase durchläuft. Vergleichbar mit einem Fingerabdruck sehen aus der Ferne alle ähnlich aus, aber wenn man nahe herangeht, sieht jeder anders aus. Die daraus entstehende Signatur nenne ich den »technischen Fußabdruck« einer Aktie. Die sich unmittelbar unterscheidenden Eigenschaften des VCP sind die Anzahl der gebildeten Kontraktionen (in der Regel zwischen zwei und vier), ihre relative Tiefe über die gesamte Basis und das Handelsvolumen, das mit den spezifischen Punkten innerhalb der Struktur verbunden ist. Weil ich jede Woche Hunderte von Namen verfolge, schuf ich einen schnellen Weg, um mir ein Bild von einer Aktie zu machen, indem ich rasch meine nächtlichen Notizen mit der Kurzform des Fußabdrucks jeder Aktie vergleiche. Dieser schnelle Vergleich besteht aus drei Punkten:

1. Zeit. Wie viele Tage oder Wochen sind vergangen, seit die Basis startete?
2. Kurs. Wie tief war die größte Korrektur und wie knapp war der kleinste Kursrückgang ganz rechts von der Kursbasis?
3. Symmetrie. Wie viele Kontraktionen (Ts) durchlief die Aktie während der Basisbildung?

Auf die gleiche Weise können Sie vor Ihrem geistigen Auge das Bild eines Mannes entstehen lassen, wenn ich Ihnen sage, dass er 1,80 Meter groß ist, 115 Kilo wiegt und einen Bauchumfang von 110 Zentimetern hat. Die »Maße« einer Aktie vermitteln mir ein Bild ihres Fußabdrucks und helfen mir, bestimmte Schlüsselaspekte der Kursbasis zu verstehen, auch ohne auf den Chart zu blicken. Schauen wir uns einmal die Aktie Meridian Bioscience (VIVO) an, die inmitten des Aufwärtstrends in Phase 2 eine Reihe von Volatilitätskontraktionen aufbaute, während sie sich konsolidierte, bevor sie ihren Aufwärtstrend weiter fortsetzte. Meridian Bioscience kontrahierte viermal (ein 4T) bevor sie aus ihrer 40-wöchigen (40W) Konsolidierung auftauchte und in den folgenden 15 Monaten um mehr als 100 Prozent zulegte. Die erste Periode begann im April 2006, als die Aktie von 19 Dollar auf 13 Dollar fiel, eine Korrektur von 31 Prozent nach unten. Dann stieg die Aktie höher und konsolidierte erneut, sie fiel von unter 17 Dollar auf unter 14 Dollar, was einem Rückgang von 17 Prozent entspricht. Das ist das erste Anzeichen für Kontraktionsvolatilität. Nach dem zweiten Kursrückgang erholte sich die Aktie erneut, dieses Mal auf knapp über 17 Dollar, und fiel anschließend auf unter 16 Dollar, eine sehr viel engere Kursspanne von etwa 8 Prozent. An diesem Punkt begann ich, mich für die Aktie zu interessieren.

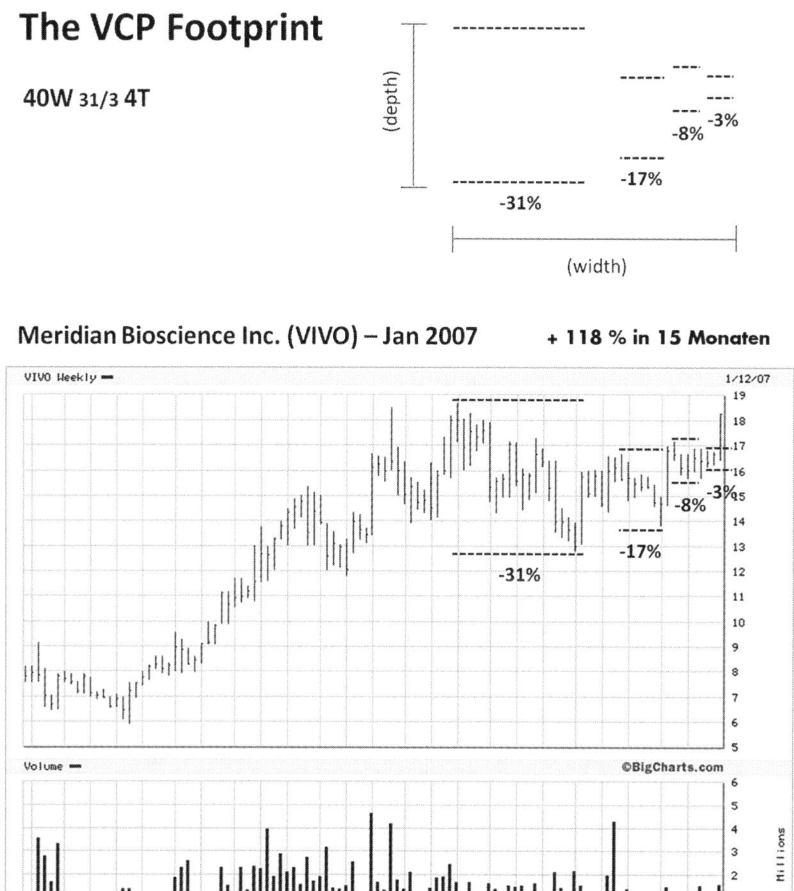

Abbildung 10.6: Der VCP-Fußabdruck als Abkürzung: 40W 31/3 4T

Und schließlich bildete eine kurze, enge Spanne beim Kursrückgang von nur 3 Prozent im Laufe von zwei Wochen bei sehr niedrigem Volumen den Pivot-Kaufpunkt. Dieser verriet mir, dass die Verkaufsaktivität versiegt war. Die Gewinnmitnahmen hatten sich erschöpft, da das inkrementelle Angebot, das auf den Markt kam, nachgelassen hatte. Nach 4Ts mit sukzessivem Rückgang von Kursvolatilität und Volumen war der Aktienkurs darauf vorbereitet, in die Höhe zu schießen, sobald Käufer danach verlangten. Im Januar 2007 ging ich bei Median Bioscience an Bord, als die Aktie bei 18 Dollar den Pivot-Kaufpunkt mit einer bemerkenswerten Volumenzunahme durchbrach; dieser Anstieg setzte sich in den folgenden 15 Monaten mit 118 Prozent fort.

Was verrät uns die Volatilitätskontraktion?

Wenn sich eine Aktie unter Akkumulation befindet, steht eine Kurskonsolidierung für eine Phase, in der starke Investoren schwache Trader letztlich absorbieren. Sobald die »schwachen Hände« eliminiert wurden, lässt der Angebotsmangel den Aktienkurs steigen, weil selbst eine geringere Nachfrage das kaum vorhandene Angebot überwältigen wird. Man bezeichnet das als den »Weg des geringsten Widerstands«. Knappe Kursunterschiede von absoluten Hochs zu Tiefs mit geringen Kursveränderungen von einem Tag zum nächsten und auch von Woche zu Woche sind für gewöhnlich konstruktiv. Diese engen Spannen sollten von einem signifikanten Rückgang des Handelsvolumens begleitet werden. In manchen Fällen versiegt das Volumen an oder nahe dem niedrigsten Stand seit Beginn der Kursentwicklung. Das ist eine äußerst positive Entwicklung, vor allem, wenn sie nach einer Phase der Korrektur und Konsolidierung stattfindet, und es ist ein verräterisches Zeichen, dass die Menge der auf den Markt kommenden Aktien abnimmt. Eine Aktie, die sich unter Akkumulation befindet, wird nahezu immer diese Eigenschaften aufweisen (enge Spannen bei den Kursbereichen mit Volumenschrumpfung). Genau das wollen Sie sehen, bevor Sie Ihren Kauf auf der rechten Seite der Basis einleiten, die den sogenannten *Pivot-Kaufpunkt* darstellt. Genauer gesagt der Punkt, an dem Sie kaufen möchten, wenn sich die Aktie bei steigendem Volumen über den Pivot-Punkt hinausbewegt.

Dies ist ein wichtiges Konzept für erfolgreiches Timing der Fortsetzung eines vorhandenen Trends. Im besten Fall schrumpft das Volumen während dieser Kontraktion der Volatilität zu bestimmten Zeitpunkten, die immer wieder identifiziert werden können.

Ich kam auf das VCP-Konzept, weil ich sah, dass sich so viele Menschen auf Muster verlassen, die das allgemeine Erscheinungsbild einer konstruktiven Kursbasis umreißen, aber diese Menschen übersehen einige der wichtigsten Elemente der Struktur, die sie ungültig und fehleranfällig machen kann. Ich kann Ihnen versichern, dass nahezu jede gescheiterte Basisstruktur, die Sie erleben, zurückverfolgt werden kann zu einer fehlerhaften Eigenschaft, die übersehen wurde. Viele Bücher beschreiben technische Muster sehr oberflächlich. Übungen zum Erkennen von Mustern führen Sie oft in die Irre, wenn es Ihnen an Verständnis für die Kräfte von Angebot und Nachfrage mangelt, die im Gegensatz zu Trugbildern zu Setups mit hoher Wahrscheinlichkeit führen. Lassen Sie uns die Natur und die Kräfte von Angebot und Nachfrage ein wenig eingehender betrachten, um zu verstehen, was wirklich vor sich geht.

Das Überangebot aufspüren

Während sich ein Aktienkurs korrigiert und fällt, gibt es unweigerlich feststeckende Käufer, die sich die Aktie um den vorherigen Höchststand herum zugelegt haben und nun auf einem Verlust sitzen; derart gefangene Käufer quälen sich über ihre zunehmend höheren Papierverluste und halten – mit Schweißperlen auf der Stirn – Ausschau nach einer Rallye, um verkaufen zu können. Während ihre Verluste wachsen und noch mehr Zeit vergeht, wären viele dieser Käufer schon froh, wenn sie plus/minus null aus der Sache herauskämen. Genau das erzeugt ein Überangebot: Investoren, die um ihren Break-even-Point herum aussteigen wollen; die es nicht erwarten können, zu verkaufen und ihr Ego zu besänftigen, indem sie sich sagen, dass sie trotz dieser Achterbahnfahrt ohne Verluste davongekommen sind.

Zu dem Angebotsproblem trägt noch eine weitere Gruppe bei, die – im Gegensatz zu den gefangenen Käufern – auf ihren Verlusten sitzt und auf einen Break-even wartet, das Glück hatte, am Tiefpunkt zu kaufen, und nun hübsche Profite ansammelt. Während der Aktienkurs sich seinem alten Höchstwert annähert und die gefangenen Käufer den Punkt erreichen, an dem sie zumindest keine Verluste einfahren, verspüren auch die Gewinnmitnehmer den Drang, zu verkaufen und das schnelle Geld zu ergattern. Diese vielen Verkäufer erzeugen einen Kursabsturz auf der rechten Seite der Basis. Falls die Aktie tatsächlich von institutionellen Anlegern akkumuliert wird, werden die Kontraktionen von links nach rechts schwächer ausfallen, da das Angebot von den großen Mitspielern absorbiert wird. Wenn eine Aktie einen VCP nachzeichnet und eine Reihe von Kontraktionen durchläuft, ist schlichtweg das Gesetz von Angebot und Nachfrage am Werk. Ein Indikator dafür, dass die Aktie geordnet die Besitzer wechselt. Sie sollten warten, bis die Aktie einen normalen Prozess durchläuft, bei dem sie von schwächeren Händen in stärkere wechselt. Als Trader, der einen Stop Loss verwendet, sind Sie ein schwacher Halter. Der Schlüssel besteht darin, der letzte schwache Halter zu sein; Sie möchten, dass die anderen schwachen Halter die Aktie abstoßen, bevor Sie kaufen.

Anzeichen dafür, dass kein Angebotsnachschub mehr auf den Markt kommt, werden deutlich, wenn sich das Handelsvolumen signifikant kontrahiert und sich die Kursbewegung merklich beruhigt. Indem Sie auf dieses Merkmal achten, können Sie einen überfüllten Handel vermeiden und die Wahrscheinlichkeit erhöhen, dass die Aktie nicht mehr auf dem Radar der Öffentlichkeit ist, was die Erfolgschancen verbessert. Sollten sich Aktienkurs und Volumen nicht auf der rechten Seite der Konsolidierung beruhigen, kann es sein, dass ein weiterer Angebotsschub auf den Markt kommt und die Aktie somit zu riskant ist.

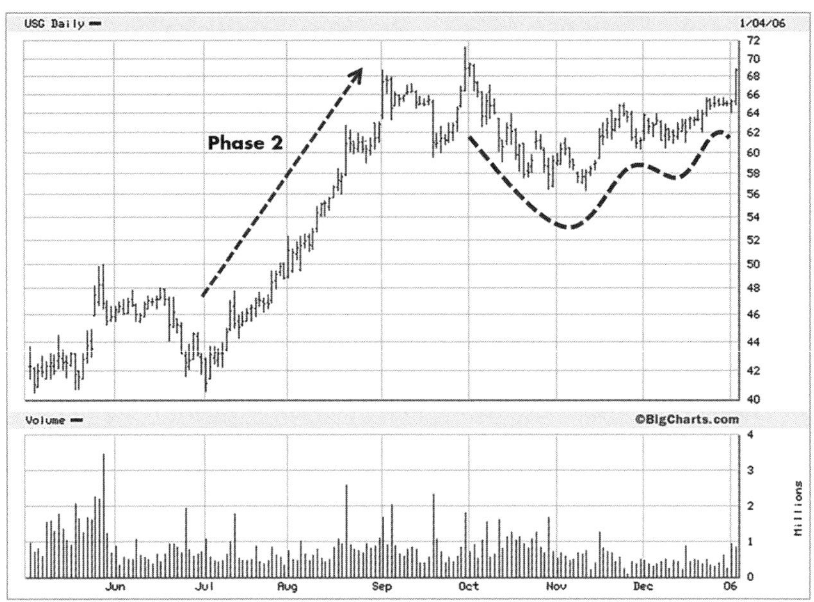

Abbildung 10.7: USG Corp. (USG). 2006 konsolidierte die Aktie der USG Corp. ihren vorherigen Aufstieg und bildete ein VCP-Muster, bevor sie dann in vier Monaten um 85 Prozent zulegte.

Warum nahe eines neuen Höchststands kaufen?

Eine der häufigsten Äußerungen, die Sie auf dem Aktienmarkt hören, ist: »Kaufe, wenn der Kurs niedrig ist, verkaufe, wenn er hoch ist.« Diese Worte wurden zum Synonym dafür, wie die meisten Menschen glauben, an der Börse Geld verdienen zu können. Natürlich ist offensichtlich, dass Sie teurer verkaufen als kaufen müssen, um Profit zu machen. Das bedeutet jedoch nicht, dass Sie nahe dem oder am tiefsten Stand kaufen müssen, zu dem die Aktie je gehandelt wurde. Märkte liegen sehr viel häufiger richtig als persönliche Meinungen oder auch Expertenvorhersagen. Eine Aktie, die während der frühen Phasen eines frischen Bullenmarktes ein neues 52-Wochen-Hoch erreicht, könnte schon in ihrer Anfangszeit ein herausragender Performer sein. Im Gegensatz dazu hat eine Aktie nahe ihrem 52-Wochen-Tief bestenfalls ein Überangebot, das es zu verarbeiten gilt, und es fehlt ihr an Aufwärtsschwung. Schlimmer noch, eine solche Aktie könnte auf eine Reihe niedrigerer Tiefs zusteuern. Eine Aktie, die einen neuen Höchststand erreicht, besitzt kein Überangebot, das sie verarbeiten muss. Diese Aktie sagt: »Hey, ich habe hier etwas laufen, und die Menschen nehmen Notiz davon«, während eine Aktie, die einen neuen Tiefststand erreicht, eindeutig ein Nachzügler ist, dem es an Investoreninteresse mangelt oder die von institutionellen Anlegern in großem Umfang abgestoßen wird.

Es gibt jene, die sagen würden: »Ich möchte nicht warten, bis die Kriterien von Phase 2 bestätigt sind.« Sie möchten versuchen, schon früh einzusteigen, wenn sich die Aktie von ihren Tiefstständen erhebt. Das Problem besteht darin, dass es in den frühen Stufen keine Bestätigung gibt. Woher wollen Sie wissen, dass die Aktie institutionelle Anleger anziehen wird? Selbst ein guter Start kann entgleisen, wenn die Fundamentaldaten nicht wirklich stimmen, und Sie kaufen am Ende einen kurzen Auftrieb, der verpufft und die Aktie im Schwebezustand der Phase 1 zurücklässt. Oder, schlimmer noch, sie bricht zusammen und fällt.

Wenn eine Aktie einen neuen Höchststand in einem bestätigten Aufwärtstrend der Phase 2 erreicht, unterstützt von Hinweisen auf großes Volumen, wird sie von institutionellen Anlegern nach oben getrieben, die Positionen eingehen, weil sie die Fundamentaldaten für solide halten und die Zukunftsaussichten sogar noch besser sind. Im folgenden Beispiel können Sie sehen, wie echte Begeisterung gar nicht erst aufkommt, bis diese Aktien ein Allzeit-Kurshoch erreichen.

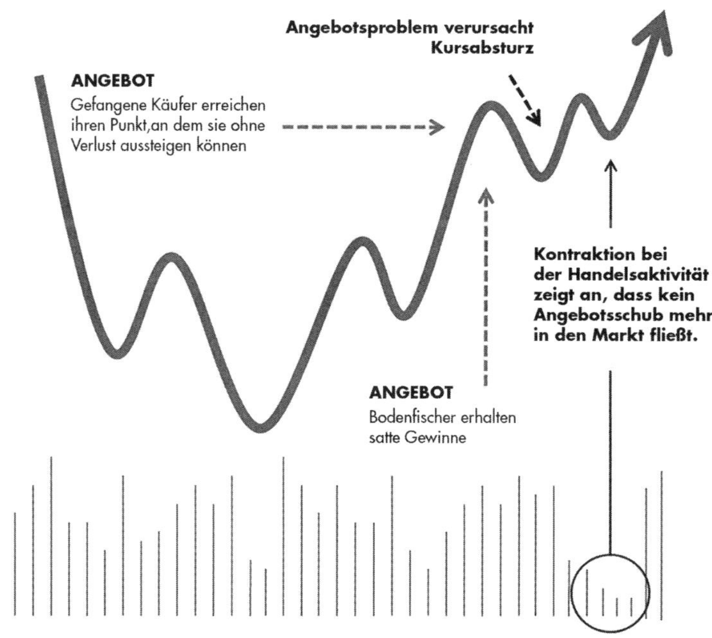

Abbildung 10.8: Theoretisches Beispiel der Angebots-Nachfrage-Dynamiken. *Eine signifikante Kontraktion des Volumens verbunden mit einer knappen Kursbewegung signalisiert, dass kein Angebotsnachschub mehr auf den Markt strömt und der Weg des geringsten Widerstands eingeschlagen ist.*

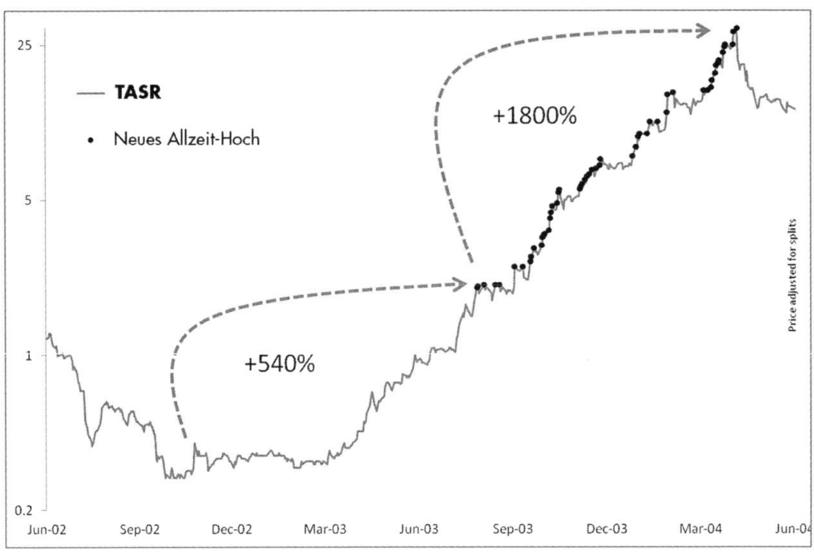

Abbildung 10.9: TASER (TASR). *TASER legte 540 Prozent zu, erreichte ein Allzeithoch und stieg von dort aus um weitere 1800 Prozent. (Chart mit freundlicher Genehmigung von Longboard Asset Management)*

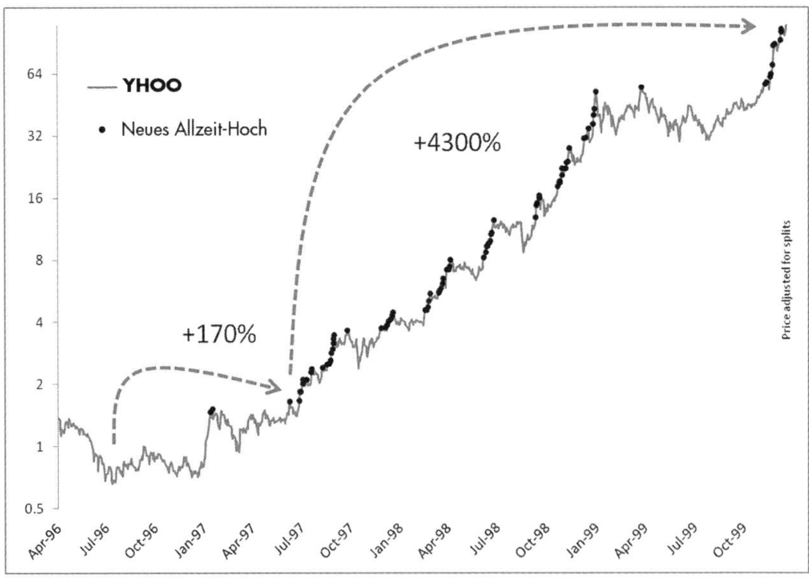

Abbildung 10.10: Yahoo (YHOO). *Yahoo legte um 170 Prozent zu, erreichte damit ein Kurs-Allzeithoch und stieg dann um weitere 4300 Prozent. (Chart mit freundlicher Genehmigung von Longboard Asset Management)*

Der einzige Weg, wie eine Aktie zum Superperformer werden kann und von sagen wir mal 20 Dollar auf 80 Dollar steigt, besteht darin, dass die Aktie wiederholt eine Reihe neuer Höchststände erreicht, bis sie ganz oben ist. Das Gleiche gilt für eine Aktie, die bei 50 Dollar steht, dann zunächst ihren Kurs auf 100 Dollar verdoppelt und anschließend auf 300 Dollar steigt. Monster Beverage (MNST) verzeichnete Ende 2003 ein Allzeithoch. Falls Sie Angst hatten, die Aktie zu kaufen, weil sie zu hoch zu stehen schien, haben Sie eine Riesenchance verpasst; bis Anfang 2006 stieg die Aktie um 8000 Prozent.

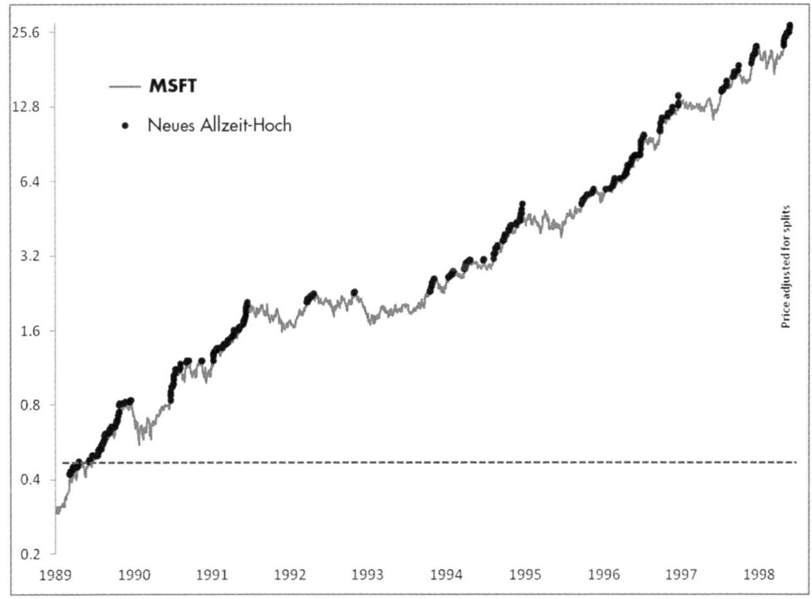

Abbildung 10.11: Microsoft (MSFT). *Von dem Punkt an, als Microsoft 1989 ein Allzeithoch erreichte, steigerte sich der Kurs um das 54-Fache. (Chart mit freundlicher Genehmigung von Longboard Asset Management)*

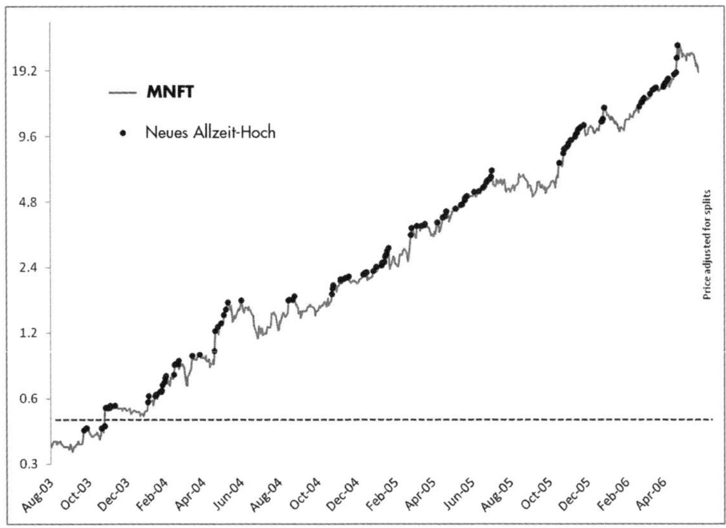

Abbildung 10.12: Monster Beverage (MNST). *Monster Beverage stieg um mehr als 8000 Prozent nach seinem Allzeithoch im August 2003. (Chart mit freundlicher Genehmigung von Longboard Asset Management)*

Tiefe Korrekturmuster sind fehleranfällig

Wenn eine Aktie jäh abstürzt, gibt es sehr wahrscheinlich im Unternehmen oder der Branche ein ernstes Problem oder es entwickelt sich womöglich ein Bärenmarkt. Sie sollten nicht den Schluss ziehen, dass eine Aktie ein Schnäppchen ist, nur weil sie 50 oder 60 Prozent unter ihrem Höchststand gehandelt wird. Erstens könnte ein solcher Rückgang anzeigen, dass ein ernstes Problem bei den Fundamentaldaten den Aktienkurs untergräbt. Zweitens, selbst wenn die Fundamentaldaten momentan nicht problematisch sind, muss eine Aktie, die einen tiefen Kursrückgang erlebt hat, mit einem großen Überangebot zurechtkommen; je tiefer eine Aktie fällt, desto mehr ist sie durch gefangene Käufer belastet. Und schließlich: Je tiefer eine Aktie fällt, desto mehr potenzielle Gewinnmitnehmer warten darauf zu verkaufen, sobald sich die Aktie erholt und mit dem Überangebot zusammentrifft; je größer der Profit, desto wahrscheinlicher ist es, dass die Tiefstpunktkäufer aussteigen. Während großer Bärenmarktkorrekturen können manche Namen um bis zu 50 Prozent fallen und sich trotzdem noch rechnen. Ich kaufe selten eine Aktie, die eine Korrektur von 60 Prozent oder mehr erlebt hat; eine Aktie, die so stark abgestürzt ist, signalisiert oftmals ein ernstes Problem. Die meisten konstruktiven Setups korrigieren sich zwischen 10 und 35 Prozent. Sie werden mehr Erfolg haben, wenn Sie sich auf Aktien konzentrieren, die sich am wenigsten korrigieren, statt auf Aktien, die sich am stärksten korrigieren. Unter allen Umständen sollten Aktien gemieden werden, die mehr als zwei- oder dreimal den Rücksetzer des allgemeinen Marktes korrigieren.

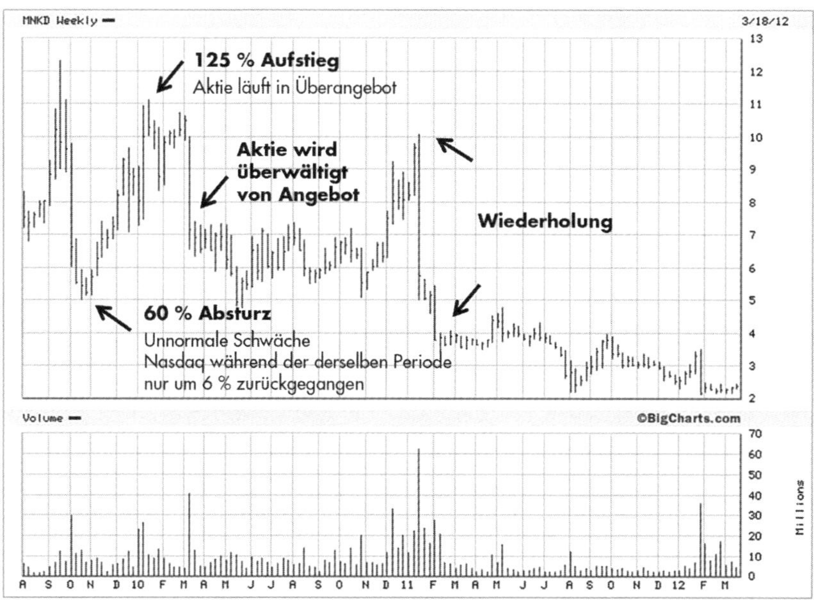

Abbildung 10.13: ManKind (MNKD) 2008–2012. MannKind (MNKD) stieg wieder auf bis fast zu ihren alten Höchstwerten, als das Überangebot durch Verkäufe die Aktie jäh abstürzen ließ. Im darauffolgenden Jahr wiederholte sich dasselbe Szenario.

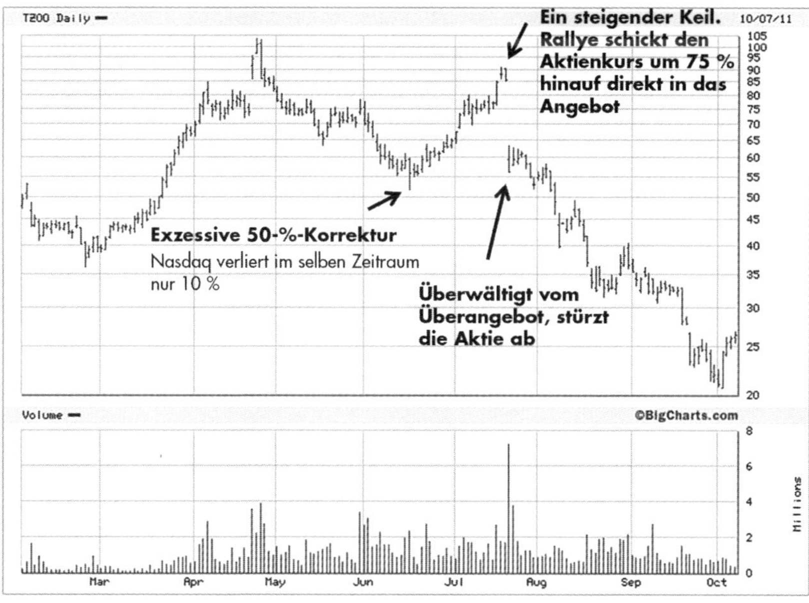

Abbildung 10.14: Travelzoo (TZOO) 2011. Eine umfangreiche Korrektur lässt Travelzoo anfällig für ein Überangebot zurück und die Aktie fällt innerhalb der folgenden zwölf Wochen um 80 Prozent.

Zeitkomprimierung

Wenn eine Aktie auf der rechten Seite zu schnell aufsteigt, kommt es zu einer gefährlichen Zeitkomprimierung. In den meisten Fällen sollte man diese Aktie meiden, zumindest vorübergehend. Zeitkomprimierung zeigt sich als V-förmige Kursbewegung oder das Fehlen einer richtigen Entwicklung auf der rechten Seite. Konstruktive Kurskonsolidierungen weisen in der Regel ein Maß an Symmetrie auf; der Aufbau von Angebot benötigt Zeit zum Verdauen und Abarbeiten. Eine schnelle Auf-und-Ab-Drehung lässt der Aktie nicht genügend Zeit, um die schwachen Halter auszusortieren. Die starken Hände benötigen Zeit, um die schwachen Investoren zu entlasten. Sie möchten Ihrer Aktie genügend Zeit geben, damit sie eine konstruktive Konsolidierungsperiode durchläuft, die es ihr ermöglicht, ihren ursprünglichen Vormarsch unbeeinträchtigt von den Ketten der unmittelbaren Verkäufer fortzusetzen.

Je nach Tiefe der Korrektur kann eine ordentliche Basisphase zwischen drei und 65 Wochen andauern. Indem Sie fordern, dass die Kursbewegung VCP-Eigenschaften aufweist, werden Sie Ihre Chancen steigern, eine Aktie zu identifizieren, bei der das Angebot abnimmt und sich ein vernünftiger Einstiegspunkt entwickelt, der zu unmittelbarem und nachhaltigem Anstieg führt.

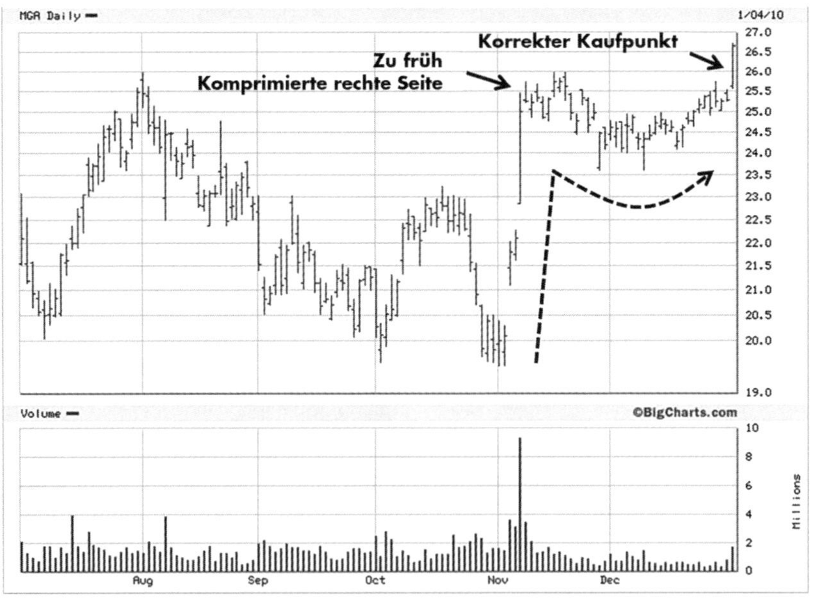

Abbildung 10.15: Magna INTL. Inc. (MAG) 2010. *Im November 2010 steig Magna Intl. Inc. an der rechten Seite zu schnell auf und benötigte mehr Zeit, um einen Kaufpunkt mit niedrigem Risiko zu etablieren. Innerhalb von drei Monaten legte die Aktie um 140 Prozent zu.*

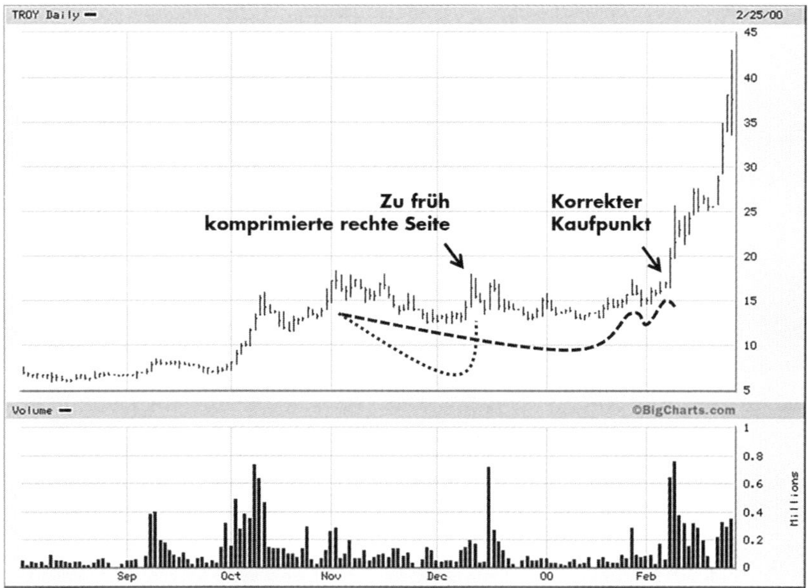

Abbildung 10.16: Troy Group Inc. (TROY) 2000. *Die Troy Group brauchte Zeit, um eine ordentliche VCP-Konsolidierung zu formen, die die Grundlage für einen sehr starken Aufstieg schuf. Anschließend legte die Aktie innerhalb von 14 Tagen um 146 Prozent zu.*

Shakeouts

Zusätzlich zur rückläufigen Volatilität und dem Fehlen von Zeitkomprimierung halten wir Ausschau nach Kurs-Shakeouts innerhalb der Basisstruktur. Die meisten von uns waren das eine oder andere Mal auf der falschen Seite eines Shakeouts [einer Marktbereinigung]. Mal angenommen, Sie haben eine Aktie zum Kurs von 40 US-Dollar gekauft. Ihnen ist aufgefallen, dass diese in den vergangenen Monaten mehrfach für weniger als 35 US-Dollar gehandelt wurde, bevor sie dann nach oben sprang. Es leuchtet ein, dass dies ein Unterstützungsbereich ist und es logisch wäre, einen Schutzstopp direkt unterhalb dieses Levels zu setzen. Das Problem ist nur, dass Sie nicht der Einzige sind, der diese Beobachtung macht. Beziehen Sie in Ihr Denken immer mit ein, dass das, was Sie am Markt beobachten, auch für alle anderen sichtbar ist. Sehr wahrscheinlich hielten andere Trader es für naheliegend, kurz unterhalb von 35 Dollar einen Stopp zu platzieren. Was zu offensichtlich ist, funktioniert am Aktienmarkt selten. Kurz nachdem Sie die Aktie für 40 Dollar gekauft haben, stürzte der Kurs ab, und dieses Mal fiel er unter 35 Dollar. Verkaufstopps wurden erreicht und das schickte den Kurs noch tiefer hinunter. Sie wurden aus Ihrer Position geworfen, ebenso wie alle anderen, die einen Stopp kurz unterhalb von 35 Dollar etabliert hatten. Nachdem sich der Verkauf erschöpft hatte, machte die Aktie kehrt und stieg noch höher, aber Sie waren nicht mehr an Bord. Klingt das vertraut? Sie waren das Opfer eines Kurs-Shakeouts.

Um Ihre Chancen zu verbessern, möchten Sie ein oder zwei Kurs-Shakeouts an bestimmten Schlüsselpunkten während der Basisbildungsphase sehen. Das ermöglicht auch das Eliminieren schwacher Anleger und erlaubt ein nachhaltiges Aufsteigen. Denken Sie daran: Als disziplinierter Trader verwenden Sie Stop Loss, um Risiken zu kontrollieren, auch Sie sind ein schwacher Anleger. Anders ausgedrückt: Sie werden während eines relativ kleinen Kursrücksetzers verkaufen, um sich gegen die Gefahr eines größeren Verlustes zu schützen. Das soll nicht etwa Ihre Stop-Loss-Disziplin delegitimieren. Ein Stop-Loss-Regime ist unerlässlich. Dabei lässt sich leider nicht vermeiden, dass Sie bei einigen Gewinneraktien aussortiert werden. In dem Maße, in dem Sie Basisinformationen identifizieren, die vor Ihrem Eintritt Shakeouts zeigen und verdauen, ist es weniger wahrscheinlich, dass Sie aus dem Sattel geworfen werden.

Abbildung 10.17: Dick's Sporting Goods (DKS) 2003. *Im Februar 2003 fiel Dick's Sporting Goods unter sein Dezembertief 2002 und erzeugte einen Shakeout.*

Informierte Investoren, die Kursbewegungen verstehen, suchen vor dem Kauf nach Hinweisen auf Kursbereinigungen innerhalb der Basis. Kurs-Shakeouts stärken das Setup bei der Fertigstellung der Basis. Wichtige Unterstützungsbereiche sind für Amateure offensichtlich und sollten deshalb für professionelle Anleger als Fallen erkennbar sein. Wie ein Minenfeld sind sie mit Stopps gespickt und können sofort explodieren, wenn der Aktienkurs den Stolperdraht berührt. Es geht über das Thema dieses Buches hinaus, aber es gibt professionelle Trader, die Experten darin sind, die Amateure auszuschalten, wenn offensichtlich Unterstützungsbereiche verletzt werden und die festgelegten Orders der Amateure auslösen.

Lassen Sie sich nicht verwirren: Was Sie vielleicht nur für einen Shakeout halten, ist *nicht* der Zeitpunkt, um eine fallende Aktie zu kaufen. Wir sind keine Hellseher; wir interpretieren. Wenn eine Aktie, die sich anscheinend in der Aufbauphase der Basis befindet, eine Unterstützungsgrenze unterschreitet, kann dies ein Kurs-Shakeout sein, oder die Aktie fällt in einen steilen oder anhaltenden Rücksetzer. Deshalb möchten Sie sehen, ob es zu einem Shakeout führt. Idealerweise möchten Sie sehen, dass dies ein-, zwei- oder dreimal passiert, je nach Größe und Umfang der Kursbasis, bevor Sie in den Handel einsteigen. Shakeouts können an den Tiefpunkten einer Basis auftreten, auf der rechten Seite sowie im Griff oder dem Drehbereich.

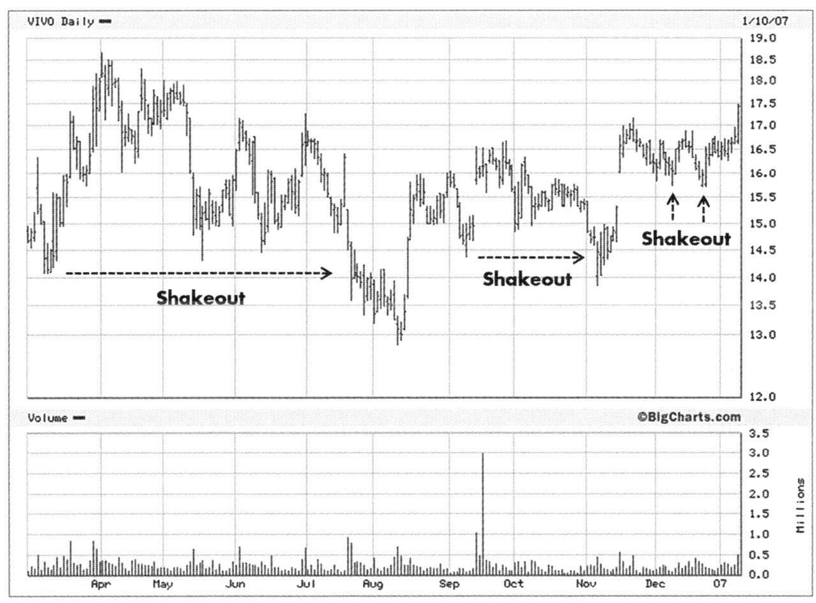

***Abbildung 10.18: Meridian Bioscience (VIVO)** 2007. Meridian Bioscience hatte mehrere Schlüsselpunkte, an denen der Aktienkurs frühere Tiefststände unterschritt, was zu deutlichen Shakeouts führte.*

Abbildung 10.19: ***Deckers Outdoor (DECK) 2006.*** *Deckers Outdoor fiel unter die vorherigen Tiefststände am Fuß seiner Basis und während der Griffphase rechts.*

Halten Sie Ausschau nach Anzeichen für Nachfrage

Bisher haben wir die Vogelperspektive eingenommen, um Kandidaten zu identifizieren, die unsere Kriterien auf Basis des Fußabdrucks erfüllen, den sie bei ihrer Kursbewegung hinterlassen. An diesem Punkt unserer Analyse haben wir bereits festgestellt, dass eine Aktie sich im Aufwärtstrend der Phase 2 befindet. Wenn dieser vorherige Aufwärtstrend verdaut wird, verkaufen die Leute und nehmen Gewinne mit; deshalb halten wir Ausschau nach Korrekturen. Wenn der Verkauf stattfindet, wird es einige Leute geben, die wünschen, sie hätten Gewinne mitgenommen, die es jedoch nicht getan haben. Wenn die Aktie wieder steigt, werden sie die nächste Gelegenheit ergreifen, um auszusteigen. Wir wollen sehen, was als Nächstes passiert. Nachdem sich der Verkauf verlangsamt, gibt es dann immer noch Appetit auf die Aktie? Kommt nach dem Ausverkauf eine große Nachfrage, um die Aktie noch höher zu treiben? Oder ist die Bewegung vorbei? Durch genaue Beobachtung der Kurs- und Volumenentwicklung können wir Erkenntnisse gewinnen.

An diesem Punkt möchten wir heranzoomen und nach Anzeichen institutioneller Akkumulation suchen. Ein Zeichen für Akkumulation ist abrupter Kursanstieg. Kursspitzen treten für gewöhnlich außerhalb der Tiefststände einer Korrektur innerhalb der Basis und auf der rechten Seite der Basis auf, diese Art von Kursbewegung gewinnt Glaubwürdigkeit, wenn sie von übergroßem Handelsvolumen begleitet wird. Eine Kursspitze bei überwältigendem Handelsvolumen ist oft ein Zeichen für Käufe institutioneller Anleger, genau das, was wir suchen. Nach einem Kurs-Shakeout ist es ein gutes Zeichen, wenn sich die Aktie bei großem Handelsvolumen erholt.

Eine Aktie kann große Kursspitzen in Form von Lücken erfahren. Eine Kurslücke tritt auf, wenn der Aktienkurs in einem großen Schritt über oder unter dem vorherigen Punkt ausgebildet wird, auf dem offenen Markt ist das leicht zu erkennen, aber bei gering gehandelten Aktien kann es auch untertägig auftreten. Lücken treten oft bei großen Handelsvolumen auf. Kurslücken nach oben können sich aus positiven Nachrichten wie unerwartet hohe Gewinne, eine vorteilhafte Branchenentwicklung oder der Höherstufung durch ein Brokerhaus ergeben. Idealerweise resultiert die Lücke aus einer fundamentalen Veränderung, die eine positive Verschiebung der Wahrnehmung erzeugt und eine Kaufnachfrage generiert. In manchen Fällen zeigt sich eine Kurslücke auch auf dem Wochendiagramm. Was Sie herausfinden wollen, ist, ob sich die Aktie bei großen institutionellen Käufern unter Akkumulation befindet.

Der nächste Chart zeigt Meridian Bioscience (VIVO), als der Aktienkurs anfangs fiel und im Mai ein Tief erreichte, welches im Juni noch unterboten wurde. Anschließend kam die Aktie mit Wucht zurück, gefolgt von einem kurzfristigen Kursrücksetzer und anschließender Lücke nach oben. Die Lücke wurde begleitet von einem Volumenschub, der eine starke Nachfrage spiegelte. Im Oktober entwickelte sich ein Seitwärtsmuster mit einem Ausverkauf, der das Septembertief erreichte und einen weiteren Kurs-Shakeout anstieß. Beachten Sie, wie sich die Gesamtkursstruktur zu straffen beginnt. Die Kombination aus großen Nachfrage-(Lücke-)Tagen, Kursrückgängen mit geringem Volumen, mehreren Kurs-Shakeouts innerhalb der Basis und einer Kurskontraktion lieferte hinreichend Beweise, dass sich die Aktie unter Akkumulation befand. Auch als sich die Aktie straffte und im Dezember den Griff-Bereich formte, durchlief sie zwei kleinere Kurs-Shakeouts, was dem Setup noch mehr Stärke verlieh. Behalten Sie im Hinterkopf, dass ein Aspekt allein noch kein großartiges Handels-Setup ausmacht. Es ist vielmehr eine Kombination aus all diesen Faktoren.

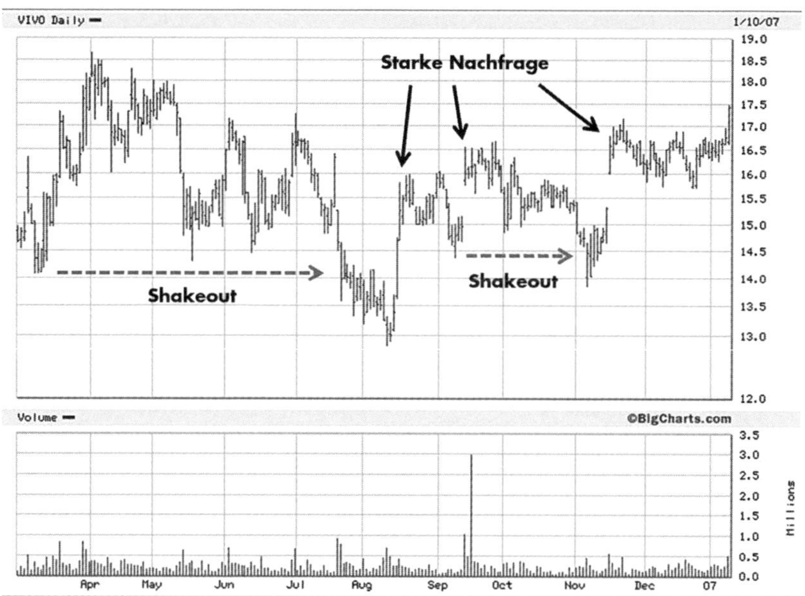

Abbildung 10.20: Meridian Bioscience (VIVO) 2007. *Die Aktie von Meridian Bioscience zeigte eine starke Nachfrage jenseits der Tiefststände, bevor sie auf der rechten Seite konstruktiv anzog.*

Ein steiler Kursanstieg mit einer starken Zunahme des Handelsvolumens verweist darauf, dass die institutionellen Anleger in großem Rahmen kaufen. Gleichzeitig möchten Sie einen Mangel an nach unten gerichteten Spitzen sehen. Anders ausgedrückt muss das Handelsvolumen an nach oben gerichteten Tagen sehr viel größer sein als an nach unten gerichteten Tagen und ein paar der nach oben gerichteten Spitzen sollten lang sein und die Kontraktionen, die bei relativ geringem Handelsvolumen aufgetreten sind, klein erscheinen lassen.

Nachdem er das Dezembertief unterschritten hatte, stieg der Aktienkurs von Dick's Sporting Goods mit großem Handelsvolumen wieder nach oben. Achten Sie auf die Kurslücke im Februar mit dem größten Handelsvolumen seit dem Börsengang des Unternehmens. An und für sich war diese Aktion kein hinreichender Kaufgrund, weil die Aktie den VCP-Prozess erst noch durchlaufen musste. Später jedoch, nachdem der VCP abgeschlossen war, wurde die Aktie als Kaufkandidat aufgestellt; kurz darauf brach sie aus und legte in 54 Monaten 525 Prozent zu.

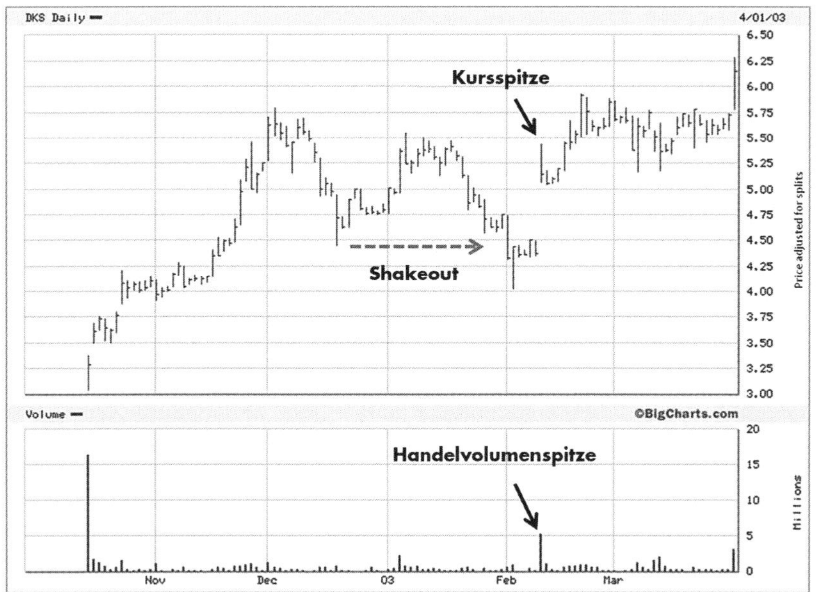

Abbildung 10.21: Dick's Sporting Goods (DKS) 2003. *Nachdem er das Dezembertief unterschritten hatte, stieg der Aktienkurs von Dick's Sporting Goods mit großem Handelsvolumen wieder nach oben, ein Zeichen für die Unterstützung durch institutionelle Anleger. Innerhalb von 54 Monaten legte er um 525 Prozent zu.*

Halten Sie Ausschau nach signifikanten überdurchschnittlichen Steigerungen des Handelsvolumens bei Aufwärtsbewegungen nach Tiefstständen und auf der rechten Seite der Basis. Es ist nicht ungewöhnlich, eine Woge von mehreren Hundert Prozent oder gar von 1000 Prozent im Vergleich zum durchschnittlichen Handelsvolumen zu sehen. Halten Sie Ausschau nach starken Aufwärtstagen, die größer sind und häufiger auftreten als große Abwärtstage. Meiden Sie eine Aktie, bei der auf einen großen Nachfragetag noch größere Abwärtstage mit Volumen folgen. Große Aufwärtstage und -wochen mit gesteigertem Gesamtvolumen im Gegensatz zu Rückgängen mit niedrigerem Volumen sind ein weiteres konstruktives Zeichen, dass sich die Aktie, die Sie in Betracht ziehen, unter institutioneller Akkumulation befindet. Halten Sie nach diesen Merkmalen Ausschau, bevor Sie kaufen.

Abbildung 10.22: Deckers Outdoor (DECK) 2006. *Nachdem der Kurs zwei Tiefststände im unteren Bereich der Basis durchbrochen hatte, stieg er auf der rechten Seite mit einer Zunahme des Handelsvolumens an.*

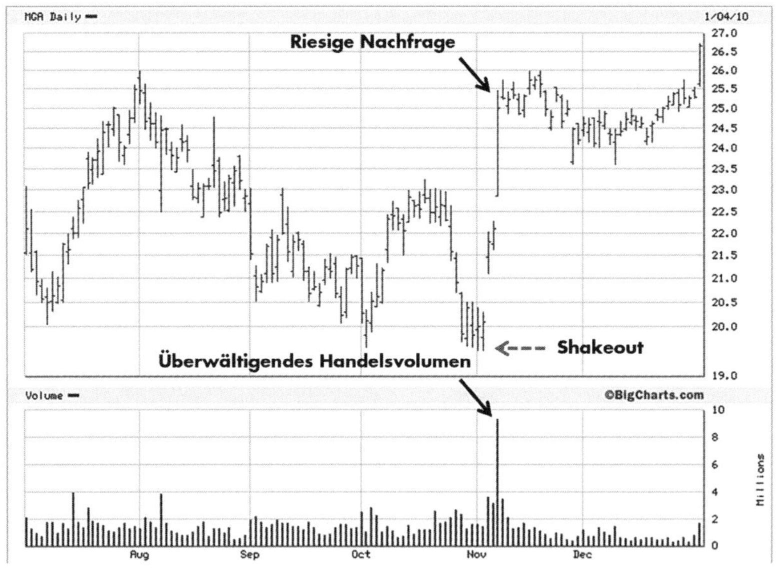

Abbildung 10.23: Magna Intl. Inc. (MGA) 2010. *Nach einem Shakeout im November 2006 war ein Kursanstieg bei überwältigendem Handelsvolumen der Hinweis darauf, dass sich Magna Intl. Inc. unter institutioneller Akkumulation befand. Innerhalb von drei Monaten legte der Kurs um 140 Prozent zu.*

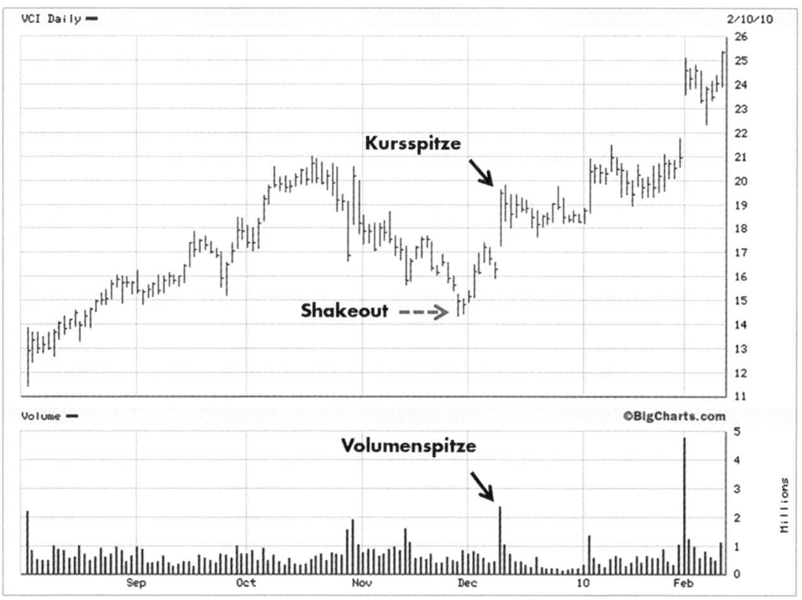

Abbildung 10.24: Valassis Communications (VCI) 2010. *Valassis Communications verzeichnete aufgrund eines starken Volumenanstiegs einen starken Anstieg auf der rechten Seite. Innerhalb von fünf Monaten legte die Aktie um 80 Prozent zu.*

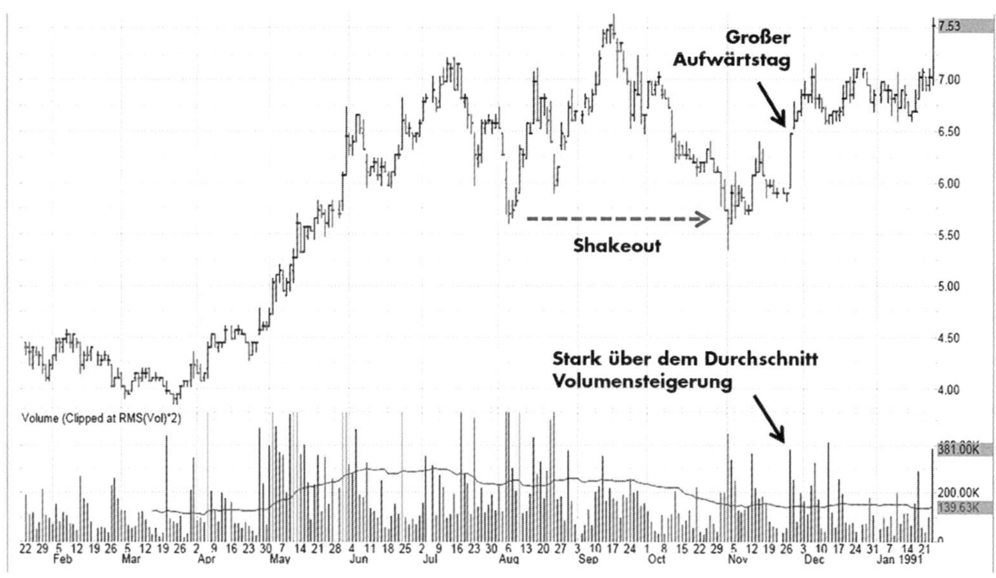

Abbildung 10.25: Elan PLC (ELN) 1991. *Elan war in der Lage, sein Volumenwachstum fortzusetzen, nachdem es sein Konsolidierungstief unterschritten hatte. Innerhalb von zwölf Monaten stieg der Aktienkurs um 152 Prozent.*

Kursspitzen vor einer Konsolidierung

Oftmals tritt kurz vor einer Kurskorrektur oder dem Beginn einer Konsolidierung auf der linken Seite eine Kursspitze auf. Das kann in den Nachrichten kommen und dazu führen, dass die Aktie gesteigert und anfällig für einen Kursrückgang wird, vor allem, wenn sich der Gesamtmarkt zu korrigieren beginnt. Cirrus Logic hob seine Gewinnprognose an, indem es für das kommende Quartal bessere als die erwarteten Zahlen prognostizierte. Das ließ den Aktienkurs dramatisch nach oben schießen. Innerhalb weniger Tage nach der Kursspitze begann sich der Gesamtmarkt zu korrigieren. Das übte vorübergehend Druck auf den Kurs der Cirrus-Aktie aus und zwang sie zu einer Korrektur von 23 Prozent nach unten, was einem akzeptablen 2,3-Fachen der Marktkorrektur entsprach. Sobald der Markt die Talsohle erreicht hatte, stieg der Aktienkurs an der rechten Seite nach oben und baute sich konstruktiv auf. Cirrus legte in gerade einmal vier Monaten um 162 Prozent zu, nachdem es sein neues 52-Wochen-Hoch erreicht hatte.

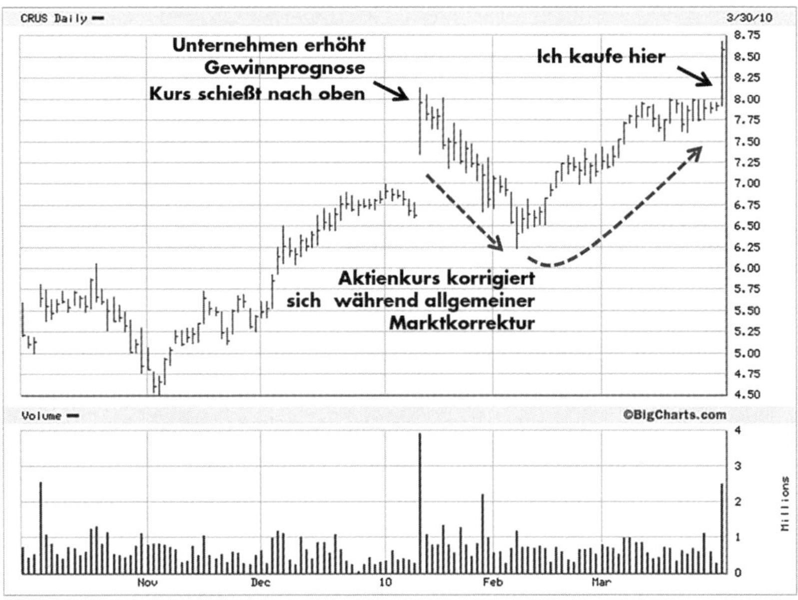

Abbildung 10.26: Cirrus Logic (CRUS) 2010. *Cirrus Logic verbesserte sich aufgrund der Gewinnprognosen, wodurch der Aktienkurs stieg und anfällig für einen Kursrückgang wurde. Nach dem Rückgang während einer zwischenzeitlichen allgemeinen Marktkorrektur ging die Aktie als Marktführer hervor.*

***Abbildung 10.27:* American Superconductor** *(AMSC). American Superconductor verdaut Neuigkeiten und bereitet sich auf eine kraftvolle Rallye vor, indem es von Mitte August bis Mitte Dezember 2003 ein klassisches VCP-Muster entwickelt.*

Der Pivot-Punkt

Ein ordentlicher Pivot-Punkt repräsentiert den Abschluss der Konsolidierung einer Aktie und die Schwelle zum nächsten Kursanstieg. Anders ausgedrückt: Nachdem ein Basismuster festgelegt wurde, ist der Pivot-Punkt die Stelle, an der die Aktie ein Kursniveau festlegt, das als Auslöser für den Einstieg in den Handel fungiert. Nun hat sich die Aktie zum Kauf positioniert. Da sich der Aktienkurs über dem Hoch des Pivot-Punkts bewegt, repräsentiert das oft den Beginn der nächsten Aufstiegsphase. Ein Pivot-Punkt ist ein »Aufruf zum Handeln«-Kurslevel. Oftmals wird er als der optimale Kaufpunkt bezeichnet. Ein Pivot-Punkt kann mit dem Erreichen eines neuen Höchststands oder dem Unterschreiten des Höchststands einhergehen.

Im Kontext einer Aktienkonsolidierung ermöglicht Ihnen eine vorübergehende Pause, einen Kursauslöser für den Einstieg in den Handel festzusetzen. Zum Beispiel könnte ein Trader eine Limit-Order zum Kauf von 1000 Anteilen aufgeben, wenn der Kurs die Obergrenze des Pivot-Punkts durchbricht. Sie wollen so nah wie möglich am Pivot-Punkt kaufen, ohne die Aktie um mehr als ein paar Prozentpunkte nach oben zu jagen.

Jesse Livermore beschrieb den Pivot-Punkt als die Linie des geringsten Widerstands. Ein Aktienkurs kann sich sehr schnell bewegen, sobald er diese Schwelle einmal überquert hat. Wenn ein Aktienkurs die Linie des geringsten Widerstands durchbricht, sind die Chancen am größten, dass er innerhalb kurzer Zeit noch höher steigt. Das passiert, weil der Punkt für einen Bereich steht, in dem das Angebot begrenzt ist; deshalb kann bereits eine geringe Nachfrage den Aktienkurs nach oben treiben. Nur selten geht aus einer vernünftigen Konsolidierung kein korrekter Pivot-Punkt hervor.

Der folgende Chart zeigt MercadoLibre (MELI), das einen technischen Fußabdruck von 6W 32/6 3T aufweist, was bedeutet, dass die Basisperiode sechs Wochen andauerte, mit Korrekturen, die bei 32 Prozent anfingen und am Pivot-Punkt mit 6 Prozent endeten. Im November erlebte die Aktie einen Kurs-Shakeout und zog weiter konstruktiv an. Achten Sie auch darauf, wie die letzte Kontraktion von wenig Handelsvolumen begleitet war, als während des letzten (T) Pivot-Punkts zu wenige Aktien die Besitzer wechselten. Nachdem der Pivot-Punkt durchbrochen war, stieg die MercadoLibre-Aktie in nur 13 Tagen um 75 Prozent. Das ist genau die Art von schneller Kurssteigerung, an der ich teilhaben möchte.

Abbildung 10.28: MercadoLibre Inc. (MELI) 2007. *Anfang Dezember 2007 stieg MercadoLibre nach einem anständigen Pivot-Punkt an. Die Aktie legte in 13 Tagen 75 Prozent zu.*

Abbildung 10.29: American Superconductor (AMSC) 2004. *American Superconductor durchbricht die Linie des geringsten Widerstands eines klassischen VCP-Musters. Die Aktie legte in 17 Tagen 60 Prozent zu.*

Abbildung 10.30: ***Impax Labs (IPXL) 2003–2004.*** *Im Januar 2004 brach Impax Labs über einen klar definierten Pivot-Punkt nach oben aus. Innerhalb von drei Monaten stieg der Aktienkurs um 70 Prozent.*

Abbildung 10.31: ***Netflix (NFLX) 2009.*** *Im Oktober 2009 stieg Netflix aus einer klassischen VCP-Konsolidierungsphase in neue Höhen auf. Die Aktie legte in 21 Monaten 525 Prozent zu.*

Handelsvolumen am Pivot-Punkt

Jeder korrekte Pivot-Punkt wird sich mit einer Kontraktion des Handelsvolumens entwickeln, häufig in einem Maße unterhalb des Durchschnitts an mindestens einem Tag, wenn das Handelsvolumen signifikant kontrahiert – in vielen Fällen bis auf fast null oder nahe dem niedrigsten Level der gesamten Basisstruktur. Tatsächlich möchten wir bei der letzten Kontraktion ein Handelsvolumen sehen, das unter dem 50-Tage-Durchschnitt liegt, mit einem oder zwei Tagen, an denen das Volumen extrem niedrig ist. Das mag bei den Aktien mit der größten Marktkapitalisierung nicht immer der Fall sein, aber bei einigen der kleineren Positionen wird das Volumen zu einem Rinnsal vertrocknen, was als Liquiditätsmangel angesehen wird und viele Investoren beunruhigt. Allerdings ist es genau das, was passiert, bevor eine Aktie bereit ist, einen großen Schritt zu tun. Warum? Weil das verringerte Handelsvolumen bedeutet, dass die Aktie aufgehört hat, in den Markt zu fließen. Mit einer geringen Menge an angebotenen Aktien seitens der Verkäufer auf dem Markt können sogar wenige Käufe den Kurs rasch nach oben treiben.

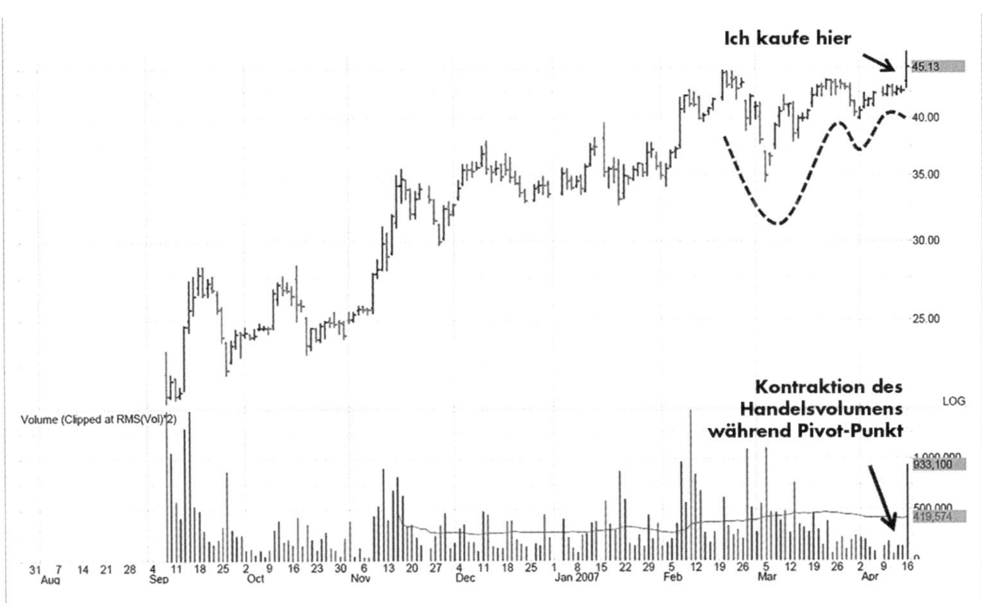

***Abbildung 10.32:* New Oriental Education (EDU) 2007.** *Die Aktie stieg im April 2007 aus einem VCP-Setup empor. Beachten Sie die extreme Kurs- und Volumenkontraktion, die den Pivot-Punkt und die Linie des geringsten Widerstands festlegte. Innerhalb von sieben Monaten stieg der Aktienkurs um 105 Prozent. (Chart mit freundlicher Genehmigung von Interactive Data, © 2008)*

Während des engsten Abschnitts der Konsolidierung (dem Pivot-Punkt) sollte das Handelsvolumen deutlich schrumpfen. Betrachten Sie das Beispiel von New Oriental Education. Sehen Sie sich als Erstes den Fußabdruck an: 8W 22/2 3T, was eine achtwöchige Basis mit aufeinanderfolgenden engen Spannen bei den Kursrückgängen von 22 Prozent, 8 Prozent und dann 2 Prozent bedeutet. Die letzte Kontraktion ist nicht nur eng in Bezug auf den Kurs (eine 2-prozentige Fluktuation), auch das Handelsvolumen trocknet stark aus. Der sich bildende Pivot-Punkt weist ein sehr geringes Handelsvolumen auf, das deutlich unter dem Durchschnitt liegt. Das ist ein sehr konstruktives Zeichen. An der Stelle, an der der Kurs bei zunehmendem Volumen über den Pivot-Punkt steigt, wollen Sie Ihre Kauf-Order platzieren. Nach dem Pivot-Punkt legte New Oriental Education in sieben Monaten 105 Prozent zu.

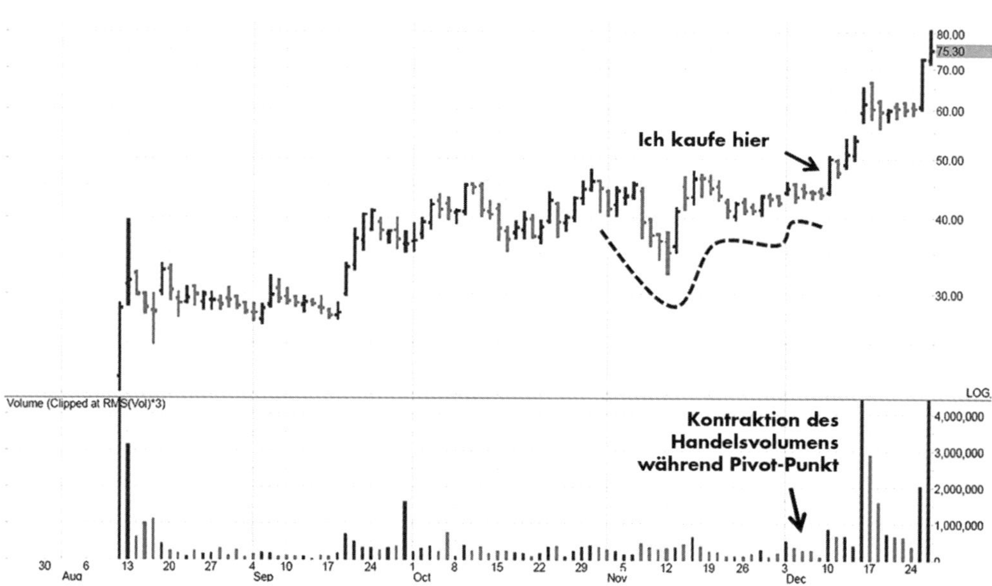

***Abbildung 10.33: MercadoLibre Inc. (MELI)** 2007. Am Tag, bevor MELI nach oben stieg, kontrahierte das Handelsvolumen nahe dem tiefsten Punkt in der Geschichte der Aktie. Innerhalb von 17 Tagen stieg der Kurs um 75 Prozent. (Chart mit freundlicher Genehmigung von Interactive Data, © 2008)*

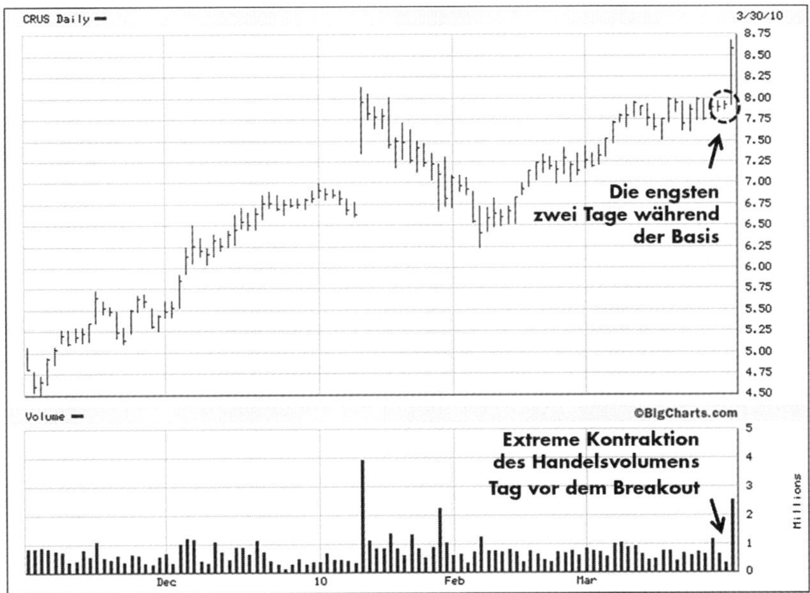

Abbildung 10.34: Cirrus Logic (CRUS) 2010. Vor dem Breakout erlebte Cirrus Logic eine extrem enge Kursspanne bei außergewöhnlich niedrigem Handelsvolumen. Am 30. März 2010 kaufte ich die Aktie und empfahl sie auch unseren Minervini-Private-Access-Mitgliedern bei einem Kurs von 8,09 US-Dollar. Innerhalb von vier Monaten stieg der Aktienkurs um 163 Prozent.

Extrapolieren des Volumens im Tagesverlauf

Nach der letzten engen Kontraktion in einem VCP-Muster bei geringem Volumen möchten Sie idealerweise eine Aufwärtsbewegung bei stärkerem Volumen als üblich sehen. Mal angenommen, dass von einer Aktie normalerweise eine Million Anteile gehandelt werden. Zwei Stunden nach Beginn des Handelstages haben bereits 500 000 Anteile – die Hälfte des üblichen Handelsvolumens – die Besitzer gewechselt und der Aktienkurs steigt. Sie haben noch viereinhalb Stunden vor sich. Deshalb können Sie bequem hochrechnen, dass auf Basis des bisherigen Tagesvolumens das Handelsvolumen für den gesamten Tag problemlos 300 bis 400 Prozent (oder noch mehr) über dem durchschnittlichen Tagesvolumen liegen wird. Wenn der Kurs nun über den Pivot-Punkt hinausgeht, können Sie Ihren Handel platzieren.

Warten Sie stets ab, bis die Aktie den Pivot-Punkt erreicht

Manche Investoren werden versuchen, vor dem Durchbrechen des Pivot-Punkts einzusteigen, um bei dem Handel ein paar Cent zu sparen. Anzunehmen, dass eine Aktie ausbricht, ist gefährlich. Wenn der Pivot-Punkt eng ist, gibt es keinen materiellen Vorteil, früh einzusteigen; Sie werden wenig erreichen, außer, dass Sie ein unnötiges Risiko eingehen. Lassen Sie den Kurs den Pivot-Punkt übersteigen und sich beweisen. Der Pivot-Punkt ist nur ein Teil des gesamten Setups, aber er ist das wichtigste Puzzlestück, bevor Sie eine Aktie kaufen, denn er bestimmt letztendlich, wann ich den Abzug betätige und mein Kapital riskiere.

Nicht alle Konsolidierungen haben enge Pivot-Punkte. Wenn eine flache Basis entsteht, die keinen anderen – echten – Pivot-Punkt aufweist als die Höhe der Basis, kann der Investor versuchen zu kaufen, wenn der Kurs über den höchsten Kurs an der Spitze der Basis hinausgeht, vorausgesetzt, die Basis korrigiert sich um nicht mehr als 10 oder 15 Prozent. Andere Kursmuster, wie ein Cup-Completion Cheat (3-C) oder eine Tasse mit Henkel können unter dem Hoch der Gesamtstruktur Pivot-Punkte formen.

Diese Schritt-für-Schritt-Herangehensweise hilft Ihnen, Ihre Trades exakt zu timen, während Sie den optimalen Zeitpunkt für einen Trade mit niedrigem Risiko und potenziell hohem Gewinn ermitteln. Wenn Sie die von mir gerade beschriebenen Techniken anwenden, werden Sie präziser sein und eine bessere Begründung für das Platzieren Ihrer Trades haben. Das bedeutet nicht, dass Sie niemals Verluste erleiden oder die Aktie nicht einen Kursrückgang verzeichnen wird, Ihren Stopp erreicht und Sie an der Seitenlinie zurücklässt. Sollte Ihre Analyse fehlerhaft sein oder Sie versuchen, während eines Bärenmarktes auf der Long-Seite zu handeln, kann die Suche nach dem Pivot-Punkt in Frustration münden statt an einem signifikanten Einstiegspunkt oder möglicherweise einem abrupten Scheitern kurz nach Ihrem Kauf. Der Erfolg eines Pivot-Punkts hängt davon ab, wie gut das Setup eingerichtet wurde.

Squats und Reversal Recoveries

Manchmal bricht eine Aktie vom Pivot-Punkt aus, nur um dann in ihre Spanne zurückzufallen und das Tageshoch zu verpassen. Das nenne ich einen »Squat«. Wenn das passiert, springe ich nicht immer sofort von Bord; ich versuche, wenigstens ein oder zwei Tage abzuwarten, um zu sehen, ob die Aktie eine Reversal Recovery hinbekommt. Dieses Abwarten ergibt vor allem in einem Bullenmarkt Sinn. In manchen Fällen kann es bis zu zehn Tage oder länger dauern, bis eine Erholung eintritt. Das ist keine starre Regel, manche benötigen ein bisschen länger und andere scheitern und stoppen Sie aus.

Wenn der Rücksetzer groß genug ist, um meinen Stopp auszulösen, verkaufe ich natürlich. Falls die Umkehr dazu führt, dass der Kurs unter seinem gleitenden 20-Tage-Durchschnitt schließt, senkt das die Erfolgswahrscheinlichkeit und wird zu einer Aufforderung zur Beurteilung; manchmal verkaufe ich, wenn das eintritt. Solange sich der Kurs jedoch über meinem Stop Loss hält, versuche ich, der Aktie ein bisschen Spielraum zu geben.

Falls die Spanne der Kursbewegung enger wird und das Handelsvolumen nachlässt, könnte sich das Setup verbessern und es könnte sein, dass Sie ein bisschen zu früh in den Handel eingestiegen sind. Genau das passierte mit Affymax, Inc. Ich kaufte die Aktie am 20. August 2012. Sie schloss das Tageshoch ab und zog am folgenden Tag sogar etwas nach. Im Laufe der folgenden paar Tage verengte sich die Kursbewegung und das Handelsvolumen ging zurück. Ich behielt die Aktie und blieb bei meinem ursprünglichen Stop. Zehn Tage nach meinem Kauf erholte sich die Aktie und stieg in neue Höhen. Ich erweiterte meine Position. In den folgenden 42 Tagen legte Affymax, Inc. um 61 Prozent zu.

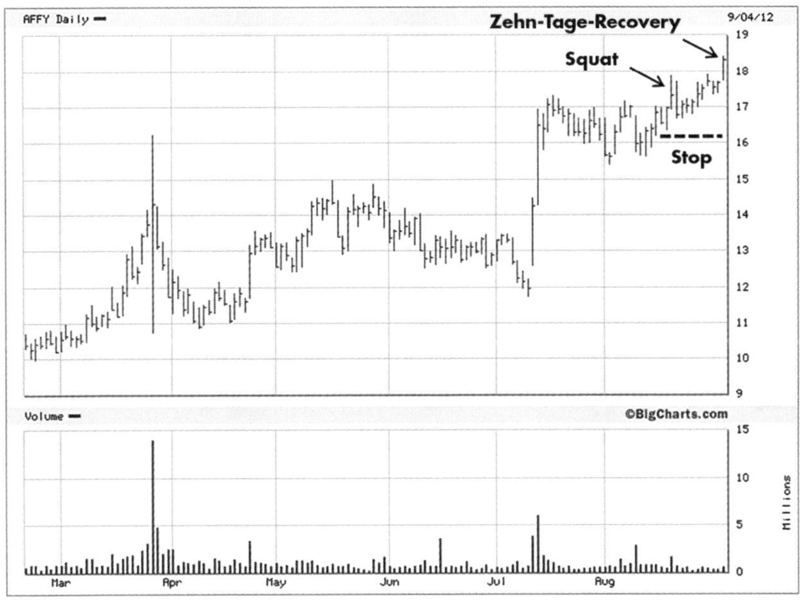

Abbildung 10.35: Affymax, Inc. (AFFY) 2012. *Affymax, Inc. hielt meinen Stopp und zeigte zehn Tage nach dem Squat ein Reversal Recovery beim Breakout. In 42 Tagen legte der Kurs 61 Prozent zu.*

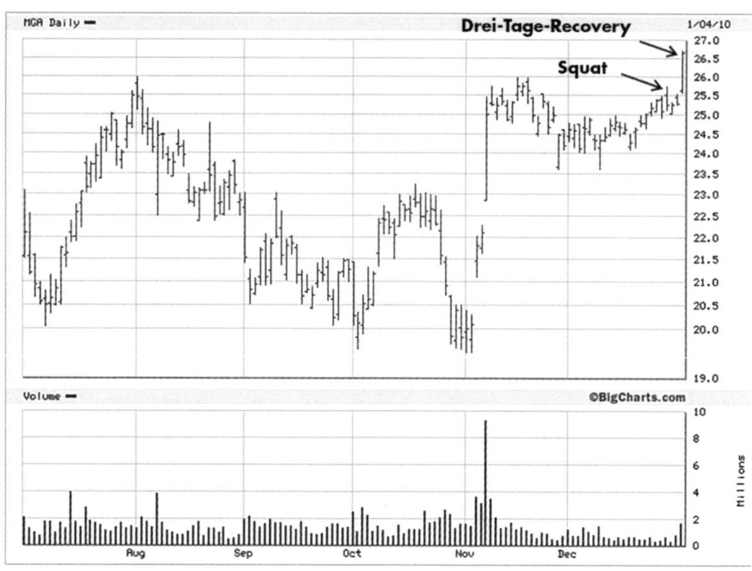

Abbildung 10.36: ***Magna Intl.*** *(MGA) 2010. Magna Intl. Inc. erholte sich in drei Tagen von einem Squat. Innerhalb von drei Monaten legte die Aktie 140 Prozent zu.*

Abbildung 10.37: ***Amazon*** *(AMZN) 1997. Amazon verzeichnete eine Reihe von Reversal Recoverys beim Aufstieg zu neuen Höchstständen, nachdem das Unternehmen gerade einmal vier Monate zuvor an die Börse gegangen war. Innerhalb von 16 Monaten stieg der Kurs um 1700 Prozent.*

Woher wissen Sie, dass ein Breakout fehlgeschlagen ist?

Sobald eine Aktie aus ihrem Pivot-Bereich ausgebrochen ist, müssen Sie auf Anzeichen für Scheitern achten: Ein fehlgeschlagener Breakout kann schnell zu einem Basisausfall führen. Sobald die Aktie erfolgreich ausbricht, sollte der Kurs seinen gleitenden 20-Tage-Durchschnitt halten und in den meisten Fällen nicht darunter schließen. Das Muster sollte nicht breiter werden (will heißen, keine Auf-und-Ab-Bewegungen). Rauf ist gut, aber starke Ausschläge hin und zurück sind es nicht. Wenn der Kurs fällt oder sogar einen Squat zeigt, dürfen Sie jedoch nicht automatisch schlussfolgern, dass der Handel scheitern wird. Sie möchten der Aktie die Chance geben, sich zu erholen. Wenn sie anzieht, sich über dem 20-Tage-Durchschnitt hält und einen Squat aufweist, dann erholt sich die Aktie sehr oft am nächsten Tag oder innerhalb der nächsten paar Tage. Wenn sie jedoch Ihren Stopp erreicht, sollten Sie aussteigen und neu bewerten.

Umgang mit einem Reversal am frühen Tag

Eine weitere Faustregel bezüglich einer Umkehr am Breakout-Tag betrifft ein *Reversal am frühen Tag*. Dazu kommt es, wenn ein Aktienkurs morgens steigt und vor mittags oder vor 13:00 Uhr wieder auf den Breakout-Punkt zurückfällt. Versuchen Sie, der Aktie bis zum Ende des Tages Zeit zu geben, es sei denn, der Reversal ist so schwerwiegend, dass Ihr Schutzstopp aktiviert wird. Sie sollten nicht in Panik verfallen und daraus schließen, dass der Breakout fehlgeschlagen ist, nur weil die Rallye vom Vormittag an Schwung verloren hat und die Aktie nachgelassen hat. Das passiert oft. Der Kurs könnte sogar Ihren Kaufkurs unterschreiten. Halten Sie an Ihrem Spielplan und Ihrem ursprünglichen Stop Loss fest. In einem gesunden Markt erholen sich Aktien, die das tun, oft wieder später am Tag und schließen stark.

Alles Zusammen

Im März 1995 kaufte ich Aktien von Kenneth Cole Productions (KCP), weil die Eigenschaften in jeder Hinsicht klassisch waren: ein perfektes VCP-Setup. Kenneth Cole erregte meine Aufmerksamkeit, als das Unternehmen gesunde Gewinne und Umsätze aufwies. Kurs- und Volumenbewegung sahen großartig aus und der Markt begann, sich nach einer Korrekturphase zu erholen.

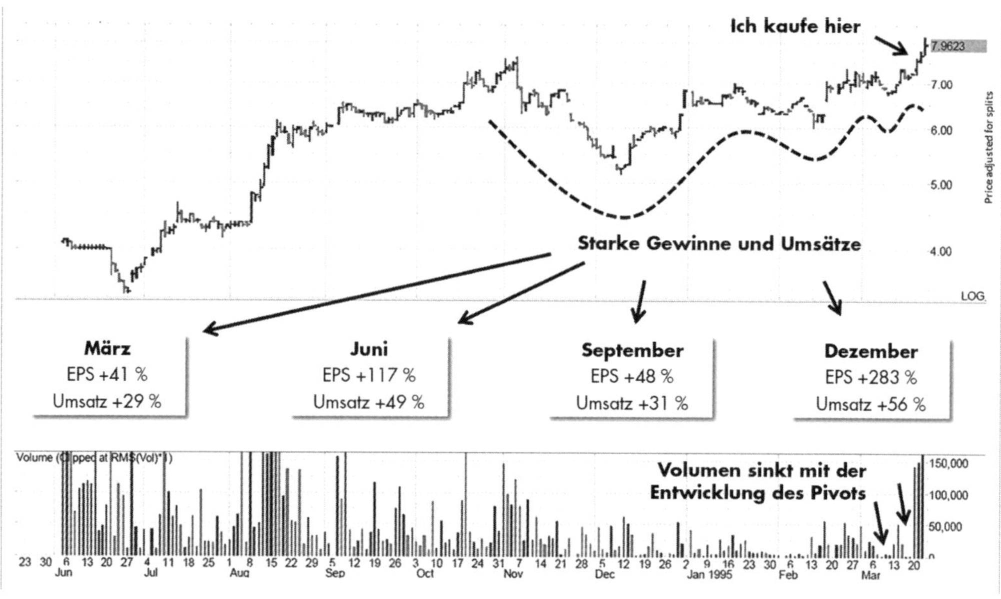

Abbildung 10.38: Kenneth Cole Productions (KCP) 1995. *Im März 1995 kaufte ich Aktien von Kenneth Cole Productions, da sie sich aus einem VCP-Muster mit soliden Fundamentaldaten entwickelten. Der Kurs stieg in acht Monaten um 102 Prozent. (Chart mit freundlicher Genehmigung von Interactive Data, © 2008)*

Achten Sie darauf, wie sich die Volatilität von links nach rechts zusammenzieht; der Kurs korrigiert und strafft sich schrittweise innerhalb von Bereichen von 32 Prozent, 14 Prozent, 7 Prozent und 3 Prozent. Der VCP führt direkt zu einem Einstiegspunkt und einem erfolgreichen Breakout. Dies ist ein hervorragendes Beispiel für konstruktive Volatilitätskontraktion. In gerade einmal acht Monaten entwickelte sich die Aktie und stieg um mehr als 100 Prozent.

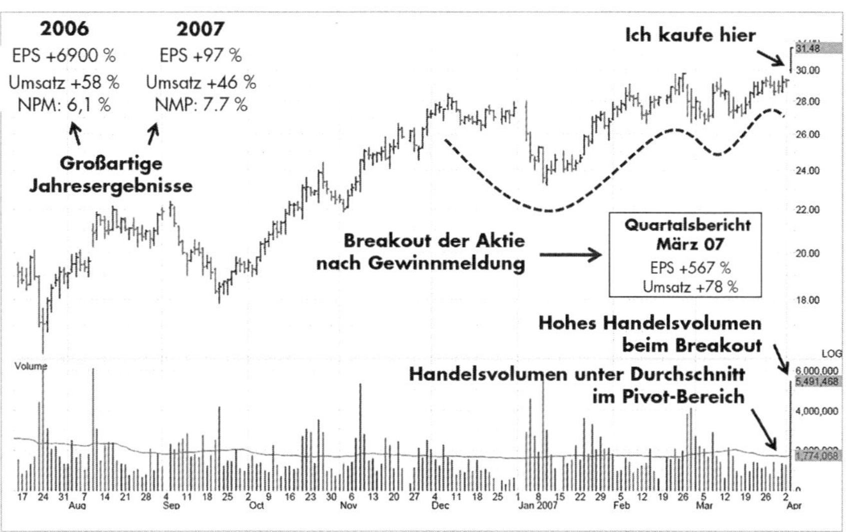

Abbildung 10.39: Foster Wheeler (FWLT) 2007. *Im April 2007 kaufte ich Foster-Wheeler-Anteile aufgrund einer Lücke, die durch eine großartige Gewinnmeldung am Vormittag angeheizt wurde. Von da an stieg der Kurs innerhalb von neun Monaten um 180 Prozent. (Chart mit freundlicher Genehmigung von Interactive Data, © 2008)*

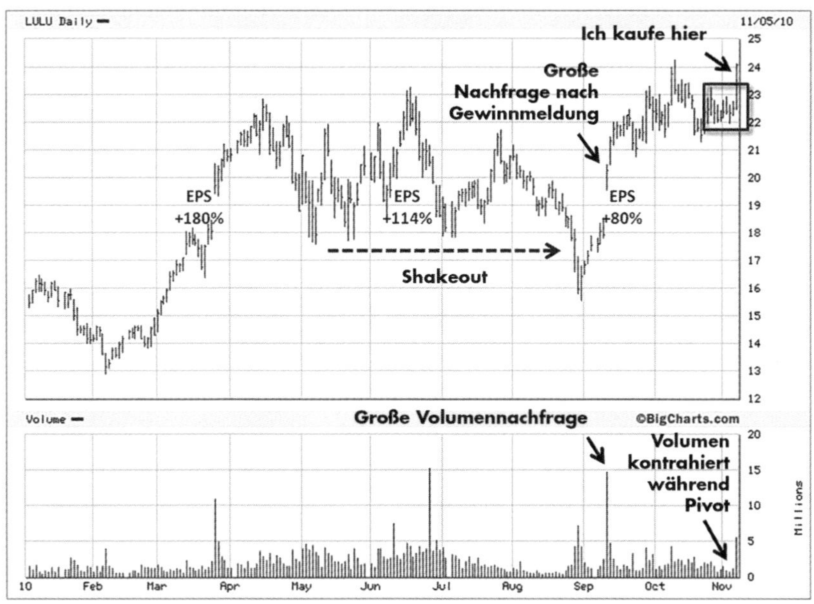

Abbildung 10.40: Lululemon Athletica (LULU) 2010. *Im November 2010 kaufte ich Lululemon-Aktien und empfahl sie unseren Minervini-Private-Access-Mitgliedern, als sie von einem Double-Bottom aufstieg. Der Kurs legte in 18 Monaten 245 Prozent zu.*

Abbildung 10.41: Elan PLC (ELN) 1991. *Starke Gewinnsteigerungen und ein gutes technisches Setup befeuerten einen erfolgreichen Breakout aus einem Tasse-mit-Henkel-Muster. Der Kurs stieg in zwölf Monaten um 152 Prozent. (Chart mit freundlicher Genehmigung von Interactive Data, © 2009)*

Organisation der Beobachtungsliste

Ein wichtiges Element für den Erfolg besteht darin, wie gut Sie Ihre Gedanken und Analysen organisieren. Viele Trader entwickeln Routinen, aber den meisten fehlt es an Konsistenz. Ihre Trades im Voraus zu planen, ermöglicht Ihnen zu recherchieren, wenn es keine Ablenkungen wie Level-II-Systeme oder blinkende Kursbildschirme gibt. Ich erledige meine Recherchen jeden Abend um etwa dieselbe Zeit. Wenn um 9:30 Uhr die Eröffnungsglocke läutet, weiß ich bereits, welche Aktien das größte Potenzial aufweisen und auf welchem Kurslevel. Ich nutze eine Art Kurzschrift, um auf einen Blick eine Aktie darzustellen. Am 9. September 2012 interessierten mich eine Handvoll Namen.

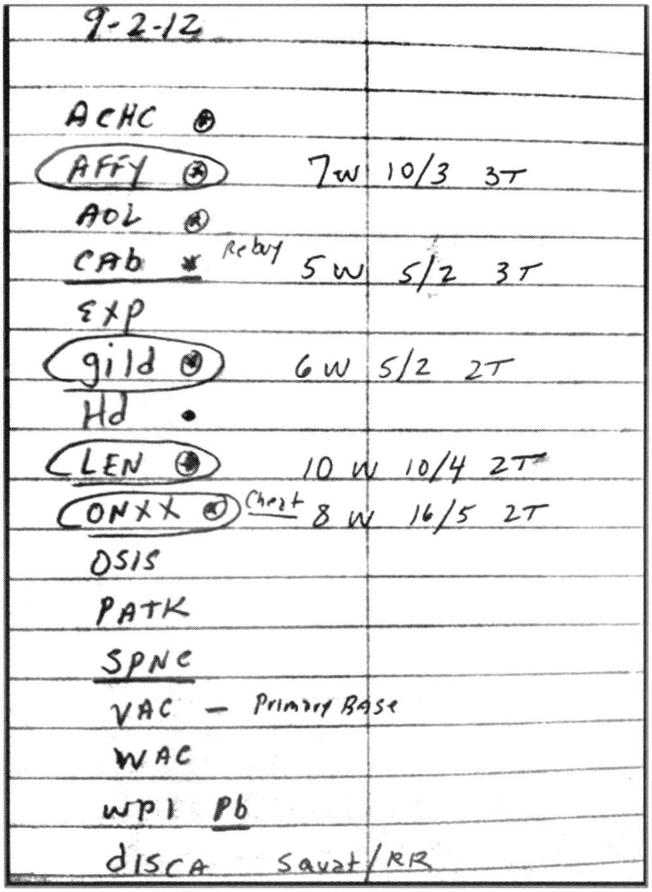

9-2-12
ACHC ⊛
AFFY ⊛ 7W 10/3 3T
AOL ⊛
CAb * Rebuy 5W 5/2 3T
EXP
gild ⊛ 6W 5/2 2T
Hd •
LEN ⊛ 10 W 10/4 2T
ONXX ⊛ Cheat 8 W 16/5 2T
OSIS
PATK
SPNC
VAC – Primary BASE
WAC
WPI Pb
DISCA Squat/RR

Abbildung 10.42: Mein Notizbuch vom 9. September 2012

Wie Sie sehen, sind ein paar Aktien eingekringelt, eine ist unterstrichen, manche sind mit Sternchen versehen und eine hat den Kommentar »pb«. Sie können beliebige Symbole verwenden, ich erkläre Ihnen, was meine für mich bedeuten. Kreise, Sternchen und »pb« gehören zu einem Ranking, mit dem ich auf einen Blick sehen kann, wie die Aktien auf meiner Beobachtungsliste aufgestellt sind: bei welchen ich zur Tat schreiten kann und welche noch mehr Zeit zum Reifen brauchen.

Wenn mir eine Aktie sehr gefällt, kringele ich sie ein. Wenn eine Aktie einen Pivot-Punkt gebildet hat, setze ich ein Sternchen dahinter. Falls am Pivot-Punkt ein Kaufen sofort möglich ist, kringele ich das Sternchen ein. Wenn eine Aktie sich so entwickelt, dass ich an einem Kursrückgang interessiert wäre, schreibe ich »pb« daneben. Sie werden auch bemerkt haben, dass ich auf der rechten Seite die Kurzform des technischen Fußabdrucks für die Namen verwende, die mich am meisten interessieren.

Und nun dazu, wie sich das alles in mein Handelssystem überträgt. Aktien, die eingekringelt sind oder Sternchen aufweisen, behalte ich auf meinem Kursbildschirm im Auge. Die Unterstrichenen haben zu diesem Zeitpunkt noch keine ausgereiften Setups, sollten aber weiter beobachtet werden. Die Übrigen bleiben vorerst auf meiner Liste, um abzuwarten, wie sie sich entwickeln. Ich stufe sie ein als »Beobachten«, »Kaufalarm« und »Kaufbereit«. Mit der Zeit können einige Aktien umsetzbar werden. Einige auf der Beobachtungsliste werden aufsteigen (von »Beobachten« zu »Kaufalarm« und dann zu »Kaufbereit«) und einige werden herausfallen. Sobald ich meine Liste mit Aktien habe, kann ich beobachten, wie sie im Tagesverlauf gehandelt werden. Wenn eine Aktie meinen vorher festgelegten Kurs erreicht, während sie ihren Pivot-Punkt durchläuft, eröffne ich die Position.

Die natürliche Reaktion und die Tennisball-Aktion

In den 1980er-Jahren war ich fasziniert von den Methoden des verstorbenen William M. B. Berger, eines Vermögensverwalters in der fünften Generation und Gründer von Berger Funds. Bill Berger war ein großartiger Finanzmanager. Sein Berger-Fonds wies eine ausgezeichnete Erfolgsbilanz auf und beinhaltete durchgängig ein paar der dynamischsten Marktführer. Bill hatte ein Sprichwort über Kursrückgänge, das mich seit Jahrzehnten begleitet. Er sagte, dass du durch Kursreaktionen und -rückgänge erkennen kannst, ob deine Aktie ein Tennisball oder ein Ei ist. Er wollte Tennisbälle besitzen. Das hat sich als Goldklumpen erwiesen, den ich nun an Sie weiterreichen möchte.

Sobald eine Aktie nach einer konstruktiven Kurskonsolidierung einen ordentlichen Pivot-Punkt durchdrungen hat, ist es Zeit, die Aktie im Auge zu behalten, um zu sehen, wie sie sich verhält. Das verrät Ihnen, ob Sie die Aktie behalten sollten. Der Aktienkurs wird auf seinem Weg nach oben kurzfristige Rückgänge verzeichnen. Wenn die Aktie gesund ist und sich unter Akkumulation befindet, werden die Rückläufe nur kurz sein und auf Unterstützung treffen, die die Aktie innerhalb weniger Tage in neue Höhen treibt, als würde sie wie ein Tennisball zurückprallen. Auf diese Weise stellen Sie fest, ob die Aktie eine natürliche Reaktion oder eine abnormale Aktivität aufweist, die Anlass zur Sorge geben sollte.

Netflix veranschaulicht einen erfolgreichen Breakout aus einem VCP-Setup mit 27W 27/7 3T. Sie sehen, dass die Kursrückgänge fünf beziehungsweise sieben Tage dauern und die Aktie direkt danach zu neuen Höhen aufsteigt. Das Handelsvolumen erweitert sich dramatisch nach dem ersten Breakout und der anschließenden Rallye nach der ersten normalen Reaktion. Oftmals taucht eine Aktie durch einen Pivot-Punkt auf und zieht sich dann bis zum ursprünglichen Breakout-Punkt oder ein wenig darunter zurück. Das ist normal, solange sich die Aktie schnell innerhalb weniger Tage erholt oder vielleicht innerhalb von ein oder zwei Wochen. Das Handelsvolumen sollte während dieses Rückgangs schrumpfen und dann wieder zunehmen, wenn die Aktie erneut in neue Höhen aufsteigt.

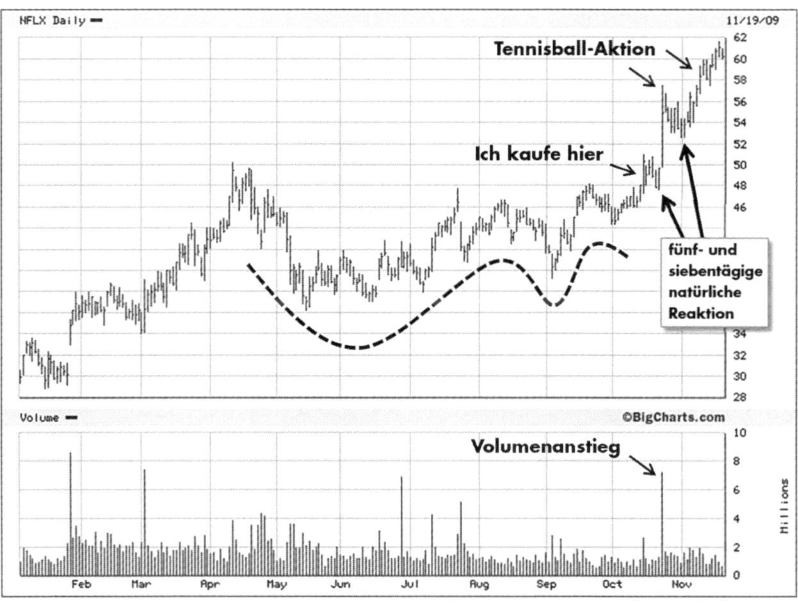

Abbildung 10.43: Netflix (NFLX) 2009. *Netflix zog sich zurück bis zum Breakout-Punkt, stieg aber schon fünf Tage später mit einem riesigen fortgesetzten Handelsvolumen wieder auf; eine klassische Tennisball-Aktion.*

Während der ersten Rallye-Phase und der ersten der beiden normalen Reaktionen sollte keine große Volatilität vorherrschen. Kleinere Kursreaktionen oder -rückgänge sind natürlich und werden im Laufe des Fortschritts zwangsläufig auftreten. Die besten Aktien erholen sich schnell. Das zeigt Ihnen, dass Ihre Aktie es wert ist, gehalten zu werden.

Wenn Sie eine aus einem VCP hervorgehende Aktie gekauft haben, sollten Sie auf folgende Signale achten:

- Zu Beginn der Bewegung sollte das Handelsvolumen über eine Reihe von Tagen zunehmen.
- Die Kurse sollten sich über einige Tage mit leichtem Widerstand nach oben bewegen.
- Eine normale Reaktion tritt auf: Das Handelsvolumen sollte schrumpfen im Vergleich zum Volumen während des ersten Trends und der Kurs kann sich etwas gegen den Trend bewegen.
- Innerhalb weniger Tage oder vielleicht ein, zwei Wochen nach der normalen Reaktion sollte das Handelsvolumen wieder zunehmen und der Kurstrend wieder aufgenommen werden.

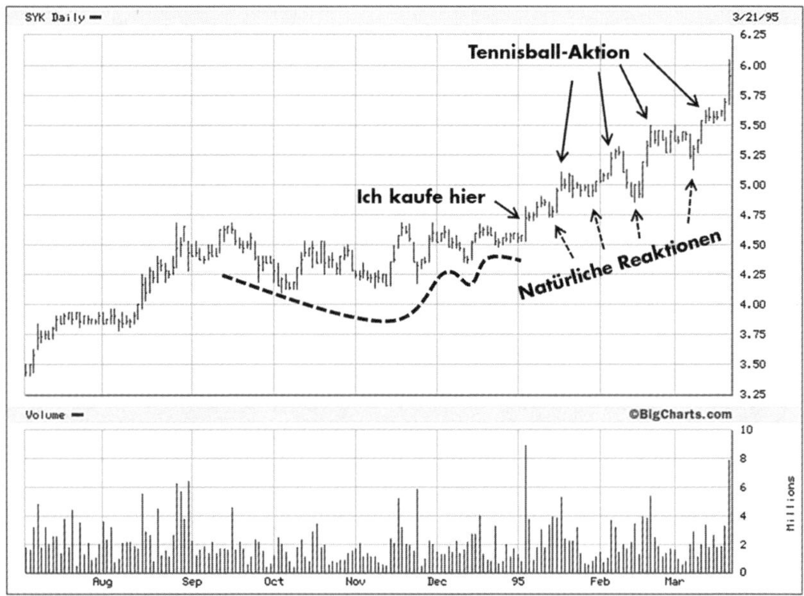

Abbildung 10.44: Stryker Corp. (SYK) 1995. *Im Januar 1995 kaufte ich die Stryker-Aktie, als diese aus einer VCP-Konsolidierung hervorging. Im Laufe der folgenden Monate erholte sich die Aktie nach jedem Kursrückgang sehr schnell und stieg wieder zu neuen Höchstwerten auf.*

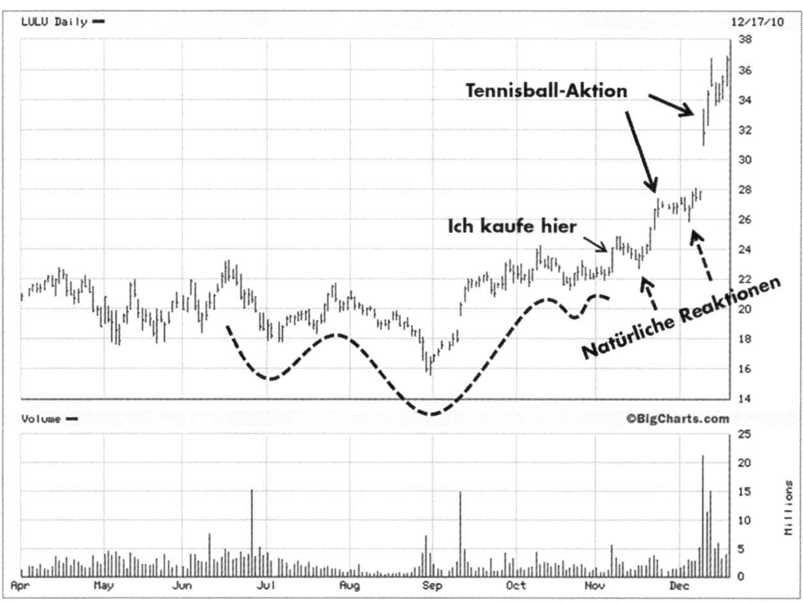

Abbildung 10.45: ***Lululemon Athletica*** *(LULU) 2010. Nach einem starken Breakout im November 2010 stieg die Lululemon-Aktie stufenweise nach oben und wies nur kurze Kursrückgänge auf.*

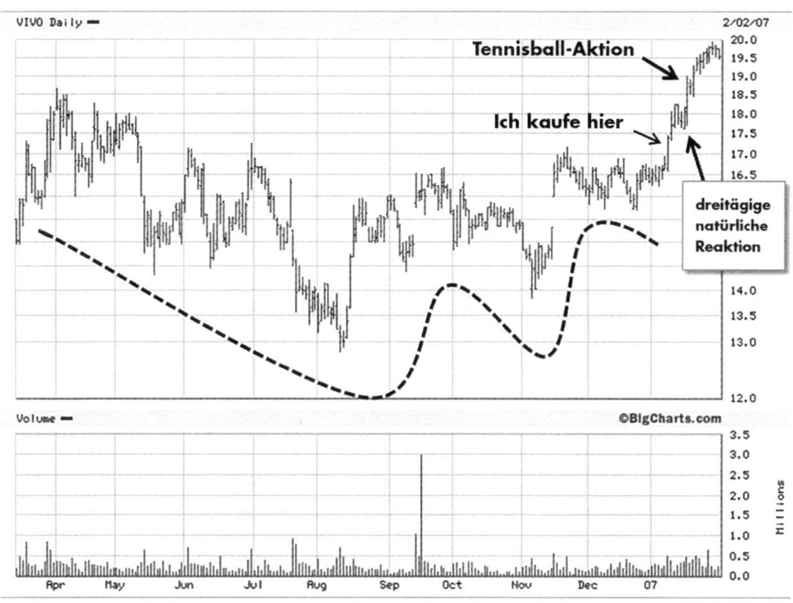

Abbildung 10.46: ***Meridian Bioscience*** *(VIVO) 2007. Nach einem erfolgreichen Breakout und zwei Tagen Fortsetzung fiel der Kurs von Meridian Bioscience um lediglich 3,5 Prozent im Laufe von drei Tagen, bevor die Aktie dann zu neuen Höchstständen aufstieg.*

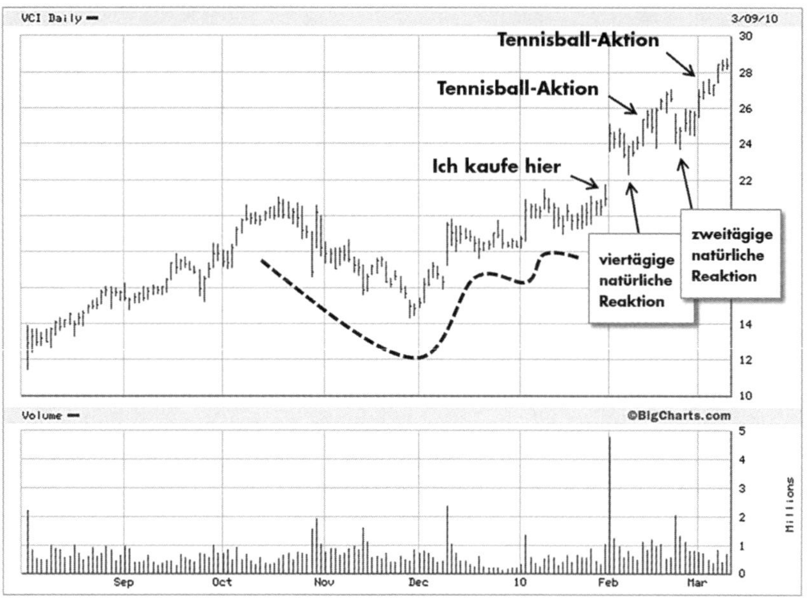

*Abbildung 10.47: **Valassis Communications (VCI) 2010.** Valassis kletterte bei Gewinnen und gab nur wenig ab, bevor es noch höher stieg.*

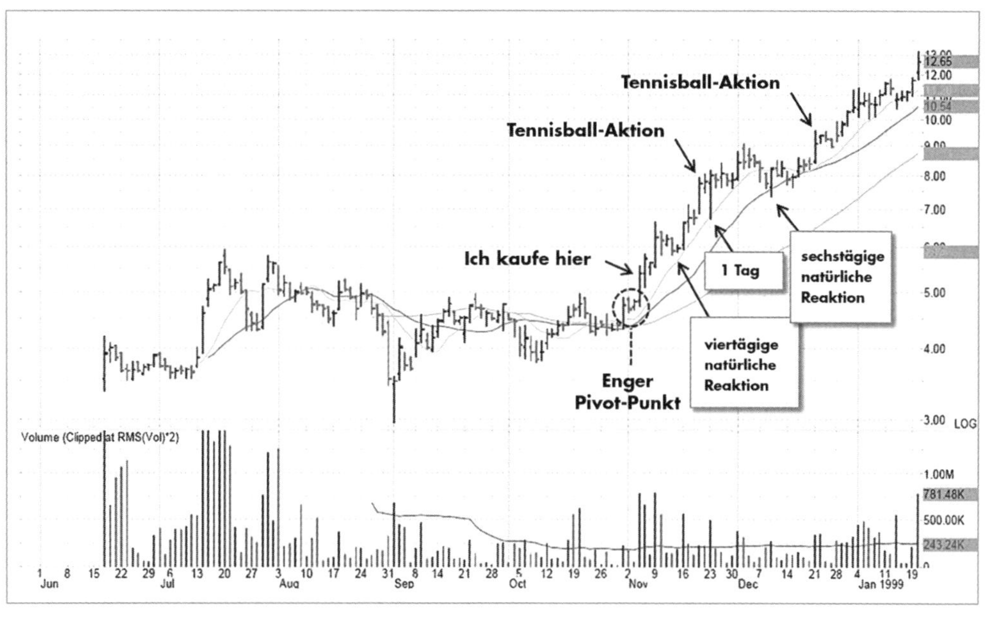

*Abbildung 10.48: **Bebe Stores (BEBE) 1998.** Nach dem Breakout im November 1998 wurde jedem Kursrückgang mit Unterstützung begegnet, woraufhin sich die Aktie schnell erholte und zu neuen Höchstständen aufstieg. Eine sehr kraftvolle Kursbewegung.*

Untertasse mit Boden

In den 1960er-Jahren schrieb William L. Jiler ein Buch mit dem Titel *How Charts Can Help You in the Stock Market*. Meiner Meinung nach war Jilers Arbeit zu Chartmustern seiner Zeit weit voraus und bietet bis heute wertvolle Erkenntnisse. Es gehört bei jedem auf die Leseliste, der mithilfe von Charts die eigene Leistung am Aktienmarkt verbessern möchte. Jiler hat als Erster das Untertasse-mit-Boden-Muster hervorgehoben, das später unter dem Namen »Tasse-mit-Henkel-Muster« bekannt wurde. Dieses Muster ist zweifellos die wiederholbarste und zuverlässigste Kursstruktur unter allen Variationen, die Superperformance-Aktien aufweisen, bevor ihr Kurs dramatisch ansteigt. Jiler bezeichnet das Untertassen-Muster als »Traummuster«, da es leicht zu erkennen und zuverlässig ist. Obwohl ich Jiler zustimme, so ist dieses Muster doch anfällig für Fehlinterpretationen. Das VCP-Konzept und ein bisschen Kenntnis bezüglich Handelsvolumen und bestimmter spezifischer Nuancen, auf die man achten sollte, können eine schlechte Analyse schnell aufklären und Sie bei der Suche nach dem nächsten großen Superperformer führen. Wie weiter oben erwähnt, ist die Volatilitätskontraktion eine Schlüsseleigenschaft des konstruktiven Kursverhaltens innerhalb aller Muster.

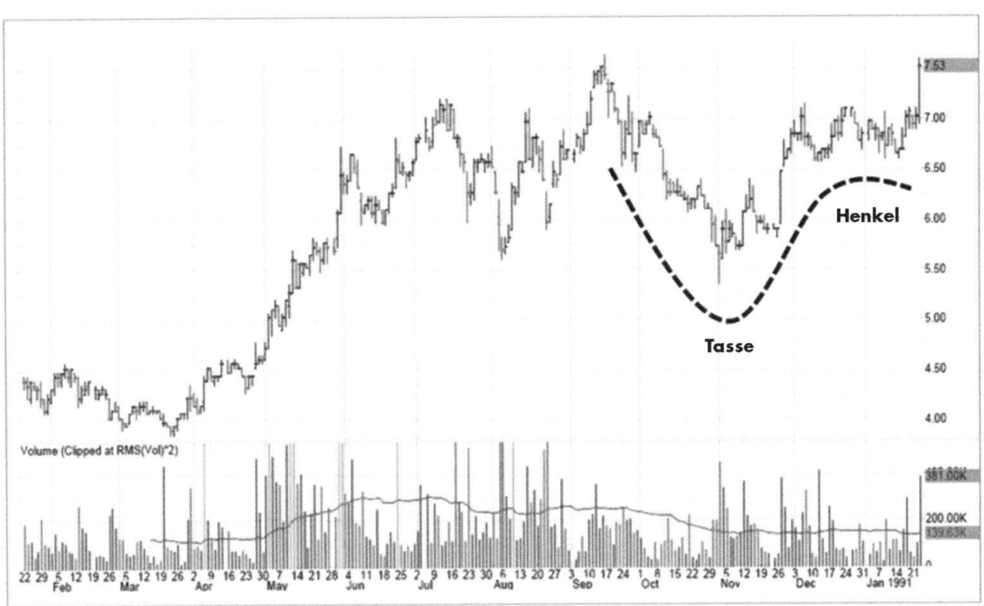

Abbildung 10.49: Elan PLC (ELN) 1991. *Elan formt ein Tasse-mit-Henkel-Muster. (Chart mit freundlicher Genehmigung von Interactive Data)*

Das 3C-Muster

Das »Cup Completion Cheat« oder »3C-Muster« (deutsch etwa: »Tasse«, »Vervollständigung«, »Scheinmuster«) ist ein Fortsetzungsmuster. Es handelt sich hierbei um den frühesten Punkt, an dem Sie versuchen sollten, eine Aktie zu kaufen. Manche Aktien bilden ein tiefes Scheinmuster, bei anderen befindet sich der Scheinmuster-Bereich in der Mitte der Tasse oder der vorhergehenden Untertasse. Der Schlüssel besteht darin zu erkennen, wann die Aktie die Talsohle erreicht hat, und zu identifizieren, wann sich ein neuer Aufwärtstrend anbahnt, wieder synchron mit der Primärphase 2. Der Cheat-Trade verschafft Ihnen einen umsetzbaren Pivot-Punkt, um den Aufschwung einer Aktie zu timen und damit Ihre Erfolgschancen zu steigern.

Wenn sich ein Henkel bildet, dann passiert das für gewöhnlich im oberen Drittel der Tasse. Wenn er sich im mittleren Drittel oder knapp unterhalb der Mitte bildet, können Sie mehr als einen Kaufpunkt erzielen.

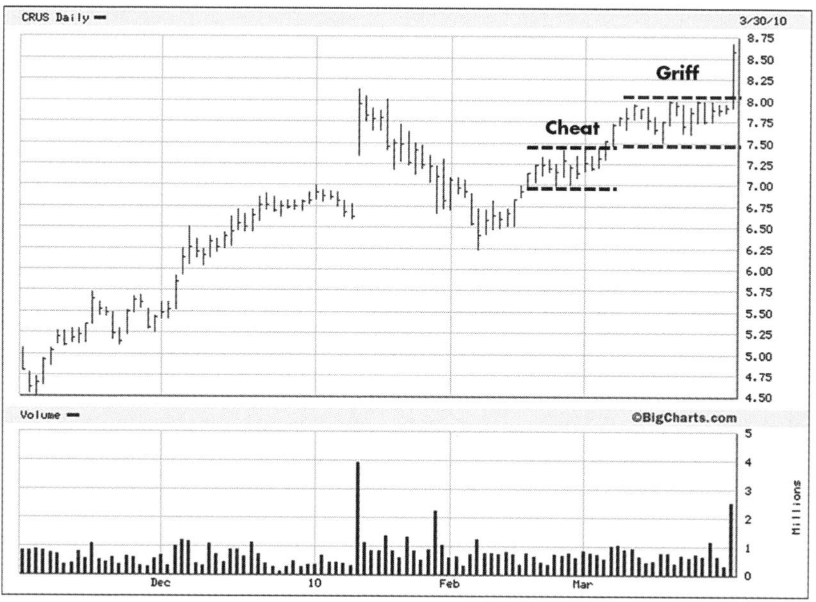

Abbildung 10.50: Cirrus Logic (CRUS) 2010. *Im Februar 2010 bildete Cirrus Logic einen 3C-Pivot-Punkt (Cheat-Bereich) aus und im März dann einen Henkel.*

Abbildung 10.51: Valassis Communications (VCI) 2010. *Im Januar 2010 bildete sich direkt oberhalb des Cheat-Bereichs ein Henkel; beide lieferten brauchbare Pivot-Punkte zum Einstieg.*

Der Cheat-Bereich ist der früheste Punkt, an dem ich versuche, ein Tassen-Muster zu traden. Vor diesem Punkt möchten Sie nicht beteiligt sein. Wie der Henkel sollte auch ein valider Cheat-Bereich eine Kontraktion des Handelsvolumens sowie eine enge Spanne im Kursbereich aufweisen. Diese Pause bietet eine Möglichkeit, zum frühestmöglichen Punkt in den Handel einzusteigen. Vielleicht nicht immer mit Ihrer ganzen Position, aber Sie können Ihre durchschnittliche Kostenbasis verringern, indem Sie Cheat-Bereiche ausnutzen, um Trades zu skalieren. Sobald die Aktie über dem Kurs im Pausenbereich gehandelt wird, hat sie die Wende geschafft; sie hat ihren Tiefpunkt vermutlich hinter sich und setzt nun den längerfristigen Aufwärtstrend der Phase 2 fort.

Das Cheat-Setup weist dieselben Merkmale auf wie die klassische Tasse mit Henkel, weil einfach nur der Tassenteil vervollständigt wird. Um sich zu qualifizieren, sollte die Aktie bereits um mindestens 25 bis 100 Prozent gestiegen sein und in manchen Fällen um 200 oder 300 Prozent – während der vergangenen 3 bis 36 Handelsmonate. Die Aktie sollte auch über ihrem aufwärts gerichteten gleitenden 200-Tage-Durchschnitt gehandelt werden (vorausgesetzt, dass die Aktie 200 Tage lang gehandelt wurde). Das Muster kann sich in der Kürze von nur drei Wochen bilden oder auch im Zeitraum von 45 Wochen (bei den meisten dauert es 7 bis 25 Wochen). Die Korrektur vom Höchst- bis zum Tiefstpunkt variiert von 15 bis 20 Prozent, in einigen Fällen bis hin zu 50 Prozent, je nach allgemeinen Marktbedingungen. Die stärksten Aktien werden aus diesem Muster aufsteigen, wenn die allgemeinen Marktindizes nach einer Korrektur oder zumindest einem vergleichbaren Zeitpunkt aufsteigen.

***Abbildung 10.52: Google (GOOG) 2004.** Im September 2004 bildete Google einen seltenen Cheat-Pivot-Punkt. Innerhalb von 38 Wochen stieg der Kurs um 600 Prozent.*

Die Kehrtwende vollziehen

a. **Abwärtstrend**. Die Aktie erlebt eine zwischenzeitliche Kurskorrektur, die innerhalb des Kontexts eines längerfristigen Aufwärtstrends der Phase 2 stattfindet. Das Abwärtsbein kann im Laufe vieler Wochen oder Monate eintreten, und es ist normal, dass während des Abwärtstrends mit gesteigerten Handelsvolumen große Kursspitzen auftreten.
b. **Aufwärtstrend**. Der Kurs wird versuchen, sich zu erholen und seinen Abwärtstrend zu durchbrechen. Noch wollen Sie nicht kaufen; es ist zu früh. An diesem Punkt fehlt es der Bewegung von Kurs und Handelsvolumen an der notwendigen Bestätigung, dass die Aktie die Talsohle verlassen und einen neuen Aufwärtstrend begonnen hat. Der Kurs wird beginnen, an der rechten Seite zu steigen und für gewöhnlich etwa ein Drittel bis die Hälfte seines vorherigen Verlustes wettmachen; allerdings wird das während des zwischenzeitlichen Abwärtstrends erzeugte Überangebot in der Regel jedoch stark genug sein, um den Kursanstieg zu stoppen und eine Pause oder einen Kursrückgang zu erzeugen.
c. **Pause**. Die Aktie wird während einer Reihe von Tagen oder Wochen pausieren und einen Plateaubereich (den Cheat) bilden, der vom Höchst- bis zum Tiefstpunkt

innerhalb von 5 bis 10 Prozent gehalten werden sollte. Die optimale Situation besteht darin, den Cheat bis zu einem Punkt abdriften zu lassen, wo der Kurs unter einen vorherigen Tiefpunkt fällt und einen Shakeout erzeugt, exakt dieselbe Sache, die Sie während der Bildung des Henkels in einem Tasse-mit-Henkel-Muster sehen wollen. An diesem Punkt ist die Aktie vorbereitet und kann gekauft werden, da sie sich über dem Hoch der Pause bewegt. Ein typisches Zeichen dafür, dass die Aktie bereit ist zum Breakout, besteht darin, dass das Handelsvolumen dramatisch abnimmt, begleitet von einer engen Kursspanne.

d. **Breakout**. Während die Aktie über die Höhe des Plateaubereichs hinaufsteigt, platzieren Sie Ihre Kauforder. Die Aktie sollte nun die Wende geschafft haben, was bedeutet, dass sie vermutlich ihren Tiefpunkt erreicht hat und der mittelfristige Trend nun synchron mit dem längerfristigen Primärtrend der Stufe 2 verläuft.

Abbildung 10.53: Cirrus Logic (CRUS) 2010. Im März 2010 schafft Cirrus Logic die Wende, als der Kurs über den Cheat-Bereich steigt.

Warum auf die Wende warten?

Wenn sich eine Aktie in eine Richtung bewegt hat, kann eine Trendlinie gezogen werden, indem man signifikante Höhen und Tiefen miteinander verbindet. Der Grundgedanke dabei lautet: Solange der Aktienkurs die Trendlinie nicht durchbricht – nicht während eines Abwärtstrends darüber steigt oder während eines Aufwärtstrends darunter fällt –, wird sich der Trend fortsetzen. Falls die Trendlinie »durchbrochen« wird wegen einer Veränderung der Situation, wird angenommen, dass ein neuer Trend eingetreten ist. Warum nicht einfach kaufen, wenn die Aktie ihre Trendlinie durchbricht? Bedeutet das denn nicht, dass ein neuer Trend eingesetzt hat? Das Problem ist, dass dies – obwohl die Trendlinie durchbrochen wurde – womöglich nur ein vorübergehendes Phänomen ist. Statt einen neuen Trend eingeschlagen zu haben, könnte die Aktie lediglich eine vorübergehende Bewegung in die andere Richtung machen, bis der vorherrschende Trend wieder aufgenommen wird, manchmal mit noch größerer Volatilität, was oft passiert.

Die Volatilität gegen den Trend ist weitverbreitet. Da stellt sich die Frage: Wie erkennt man, dass ein neuer Trend eingesetzt hat? Die Antwort besteht darin zu warten, bis die Aktie eine Kehrtwende macht. Am riskantesten ist das Traden, wenn die Aktie auf die Talsohle zusteuert. Das ist für Aktien in der Regel eine äußerst volatile Phase. Wenn eine Aktie auf die Talsohle zustrebt, kann sie heftig vor- und zurückschnellen. Der Versuch, einen Tiefpunkt zu erwischen, kann sehr frustrierend und kostspielig sein. Wiederholtes Auslösen Ihres Stop-Loss-Schutzes während einer Whipsaw-Umgebung führt zu wiederholten kleinen Verlusten, die sich mit der Zeit aufaddieren können. Oftmals scheint eine Aktie die Talsohle erreicht zu haben, wenn sie ihren Abwärtstrend durchbricht, macht dann jedoch kehrt, um noch tiefer zu fallen. Mit zunehmender Volatilität kann das immer wieder passieren. Das wollen wir vermeiden. Sie können Ihre Erfolgschancen verbessern, indem Sie abwarten, bis die Aktie eine Kehrtwende vollzieht, was das Risiko eines Scheiterns verringert (wenn auch nicht ausschaltet). Sie können Ihre Erfolgschancen immens steigern, wenn Sie nicht nur abwarten, bis die Aktie sich erholt und ihren Abwärtstrend durchbricht, sondern auch, bis der Kurs pausiert und dann weitermacht, bevor Sie Ihren Trade platzieren. Das lässt der Aktie auch mehr Zeit, die Talsohle zu erreichen und eine ordentliche Korrektur abzuschließen. Kaufen Sie nicht nur, weil eine Trendlinie durchbrochen wird, sondern warten Sie, bis die Aktie eine Wende vollzieht. Der Punkt zum Kaufen ist erreicht, sobald das Pausenhoch überschritten wurde. Das kann im Cheat-Bereich oder im Henkel der Fall sein.

Das Livermore-System

Der legendäre Trader Jesse Livermore hatte ein System des Kaufens und Verkaufens, sobald die Aktie die Richtung ändert, aber nur wenn die Aktie weiterhin steigt. Livermore ging nur Positionen in Richtung seines Trades ein. Indem er abwartete, bis ein Aktienkurs einen neuen Aufwärtstrend bestätigte, vermied er es, von jeder kleinen Gegentrend-Rallye mitgerissen zu werden. Stattdessen wartete Livermore ab, bis der Trend gebrochen war und zwei Kursrückgänge stattfanden; wenn die Aktie dann über dem zweiten Reaktionshoch gehandelt wurde, stieg er in den Handel ein. Das war Livermores Version der Wende. Mit dieser Methode verdiente Livermore mehr Geld als jeder andere Trader.

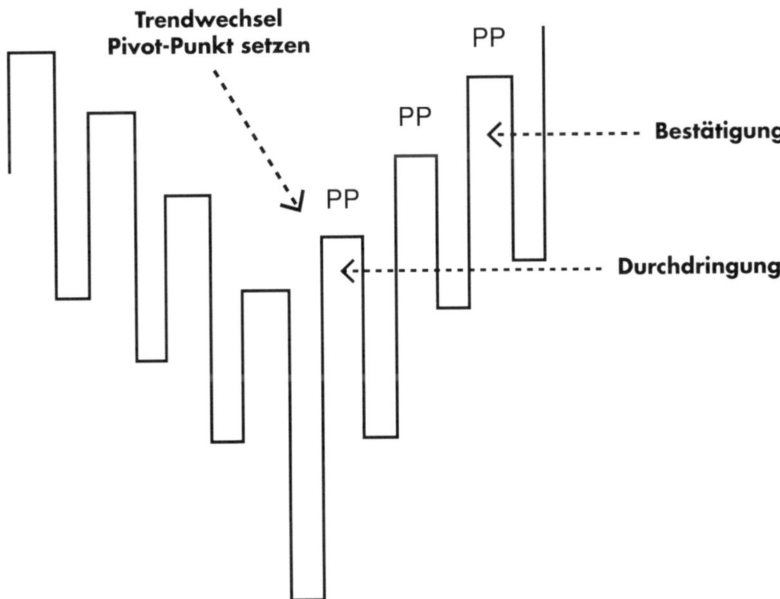

***Abbildung 10.54: Beispiel für das Livermore-Trading-System.** Jesse Livermore nutzte Pivot-Punkte (PP) als Eintrittsstellen. Er kaufte nie bei Tiefststand; er wartete bis zum Trendwechsel und begann zu kaufen, sobald erkennbar war, dass sich der neue Trend fortsetzte (sprich: er wartete, bis das Hoch nach einer natürlichen Reaktion überschritten war).*

Der Fehler-Reset

Die Tatsache, dass Sie bei einer Aktie ausgestoppt werden, bedeutet nicht zwangsläufig, dass die zugrunde liegenden Fundamentaldaten schlecht sein müssen oder der Handel schiefgeht. Möglicherweise sind Sie nur das Opfer eines Shakeouts. Wenn ich aus einer Aktie gestoppt werde, behalte ich sie dennoch auf meinem Radar, um zu sehen, ob sie technisch zurückgesetzt wird. Manchmal ist das nachfolgende Setup tatsächlich besser als das erste Chart-Muster, mit einer sogar noch höheren Erfolgswahrscheinlichkeit als zu dem Zeitpunkt, als mein Eintritt ausgelöst wurde. Die Tatsache, dass es eine Marktbereinigung gab, kann sich als konstruktiv für die Aktie erweisen. Das bezeichne ich als »Fehler-Reset«, den es in zwei Formen gibt: als Basis-Fehler, was den Bau einer neuen Basis erfordert, bevor wieder gekauft werden kann, und als Pivot-Fehler, bei dem innerhalb weniger Tage eine Zurücksetzung und Erholung erfolgt.

Einige meiner größten Gewinner waren Aktien, die mich gestoppt und dann zurückgesetzt haben. Natürlich werden nicht alle Fehler-Setups zurückgesetzt.

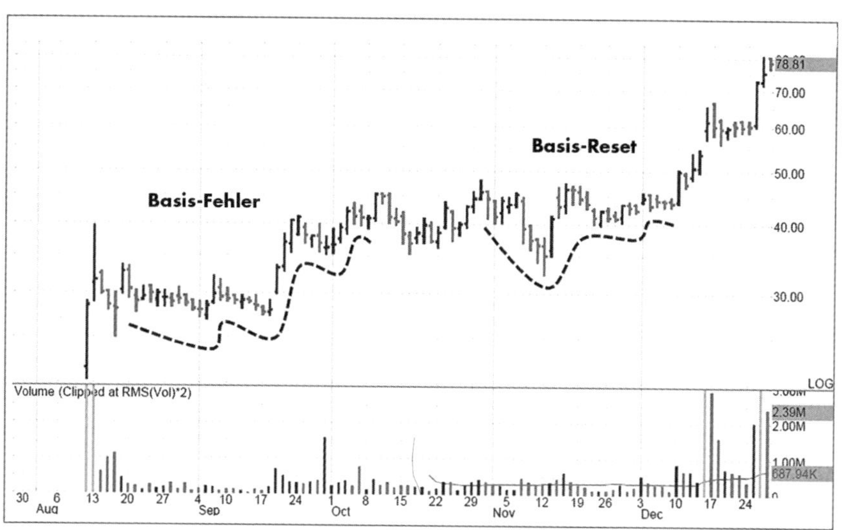

Abbildung 10.55: MercadoLibre Inc. (MELI) 2007. *Nach dem Versuch, aus einer verdächtigen Basis vom September 2007 aufzusteigen, konsolidierte sich MercadoLibre Inc. im Dezember 2007 und ging aus einem Fehler-Reset hervor.*

Im Oktober 2010 stieg MELI in neue Höhen auf, hervorgehend aus einer Primärbasis (der ersten kaufbaren Basis nach einem Börsengang). Neun Tage danach war der Kurs um 15 Prozent gefallen, ausreichend, um die meisten Trader auszustoppen. Wenn Sie diesen

Namen jedoch auf Ihrer Beobachtungsliste behalten hätten, hätten Sie gesehen, wie sich der Kurs im Dezember 2010 zurücksetzte, und Sie hätten – so wie ich – einen hübschen Profit machen können. Sortieren Sie keine Aktie aus, nur weil Sie von ihr ausgestoppt wurden; solange die Fundamentaldaten intakt bleiben, sollten Sie nach einem Fehler-Reset Ausschau halten.

Reset beim Pivot-Fehler

Das Zurücksetzen beim Pivot-Fehler ähnelt dem Basis-Reset, abgesehen davon, dass es während der Bildung des Einstiegspunktes innerhalb eines kürzeren Zeitraums als beim Basis-Reset stattfindet. Ein Pivot-Fehler verursacht nicht zwangsläufig einen sofortigen Basis-Fehler, stattdessen kann er in der Regel innerhalb weniger Tage oder Wochen auf einen neuen Einstiegspunkt zurücksetzen.

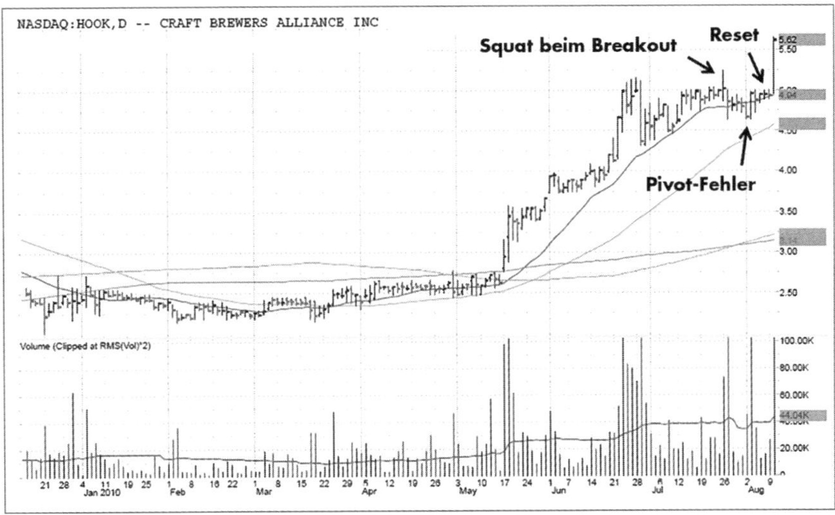

Abbildung 10.56: Craft Brew Alliance Inc. (BREW) 2010. *2010 kaufte ich Craft-Brew-Aktien und wurde schon kurz darauf ausgestoppt. Nur wenige Tage danach erfolgte ein Reset und der Kurs stieg. (Chart mit freundlicher Genehmigung von Interactive Data, © 2009)*

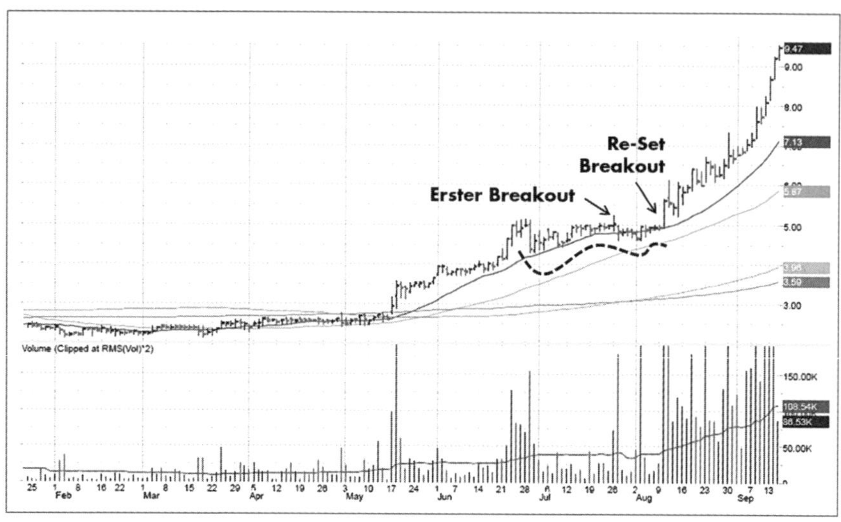

Abbildung 10.57: Craft Brew Alliance Inc. (BREW) 2010. *Craft Brew Alliance erlebte einen Pivot-Fehler-Reset und verzeichnete dann in 26 Tagen einen Kursanstieg von 90 Prozent. (Chart mit freundlicher Genehmigung von Interactive Data, © 2009)*

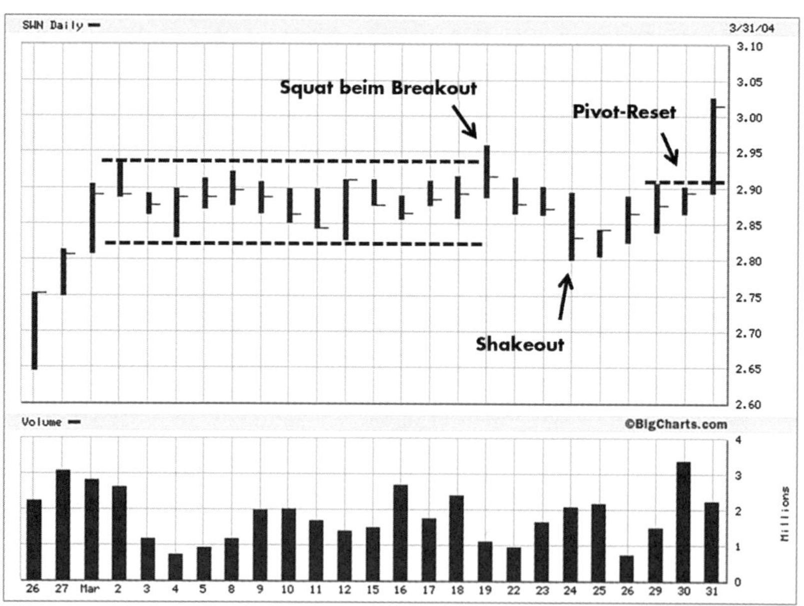

Abbildung 10.58: Southwestern Energy Co. (SWN) 2004. *Im März 2004 versuchte die Aktie von Southwestern Energy, aus dem Henkel auszubrechen, zeigte einen Squat und fiel dann unter das Tief im Henkel, was zu einem Shakeout führte, fünf Handelstage danach erfolgte ein Reset und der Kurs stieg wieder.*

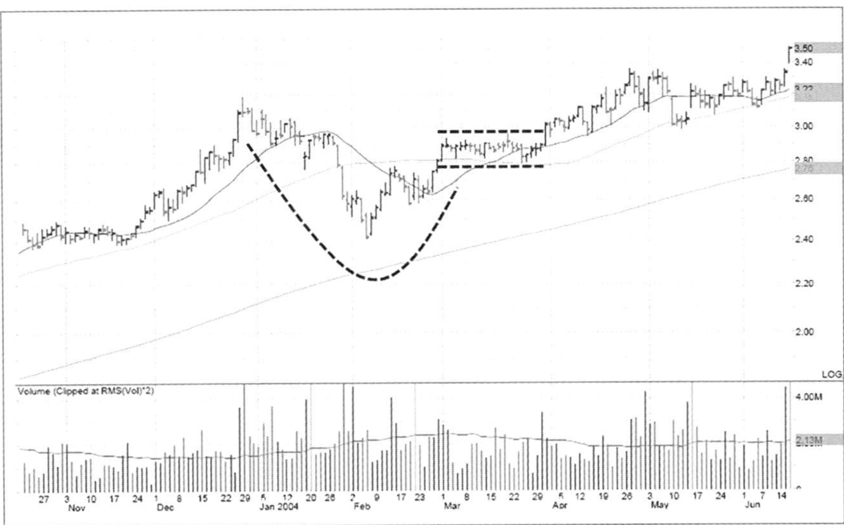

Abbildung 10.59: Southwestern Energy Co. (SWN) 2004. *Im März 2004 tauchte Southwestern Energy aus einem Tasse-mit-Henkel-Muster auf; innerhalb des Henkels erfolgte ein Pivot-Fehler-Reset. Innerhalb von 53 Monaten legte der Kurs um 1400 Prozent zu. (Chart mit freundlicher Genehmigung von Interactive Data, © 2009)*

Das Powerplay

Eines der wichtigsten Setups, das Sie zu unterscheiden lernen können, ist das Powerplay, auch »High Tight Flag« genannt. Das ist zweifellos das am meisten fehlinterpretierte Kurs-Setup bei allen technischen Mustern. Es ist jedoch auch eines der profitabelsten. Das Powerplay ist das, was ich aus zwei Gründen als »Velocity-Muster« [»Velocity« bedeutet Geschwindigkeit] bezeichne. Erstens braucht es viel Schwung, um sich zu qualifizieren; die erste Voraussetzung ist tatsächlich ein starker Kursschub nach oben. Zweitens können sich diese Setups in diesem kurzen Zeitraum am schnellsten bewegen; Geschwindigkeit erzeugt noch mehr Geschwindigkeit. Diese Muster signalisieren oft eine dramatische Verschiebung der Perspektiven eines Unternehmens. Der schnelle Kursanstieg kann durch eine entscheidende Nachricht hervorgerufen worden sein, zum Beispiel die Freigabe eines neu entwickelten Medikaments, die Beilegung eines Rechtsstreits, die Ankündigung eines neuen Produkts oder einer neuen Dienstleistung oder auch eine Gewinnmeldung; er kann auch ohne eine solche Nachricht stattfinden. Einige der besten Trades aus diesem Setup entwickeln sich als unerklärliche Stärke. Deshalb ist das die einzige Situation, in die ich auch bei einem Mangel an Fundamentaldaten eintrete. Das bedeutet nicht, dass keine sich verbessernden Fundamentaldaten existieren, sehr häufig tun sie das nämlich. Bei einem Powerplay zeigt die Aktie jedoch so viel Stärke, dass sie Ihnen zeigt, dass etwas vor sich geht, unabhängig davon, was Ihnen die aktuellen Gewinne und Umsätze verraten. Die Aktie diskontiert etwas Großes. Obwohl ich nicht verlange, dass bei einem Powerplay die Fundamentaldaten auf dem Tisch liegen, ist es notwendig, dass es VCP-Eigenschaften aufweist, so wie ich es bei allen Setups handhabe. Auch das Powerplay muss eine ordentliche Verdauungsphase von Angebot und Nachfrage durchlaufen.

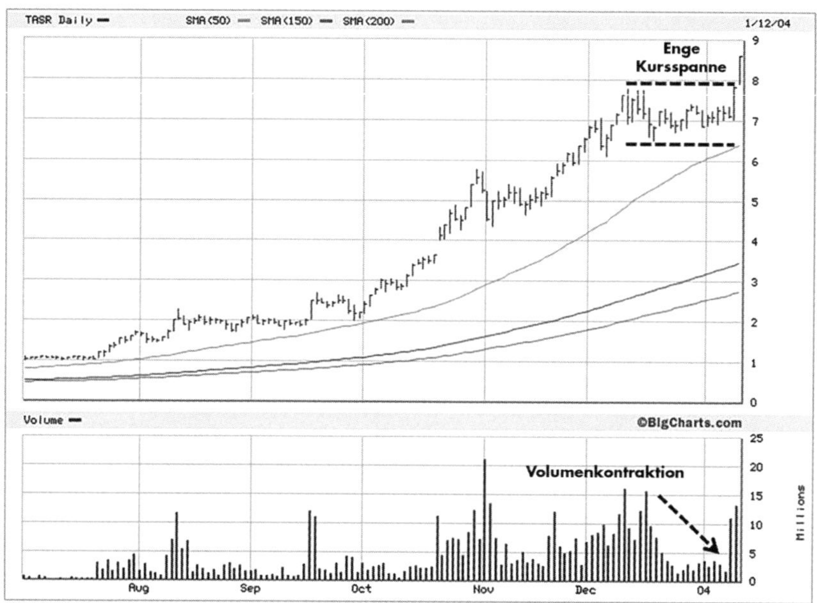

***Abbildung 10.60:** TASER Intl. Inc. (TASR) 2004.* *Ein starker vorheriger Aufwärtstrend, eine enge Kursspanne und extreme Volumenkontraktion schufen das perfekte Setup für eine Explosion nach oben. Die meisten Investoren dachten vermutlich, die Aktie sei zu hoch und deshalb riskant. Sie stieg in 16 Wochen um 329 Prozent.*

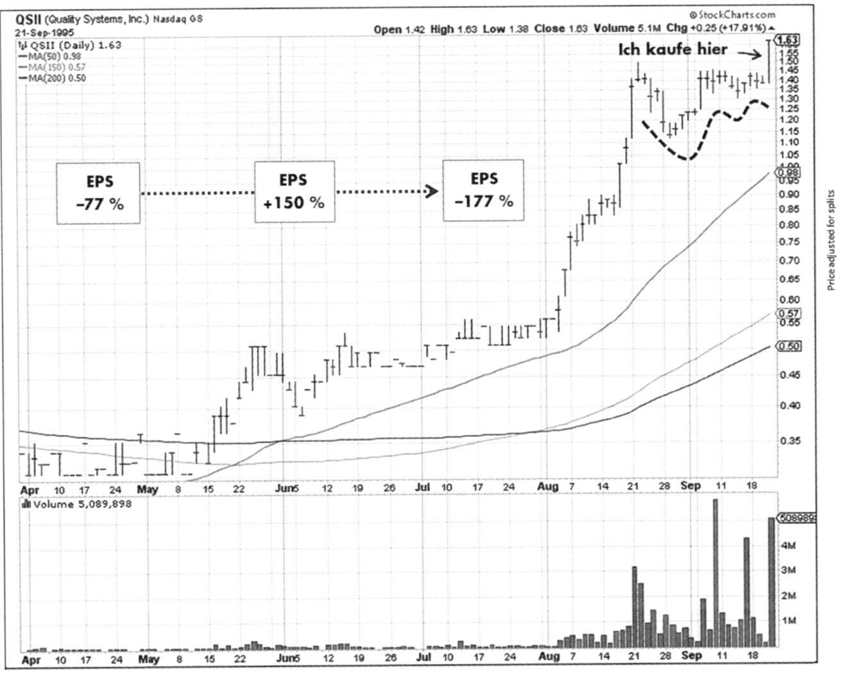

Abbildung 10.61: Quality Systems, Inc. (QSII) 1995. *Im September 1995 baute sich Quality Systems als Powerplay mit klassischen VCP-Eigenschaften und starken, sich beschleunigenden Gewinnen auf, was zu einem erfolgreichen Breakout führte. Innerhalb von 66 Tagen legte die Aktie um 127 Prozent zu.*

Um sich als Powerplay zu qualifizieren, müssen die folgenden Kriterien erfüllt sein:

1. Eine explosionsartige Kursbewegung setzt bei riesigem Handelsvolumen ein, die den Kurs in weniger als acht Wochen um 100 Prozent oder mehr in die Höhe treibt. Das passiert für gewöhnlich nach einer relativ trägen Phase.
2. Anschließend bewegt sich der Aktienkurs seitwärts in einem relativ engen Bereich und korrigiert sich im Zeitraum von drei oder sechs Wochen (manche steigen bereits nach nur zwölf Tagen) um nicht mehr als 20 bis 25 Prozent.
3. Dies ist eine sehr enge Kursbewegung, die den Aktienkurs um nicht mehr als 10 Prozent korrigiert, oder die Aktie muss VCP-Eigenschaften aufweisen.

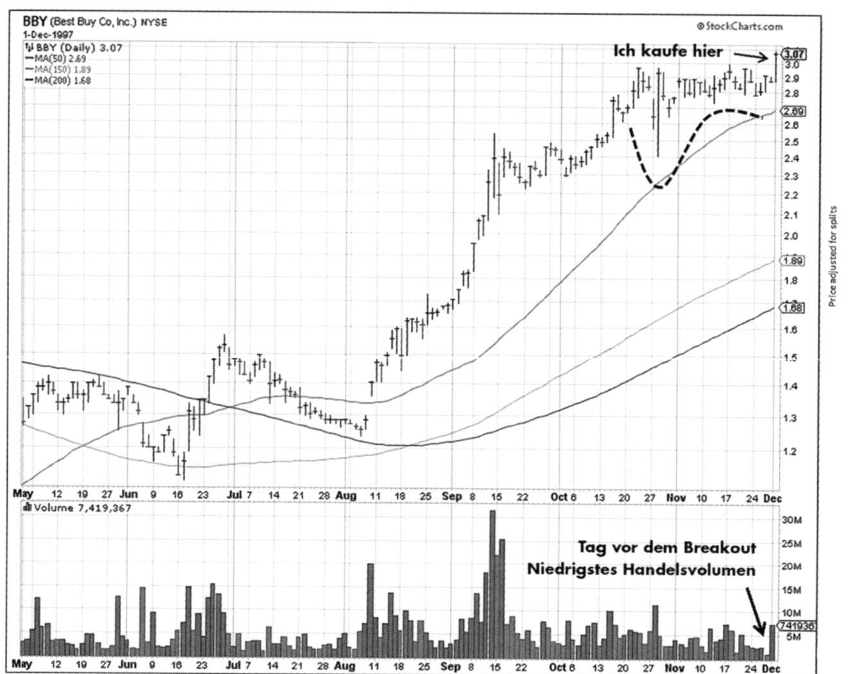

Abbildung 10.62: ***Best Buy Co. (BBY)*** *1997. Im Dezember 1997 kaufte ich Anteile von Best Buy Co. Beachten Sie das geringste Handelsvolumen und die superenge Kursbewegung am Tag bevor die Aktie ausbricht. In zehn Monaten legte der Kurs um 947 Prozent zu.*

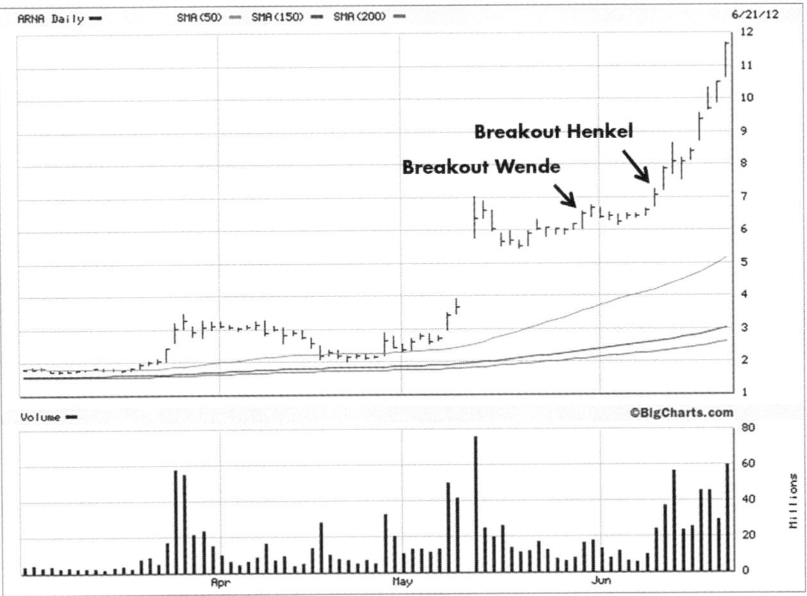

Abbildung 10.63: Arena Pharmaceuticals Inc. (ARNA) 2012. Arena Pharmaceuticals Inc. bot zwei brauchbare Kaufpunkte; den ersten an der Wende und den zweiten beim Aufsteigen aus dem Henkel. Der Kurs legte in neun Tagen um 70 Prozent zu.

Solide Fundamentaldaten versus Kursreife

Die Tatsache, dass ein Unternehmen bei den Fundamentaldaten sämtliche Kriterien erfüllt, bedeutet nicht, dass Sie sofort losstürmen und kaufen sollten. Selbst wenn Ihre Analyse der Fundamentaldaten des Unternehmens genau ins Schwarze trifft, um das große Geld zu machen, muss Ihre Analyse der Investorenwahrnehmung ebenfalls exakt und richtig getimt sein. Häufig liefert ein Unternehmen ein oder zwei Quartale mit großartigen Gewinnmeldungen, während sich die Aktie noch in einer Korrektur- oder Konsolidierungsphase befindet. Möglicherweise ist der Kurs in Erwartung bereits gestiegen, und braucht lediglich Zeit, um den Fortschritt zu verdauen, während die Gewinne aufschließen. Möglicherweise befindet sich auch der Gesamtmarkt in einer Korrekturphase und hält den Kursanstieg der Aktie zurück. Haben Sie Geduld, behalten Sie die Aktie auf Ihrem Radar und warten Sie, bis sich die Kurs- und Volumenmerkmale richtig aufgestellt haben. Der Schlüssel, um an der Börse das große Geld zu machen, besteht darin, während einer gesunden Gesamtmarktumgebung die unterstützenden Fundamentaldaten mit konstruktiven Kursbewegungen in Einklang zu bringen. Sie wollen sämtliche Kräfte hinter sich haben: Fundamentaldaten, technische Werte und die Marktstimmung. Eine Aktie kann im Hinblick auf die Fundamentaldaten solide, aber dennoch nicht kursreif sein, will heißen, dass Angebots- und Nachfragedynamiken noch nicht die Linie des geringsten Widerstands erreicht haben. Ein gutes Unternehmen ist nicht immer auch eine gute Aktie. Es ist wichtig, dass Sie lernen, zwischen den beiden zu unterscheiden.

Es spielt nicht wirklich eine Rolle, was Sie über die Aktie denken. Entscheidend ist, was große institutionelle Anleger denken, denn sie sind diejenigen, die den Kurs einer Aktie dramatisch verändern können. Deshalb ist es Ihre Aufgabe, Unternehmen zu finden, die von institutionellen Anlegern als wertvoll eingestuft werden.

Nachdem Dick's Sporting Goods (DKS) eine positive Prognose veröffentlichte, brachte eine starke Reaktion des Aktienkurses die Aktie auf meine Beobachtungsliste. Sobald das Unternehmen die versprochenen starken Gewinne lieferte und die Aktie technisch standhielt, änderte ich den Status in Kaufalarm. Ein paar Wochen danach schmiedete eine konstruktive Kursbewegung das Setup, auf das ich wartete, und ich kaufte die Aktie, als sie aus einer ordentlichen Konsolidierung aufstieg.

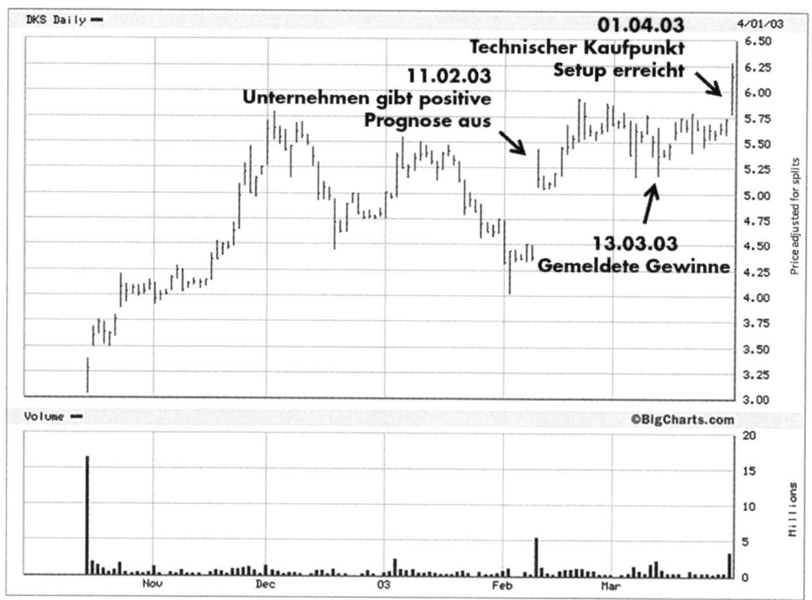

Abbildung 10.64: Dick's Sporting Goods (DKS) 2003

KAPITEL 11:

KAUFEN SIE NICHT NUR DAS, WAS SIE KENNEN

Angenommen, eine neue Aktie wurde in den vergangenen zwei oder drei Jahren notiert und ihr Höchstwert lag bei 20, oder irgendeiner anderen Zahl, und dass ein solcher Kurs vor zwei oder drei Jahren gebildet wurde. Falls mit diesem Unternehmen irgendetwas Vorteilhaftes geschieht und der Kurs steigt, ist es für gewöhnlich ein sicheres Spiel, in dem Moment zu kaufen, in dem die Aktie einen neuen Höchststand erreicht.

JESSE LIVERMORE, 1930

Als disziplinierter Trader müssen Sie einen engen Kurs einschlagen, um in kürzester Zeit die höchste Rendite zu erzielen. Sie sollten eine Aktie nur dann kaufen, wenn Sie überzeugt sind, dass genügend Faktoren in einem optimalen Setup für eine unmittelbar bevorstehende Kursexplosion zusammengekommen sind. Ein entscheidender Bestandteil meines Einstiegs-Setups ist Jugend. Einige der spannendsten Trading-Gelegenheiten stecken in frisch börsennotierten Unternehmen: Unternehmen, die in den vergangenen Monaten oder ein bis zwei Jahren an die Börse gingen. Die Geschichte zeigt, dass die meisten Superperformer acht bis zehn Jahre vor Beginn ihrer überdurchschnittlichen Performance-Phase an die Börse gehen. Aber Jugend allein genügt nicht; ich will Jugend kombiniert mit Charakter! Zusammen mit soliden Fundamentaldaten zeigt sich die Art von Charakter, die ich meine, durch eine Kursgestaltung, die als »Primärbasis« bezeichnet wird.

Die Primärbasis

Jeder Bullenmarkt wird durch eine Handvoll führender Aktien repräsentiert, die erst kürzlich an die Börse gingen. Für gewöhnlich steigt eine neue Aktie an der Börse erst einmal stark, möglicherweise sogar über etliche Wochen oder Monate. In der Regel folgt dann eine Gewinnmitnahme durch jene, die das schnelle und möglichst einfache Geld machen wollen. Das führt bei der Aktie zu einer Korrektur. Um mein Interesse zu wecken, muss sich eine Neuemission durch ein paar Monate Handelsaktivität an der Börse beweisen. Der Beweis kommt in Form der Primärbasis: die erste kaufbare Basis, nachdem ein Unternehmen an die Börse gegangen ist. Die Primärbasis bildet sich während einer Korrekturphase von mindestens drei Wochen, gefolgt von der Bildung eines Allzeithochs oder aus einer konstruktiven Konsolidierung nahe dem Allzeithoch der Aktie.

Während der Erholungsphase, in der der Kurs verlorenen Boden wiedergutmacht, steigt er in neue Höhen auf. Im Laufe eines langen Fortschritts wird eine führende Aktie viele solcher Basen oder Konsolidierungen formen. Sie wird die daraus resultierenden Gewinnmitnahmen und Kursrückgänge überstehen und dann zu neuen Kurshöhen aufsteigen. Die Primärbasis ist lediglich das erste Auftreten dieses bullischen Chartmusters in der Handelsgeschichte einer Aktie. Zu Aktien, die von ihrer Primärbasis aus phänomenale Aufstiege hinlegten, gehören unter anderem Yahoo!, eBay, Google, Starbucks, Reebok, Microsoft und Intel sowie Amazon.com und Research in Motion, um nur ein paar zu nennen.

Die Primärbasis weist durch die Kurs- und Handelsvolumengeschichte einer Aktie auf deren mögliche zukünftige Entwicklung hin, aber die Primärbasis wurzelt tief in den sogenannten Fundamentaldaten des Unternehmens sowie dem Börsengeschehen. Der größte Teil des Unternehmenswachstums findet für gewöhnlich in den ersten fünf bis zehn Jahren nach Ausgabe von Stammaktien und dem Börsengang statt. In dieser Zeit expandieren die Produkte oder Dienstleistungen des Unternehmens in neue, unerschlossene Märkte, befeuert durch das beim Börsengang erhaltene Geld. In dieser entscheidenden Phase zeigt das Management in der Regel seine unternehmerischen Stärken. Während der Umsatz steigt und sich die Skaleneffekte verbessern, wachsen die Margen und das Profitwachstum beschleunigt sich.

Denken Sie daran: Die Tatsache, dass ein Unternehmen erst kürzlich an die Börse ging, bedeutet nicht zwangsläufig, dass es erst seit Kurzem im Geschäft ist. Manche Unternehmen arbeiten erfolgreich jahrzehntelang als nicht börsennotierte Unternehmen, bevor sie an die Börse gehen; wohingegen andere brandneue Start-ups in neuen Branchen sind. 80 Prozent der Aktienmarktgewinner, die den Tech-Boom in den 1990er-Jahren vorangetrieben haben, gingen in den acht Jahren zuvor irgendwann an die Börse. Amazon ging im Mai 1997 an die Börse, bildete eine Primärbasis und stieg weniger als vier Monate später, im September 1997, in neue Höhen auf. 16 Monate später war der Kurs der Aktie um 2500 Prozent höher als der Höchstkurs direkt nach der Primärbasis.

***Abbildung 11.1*: *Amazon.com* (*AMZN*) *1997*.** *Im September 1997 stieg Amazon aus einer Primärbasis auf, um 2500 Prozent innerhalb von 16 Monaten.*

Erlauben Sie einer Pimärbasis, sich zu entwickeln

Sobald eine Aktie börsennotiert ist, kann sie direkt um 25 Prozent, 50 Prozent, 100 Prozent oder sogar noch mehr in die Höhe schießen, und das mitunter schon am ersten Handelstag. Sie kann aber auch kurz nach ihrem Debüt stark fallen. Das war der Fall bei dem mit Spannung erwarteten Börsengang von Facebook im Jahr 2012. Am ersten Tag wurde die Aktie mit einem Kurs von 45 US-Dollar gehandelt, sie schloss an diesem Tag jedoch mit 38,23 US-Dollar. Zwölf Tage später wurde sie mit einem Minus von 43 Prozent zu 25,52 Dollar gehandelt. Facebook hat sich nach dem Börsengang nie richtig aufgestellt und dann zu heftig korrigiert, wodurch die Aktie unkaufbar wurde.

Bevor ich eine Neuemission kaufe, muss eine Aktie eine minimale Handelsgeschichte nachweisen: eine Primärbasis. Manche Börsengänge brauchen ein Jahr oder länger, um eine ordentliche Basis zu bilden. In vielen Fällen sollten Sie darauf bestehen, dass die Aktie eine Basis von mindestens drei bis fünf Wochen hält und die Korrektur nicht mehr als 25 bis 35 Prozent beträgt, damit sie zuverlässig ist. Länger andauernde Korrekturen (für gewöhnlich etwa ein Jahr) führen manchmal zu einem Rückgang von bis zu 50 Prozent, aber das Setup kann dennoch solide sein. Kürzere, dreiwöchige Konsolidierungen sollten keine Korrektur von mehr als 25 Prozent aufweisen. Angenommen, Sie entdecken eine vielversprechende Neuemission. Das Unternehmen bietet ein spannendes neues Produkt oder eine spannende neue Dienstleistung an. Umsatz- und Gewinnwachstum beschleunigen sich. Nun müssen Sie abwarten, dass der Markt Ihre Überzeugung von den Fundamentaldaten bestätigt. Ihre

Meinung zu einem Unternehmen ist so lange wertlos, bis sie durch die Kursbewegung der Aktie bestätigt wird. Wie der technische Pionier Jesse Livermore schrieb: »Achten Sie genau auf die Bewegung des Marktes. Die Märkte liegen nie falsch – Meinungen dagegen oft.« Die Bestätigung wird sich in dem erfolgreichen Aufstieg des Kurses zu neuen Höhen nach der ersten tragfähigen Konsolidierung zeigen: der Primärbasis.

Abbildung 11.2: Meta/Facebook (FB) 2012. *Nach seinem Börsengang hat sich Facebook nie richtig aufgestellt und dann zu heftig korrigiert, wodurch die Aktie unkaufbar wurde.*

Eine Primärbasis, die nur wenige in Betracht ziehen

1997 konnte ich niemanden davon überzeugen, die Yahoo!-Aktie in Erwägung zu ziehen, geschweige denn zu kaufen. Aber nachdem sich der Kurs 1999 verzehnfachte, konnte ich dieselben Leute nicht dazu bringen, die Aktie zu verkaufen, nachdem sie spät gekauft und die Geschichte für alle erkennbar geworden war. Plötzlich wollte jeder Yahoo!, America Online, Qualcomm, Nokia, Oracle und einen Haufen anderer Namen besitzen, nachdem diese zwei Jahre zuvor auf taube Ohren gestoßen waren. Als das Timing perfekt war, wollte niemand von diesen Aktien hören, weil die Namen unbekannt waren und sie zu einem Kurs gehandelt wurden, der ein Vielfaches ihres Werts zu sein schien. Viele dieser Aktien tauchten auf, nachdem der Markt gerade erst einen Bärenmarktabsturz erlitten hatte und die Welt auf die Asienkrise schaute. Im Juli 1997 kaufte ich Yahoo!. Die Aktie stieg von einer Primärbasis auf und schoss innerhalb von 29 Monaten um 7800 Prozent nach oben. Yahoo! ging als Marktführer einer relativ neuen Branche genannt »Internetprovider« hervor.

Abbildung 11.3: Yahoo (YHOO) 1997. *Yahoo! ging als Marktführer einer relativ neuen Branche genannt »Internetprovider« hervor. Der Kurs der Aktie stieg innerhalb von 29 Monaten um 7800 Prozent.*

Rambus bot mehrere Kaufpunkte

Rambus Inc. mit Sitz in Kalifornien entwickelte ein neues Design, das es Computerspeicherchips ermöglichte, den Informationsfluss zu Mikroprozessoren zu beschleunigen. Einen kräftigen Schub erhielt die Technologie durch den Chip-Titanen Intel, der schnellere Speicherchips benötigte, um mit der zunehmenden Geschwindigkeit von Mikroprozessoren Schritt zu halten. Am 14. Mai 1997 ging Rambus an die Börse (Punkt A). Noch am selben Tag machte die Aktie einen Riesensatz nach oben und schloss stark. Dann folgte eine etwa fünfwöchige Seitwärtsbewegung. Aus einer Primärbasis heraus stieg Rambus dann am 16. Juni 1997 (Punkt B) zu einem neuen Höchstwert auf. Im Laufe der folgenden vier Tage explodierte der Kurs förmlich. Der Höhepunkt wurde am 19. Juni erreicht (Punkt C), bevor die Aktie dann in eine zweite Seitwärtskonsolidierung überging, die etwa sechs Wochen währte. Am 29. Juli erlangte die Aktie ein neues Hoch und stieg aus einer zweiten Phasen-Basis (Punkt D) auf, die den Weg für einen weiteren starken Anstieg ebnete, der den Kurs erneut dramatisch nach oben trieb. Rambus ist ein klassisches Beispiel für eine Primärbasis, die für den wachsamen Anleger eine herausragende Investitionsmöglichkeit sowie etliche Handelsgelegenheiten bot.

*Abbildung 11.4: **Rambus, Inc. (RMBS) 1997.** Rambus stieg in neun Wochen um 150 Prozent und in 37 Monaten um 1450 Prozent.*

Body Central Corp.

Im Dezember 2011 entdeckte ich während der Weihnachtseinkäufe in einem Einkaufszentrum den Einzelhändler Body Central (BODY/Nasdaq). Der trendige Laden erregte meine Aufmerksamkeit als Einzelhandelsmodell mit standardisierten Filialen (Cookie-Cutter-Konzept). Ich forschte nach und fand heraus, dass das Unternehmen auch über ein solides Internetgeschäft verfügte. Am wichtigsten war jedoch, dass es die Erwartungen erfüllte; das Unternehmen meldete riesige Gewinnsteigerungen in den vorhergehenden Quartalen. Noch interessanter war die Tatsache, dass die Aktie erst seit wenigen Monaten an der Börse gehandelt wurde. Das roch für mich nach einer Gelegenheit. Als ich mir einen Chart der Kursbewegung der Aktie ansah, war ich sofort begeistert. Die Aktie war perfekt in einer Primärbasis aufgestellt. Ich beobachtete sie ein paar Wochen und am 5. Januar 2011 begann die Aktie, mit einem guten Handelsvolumen zu steigen. Die Kurskonsolidierung war solide, die Gewinne stark, das Unternehmen relativ klein mit skalierbarem Geschäft und das Management schien alles richtig zu machen, also kaufte ich. Im Laufe der folgenden 15 Monate stieg der Kurs um 100 Prozent. Im selben Zeitraum stieg der Nasdaq um weniger als 10 Prozent.

Abbildung 11.5: Body Central (BODY) 2011. *Im Januar 2011 stieg Body Central aus einer Primärbasis auf und legte in 15 Monaten 105 Prozent zu.*

Abbildung 11.6: ***Dick's Sporting Goods (DKS) 2003.*** *Im April 2003 stieg Dick's Sporting Goods aus einer Primärbasis auf und legte in 15 Monaten 200 Prozent zu.*

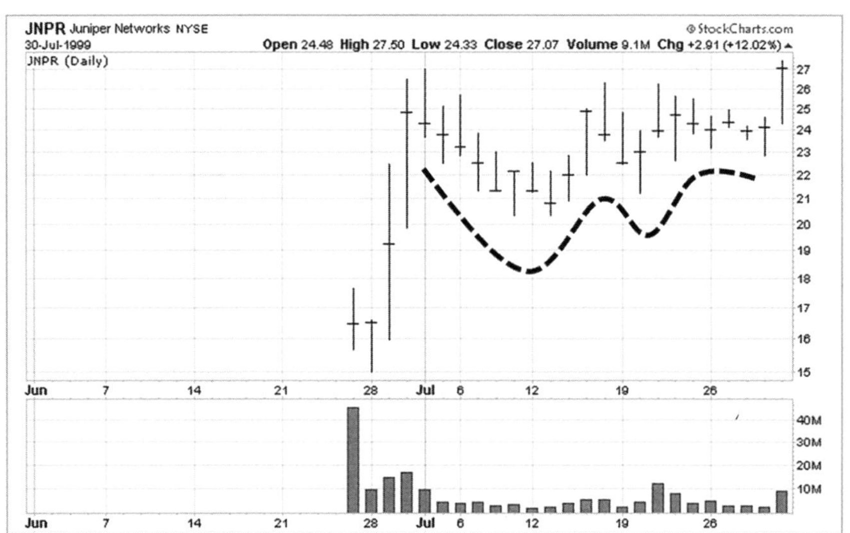

Abbildung 11.7: ***Juniper Networks (JNPR) 1999.*** *Im Juli 1999 stieg Juniper Networks aus einer Primärbasis auf und legte in acht Monaten 500 Prozent zu.*

Nicht jeder Frosch verwandelt sich in einen Prinzen

Nicht jede Aktie, die nach einer Primärbasis einen neuen Höchststand erreicht, entpuppt sich als großer Gewinner und obwohl eine ordentliche Primärbasis einem Investor einige der besten Chancen bietet, während des Großteils einer starken Bewegung teilzunehmen, gibt es keine Garantie, eine Aktie an dem Punkt zu erwischen, an dem sie mit einem starken Anstieg beginnt. Deshalb müssen Sie stets einen Ausstiegsplan parat haben, um Ihre Verluste zu begrenzen, falls sich eine Primärbasis gegen Sie wendet.

Im Januar 2006 kaufte ich Aktien von iRobot, als der Kurs von einer Primärbasis aufstieg. Kurz nach diesem Kauf brach die Aktie ein, konnte sich nicht erholen und fiel dann noch weiter. Ich verkaufte die Aktie mit einem kleinen Verlust. Zum Glück, denn IRBT stürzte steil ab, von einem Höchststand bei 37 US-Dollar runter auf gerade einmal 7 US-Dollar. Ich konnte größere Verluste vermeiden, weil ich meine Regeln befolgte und mein Urteil nicht von persönlichen Meinungen oder Gefühlen trüben ließ.

***Abbildung 11.8:* iRobot (IRBT)** *2005–2007. iRobots Primärphase scheiterte und die Aktie fiel um 65 Prozent von ihrem Höchststand.*

Von der Innovation zur Intensivstation

Genauso wie sich der Stil bei Damenkleidern und -hüten und Modeschmuck immer wieder ändert, werden die alten Spitzenreiter der Börse fallen gelassen und neue nehmen ihre Plätze ein. Im Laufe der Zeit treten neue Anführer nach vorn; einige der alten Anführer werden fallen gelassen. So wird es immer sein, so lange es eine Börse gibt. Bleiben Sie geistig flexibel. Denken Sie daran, dass die Anführer von heute in zwei Jahren vielleicht nicht mehr diese Position innehaben.

JESSE LIVERMORE

Das in Richmond, Virginia, ansässige Einzelhandelsunternehmen Circuit City ging 2008 in Konkurs. Circuit City war ein Pionier unter den Megamärkten und sein Aktienkurs stieg während der 1980er- und 1990er-Jahre um über 6000 Prozent während eines zehnjährigen Anstiegs. Tatsächlich legte der Aktienkurs von Circuit City von 1981 bis 2000 um mehr als 63 000 Prozent zu. Obwohl Circuit City in den 1980er-Jahren eines der stärksten Einzelhandelsunternehmen in den USA war, unterliefen ihm eine Reihe von entscheidenden Fehlern, die sich mit der Zeit summierten. Seine beste Wachstumsphase hatte das Unternehmen, als es noch relativ klein war, und mit dem Größerwerden wuchsen auch die Probleme. 2008 war Circuit City immer noch der landesweit zweitgrößte spezialisierte Einzelhandel für Elektronikgeräte nach Best Buy, mit mehr als 700 Filialen. Das Unternehmen plante, 155 dieser Filialen zu schließen, ein paar neue zu eröffnen, ein paar Pachtverträge neu auszuhandeln und die Zahl der Mitarbeiter in der Zentrale zu reduzieren. Das ist das Gegenteil von dem, was Sie während der Wachstumsphase eines Unternehmens sehen, wenn die Zukunft im Hinblick auf Wachstum vielversprechend ist. 2008 mussten die Anteilseigner von Circuit City mit ansehen, wie der Kurs ihrer Aktie auf null fiel.

Nehmen Sie sich vor gut bekannten Unternehmen in Acht, die jeder für »offizielle Wachstumsaktien« hält. Wie Circuit City haben diese Favoriten institutioneller Anleger ihre Phase des stärksten Gewinnwachstums bereits hinter sich und sind einfach zu offensichtlich, nachdem sie offiziell zu Wachstumsaktien erklärt wurden. An irgendeinem Punkt sind sie so überkauft, dass die Menge an Angebot, das auf den Markt kommt, sobald ein wesentliches Problem festgestellt wird, das ganze Haus zum Einstürzen bringen kann. Kaufen Sie stattdessen neue Marktführer; haben Sie keine Angst vor Unternehmen, die Sie nicht kennen. Spielen Sie ein bisschen Detektiv und machen Sie sich mit Aktien vertraut, die gerade eine Primärbasis ausbilden. Da können Sie nämlich viele der nächsten großen Gewinner finden.

KAPITEL 12:

RISIKOMANAGEMENT TEIL 1 – DIE ART DES RISIKOS

In praktisch jedem Wettbewerb gibt es eine Meisterschaft. Im amerikanischen Sport sind es der Super Bowl, die World Series und die NBA Finals. In der Unterhaltungsbranche gibt es den Academy Award, die Emmy Awards und die Tony Awards. Im Trading ist es nicht anders. Über viele Jahre traten die Besten der Besten in der U.S. Investing Championship (USIC) gegen ein Heer von Konkurrenten an, das aus Amateuren ebenso wie Profis bestand.

Der USIC-Wettkampf wurde 1983 von Norman Zadeh ins Leben gerufen und entwickelte sich schnell zum Testgelände für Aktien-, Options- und Futures-Händler. Zadehs Laufbahn beinhaltete Mathematik, Marktspekulation und Glücksspiel: 1974 schrieb er das Buch *Winning Poker Systems*, zudem unterrichtete er Mathematik an der Stanford University und der UCLA. Als begnadeter theoretischer Mathematiker sah er auch die Unzulänglichkeit der statischen akademischen Theorie, die Realität der Auktionsmärkte im echten Leben zu erfassen. Sein anspruchsvolles Ziel bestand darin, die Theorie der effizienten Märkte zu widerlegen, ein Aspekt, den er der akademischen Welt unbedingt deutlich machen wollte. Er tat das, indem er demonstrierte, dass bestimmte Individuen den Markt tatsächlich übertreffen konnten. Die USIC war lediglich das Mittel zum Zweck, während er gleichzeitig daran verdiente!

Die U.S. Investing Championship wurde rasch zu einem prestigeträchtigen Wettbewerb und viele der Trader, die den Wettbewerb gewannen, machten danach Karriere in der Investmentbranche. In den Anfangsjahren war die USIC in vier Gruppen unterteilt: Aktien, Optionen, Aktien und Optionen, Futures. Durch den Wettbewerb konnte Zadeh Trading-Talente aufspüren und eine Liste ganz unterschiedlicher Menschen zusammenstellen, die dann das Geld seiner Klienten managten.

Ich kann mich noch erinnern, in den 1980er-Jahren im *Wall Street Journal* über die Gewinner gelesen zu haben. Ein junger Trader namens David Ryan gewann den Wettbewerb zwischen 1985 und 1987 dreimal hintereinander. Eine großartige Leistung. Ein anderer gut bekannter Champion war der S&P-Futures-Trader Martin »Buzzy« Schwartz. Sowohl Ryan als auch Schwartz wurde später von Jack Schwager in dessen erstem *Market-Wizards*-Buch porträtiert. Für mich stand fest: Die USIC zu gewinnen und in die Reihen dieser Champions aufzusteigen, bedeutete, einem elitären Kreis beizutreten.

1996, im Alter von 31 Jahren, entschied ich mich, an dem Wettbewerb teilzunehmen. Ich war zuversichtlich, dass meine Fähigkeiten den Punkt erreicht hatten, gewinnen zu können. Wer in einem Zeitraum von einem Jahr das meiste Geld machte, hatte gewonnen: ziemlich einfach. Die für die Teilnahme erforderliche Summe betrug 25 000 US-Dollar. Ich richtete ein Depot ein und legte in meinem üblichen Stil los: aggressiv mit superenger Risikokontrolle. Jeden Tag kämmte ich meine Beobachtungsliste durch, um den bestmöglichen Moment für das Durchführen eines Handels zu bestimmen. Obwohl ich zuversichtlich war, was den Sieg betraf, konzentrierte ich mich darauf, mich an meinen Trading-Plan zu halten. Wie immer bestand mein Ziel darin, so viel Geld wie möglich zu verdienen, aber nur, indem ich die Trades zum optimalen Zeitpunkt realisierte, nie durch impulsives Handeln, das von meinen Trading-Regeln abwich.

Am Ende des ersten Quartals hatte ich 49,72 Prozent zugelegt und aus den 25 000 Dollar 37 430 Dollar gemacht. Die Quartalsergebnisse wurden damals nicht veröffentlicht, deshalb hatte ich keine Ahnung, wie ich im Vergleich zu den anderen Tradern abgeschnitten hatte. Am Ende des zweiten Quartals war ich so richtig in Fahrt. Mein Depot legte um weitere 93,75 Prozent zu, was meine Gesamtrendite für die ersten sechs Monate auf plus 190,08 Prozentbrachte. Mein Wettbewerbsdepot umfasste nun 72 521 US-Dollar und ich hatte das Gefühl, im Feld der Konkurrenz recht gut dazustehen.

Kurz darauf erhielt ich einen unerwarteten Anruf von einem der Wettbewerbskoordinatoren. Er sagte mir, der Wettbewerb würde ausgesetzt werden wegen einer Untersuchung der Securities and Exchange Commission wegen eines Werbeproblems bezüglich kürzlich veröffentlichter Leistungsergebnisse. Ich konnte es nicht glauben. Da hatte ich mich endlich entschieden, an dem Wettbewerb teilzunehmen, und nun stoppte die SEC ihn einfach! »Können Sie mir wenigstens sagen, wo ich stehe, auf welchem Platz?«, fragte ich. Wenn sonst schon nichts, dann wollte ich wenigstens die Befriedigung haben zu wissen, wo ich im Vergleich zur Konkurrenz lag.

»Mark, Sie liegen mit mehr als 100 Prozent in Führung«, sagte er mir.

Ich dankte ihm für die Gelegenheit und legte total enttäuscht auf. Da war ich nun, lag so weit in Führung, dass es für die anderen schwierig war, mich überhaupt noch einzuholen. Und nun war der Wettbewerb beendet, vermutlich für immer. Aber es ist so wie bei einem schlechten Trade: Wenn die Enttäuschung kommt, dann gehst du damit um und machst weiter.

Später in jenem Jahr erhielt ich einen weiteren Anruf von dem Wettbewerbsorganisator, der mir erklärte, dass die Probleme mit der SEC beseitigt seien und der Wettbewerb fortgesetzt werde. Am 1. Januar 1997 sollte es weitergehen. Aber die Ergebnisse von 1996 konnten nicht übertragen werden. Der Wettbewerb startete neu. Ich musste von vorn anfangen.

Meine Leistung von 190 Prozent in den ersten sechs Monaten diente ausschließlich meiner persönlichen Erbauung. Es war nicht offiziell und obwohl es eine nette Geschichte abgab, würde sie nie jemand zu sehen bekommen oder sich darum scheren.

Für die Meisterschaft von 1997 wurden neue Regeln aufgestellt: zwei Gruppen, eine für persönliche Trading-Konten zwischen 200 000 und 999 000 US-Dollar sowie eine für gemeinsam verwaltete Konten über 1 Million US-Dollar oder mehr, mit keinen Einschränkungen, was in beiden Gruppen gehandelt wurde. Die Teilnehmer waren frei, mit Aktien, Optionen, Futures oder einer Mischung aus allem zu handeln. Obwohl das unglaublich unfair wirkte – ein reiner Aktien-Typ wie ich trat gegen Händler von Optionen und Futures an, die eine massive Hebelwirkung nutzen konnten –, beschloss ich, in die erste Gruppe einzusteigen, und investierte 250 000 US-Dollar meines eigenen Geldes.

Im ersten Quartal machte ich ein wenig mehr als 8 Prozent, das war auch nicht annähernd genug, um mich für den Spitzenplatz zu qualifizieren, aber es war die letzte Wertung, die mir Sorgen machte. Dieses Mal wurden die Wettbewerbsergebnisse vierteljährlich im *Investor's Business Daily* und im *Barron's* veröffentlicht. Quartal für Quartal konnte die Welt die Leistung der Spitzenperformer verfolgen. Während der ersten beiden Quartale gehörte ich zu den besten 20, aber einige Gegner lagen weit vor mir. Ich wusste, dass mein Zurückliegen nicht mein Trading beeinflussen oder mein Urteil trüben durfte. Ich musste das Spiel auf meine Weise spielen, was bedeutete, nur die besten Trades umzusetzen, entsprechend meinen Kriterien, und jeden Trade streng zu kontrollieren. Es stand echtes Geld auf dem Spiel, und etwas Dummes oder Riskantes zu tun, nur um diesen Wettkampf zu gewinnen, war keine Option. Ich nahm mir also fest vor, das ganze Jahr hindurch an meinem Spielplan festzuhalten, weil ich wusste, dass er vernünftig war.

Bis zum dritten Quartal hatte sich die Situation ein wenig verändert. Ich lag nun Kopf an Kopf mit meinem größten Konkurrenten, mit nur einem Zehntel Prozentpunkt Unterschied. Ich lag auf dem ersten Platz, mit 110,10 Prozent, und der Trader auf dem zweiten Platz hatte ein Plus von glatten 110,00 Prozent. Dann, im vierten Quartal, korrigierte sich der Markt: Es war ein schwieriges Handelsumfeld. Der Dow erreichte im Oktober seinen Höchststand und korrigierte sich dann um 10 Prozent. Genau dieses Szenario hatte ich mir erhofft. Ich wusste, dass meine Disziplin während einer schwierigen Phase nicht nur die Rückgabe meiner Gewinne verhindern würde, sondern dass ich tatsächlich Geld verdienen konnte. Und ich war mir sicher, dass dazu nur wenige in der Lage waren. Im Laufe der folgenden Monate tradete ich energisch und setzte mich immer mehr von der Meute ab. Meine Abschlussbilanz war eine Gesamtrendite von 155 Prozent, beinahe doppelt so viel wie mein dichtester Verfolger. Ich war dankbar, von Money Manager Verified Ratings zum U.S.-Investing-Champion 1997 ernannt zu werden.

Die Moral dieser Geschichte ist simpel: Das ungleiche Spielfeld mit stark gehebelten Optionen und Futures-Tradern gegen einfache Aktien hätte mich dazu bringen können, zu hohe Risiken einzugehen oder ohne Deckung zu spekulieren. Ich hätte auch nervös werden können, als ich beträchtlich zurücklag, und eine Anpassung vornehmen und damit gegen meine eigenen Regeln verstoßen können. Aber das tat ich nicht. Stattdessen konzentrierte ich mich auf meinen Trading-Plan und die beiden Elemente, die absolut entscheidend waren für den langfristigen Erfolg: Beständigkeit und Risikomanagement.

Was Champions gemeinsam haben

Menschen kaufen Aktien in der Hoffnung, Geld zu verdienen und ihren Wohlstand zu steigern. Sie träumen von den großen Renditen, die ihre sorgfältig ausgesuchten Investitionen in Zukunft hervorbringen werden. Bevor Sie Ihr schwer verdientes Geld investieren, sollten Sie besser darüber nachdenken, wie Sie vermeiden, es zu verlieren. Wenn es eine Sache gibt, die ich im Laufe der Jahre gelernt habe, dann, dass Risikomanagement der wichtigste Baustein für das Erreichen von dauerhaftem Erfolg am Aktienmarkt ist. Beachten Sie das Wort »dauerhaft«.

Kurzfristigen Erfolg kann jeder haben, wenn er zum richtigen Zeitpunkt am richtigen Ort ist, aber Dauerhaftigkeit unterscheidet die Profis von den Amateuren, die zeitlosen Legenden von den Eintagsfliegen. Während meines ersten Jahres beim Bowlen gelang mir in der Mittwochsabend-Liga einmal eine 259. Das war eine fantastische Ausnahme. Mein Schnitt lag bei 129 und ich sollte nie wieder über 200 kommen. Während meiner Karriere habe ich viele Menschen dabei beobachtet, wie sie während guter Zeiten Millionen von Dollar scheffelten, nur, um dann alles wieder zurückzugeben und sogar pleitezugehen. Ich verrate Ihnen, wie Sie dieses Schicksal vermeiden.

Es ist nur so lange Ihr Geld, wie Sie es beschützen

Ob Sie nun mit Millionen oder Tausenden handeln, die Lektion bleibt immer gleich. Es ist Ihr Geld. Es bleibt nur so lange Ihr Geld, wie Sie es beschützen. Falsches Spekulieren ist einer der sichersten Wege, es zu verlieren.

JESSE LIVERMORE

Um konstant Renditen zu erzielen, müssen Sie Ihre Profite und Prinzipien schützen. Tatsächlich unterscheide ich nicht zwischen beiden. Ein großer Fehler, den ich viele Trader machen sehe, ist, dass sie Handelsprofite als Spielgeld ansehen und so tun, als würde ihnen dieses Geld irgendwie weniger gehören und es wäre dadurch nicht so schlimm, es zu verlieren, wie bei ihrem Startkapital. Wenn Sie diese Einstellung angenommen haben, müssen Sie sofort Ihre Wahrnehmung ändern, um Superperformance erreichen zu können.

Mal angenommen, ich verdiene am Montag 5000 Dollar. Dann betrachte ich dieses Geld nicht als »außerhalb des Spielfelds«, das ich riskieren kann, indem ich nach den Sternen greife. Mein Depot hat schlichtweg einen neuen Startstand und unterliegt denselben Regeln wie zuvor. Sobald ich Profit gemacht habe, gehört dieses Geld mir. Der Gewinn von gestern ist Teil meines heutigen Kapitals.

Verfallen Sie nicht in die fehlerhaften Überlegungen von Amateurspielern. Durch konsequentes Spiel und konservative Wetteinsätze nimmt ein Spieler am Blackjack-Tisch 1500 Dollar mit. Dann beginnt er, riskante hohe Wetten einzugehen. In seinen Augen spielt er nun mit Spielgeld. Am Aktienmarkt passiert das die ganze Zeit. Amateurinvestoren behandeln ihre Gewinne wie das Geld des Marktes statt wie ihr eigenes und zu gegebener Zeit holt der Markt es sich zurück. Mal angenommen, jemand kauft eine Aktie zum Kurs von 20 Dollar. Der Kurs steigt auf 27 Dollar. Dann entscheidet der Investor, »ihr Raum zu geben«, weil er ein Sieben-Punkte-Polster hat. Falsch! Sobald sich eine Aktie einen ordentlichen Schritt von meinem Kaufkurs nach oben bewegt, gebe ich ihr für gewöhnlich weniger Raum nach unten. Ich schalte in den Profit-Schutz-Modus. Zumindest schütze ich meinen Break-even-Punkt. Ganz sicher werde ich nicht zulassen, dass sich ein guter Gewinn in einen Verlust verwandelt.

Am Ende jeder Trading-Sitzung, wenn Sie Ihr Portfolio sichten, sollten Sie sich Folgendes fragen: Habe ich bei dieser Position heute auf steigende Tendenz spekuliert? Falls nicht, warum halte ich die Aktie dann? Ist Ihr ursprünglicher Grund zu kaufen, noch gültig? Beenden Sie jeden Trading-Tag mit einer ehrlichen Bewertung all Ihrer Positionen.

Solide Prinzipien liefern Klarheit

Meine größten Verluste erlitt ich immer, nachdem ich eine tolle Phase hatte und anfing zu glauben, ich wüsste etwas.

PAUL TUDOR JONES

Es gibt sicher Zeiten, in denen am Aktienmarkt sehr leicht Geld verdient werden kann. Oftmals führt das zu Sorglosigkeit, die wiederum in eine Katastrophe münden kann. Letztlich machen nicht die Gewinne eines bestimmten Tages, Monats oder Quartals Ihren Erfolg aus; sondern das, was Sie Jahr für Jahr *behalten*. Sich an solide Risikomanagementprinzipien zu halten, wird Ihnen nicht nur ermöglichen, die Profite zu behalten, die Sie gemacht haben, sondern auch, dass Sie mit beiden Beinen fest auf dem Boden bleiben, wenn Ihr Kopf im siebten Himmel ist, weil Sie nach einer erfolgreichen Phase zu ehrgeizig werden.

Zweifellos haben Sie schon einmal den Spruch gehört: »Schränken Sie Ihre Verluste ein und lassen Sie Ihre Profite laufen.« Als ich von Jack Schwager für sein Buch *Stock Market Wizards: Interviews with America's Top Stock Traders* (Harper Business 2001, 2003) interviewt wurde, verbrachte ich viel Zeit damit, über das Begrenzen von Verlusten als Schlüssel für meinen Erfolg zu sprechen. Irgendwann im Laufe des Interviews hielt Jack das Tonbandgerät an und sagte: »Mark, das ist alles super, aber es ist ein Klischee, es ist das, was alle erfolgreichen Trader sagen.«

Wenn Sie schon lange Zeit traden, können Sie leicht die Perspektive verlieren, während Sie neue Techniken kultivieren. Wenn Sie nicht aufpassen, können die Fundamentaldaten in Ihre Gedanken oder noch subtiler, in Ihr Unterbewusstsein eindringen und scheinbar Abhilfe schaffen. Die Grundlagen des Risikomanagements sind keine Stützräder, die man mit zunehmender Erfahrung ablegt, sondern sie müssen in Ihrem Verstand stets aufgefrischt und perfektioniert werden. Das klingt möglicherweise nicht gerade spannend, aber wie der legendäre Quarterback Roger Staubach schon sagte: »Um spektakuläre Ergebnisse zu erzielen, bedarf es viel unspektakulärer Übung.«

Eine Lehrstunde bei Meister Jack

Meine Besessenheit beim Perfektionieren der Grundlagen geht zum Teil auf meinen Karateunterricht als Kind zurück. Was die körperliche Beweglichkeit anging, war ich begabt und schon nach kurzer Zeit beherrschte ich die verschiedensten Arten komplexer Karatebewegungen und sogar einen Salto rückwärts ohne Hände. Sie gaben mir den Spitznamen »Movie Man«, weil ich die Art von Bewegungen ausführte, die man aus Kung-Fu-Filmen kennt. Dennoch war ich Anfänger und mein Lehrer, Meister Jack Moscato, wusste, dass ich Demut lernen musste.

Eines Tages sagte mir Meister Jack, ich solle die Vorwärtsstellung, eine der Grundstellungen, einnehmen, die zu den ersten Dingen gehört, die man lernt. Schweigend ging er um mich herum und stieß plötzlich mit dem Fuß mein vorderes Bein weg. Ich fiel auf den Boden. Als ich überrascht hochschaute, blickte Meister Jack auf mich herab und sagte: »Vielleicht solltest du erst einmal stehen lernen, bevor du Saltos übst.« Diese Lektion habe ich bis heute nicht vergessen. Beherrsche die Grundlagen. Mein Karatelehrer war ein Pedant, was das Perfektionieren der Grundlagen betraf. Erinnern Sie sich jeden Tag daran, dass die Schlüsselbausteine für den Erfolg beinhalten, die Grundlagen besser umzusetzen als der andere und das immer wieder zu tun. Großartigkeit baut auf eine solide Grundlage fundamentaler Prinzipien auf.

Verluste lassen Sie härter arbeiten

Wenn Sie bei einem Aktienhandel Geld verlieren, brauchen Sie einen prozentual höheren Gewinn, um das wieder auszugleichen, denn Verluste arbeiten exponentiell gegen Sie. Wenn zum Beispiel ein Kurs um 50 Prozent fällt, etwa von 28 Dollar auf 14 Dollar, dann muss der Kurs um 100 Prozent steigen (von 14 auf 28 Dollar), um den Verlust wettzumachen. Das lohnt sich zu wiederholen: Ein Kursverlust von 50 Prozent erfordert den prozentual doppelten Gewinn, um die Ausgangssituation wieder herzustellen.

Was passiert, wenn Sie Ihre Verluste relativ kleinhalten? Ein 10-prozentiger Verlust erfordert einen 11-prozentigen Gewinn, um den Verlust auszugleichen, und ein 5-prozentiger Verlust benötigt dafür lediglich einen Gewinn von 5,26 Prozent. Aus diesem Grund dürfen Sie Ihre Verluste nie zu groß werden lassen. Außerdem: Wenn Sie einen großen Teil Ihres Depots verlieren, verlieren Sie damit auch Ihre Kaufkraft. Ihr Depot wird sehr viel kleiner sein, wenn Sie endlich an einen großen Gewinner andocken. Das Letzte, was Sie wollen, ist, sich in eine Position zu bringen, in der Sie viel verlieren, wenn Ihr Depot groß ist, und gewinnen, wenn Ihr Depot klein ist. Das bringt wenig. Indem Sie Ihre Verluste geringhalten, behalten Sie Ihr schwer verdientes Kapital für zukünftige Investitionen.

Die Lektion an dieser Stelle lautet, niemals zuzulassen, dass Sie einen Betrag verlieren, der Ihr Depot in Gefahr bringt. Je größer der Verlust, desto schwieriger ist es, sich davon zu erholen. Ziehen Sie eine Grenze für das absolute Maximum, das nicht mehr als 10 Prozent nach unten betragen darf. Ihr durchschnittlicher Verlust sollte noch viel geringer sein, vielleicht 6 oder 7 Prozent. Wenn Sie keinen 10-Prozent-Puffer haben, um normale Kursschwankungen bei Ihren Käufen abfedern zu können, haben Sie ganz andere Probleme. Entweder sind Ihre Auswahlkriterien und das Timing fehlerhaft oder der Gesamtmarkt ist feindlich und Sie sollten keine Aktien mehr halten.

Verlust	Gewinn zum Ausgleichen
5 %	5,26 %
10 %	11 %
20 %	25 %
30 %	43 %
40 %	67 %
50 %	100 %
60 %	150 %
70 %	233 %
80 %	400 %
90 %	900 %

Abbildung 12.1: Der benötigte Gewinn zum Ausgleichen von Verlusten

Zwei rauf und einen runter

Wenn ich Ihnen eine kumulierte Rendite über drei Jahre garantieren würde, bei denen es zwei Jahre mit 50-prozentigen Kursanstiegen und eines mit einem 50-prozentigen Verlust gibt, mag sich das nach einem ziemlich guten Geschäft anhören, aber denken Sie noch einmal nach. Unabhängig von der Reihenfolge hätten Sie eine dreijährige Gesamtrendite von 12,5 Prozent oder etwa 4 Prozent im Jahr. Das ist nicht gerade die Art Rendite, die Sie erhoffen, wenn Sie in Aktien investieren, vor allem, wenn man die ganzen Risiken berücksichtigt, die Sie in Kauf nehmen müssen. Tatsächlich gibt es keinen guten »Zwei rauf, einen runter«-Deal. Das Beste, worauf Sie hoffen können, sind zwei 30-prozentige Gewinne und ein 30-prozentiger Verlust, was einer jährlichen Rendite von 5,75 Prozent entspricht. Immer noch wenig beeindruckend. Das führt vor Augen, wie Verluste exponentiell gegen Sie arbeiten. Um sehr gute Resultate zu erhalten, müssen Ihre Gewinne Ihre Verluste auf einer Risiko-Ertrags-Basis in den Schatten stellen – Punkt!

Jahr	Jahr	Jahr	Gesamtrendite 3 Jahre	Gesamtrendite pro Jahr
10 %	10 %	-10 %	8,9 %	2,9 %
20 %	20 %	-20 %	15,2 %	4,9 %
30 %	30 %	-30 %	18,3 %	5,8 %
40 %	40 %	-40 %	17,6 %	5,6 %
50 %	50 %	-50 %	12,5 %	4,0 %
60 %	60 %	-60 %	2,4 %	0,8 %
70 %	70 %	-70 %	13,3 %	-4,7 %
80 %	80 %	-80 %	35,2 %	-13,5 %
90 %	90 %	-90 %	63,9 %	-28,8 %

Abbildung 12.2 Unterschiedliche Renditen kumuliert über drei Jahre

Mich selbst überzeugen: Die Verlustanpassungsübung

Die Definition eines großartigen Investors ist jemand, der anfängt, die Kehrseite zu verstehen.

Sam Zell

Zu Beginn meiner Karriere verstand ich weder die dramatischen Auswirkungen von Verlusten noch die Wichtigkeit, sie gering zu halten. Wie die meisten Trader hatte ich erfolgreiche Phasen, auf die ein paar echt drastische Rückschläge folgten, weil ein paar Trades danebengingen. Die Verluste zu beschränken, klang für mich logisch und ich versuchte, das bei meinem Traden anzuwenden. Aber hier und da verstieß ich dann gegen meine Regel, hoffte, dass die Situation sich wenden würde, und klammerte mich manchmal an meine Lieblingsposition, als hinge mein Leben davon ab. Schließlich erreichte ich den Punkt, dass ich verwirrt war, deshalb entschied ich, die Auswirkung der Verlustbeschränkung bei all meinen Trades zu testen.

Ich beschloss, meine vergangenen Verluste auf ein willkürliches Niveau von 10 Prozent anzupassen, um zu sehen, wie sich die Begrenzung des Abwärtstrends auswirken würde. Das beinhaltete auch das Aufrunden der kleineren Verluste sowie das Abrunden der größeren Verluste auf jeweils 10 Prozent. Wie gesagt klammerte ich mich manchmal an eine Aktie, deren Kurs gefallen war, und von Zeit zu Zeit kassierte ich Verluste von 20 oder sogar 30 Prozent. Als ich diese Verluste auf 10 Prozent begrenzte, war die Wirkung auf meine Performance erstaunlich. Meine Verluste zu begrenzen, warf mich bei ein paar wenigen meiner Gewinner aus dem Spiel, diese Konsequenz wurde jedoch mehr als aufgewogen durch die Verlustbeschränkung. Die hypothetische Verbesserung bei der Performance des Gesamtportfolios war so immens, dass ich es kaum glauben mochte. Ich überprüfte meine Berechnungen zwei-, dreimal. Aber die Zahlen stimmten. Statt eines zweistelligen prozentualen Verlustes in meinem Portfolio kam ich auf einen Gewinn von mehr als 70 Prozent.

War es möglich, dass eine derart kleine Änderung so dramatische Auswirkungen auf die Performance haben konnte? Absolut! Diese Entdeckung war ein Pivot-Punkt für mein Trading. Ich war davon überzeugt, dass Risikomanagement der Schlüssel zum Erfolg war. Von dem Moment an wurde ich sehr risikoscheu und meine Ergebnisse verbesserten sich dramatisch. Ich reduzierte meine Verluste konsequent und erreichte dadurch ein ganz neues Leistungsniveau. Ich nenne das die »Verlustanpassungsübung«. Probieren Sie es aus; es wird Ihnen die Augen öffnen.

Damals, in den 1980er-Jahren, sah die Verteilung von Gewinnen und Verlusten auf meinem Handelskonto wie folgt aus:

- Gewinne: (6, 8, 10, 12, 15, 17, 18, 20, 28, 50 Prozent) 18,40 Prozent Gewinn im Durchschnitt.

- Verluste: (7, 8, 10, 12, 13, 15, 19, 20, 25, 30 Prozent) 15,90 Prozent Verlust im Durchschnitt.
- Aufsummiertes Ergebnis: -12,05 Prozent.
- Runden der Verluste auf 10 Prozent (einschließlich des Aufrundens der Verluste auf 10 Prozent, die geringer sind als 10 Prozent).
- Aufsummiertes Ergebnis: +79,89 Prozent.

Achtung: Die Reihenfolge, in der die Trades aufsummiert werden, spielt keine Rolle; das Ergebnis ist dasselbe.

Trade	Gewinn/ Verlust in %	Kumulierter Saldo in USD	Gesamt-ertrag in %	Gewinn/ Verlust in %	Kumulierter Saldo	Gesamt-ertrag in %
		100 USD			100 USD	
	Gewinne			**Gewinne**		
1	6	106	6	6	106	6
2	8	114,48	14,48	8	114,48	14,48
3	10	125,93	25,93	10	125,93	25,93
4	12	141,04	41,04	12	141,04	41,04
5	15	162,20	62,20	15	162,20	62,20
6	17	189,77	89,77	17	189,77	89,77
7	18	223,93	123,93	18	223,93	123,93
8	20	268,71	168,71	20	268,71	168,71
9	28	343,95	243,95	28	343,95	243,95
10	50	515,93	415,93	50	515,93	415,93
	Verluste			**Verluste**		
11	-7	479,81	379,81	-10	464,34	364,34
12	-8	441,43	341,43	-10	417,90	317,90
13	-10	397,28	297,28	-10	376,11	276,11
14	-12	349,61	249,61	-10	338,50	238,50
15	-13	304,16	204,16	-10	304,65	204,65
16	-15	258,54	158,54	-10	274,19	174,19
17	-19	290,41	190,41	-10	246,77	146,77
18	-20	167,53	67,53	-10	222,21	122,21
19	-25	125,64	25,64	-10	199,88	99,88
20	-30	87,95	**-12,05 %**	-10	179,89	**79,89 %**
Durchschnitt	**Durchschnittlicher Gewinn: 18,40 %** **Durchschnittlicher Verlust: -15,90%**			**Durchschnittlicher Gewinn: 18,40 %** **Durchschnittlicher Verlust: -10 %**		

Abbildung 12.3 Verlustanpassungs-Chart

Die Markturteile akzeptieren

Nichts kann dich in die Tiefe ziehen, wenn du dich nicht daran klammerst.

Tony Robbins

Der Aktienmarkt bietet für praktisch jeden gigantische potenzielle Belohnungen und Möglichkeiten. Als disziplinierter Investor haben Sie guten Grund, optimistisch zu sein, was Ihre Erfolgsaussichten betrifft. Der Aktienmarkt kann jedoch ohne Vorwarnung zuschlagen und Ihre hochtrabenden Träume in einen finanziellen Albtraum verwandeln, eine Lektion, die Millionen von Investoren gelernt haben, die während des im März 2000 einsetzenden Bärenmarktes riesige Verluste erlitten, und jene, die im Bärenmarkt von 2007 bis 2008 versuchten, den Sturm heil zu überstehen. Ob Sie in Blue-Chip-Aktien investieren oder mit Schweinebäuchen handeln, jeder vernünftige Profi wird Ihnen sagen, dass das Ego hier fehl am Platz ist. Der Markt kann und wird jeden brechen, der die Risiken und Gefahren ignoriert. Mit jedem neuen Bärenmarkt lernt eine neue Gruppe von Investoren diese Lektion auf die harte Tour.

Die erste Disziplin, die Sie lernen müssen, um erfolgreicher Aktienhändler zu sein, ist zwar nicht schwer zu verstehen, aber den meisten Anlegern fällt es schwer, sich konsequent daran zu halten. Der beste Weg, um sich vom Zorn des Marktes fernzuhalten, besteht darin, sein Urteil zu akzeptieren.

Wissen, wann Sie falschliegen

Gutes Trading ist eine besondere Balance zwischen der Überzeugung, Ihren Ideen zu folgen, und der Flexibilität zu erkennen, wenn Sie einen Fehler gemacht haben.

Michael Steinhardt

Ich werde immer wieder gefragt: »Woher wissen Sie, dass Sie falschliegen?« Meine Antwort lautet stets: »Der Kurs fällt.« So einfach ist das. Tatsächlich verkaufe ich eine Aktie oft wieder, wenn sie nicht, kurz nachdem ich sie gekauft habe, steigt. Selbst wenn der Kurs nicht fällt, sollte der Aktienkurs nicht das tun, was ich von ihm erwarte, genügt das als Grund, zur Seite zu treten und neu zu bewerten. Wenn eine von Ihnen gekaufte Aktie unter den Kaufkurs sinkt, ist das ein verräterisches Zeichen, dass Sie sich geirrt haben – zumindest beim Timing. Begehen Sie keine Fehler, ob Sie nun kurzfristig traden oder ein langfristiger Investor sind, das Timing ist alles. Bei Aktien von großartigen Unternehmen, die man zum falschen Zeitpunkt kauft, ist das Geld genauso verloren wie bei Investitionen, die von vornherein eine schlechte Wahl darstellten. Unabhängig von Ihrer Methode oder Herangehensweise beim Aktienhandeln gibt es nur einen Weg, Ihr Portfolio vor einem großen Verlust zu schützen, und der besteht darin zu verkaufen, wenn Sie erst geringe Verluste erlitten haben und bevor es Sie wie eine Lawine überrollt. In drei Jahrzehnten Trading konnte ich keinen besseren Weg finden.

Aber erstaunlicherweise spielt es keine Rolle, wie viele erfolgreiche Investoren diese Vorgehensweise befürworten, nur eine kleine Gruppe von Leuten – selbst unter den Profis – beherzigt diesen Rat. Folglich erzielen nur sehr wenige Investoren (einschließlich der Profis) herausragende Ergebnisse am Aktienmarkt. Am schwersten fällt es Investoren zweifellos, ihre Verluste konsequent zu begrenzen, denn dafür ist es notwendig zuzugeben, dass man beim Kauf einen Fehler begangen hat, und niemand irrt sich gern.

Vermeiden Sie die großen Fehler

> *Was sind unsere Schwachstellen, und was können wir tun, um sie zu verringern, zu umgehen, zu überstehen – und uns dadurch eine größere Gewinnchance einzuräumen?*
>
> Bobby Knight

Vor einiger Zeit bekam ich Gelegenheit zu einem Gespräch mit Itzhak Ben-David, Koautor der Studie *Are Investors Really Reluctant to Realize Their Losses? Trading Responses to Past Returns and the Disposition Effect*. Die Tendenz, Gewinner zu früh zu verkaufen und Verlierer zu lange zu halten, wurde von den Wirtschaftswissenschaftlern als »Dispositionseffekt« bezeichnet.

Itzhak Ben-David und David Hirshleifer studierten Aktientransaktionen bei mehr als 77 000 Depots bei einem großen Discount-Broker im Zeitraum 1990 bis 1996 und führten eine Menge Analysen durch, die nie zuvor gemacht worden waren. Sie untersuchten, wann Investoren einzelne Aktien kauften, wann sie diese wieder verkauften und wie viel sie bei jedem Verkauf gewonnen oder verloren hatten. Sie betrachteten zudem, wann Investoren eher geneigt waren, weitere Anteile einer bestimmten Aktie zu kaufen, die sie kürzlich erworben hatten. Die Ergebnisse ihrer Untersuchung wurden im *Review of Financial Studies* in der Ausgabe August 2021 veröffentlicht.

Die Studie hebt mehrere interessante Schlussfolgerungen hervor:

- Investoren lassen eher zu, dass eine Aktie einen großen Verlust erleidet, als dass sie einen großen Gewinn einfährt; sie halten Verlierer zu lange und verkaufen Gewinner zu schnell.

- Die Wahrscheinlichkeit, weitere Anteile zu kaufen, ist größer bei Aktien, die an Wert verloren haben, als bei Aktien, die an Wert gewonnen haben. Wenn Aktien an Wert verlieren, sind Investoren schnell bereit, Ihren Einsatz zu verdoppeln.
- Investoren sind eher bereit, einen kleinen Gewinn zu akzeptieren als einen kleinen Verlust.

Die meisten Investoren sind einfach zu langsam beim Schließen von Verlustpositionen. Als Folge davon halten sie durch, bis sie die Schmerzen nicht mehr ertragen können – und das frisst eine Menge Kapital und wertvolle Zeit. Um erfolgreich zu sein, müssen Sie im Hinterkopf behalten, dass der einzige Weg zum Weitermachen darin besteht, Ihr Kapital vor einem heftigen Rückschlag oder schlimmer noch der Zerstörung zu schützen. Große Verluste zu vermeiden ist der einzige wichtige Faktor, um beim Spekulieren viel zu gewinnen. Sie können nicht kontrollieren, um wie viel ein Kurs steigt, aber in den meisten Fällen ist es allein Ihre Entscheidung, ob Sie kleine oder große Verluste erleiden. Eines kann ich Ihnen garantieren: Wenn Sie nicht lernen, kleine Verluste zu akzeptieren, werden Sie früher oder später große Verluste erleiden. Das ist unvermeidbar.

Um das Spekulationshandwerk zu beherrschen, müssen Sie sich Ihrem zerstörerischen Verhalten stellen; sobald Sie dieses verstehen und akzeptieren, können Sie Ihr Schicksal kontrollieren und Beständigkeit erreichen. Sie sollten eine beträchtliche Menge an Zeit und Geld darauf verwenden zu lernen, wie Sie möglichst wenig verlieren, wenn Sie falschliegen.

Werden Sie kein unfreiwilliger Investor

Weil Investoren es hassen, Fehler einzugehen, suchen sie nach vernünftigen Begründungen. Sie sehen sich mal als »Trader«, wenn sie richtigliegen – die kurzfristig profitable Aktienpositionen einnehmen und wieder aussteigen –, und dann wieder als »Investoren«, wenn sie falschliegen. Wenn sich ihre Trades unvorteilhaft entwickeln und Verluste einfahren, entscheiden sie plötzlich, genau diese Aktien lange zu halten. Sie werden zu dem, was Jesse Livermore als »unfreiwilligen Investor« bezeichnet hat, eine Person, die eine bittere Ernte aus kleinen Profiten und großen Verlusten einfährt, das genaue Gegenteil von dem, was Sie erreichen wollen.

Jede große Korrektur beginnt mit einer kleinen Korrektur. Sie können nicht wissen, ob ein 10-prozentiger Kursrückgang der Anfang eines 50-prozentigen Rückgangs ist, bis zu dem Moment, wenn es zu spät ist. Niemand kann mit Sicherheit wissen, dass eine Aktie nur um eine bestimmte Punktzahl fallen wird und dann höher steigt. Wenn Sie gewusst hätten, dass der Kurs Ihrer Aktie um 15 oder 20 Prozent fällt, hätten Sie sie dann überhaupt gekauft? Natürlich nicht. Die Tatsache, dass der Kurs unter Ihrem Kaufkurs liegt, bedeutet, dass Sie einen Fehler beim Timing gemacht haben – was im Schnitt in 50 bis 60 Prozent aller Fälle passiert. Die besten Trader ziehen in einem gesunden Markt in 60 bis 70 Prozent der Fälle Gewinneraktien an Land, was immer noch bedeutet, dass 30 bis 40 Prozent ihrer Käufe Fehlgriffe waren.

Tatsächlich können Sie immer noch großen Erfolg haben, wenn Sie lediglich in 50 Prozent der Fälle richtigliegen, aber das gilt nur, wenn Sie Ihre Verluste im Griff haben. Sie können Geld verdienen, obwohl Sie nur bei einem von zwei oder drei Trades richtigliegen, aber nur, wenn Sie Ihre Verlierer früh genug verkaufen, damit diese Ihrem Depot keinen irreparablen Schaden zufügen. Jeder gesparte Dollar ist ein verdienter Dollar und jeder gesparte Dollar ist mehr Geld, das aufgezinst werden kann, wenn Sie an Ihren nächsten großen Gewinner andocken. Werden Sie kein unfreiwilliger Investor.

Wie tief kann es gehen?

Es wäre einfach, die Liste der Hunderte von Aktien durchzugehen, die zu meiner Zeit als Goldanlagen galten und heute kaum noch etwas oder gar nichts mehr wert sind.
Dementsprechend stürzen großartige Investitionen ab, und mit ihnen die Vermögen sogenannter konservativer Investoren bei der kontinuierlichen Verteilung von Reichtum.

Jesse Livermore

Manche Investoren sind der Meinung, sie müssten nicht mit Stop Loss handeln, weil sie nur Qualitätsaktien kaufen. So etwas wie sichere Aktien gibt es aber nicht. Viele »konservative Anleger« sind pleitegegangen, weil sie sogenannte Blue-Chip-Unternehmen als langfristige Investition besessen und gehalten haben, auf der Grundlage der Philosophie, dass Geduld die höchste Form der Klugheit ist. Falls das auch Ihre Strategie ist, dann fürchte ich, dass Ihnen am Ende eine unangenehme Überraschung bevorsteht. Dies ist nämlich schlichtweg die Strategie eines faulen Menschen oder ein Mangel an Strategie.

Ich kann Ihnen gar nicht sagen, wie oft ich gehört habe: »Die verschwinden nie vom Markt«, nur weil es sich um Coke oder Apple oder irgendeinen anderen bekannten Namen handelte. Vielleicht bleiben sie im Geschäft, vielleicht aber auch nicht, oder der Aktienkurs korrigiert sich um 70 Prozent oder mehr nach unten. Die Coke-Aktie erreichte 1973 ihren Höchststand, fiel dann um 70 Prozent ab und brauchte anschließend elf Jahre, nur um diesen Höchststand wieder zu erreichen. Natürlich erhielten die Investoren jedes Jahr eine Dividende von ein paar Prozent, aber das glich nicht einmal die Inflation aus und sie werden immer noch auf einem großen fetten Verlust sitzen. 1988 fiel der Kurs der Coca-Cola-Aktie erneut; der Rückgang dauerte fünf Jahre an und bescherte den Anlegern einen Wertverlust der Aktie von beinahe 50 Prozent.

Eine große Zahl von »High Quality«-Unternehmen hatte Phasen, in denen ihr Aktienkurs fiel. Nach dem Überschreiten des Höchststands im Jahr 1973 dauerte es 14 Jahre, bis die Aktie von Eastman Kodak diesen Stand wieder erreichte, gerade rechtzeitig für den Crash im Jahr 1987, der die Aktie erneut abstürzen ließ. Dieses Mal dauerte es acht Jahre, bis der Kurs wieder den Stand von 1973 erreichte.

Xerox überschritt ebenfalls 1973 seinen Zenit und brauchte 24 Jahre, um wieder dorthin zu gelangen. Während dieser Zeit steig der Aktienkurs des S&P 500 um mehr als 500 Prozent. In den 1960er-Jahren wurden Avon-Produkte so beliebt, dass der Aktienkurs den Gewinnen davonlief, was zu einem Anstieg von 3 US-Dollar im Jahr 1958 auf 140 US-Dollar im Jahr 1972 führte. Die Aktie erreichte ihren Höchststand und fiel dann in nur einem Jahr um 86 Prozent. 14 Jahre später lag der Kurs immer noch bei nur 19 US-Dollar.

In den 32 Monaten von Dezember 1999 bis Februar 2002 fiel der Aktienkurs von McDonald's um 72 Prozent. Im August 2000 setzte bei AT&T ein Kursrutsch ein, der die Aktie in weniger als vier Jahren um 80 Prozent abstürzen ließ. Angefangen im April 2000 fiel der Aktienkurs von Cisco Systems in 30 Monaten um 90 Prozent. Im Jahr 2000 erreichte Lucent Technologies, der Favorit institutioneller Anleger, seinen Höchststand und fiel dann innerhalb von 35 Monaten um 99 Prozent.

Keine Aktie kann für immer gehalten werden. Nur wenige Aktien können risikolos auch nur wenige Monate gehalten werden, ohne dass man sie im Auge behält. Gute Unternehmen können furchtbare Aktieninvestments sein, wenn sie zum falschen Zeitpunkt gekauft werden. Viele Unternehmen, die als Investment-Grade-Ranking angesehen wurden, sehen sich heutzutage mit neuen Herausforderungen konfrontiert, mit sich verschlechternden Geschäftsbedingungen oder mit regulatorischen Änderungen, die ihr zukünftiges Ertragspotenzial stark beeinträchtigen können. Bevor Probleme offensichtlich werden, fällt der Aktienkurs bereits stark in Erwartung solcher Entwicklungen. Aber das Management sagt, es sei alles in bester Ordnung, stimmt's? Wenn bei einem börsennotierten Unternehmen fundamentale Probleme auftreten, ist das Management vermutlich Ihre schlechteste Informationsquelle. Das Management wird alles legal in seiner Macht Stehende versuchen, manchmal auch Illegales, um die Anteilseigner auszutricksen und den Aktienkurs zu schützen. 2008 fiel der Aktienkurs von General Motors auf null. Und was war mit AIG und Lehman Brothers und vor ihnen Enron und WorldCom? Das sind nur ein paar der Verluste, die einst hochkarätige Namen waren.

Wie tief kann es gehen? Bis auf null!

Ein Ausflug ins Kasino

Beständige Gewinner erhöhen ihren Einsatz, wenn sich ihre Position verstärkt, und sie passen, wenn sich die Chancen zu ihren Ungunsten verschlechtern, während beständige Verlierer bis zum bitteren Ende an jedem Spiel festhalten, mit jedem weiteren Einsatz auf ein Wunder hoffen und sich scheinbar am Prickeln des Verlusts erfreuen. Sowohl beim Poker wie auch an der Börse gibt es Wunder allerdings nur so oft, dass die Verlierer weiter verlieren.

PETER LYNCH, *DER BÖRSE EINEN SCHRITT VORAUS*

Als ich zum ersten Mal sah, wie in einem Kasino Seven Card Stud Poker gespielt wurde, erkannte ich schon nach wenigen Minuten, wie viel Ähnlichkeit dieses Spiel mit dem Aktienhandel aufweist. Der Ante (der Grundeinsatz, zu dem in jeder Runde ein Wetteinsatz mindestens in Höhe des Grundeinsatzes kommt, um die Karten aufzudecken) betrug 0,50 US-Dollar. Im Pot (den der Gewinner mit einem siegreichen Blatt bekommen würde) befanden sich im Schnitt jedoch 50 US-Dollar. Deshalb konnten Spieler leicht auf die Idee kommen, sie könnten das Hundertfache Ihres Einsatzes gewinnen. Nach einer Nacht am Tisch hatte ich ungefähr 1400 Dollar Vorsprung. Mein Geheimnis? Ich spielte auf die gleiche Weise, wie ich mit Aktien handelte: Ich sortierte sofort diejenigen aus, die nicht wie erwartet funktionierten. Wenn ich kein anständiges Blatt auf die Hand bekam, wettete ich nicht weiter gegen die anderen Spieler. Ich stieg aus und nahm den Verlust von 0,50 US-Dollar als Geschäftskosten hin. Ich wusste, dass ich den Verlust mit einem guten Blatt um ein Vielfaches wettmachen konnte. Vermutlich bin ich mitunter 30-mal hintereinander ausgestiegen, was bei 0,50 US-Dollar einem Verlust von 15 Dollar entspricht. Aber der Gewinn im Pot betrug im Schnitt 50 Dollar. Wenn ich 50-mal ausstieg und nur einmal gewann, hätte ich immer noch doppelt so viel, wie ich verloren hatte.

Wieso stiegen die anderen Spieler nicht aus, nachdem sie gemerkt hatten, dass ich nur weiterspielte, wenn ich ein gutes Blatt hatte? Ego! Großes Ego bedeutet wenig Disziplin. Undisziplinierte Spieler auf der Suche nach »Action« tauchen immer wieder an den Pokertischen auf. Am Aktienmarkt ist es nicht anders, abgesehen davon, dass die meisten Investoren am Aktienmarkt noch undisziplinierter sind als die meisten Pokerspieler. Die Achillesferse der meisten Spieler und Spekulanten ist der Wunsch, jedes Blatt zu spielen, eine verbreitete menschliche Schwäche, die es der Ungeduld ermöglicht, ein gutes Urteilsvermögen zu übertrumpfen.

Bei einem mittelmäßigen Blatt am Pokertisch auszusteigen, ist dasselbe, wie Aktien zu verkaufen, kurz nachdem sie unter Ihren Kaufkurs gefallen sind, um Ihr Depot zu schützen. Beim Aktienhandel auch zu verlieren ist unvermeidlich. Indem Sie die Verluste begrenzen, verschaffen Sie sich einen weiten Vorsprung vor dem Großteil der Investoren, weil es den meisten an Disziplin mangelt. Die besten Trader sind diejenigen, die Fehler einsehen, leidenschaftslos ihre Verluste begrenzen und weitermachen, ihr Kapital für die nächste Gelegenheit aufheben.

Eins zu einer Million

Was ist für einen Trader das bessere Geschäft: 1000 Dollar garantiert oder 1 Million Dollar mit einer 1-prozentigen Chance, alles zu verlieren? Es ist im Grunde kein Entweder–oder. Achten Sie auf die entscheidenden Worte: »für einen Trader«. Nun denken Sie einmal über Folgendes nach: Wenn Sie Anwalt wären, würden Sie dann nur einmal vor Gericht gehen? Wenn Sie Chirurg wären, würden Sie dann nur eine Operation durchführen? Basieren für Sie als Aktienhändler Ihre Entscheidungen auf einem einmaligen Ereignis? Natürlich nicht. Als Aktienhändler führen Sie im Laufe Ihres Lebens vermutlich Hunderte, wenn nicht Tausende von Transaktionen durch.

Die Antwort auf die Frage lautet: Wenn es sich um ein einmaliges Ereignis handelt, dann nehmen Sie die Million. Wenn es jedoch viele Trades beinhaltet, 100 oder mehr Transaktionen, wird die 1-prozentige Wahrscheinlichkeit Sie definitiv pleitegehen lassen. Nehmen Sie das Sichere: die 1000 Dollar.

Wenn Sie Aktienhändler werden wollen, werden Sie viele Jahre traden, möglicherweise jahrzehntelang. Wenn Sie jeden Trade im Laufe der Zeit nur als einen von einer Million betrachten, wird es sehr viel leichter, kleine Verluste hinzunehmen und weiterzugehen zum nächsten Trade. Wenn Sie diszipliniert bleiben, ein gutes Urteilsvermögen anwenden und die Situationen mit hoher Wahrscheinlichkeit spielen, werden sich die Chancen über die Zeit verteilen und Sie werden Profite erzielen.

Beim Poker und am Aktienmarkt spielen Sie mit Wahrscheinlichkeiten und nicht mit Gewissheiten, das bedeutet, dass Sie nicht immer richtigliegen können. Wenn im Laufe der Zeit Ihre Gewinne größer sind als Ihre Verluste, ist das alles, was Sie brauchen, um erfolgreich zu sein. Ich betrachte jeden Trade als nur einen von vielen in einer langen kontinuierlichen Trading-Sitzung: einer von einer Million.

Was ist der Unterschied?

Sie kaufen eine Aktie zum Kurs von 30 US-Dollar, weil sie Ihrer Meinung nach einen guten Eindruck macht. Die Fundamentaldaten sehen großartig aus, die Zukunft wirkt strahlend und der Aktienkurs bewegt sich gut. Plötzlich meldet das Unternehmen, dass der Gewinn je Aktie deutlich niedriger als geschätzt ausfällt, weil eine Produktionsstätte nicht wie geplant eröffnen konnte. Am darauffolgenden Tag fällt der Kurs direkt bei der Eröffnung um 10 Prozent unter Ihren Kaufkurs. Sie stehen vor der Entscheidung, zu verkaufen und einen Verlust hinzunehmen oder abzuwarten.

Meine Frage lautet: Worin besteht der Unterschied, ob Sie die um 10 Prozent gefallene Aktie weiterhin halten und warten, dass die schlechten Nachrichten ausgeglichen werden und die Aktie wieder steigt, oder ob Sie stattdessen einen neuen frischen Namen kaufen, der von Anfang an gut aussieht? Ausschließlich in Ihrem Ego. Erfolgreiche Investoren können einen anderen Gang einlegen und Veränderungen akzeptieren. Sie verlieben sich nicht in eine Aktie und ignorieren, wenn sich die Umstände zum Schlechteren wenden: Das Ziel ist, Geld zu verdienen, und nicht etwa zu beweisen, dass man recht hatte und der Markt sich irrt. Machen Sie weiter und suchen Sie sich eine andere Aktie. Was macht es für einen Unterschied, ob Sie mit Aktie A oder mit Aktie B Geld verdienen? Wenn Ihre ursprüngliche Aktie erst bei 30 US-Dollar stand und nun bei 27 US-Dollar, muss der Kurs um 11 Prozent steigen, damit sie den Ausgangswert wieder erreicht. Es ist nicht anders, als wenn Sie eine andere Aktie für sagen wir mal 50 US-Dollar kaufen und die dann auf 56 US-Dollar steigt, als wenn Sie Ihre aktuelle Position halten und darauf warten, dass die Aktie wieder auf 30 US-Dollar steigt, abgesehen davon vielleicht, dass das neue Unternehmen seine Produktionsstätte möglicherweise rechtzeitig eröffnet.

Was für ein Deal

Wenn Sie Poker spielen, kostet es Geld, wenn Sie die Karten sehen wollen. Sie müssen eine Ante bezahlen oder einen Mindesteinsatz erbringen sowie Eintritt zahlen, um an dem Spiel teilnehmen zu dürfen. Stellen Sie sich nun einmal vor, Sie könnten das Blatt jedes Pokerspielers kostenlos sehen und würden nur setzen, wenn die Karten zu Ihren Gunsten verteilt sind. Wie könnten Sie dann im Laufe der Zeit verlieren? Eines der großartigsten Dinge am Aktienmarkt ist, dass alle Ankömmlinge im selben Ring gegeneinander antreten: erfahrene und ungelernte, Profis und Amateure. Das ist einer der Gründe, warum am Markt *nicht alles* zufällig passiert. Am Aktienmarkt haben Sie den Luxus, an der Seitenlinie zu bleiben, kostenlos, zu beobachten und auf den besten Moment zu warten, um Ihren Einsatz zu platzieren. Sie können die »Karten« des Marktes kostenlos sehen, bevor Sie wetten. Das ist ein wunderbarer Vorteil, aber nur wenige nutzen ihn.

Sie müssen sich nicht in jede Marktumgebung einbringen. Tatsächlich sollten Sie es nicht einmal versuchen. Seien Sie ein anspruchsvoller Opportunist. Seien Sie wählerisch und suchen Sie sich Ihre Eintrittspunkte sehr sorgfältig aus. Warten Sie, bis die Wahrscheinlichkeiten zu Ihren Gunsten stehen, bevor Sie handeln. Mit Geduld und Disziplin können Sie von den Marktgegnern profitieren, die weniger diszipliniert und fähig sind als Sie. Während Sie nichts tun, legen weniger fähige Gegner den Grundstein für Ihren Erfolg und Sie können umsonst warten und zuschauen. Was für ein Deal!

Wenn ein Fehler zu einem Fehler wird

Der Unterschied zwischen erfolgreichen Investoren und erfolglosen besteht darin, wie sie darauf reagieren, in einer verlierenden Aktie investiert zu sein. Es gibt absolut keinen Grund, einem Fehler zu erlauben, dass er zu einer das Ego zerschmetternden Erfahrung wird. Falsch zu liegen ist nicht das Problem. Einen Fehler zu machen ist nicht das Problem. Das Problem ist die Weigerung, den Fehler zu akzeptieren. Das Problem ist, an dem Irrtum festzuhalten.

Dan Sullivan

Für wie clever Sie sich auch halten mögen, ich garantiere Ihnen, dass Sie im Laufe der Zeit jede Menge Fehler machen werden. Das tun wir alle. Viele unserer fehlgelaufenen Trades waren möglicherweise nicht einmal unsere Schuld, sondern es lag an Veränderungen der Umstände, die nicht vorhersehbar waren. Der wahre Fehler tritt ein, wenn Sie sich weigern, nach einer solchen Veränderung Anpassungen vorzunehmen. Niemand wird jemals so gut sein, dass er oder sie nie Verluste erleiden wird. Sich zu irren ist unvermeidlich, aber daran festzuhalten ist eine Entscheidung. An einem Irrtum festzuhalten kann tödlich sein; es kann körperlich und physisch seinen Tribut von Ihrer Gesundheit fordern. Wenn Sie die Realität verleugnen, traden Sie nicht länger; Sie haben Ihren Auftraggeber dem Schicksal geopfert. Die Verbindungen zwischen Stress und Auswirkungen wie Herzleiden und Magengeschwüre sind hinreichend bekannt. Um Ihre Gesundheit zu schützen, Ihr Selbstvertrauen und Ihr Geld, müssen Sie lernen, ein schlechtes Blatt abzulegen und weiterzuziehen.

Wenn Sie sich nicht dumm fühlen, können Sie das Risiko nicht managen

Manchmal wird eine Aktie, nachdem Sie sie verkauft haben, um Ihre Verluste zu begrenzen, eine Kehrtwende machen und steigen. Das ist mir Tausende Male passiert. Fühle ich mich dumm oder werde ich wütend? Nein. Investieren und Handeln von Aktien ist ein Geschäft, bei dem man mit Wahrscheinlichkeiten spielt, so dass der Profit aus Gewinnen die Verluste im Laufe der Zeit überwiegt. Es ist völlig unrealistisch zu denken, Sie würden die ganze Zeit richtigliegen, oder zu glauben, dass Sie Verluste halten können und nie pleitegehen. Sie sich dumm fühlen zu lassen ist die Methode des Marktes Sie unter Druck zu setzen, damit Sie dumm handeln. Geben Sie dem nicht nach. Bleiben Sie diszipliniert und beschränken Sie Ihre Verluste. Die Alternative zum Managen von Risiko ist, es nicht zu managen, und das geht nie gut aus.

Dieses Konzept sollte offensichtlich sein, wird aber tatsächlich zu oft übersehen. Obwohl es sicher kein Geheimnis ist (in den meisten Büchern von erfolgreichen Spekulanten ist es das am häufigsten angesprochene Thema), aber es ist schwierig umzusetzen, da es der menschlichen Natur zuwiderläuft und strikte Disziplin erfordert und eine Trennung vom eigenen Ego. Ich kann Sie nicht mehr dazu bringen, Ihre Verluste zu begrenzen, als ich Sie zu Diät und Sport überreden kann, um Gewicht zu verlieren: Das ist eine persönliche Entscheidung. Ich kann Ihnen lediglich sagen, was ich durch meinen eigenen Erfolg weiß und dass der Aktienmarkt kein Ort für jemanden ist, der sich von Fehlern leicht entmutigen lässt. Fehler sind Lehrstunden, anders ausgedrückt, Gelegenheiten, um sich zu verbessern. Diese Erfahrungen sind der größte Teil des Lernprozesses. Das Beschränken Ihrer Verluste garantiert Ihnen zwar nicht, dass Sie am Aktienmarkt gewinnen werden, aber es wird Ihnen helfen zu überleben.

Warum die meisten Investoren es nicht schaffen, ihre Verluste zu beschränken

In der Regel binden sich Investoren emotional an ihre Aktienbestände. Sie können etliche Stunden sorgfältiger Recherche investieren, um Informationen über ein Unternehmen zusammenzutragen, Finanzberichte durchforsten und möglicherweise sogar die Produkte des Unternehmens ausprobieren. Und dann, wenn ihre stolze Wahl abstürzt, können sie es nicht glauben. Sie finden Entschuldigungen für den Rückgang des Kurses. Sie rufen ihren Broker an und suchen im Internet nach positiven Meinungen, die ihren Glauben an das Unternehmen untermauern. Sie ignorieren die einzige Meinung, die zählt: das Urteil des Marktes.

Während die Aktie tiefer rutscht, steigen ihre Verluste. Für gewöhnlich wird der Absturz irgendwann so gravierend und unerträglich, dass sie schließlich das Handtuch werfen und völlig demoralisiert sind. Lassen Sie nicht zu, dass Sie in diese tödliche Falle tappen. Um am Aktienmarkt dauerhaft Erfolg zu haben, müssen Sie ein für alle Mal entscheiden, dass es wichtiger ist, Geld zu verdienen, als recht zu haben. Ihr Ego muss auf den Rücksitz verbannt werden.

Klingt nach einer einfachen Entscheidung, aber überlegen Sie noch einmal. Viele Leute spekulieren mit Aktien, ohne diesen Punkt richtig zu verstehen. Ihr Selbstbild basiert auf dem Erfolg oder Misserfolg ihrer Geschäfte. Infolgedessen finden sie eher Entschuldigungen für offenkundige Verlierer, als Fehler zuzugeben. Letztlich ruht Ihr Erfolg beim Reduzieren von Verlusten auf Ihrer Fähigkeit, Gefühle beiseitezulassen – Hoffnung, Angst, Stolz, Begeisterung und so weiter –, wenn Sie Investitionsentscheidungen treffen, zumindest so weit, dass sie nicht Ihr Urteilsvermögen außer Kraft setzen.

Viele Investoren tappen in psychologische Fallen. Gefühle von Hoffnung und Gier verwirren ihre Entscheidungen, ihre Aktien bei Verlust oder auch mit Gewinn zu verkaufen. Sie finden es schwierig zu verkaufen, und so finden sie Gründe für eine Verlustposition. Sie reden sich selbst ein, dass sie keinen Verlust gemacht haben, solange sie nicht verkaufen. Verluste sind Teil des Tradens und Investierens; wenn Sie nicht darauf vorbereitet sind, damit umzugehen, dann sollten Sie sich darauf vorbereiten, am Ende viel Geld zu verlieren.

Wie Sie sehen können, habe ich dem Risikomanagement zwei Kapitel gewidmet. Das liegt daran, dass es beim Trading wie auch im Leben den Unterschied zwischen Mittelmäßigkeit und Großartigkeit ausmacht, ob Sie mit Verlusten umgehen können. Einzelaktien sind nicht wie Investmentfonds, sie haben keinen Manager und managen sich nicht selbst; Sie sind der Manager. Wenn Sie in Aktien investieren, ist nicht zwangsläufig alles in Ordnung, wenn Sie einfach durchhalten und abwarten. Für einen Spekulanten sind kleine Verluste lediglich die Kosten der Geschäftstätigkeit, so wie für einen Einzelhandelsgeschäftsbetreiber die reduzierte Ware. Ein guter Einzelhändler hält nicht an toten Waren fest, in der Hoffnung, ein bestimmter Stil oder ein bestimmtes Produkt würde in einem Jahr wieder gefragt sein. Wenn er klug ist, reduziert er den Preis, schafft die tote Ware so schnell wie möglich aus seinen Regalen und schaut dann, dass er die Regale mit etwas füllt, das alle kaufen wollen.

KAPITEL 13:

RISIKOMANAGEMENT TEIL 2 – WIE MAN MIT RISIKEN UMGEHT UND SIE KONTROLLIERT

Ich habe zwei Grundregeln für Erfolg sowohl beim Trading als auch im Leben: (1) Wenn du nichts riskierst, kannst du auch nicht gewinnen. (2) Wenn du alle Chips verlierst, kannst du nicht weiterspielen.

LARRY HITE

Drei Jahrzehnte lang habe ich mit Aktien gehandelt, erlebte acht Bullenmärkte und erduldete acht Bärenmärkte. Meinen persönlichen Wohlstand habe ich fast ausschließlich durch Aktienspekulation angehäuft. Nachdem ich durch Erfahrung auf die harte Tour meine Lektionen erhielt, hatte ich das Glück, kontinuierlichen Erfolg zu genießen, und bewahrte nicht nur mein Startkapital, sondern auch den Großteil der Gewinne. Wie können Sie das erreichen? Anders ausgedrückt, wie können Sie sich über die Zeit bewähren und nicht nur in Bullenmärkten gewinnen, sondern zudem in Bärenmärkten Ihre Gewinne behalten? Die Antwort ist im Grunde kein Geheimnis. Der Schlüssel liegt im Risikomanagement.

Risiko ist die Möglichkeit des Verlusts. Wenn Sie eine Aktie besitzen, gibt es immer die Möglichkeit eines Kursrückgangs; solange Sie am Aktienmarkt investiert sind, gibt es für Sie ein Risiko. Das Ziel beim Aktienhandel ist, kontinuierlich Geld zu verdienen, indem Sie Trades eingehen, die mehr Ertrags- als Risikopotenzial haben. Das Problem für die meisten Investoren besteht jedoch darin, dass sie sich zu sehr auf die Ertragsseite konzentrieren und nicht genügend auf die Risikoseite. So einfach das auch klingt, so befolgen doch nur wenige den Rat, den ich Ihnen geben werde.

Am Aktienmarkt verfolgt jeder das Ziel, Geld zu verdienen. Um in einer Umgebung zu gewinnen, in der alle dasselbe anstreben, müssen Sie Dinge tun, die die meisten Investoren bewusst oder unbewusst nicht tun können oder wollen. Wenn Sie Erfolg haben und zurückschauen, werden Sie feststellen, dass ein entscheidender Unterschied zwischen den anderen und Ihnen die Disziplin war. Im Laufe der Zeit habe ich gelernt, dass Investoren nicht wegen Bärenmärkten oder wirtschaftlichen Risiken Geld verlieren oder erfolglos sind, sondern dass dies in der menschlichen Psyche begründet ist, der Art von persönlichen Fehlern, die Sie sich im Nachhinein fragen lässt: Wieso habe ich die Aktie nicht verkauft, als sie erst 10 Prozent verloren hatte? Wenn Sie auf 30 oder 40 Prozent Verlust sitzen, sehen 10 Prozent plötzlich gar nicht mehr so schlecht aus.

Kommt Ihnen das Folgende vertraut vor? Sie haben eine Aktie zum Kurs von 35 US-Dollar gekauft und zögerten, Sie beim Stand von 32 US-Dollar zu verkaufen. Anschließend fiel der Kurs auf 26 US-Dollar und Sie wären froh gewesen, sie zum ursprünglichen Kurs von 35 US-Dollar verkaufen zu können. Als der Kurs dann auf 16 US-Dollar fiel, haben Sie sich gefragt: Wieso habe ich nicht bei 26 oder sogar 32 US-Dollar verkauft, als ich die Chance hatte, mit einem geringen Verlust aus der Sache herauszukommen? Der Grund, warum Investoren in diese Situation geraten, ist, dass sie keinen tragfähigen Plan haben, mit Risiken umzugehen, und zulassen, dass sich ihr Ego einmischt. Ein solider Plan muss auch umgesetzt werden, und das erfordert Disziplin. Diesen Teil kann ich Ihnen nicht abnehmen, aber ich kann Ihnen beibringen, wie es geht.

Entwickeln Sie Lebensgewohnheiten

Der Unterschied zwischen Mittelmäßigkeit und Größe liegt in der grundlegenden Überzeugung, dass Disziplin nicht nur ein Prinzip beim Trading, sondern ein Prinzip von Größe ist. Das Managen von Risiken erfordert Disziplin. An Ihrer Strategie festzuhalten, erfordert Disziplin. Selbst wenn Sie einen vernünftigen Plan haben, sobald es Ihnen an Disziplin mangelt, schleichen sich Emotionen in Ihr Trading und richten Schaden an. Disziplin führt zu Gewohnheiten. Das können gute oder schlechte Gewohnheiten sein; es kommt darauf an, zu was Sie sich im Laufe der Zeit disziplinieren. Wie die meisten Menschen putzen Sie sich morgens die Zähne, richtig? Sie sagen sich nicht, ich bin es leid, mir immer wieder die Zähne zu putzen, also nehme ich diesen Monat Urlaub von der Dentalhygiene. Im Gegenteil, sich die Zähne zu putzen, wurde zu einer automatischen Handlung und hat sich durch die jahrelange Wiederholung und die Überzeugung, dass es die investierte Zeit wert ist, tief verwurzelt. Die gleiche Art psychologischer Konditionierung gilt für Dinge wie Sport treiben und gesunde Ernährung, Gewohnheiten, die manche Leute zu Prioritäten ihres Lebensstils erklärt haben.

Wenn Sie Ihr Portfolio mit Gefühl und ohne Disziplin managen, sollten Sie sich für einen sprunghaften, anstrengenden Ritt wappnen, bei dem Sie am Ende für Ihre Bemühungen vermutlich nichts vorzuweisen haben. Gutes Trading ist langweilig; schlechtes Trading ist aufregend und lässt die Nackenhaare zu Berge stehen. Sie können ein gelangweilter reicher Trader oder ein den Nervenkitzel suchender Spieler sein. Es ist allein Ihre Entscheidung. Mit intelligenter Wiederholungsarbeit können Sie erfolgreiche Handelsgewohnheiten entwickeln. Sich anzugewöhnen, die Dinge zu tun, die positive Ergebnisse hervorbringen, lohnt, aber es erfordert das Prinzip von Größe: Disziplin.

Notfallplanung

Erfolg ist nichts Endgültiges.

Winston Churchill

Am Aktienmarkt genauso wie im Leben sind Risiken unvermeidbar. Das Beste, was man tun kann, ist, die Risiken durch vernünftige Planung zu managen. Der einzige Weg, beim Investieren in Aktien das Risiko zu kontrollieren, besteht darin, wie viel wir kaufen und verkaufen, wann wir kaufen und verkaufen und wie wir uns auf so viele potenzielle Ereignisse wie möglich vorbereiten. Als Aktienmarktinvestor müssen Sie lernen, zu Ihrem eigenen Schutz zu verkaufen, denn Sie haben keine Kontrolle über die Kräfte, die den Aktienkurs bewegen. Ihr Ziel ist nicht die Risikovermeidung, sondern das Risikomanagement: das Risiko abzuschwächen und ein erhebliches Maß an Kontrolle über die Möglichkeit und den Umfang des Verlustes zu haben.

Beim Traden überlasse ich nichts gerne dem Zufall. Wenn ich ins Kasino gehe und Blackjack spiele, weiß ich, wie die Chancen stehen, und kann mich nur auf das Glück verlassen. Aber mit Aktien spiele ich nicht, das wäre so, als würde ich um meinen Lebensunterhalt und meine Sicherheit würfeln. Der beste Weg, den Aktienmarkterfolg zu gewährleisten, besteht in Notfallplänen und einem kontinuierlichen Aktualisieren derselben, wenn Sie von neuen Szenarien erfahren und diesen begegnen. Ihr Ziel sollte es sein, ohne Ärger und Überraschungen zu traden. Dafür müssen Sie einen verlässlichen Weg entwickeln, mit praktisch jeder Situation umgehen zu können, vor die Sie gestellt werden. Um Risiken wirkungsvoll zu managen, ist es von höchster Bedeutung, dass Sie die Dinge im Voraus durchdenken.

Das Kennzeichen des Profis ist anständige Vorbereitung. Für die Durchführung müssen Sie vorbereitet sein. Und falls sich neue Umstände ergeben, füge ich die meinen Notfallplänen hinzu: Wenn sich neue unerwartete Probleme ergeben, wird das Drehbuch für den Notfall erweitert.

Indem Sie im Voraus Notfallpläne implementieren, können Sie bei Bedarf schnell und entschlossen reagieren, wenn eine Ihrer Positionen ihr Verhalten ändert oder von einem unerwarteten Ereignis getroffen wird. Sie sollten auch darauf vorbereitet sein, mit Gewinnen umzugehen, wenn Ihre Investitionen Früchte tragen. Vor der Eröffnung jedes Handelstages sollten Sie im Kopf durchgehen, wie Sie mit jeder Position verfahren, basierend auf dem, was sich möglicherweise an diesem Tag entwickeln könnte. Und wenn der Markt dann eröffnet, wird es keine Überraschungen geben: Sie wissen ja bereits, wie Sie reagieren werden.

Sie sollten Ihr Portfolio so leiten, wie ein Flugkapitän seinen 747-Jumbo-Jet steuert. Um den sicheren Flug zu garantieren, hat der Pilot im Vorfeld für jede etwaige Situation einen Plan parat: Maschinenausfall, schwierige Wetterbedingungen, Probleme mit der Hydraulik und Hunderte anderer mechanischer oder elektronischer Probleme. Der Pilot hat Möglichkeiten durchdacht, die von einem Gewitter bis zu Ärger mit einem der Passagiere reichen. Tritt ein Problem auf, wird nicht debattiert oder gezögert. Für jede Eventualität hält der Pilot ein Prozedere oder eine Gegenmaßnahme bereit. Erreicht wird das durch Training und Vorbereitung. Wenn Sie nicht vorbereitet sind, macht Sie das angreifbar. Der 11. September 2001 hat uns auf brutale Weise in Erinnerung gerufen, wie wichtig Vorbereitung ist. Infolgedessen ist die Tür zum Cockpit nun verstärkt und das in den 1960er-Jahren eingeführte Sky-Marshal-Programm wurde erweitert. Manche Piloten sind sogar bewaffnet. Aus Fehlern der Vergangenheit zu lernen und richtig vorbereitet zu sein, ermöglicht mehr Sicherheit beim Reisen ebenso wie beim Investieren.

Ich habe die folgenden vier grundlegenden Notfallpläne für meinen Aktienhandel:

Der Initial-Stop-Loss

Bevor ich eine Aktie kaufe, setze ich im Voraus einen Stop Loss, um den maximalen Verlust zu begrenzen: den Kurs, an dem ich aus der Position aussteige, wenn sich der Kurs zu meinem Nachteil entwickelt. Sobald der Kurs diesen Punkt erreicht, verkaufe ich, ohne zu zögern. Sobald ich die Aktie nicht mehr besitze, kann ich die Situation mit klarem Kopf bewerten. Der Initial-Stop-Loss ist in den Frühstadien einer Position am wichtigsten. Sobald der Kurs steigt, sollte der Verkaufspunkt erhöht werden, um Ihren Gewinn mithilfe eines Trailing Stop oder Back Stops zu schützen.

Der Wiedereintritt

Manche Aktien bauen sich konstruktiv auf und steigen sogar von einer vielversprechenden Basis auf, so dass sie Käufer anziehen, aber dann erleiden sie plötzlich eine Korrektur oder sogar einen starken Kursrückgang, der Sie ausstoppt. So etwas passiert in der Regel, wenn der Markt eine allgemeine Schwäche oder eine hohe Volatilität erlebt. Eine Aktie mit starken Fundamentaldaten kann sich jedoch nach einer solchen Korrektur oder einem

Kursverlust erholen, eine neue Basis oder ein geeignetes Setup bilden. Diese Demonstration von Stärke ist ein gutes Zeichen. Das zweite Setup ist oftmals stärker als das erste. Die Aktie hat sich ihren Weg zurück erkämpft und unterwegs eine weitere Gruppe schwacher Aktionäre abgeschüttelt. Wenn sie nun von der zweiten Basis aus mit starkem Handelsvolumen ansteigt, kann sie richtig abheben.

Sie sollten nicht davon ausgehen, dass sich eine Aktie wieder erholt, wenn sie sich gegen Sie bewegt. Sie sollten sich stets schützen und Ihre Verluste begrenzen. Wenn eine Aktie Sie jedoch aus Ihrer Position wirft, sollten Sie sie auch nicht automatisch von den zukünftigen Kaufoptionen streichen. Wenn die Aktie immer noch die Eigenschaften eines potenziellen Gewinners aufweist, sollten Sie nach einem Wiedereinstiegspunkt Ausschau halten. Ihr Timing könnte falsch gewesen sein. Manchmal braucht es zwei oder drei Anläufe, um einen großen Gewinner zu erwischen. Das ist eine Eigenschaft professioneller Trader. Amateure fürchten sich vor Positionen, die sie ein- oder zweimal ausgestoppt haben, oder sie sind einfach nur kampfmüde: Profis sind objektiv und leidenschaftslos. Sie bewerten jeden Trade sachlich im Hinblick auf Risiko versus Belohnung: Sie betrachten jedes Handels-Setup als neues Risiko oder neue Chance. Manche glauben, es sei amateurhaft, eine Aktie erst zu verkaufen und dann wieder einzusteigen. Das Risiko mithilfe von Stop Loss zu managen, vor allem in einem Whipsaw-Markt, kann einem Trader manchmal das Gefühl geben, nur Zeit und Energie zu verschwenden. Erkennen Sie diese Gefühle von Frustration und ermahnen Sie sich dann, Ihr Ego nicht über gutes Risikomanagement triumphieren zu lassen. Beim ersten Anlauf haben Sie es also falsch gemacht – na und? Es ist auch beim zweiten Anlauf nicht gelungen – der Fisch, den Sie fangen wollen, ist clever. Lachen Sie darüber und halten Sie die Angel bereit. Was zählt, sind die langfristigen Ergebnisse. Einige meiner besten Trades waren mit Aktien, die mich zuvor mehrere Male ausgestoppt hatten und die dann einen Neustart hinlegten.

Bei Gewinn verkaufen

Sobald eine Aktie einen prozentualen Gewinn erreicht hat, der ein Vielfaches Ihres Stop Loss beträgt, sollten Sie nicht zulassen, dass sich diese Position doch noch in einen Verlust verwandelt. Mal angenommen, Ihr Stop Loss ist bei 7 Prozent gesetzt. Wenn Sie nun einen Gewinn von 20 Prozent haben, sollten Sie dieser Position nicht erlauben, den ganzen Gewinn wieder abzugeben und zu einem Verlust zu werden. Um sich davor zu schützen, könnten Sie Ihren Stop Loss bis zum Break-even erhöhen oder einen Stop nachziehen, um den Großteil Ihres Gewinns zu sichern. Möglicherweise fühlen Sie sich töricht, mit einer Position zu brechen, die zuvor ein anständiger Gewinn war, aber Sie würden sich noch schlechter fühlen in einer Position, die bis vor Kurzem ein anständiger Gewinn war und die sich jetzt in einen Verlust verwandelt hat.

Irgendwann müssen Sie einen Trade glattstellen. Es gibt zwei Möglichkeiten beim Verkauf:

- In Stärke, was bedeutet, dass Aktiengewinne ausgezahlt werden, während der Kurs steigt.
- In Schwäche, was bedeutet zu verkaufen, während der Kurs fällt.

In Stärke zu verkaufen ist eine erlernte Praxis professioneller Trader. Es ist wichtig zu erkennen, wann eine Aktie schnell steigt und sich möglicherweise erschöpft. Wenn viele Käufer vorhanden sind, können Sie Ihre Position leicht abstoßen. Oder Sie verkaufen bei den ersten Anzeichen von Schwäche, direkt nachdem der Aktienverlauf einbricht. Sie müssen für beides einen Plan haben, für das Verkaufen in Stärke und in Schwäche.

Der Katastrophenplan

Der vierte Notfall ist einer, dem Sie möglicherweise nicht oft begegnen; allerdings ist es einer, der Ihr Portfolio retten und Ihre ganze harte Arbeit beschützen kann. Es wäre eine Schande, wenn der jahrelange Aufbau Ihres Depots Trade für Trade von einem seltenen Schwarzen Schwan gefährdet wird, nur weil Sie schlecht vorbereitet sind. Der Katastrophenplan kann sich als wichtigster Teil Ihrer Notfallplanung herausstellen. Tatsächlich ist er vermutlich eine sichere Sache. Der Katastrophenplan beschäftigt sich mit Problemen wie dem, was Sie tun können, wenn Ihre Internetverbindung zusammenbricht oder der Strom ausfällt. Haben Sie ein Backup-System? Wie reagieren Sie, wenn Sie morgens aufwachen und erfahren, dass die Aktie, die Sie am Vortag gekauft haben, kurz davor steht abzustürzen, weil das Unternehmen von der Börsenaufsicht unter die Lupe genommen wird und der CEO Geld veruntreut und das Land verlassen hat? Was tun Sie dann?

Die Bedeutung des Notfallplans liegt darin, dass Sie gute Entscheidungen treffen können, wenn Sie unter Beschuss stehen. Wenn Sie das am nötigsten brauchen. Um langfristig an der Börse zu überleben, führe ich mein Portfolio so, als könne jeden Tag etwas Furchtbares passieren. Ich bin jederzeit auf den schlimmsten Fall vorbereitet.

Notfallplanung ermöglicht Ihnen, eine psychologische Strategie zu haben, die ebenso robust ist wie Ihre Handelsstrategie, sowie eine Handelsstrategie, die integrierte Reaktionen auf potenzielle Situationen enthält, die, wenn Sie nicht darauf vorbereitet sind, zu widerstreitenden Gedanken genau zu dem Zeitpunkt führen können, wenn Sie sofort klare Maßnahmen ergreifen müssten. Notfallplanung ist ein andauernder Prozess. Wenn Sie vor neuen Problemen stehen, sollten Sie ein Vorgehen entwickeln, um damit umzugehen, das dann Bestandteil Ihres Notfallplans wird. Sie werden nie alle Antworten parat haben, aber

Sie können die meisten Grundlagen bis zu dem Punkt abdecken, wo die Belohnung das Risiko überwiegt, und das ist entscheidend.

Verluste sind eine Funktion des erwarteten Gewinns

Spekulation ist nicht mehr als die Vorwegnahme kommender Bewegungen. Um korrekt vorwegzunehmen, muss man eine klare Basis für diese Antizipation haben.

Jesse Livermore

Lebensversicherungsunternehmen führen ihre Geschäfte in Übereinstimmung mit Sterblichkeitstabellen, die auf Stichproben bei der Bevölkerung basieren und prozentual angeben, wie viele Menschen in einem bestimmten Alter sterben werden. Anhand dieser Tabellen können Versicherungen mit hoher Genauigkeit vorhersagen, wie viele Menschen in einem bestimmten Alter in ein paar Jahren noch leben werden. Sie können zwar nicht einem bestimmten Menschen sagen, wie lange er oder sie leben wird (genauso wenig, wie wir wissen, ob der nächste Trade erfolgreich sein wird), aber der Durchschnitt kann hinreichend genau geschätzt werden, um die Prämienhöhen festzulegen. Durch die richtige Prämiengestaltung können Versicherungen dafür sorgen, dass sie in jedem Jahr genügend Geld haben, um die Zahlungen an die Begünstigten und die Geschäftskosten zu decken und noch einen ordentlichen Gewinn zu behalten.

So wie ein Versicherungsunternehmen Sterblichkeitstabellen nutzt, können Sie eine ähnliche Methode bei Ihrem Trading anwenden, so wie ich es bei meinem seit vielen Jahren tue. Sie haben keine Kontrolle darüber, um wie viel ein Aktienkurs steigt, aber Sie können kontrollieren, wie viel Sie bei jedem Trade verlieren. Dieser Verlustbetrag sollte auf der durchschnittlichen Sterblichkeit Ihrer Gewinne basieren. Das ist vergleichbar mit der Kontrolle der Versicherungsgesellschaften über die Höhe der Prämien, die eine direkte Funktion der Sterblichkeitstabellen darstellt. Auf ähnliche Weise sind Ihre Verluste eine direkte Funktion der Sterblichkeitstabellen Ihrer Gewinne und davon, wo sie im Durchschnitt enden.

Um beständig Geld zu verdienen, brauchen Sie eine positive mathematische Renditeerwartung; Sie brauchen einen Vorteil. Das heißt, Ihr Gewinn-Verlust-Verhältnis muss größer sein als eins zu eins (abzüglich der Kosten). Um das zu erreichen, müssen Ihre Verluste im Durchschnitt niedriger sein als Ihre Gewinne.

In den 30 Jahren als Trader, in denen ich Tausende von Aktien gehandelt habe, lag ich nur in etwa 50 Prozent der Fälle richtig, was das Gewinnen betraf. Was Gewinnen und Verlieren angeht, lag ich genauso oft richtig wie falsch; aber auch wenn die Zahl der Verluste genauso hoch war oder zahlenmäßig sogar noch größer, waren die Dollar-Beträge bei den Gewinnen sehr viel höher als bei den Verlusten. Stellen Sie sich vor: Mich genauso oft zu irren, wie ich richtig lag, hat mir dennoch erlaubt, ein Vermögen anzuhäufen. Das liegt daran, dass ich mich an eine überaus wichtige Regel halte: Halten Sie Ihr Risiko stets auf einem Niveau, das unter dem Ihres durchschnittlichen Gewinns liegt.

An welchem Punkt sollten Sie einen Verlust begrenzen?

Wie ich bereits sagte, ist das Niveau, an dem der Trader seine Verluste begrenzen sollte, nicht willkürlich. Verlustbeschränkung ist eine Funktion des erwarteten Gewinns. Je genauer Sie den Gewinn und die Häufigkeit, mit dem er eintritt, vorhersagen können, desto schneller finden Sie an den Punkt, an dem Sie Ihre Verluste begrenzen sollten. Ihr Maximum-Stop-Loss hängt sowohl von Ihrem Trefferdurchschnitt ab (Prozentsatz profitabler Trades) als auch von dem durchschnittlichen Profit pro Trade (erwarteter Gewinn).

Mal angenommen, ein Trader ist bei 50 Prozent seiner Trades erfolgreich. Folglich muss er mindestens genauso viel verdienen, wie er verliert, um im Laufe der Zeit die Gewinnschwelle zu erreichen. Obwohl diese Zahlen von jetzt an nur auf Annahmen basieren können, ist der durchschnittliche Gewinn aus Ihren tatsächlichen Trades die Schlüsselzahl. Nachdem Sie diese Zahlen berechnet haben, werden Sie sich ein sehr viel klareres Bild davon machen können, wo Sie Ihre Verluste begrenzen sollten. Eine Faustregel könnte sein, Ihre Verluste auf die Hälfte Ihres durchschnittlichen Gewinns zu reduzieren.

Mit den Worten Warren Buffetts ausgedrückt: »Ziehen Sie die Verlustwahrscheinlichkeit mal die Höhe des möglichen Verlusts von der Gewinnwahrscheinlichkeit mal die Höhe des möglichen Gewinns ab. Das ist nicht perfekt, aber genau darum geht es.«

Vermeiden Sie die Kardinalsünde des Traders

Zuzulassen, dass ein Verlust bei einem Trade Ihren durchschnittlichen Gewinn übersteigt, bezeichne ich als Kardinalsünde. Sie müssen mit Ihren Gewinnern mehr verdienen als mit Ihren Verlierern, Sie erinnern sich? Wie sollen Sie im Laufe der Zeit Geld verdienen, es sei denn, Sie nehmen mehr ein, als Sie abgeben? Tatsache ist jedoch, dass die meisten Trader nicht einmal wissen, wie hoch ihr durchschnittlicher Gewinn ist. Wenn ich einen Stop Loss setze, habe ich die Faustregel, dass der Verlust nicht mehr als die Hälfte des erwarteten Gewinns ausmachen darf, basierend auf den eigenen realen Handelsergebnissen. Wenn Ihre erfolgreichen Trades beispielsweise im Schnitt einen Gewinn von 15 Prozent erzielen, dann sollten Sie jede fallende Aktie bei einem Verlust von maximal 7,5 Prozent auf den

Kaufkurs abstoßen. Wenn Sie eine Aktie zum Kurs von 30 US-Dollar kaufen, würden Sie Ihren Stop Loss bei 27,75 US-Dollar setzen.

Zudem sollten die meisten Anleger, wie groß ihr durchschnittlicher Gewinn auch sein mag, nicht zulassen, dass eine Aktie um mehr als 10 Prozent fällt, bevor sie verkaufen. Wenn Sie einen Kauf nicht so gut timen können, dass Sie mehr als 10 Prozent Fluktuation von Ihrem Kaufzeitpunkt aus benötigen, dann stimmt etwas mit Ihrem Timing und Ihren Auswahlkriterien nicht. Mal angenommen, Sie verkaufen Ihre Gewinner mit einem durchschnittlichen Gewinn von 30 Prozent. Ich würde nicht empfehlen, dass Sie Verluste in Höhe von 15 Prozent zulassen, auch wenn das der Hälfte Ihrer erwarteten Gewinne entspricht. Meiner Erfahrung nach signalisiert ein Rückgang um 10 Prozent, dass etwas mit dem Trade nicht stimmt, vorausgesetzt, dass Sie von Anfang an richtig gekauft haben.

Mit der Zeit wird sich Ihr durchschnittlicher Gewinn verbessern, da Sie lernen, effizienter zu traden. Sie sollten Ihren durchschnittlichen Gewinn regelmäßig überwachen und entsprechend Anpassungen Ihres Stop Loss vornehmen. Vergessen Sie jedoch nicht, dass es auch ein absolutes Level gibt, an dem Sie Ihre Verluste begrenzen müssen: den »Onkelpunkt«. Als Sie noch ein Kind waren, hat Ihnen jemand den Arm umgedreht, bis Sie es nicht mehr aushalten konnten und »Onkel« sagten, was bedeutet: »Okay, mir reicht's, ich gebe auf.« Das nächste Mal, wenn Sie zulassen, dass ein Verlust größer wird als Ihr durchschnittlicher Gewinn, sollten Sie sich fragen, wie Sie Profite erzielen wollen, wenn Ihre Verluste größer sind als Ihr Gewinn.

Das Beste, was Sie tun können, ist, Ihre Verluste in Relation zu Ihren Gewinnen gering zu halten. Mit wachsender Erfahrung werden Sie ein effizienterer Trader werden. Sie werden im Schnitt größere Gewinne realisieren und mehr Geld zum Reinvestieren haben. Verbesserte Trading-Fähigkeiten werden Ihr Handelskonto vergrößern, aber nur, wenn Sie Ihre Verluste geringhalten und die Kardinalsünde des Traders vermeiden. Lassen Sie einen Verlust nie größer werden als Ihren durchschnittlichen Gewinn.

Integrierte Misserfolge

Ich habe stets nach der folgenden Philosophie gelebt: Erwarte das Beste und plane für das Schlimmste. Systeme, die sich auf eine hohe Prozentzahl profitabler Trades verlassen, haben mich nie sonderlich beeindruckt: Sie erwarten das Beste und planen für das Beste. Ich fand immer, dass sie zu viel riskierten, falls etwas schiefging und sie ihren Vorteil verloren. In Zeiten, in denen alles gut läuft, mag das Endergebnis das gleiche sein. Aber wenn ein Trader bei 70 bis 80 Prozent seiner Trades richtigliegen muss und das sein Vorteil ist, was passiert dann, wenn er in einer schwierigen Phase nur in 40 bis 50 Prozent der Fälle recht hat? Was ist während einer echt schwierigen Phase? Das Problem beim sich Verlassen auf einen hohen

Prozentsatz profitabler Trades ist, dass keine Anpassungen vorgenommen werden können; Sie können die Anzahl der Gewinne und Verluste nicht kontrollieren. Was Sie kontrollieren können, ist Ihr Stop Loss; Sie können ihn enger setzen, wenn Ihre Gewinne in schwierigen Phasen komprimiert werden.

Ich halte mein Risiko-Ertrags-Verhältnis gern intakt, damit ich auch bei einem niedrigen Trefferdurchschnitt nicht in ernste Schwierigkeiten gerate. Dieses Konzept bezeichne ich als das »Integrieren von Misserfolgen«. Mein Ziel ist, mindestens ein Gewinn-Verlust-Verhältnis von 2:1 zu behalten, mit einem absoluten Maximum-Stop-Loss von nicht mehr als 10 Prozent. Ich strebe 3:1 an und ich bin erleichtert, wenn ich dieses Ergebnis auch mit einem Trefferdurchschnitt von 50 Prozent erreichen kann. Das bedeutet, dass ich mit meinen Gewinnen dreimal schneller Geld verdiene, als ich verliere, wenn ich mich irre. Bei einem 2:1-Verhältnis gerate ich sogar dann nicht in Schwierigkeiten, wenn ich nur in einem Drittel der Zeit recht habe. Bei einem 3:1-Verhältnis kann ich sogar mit einem 40-prozentigen Trefferdurchschnitt ein Vermögen machen. Wenn ich in der Lage bin, mit einem derart niedrigen Prozentsatz erfolgreicher Trades profitabel zu sein, habe ich eine Menge Misserfolge in das System integriert.

Das Risiko stets im Voraus bestimmen

Der richtige Zeitpunkt, um am klarsten darüber nachzudenken, wann Sie aus einer Position aussteigen, ist *vor* dem Einsteigen. In dem Moment, wenn Sie eine Aktie kaufen, sollte der Kursstand, an dem Sie mit Verlust verkaufen, bereits feststehen. Wenn ein Aktienkurs bis auf Ihre defensive Verkaufslinie fällt, bleibt keine Zeit zum Schwanken oder Zweifeln. Es ist keine Entscheidung zu treffen, alles wurde bereits im Vorhinein entschieden. Sie setzen einfach Ihren Plan um. Sie sollten Ihren Verkaufskurs stets aufschreiben, *bevor* Sie eine Aktie kaufen. Notieren Sie ihn auf einem Post-it und kleben Sie dieses an Ihren Computerbildschirm. Wenn Sie ihn nicht aufschreiben, werden Sie ihn vermutlich vergessen oder anfangen zu argumentieren, warum Sie die Aktie doch behalten sollten. Das Risikoniveau nicht vorher festzulegen, kostet Trader und Investoren mehr Geld als alle anderen Fehler.

Halten Sie Ihren Stop in Ehren

Verluste außer Kontrolle geraten zu lassen, ist der häufigste und fatalste Fehler, den praktisch jeder Investor begeht, einschließlich der Profis. Trading ohne einen Stop Loss ist wie das Fahren eines Autos ohne Bremsen. Es ist nur eine Frage der Zeit, bis es kracht. Meiner Meinung nach sollten Sie weder Ihre eigenen Investitionen noch die anderer managen, wenn Sie nicht bereit sind, Verluste zu begrenzen. Die meisten Investoren können es nicht ausstehen, Verluste zu erleiden. Bedauerlicherweise erleiden sie infolgedessen sehr viel größere Verluste, die ihren Portfolios dauerhaften Schaden zufügen. Das nenne ich Ironie – sie wollen keinen kleinen Verlust hinnehmen, weil ihr Ego keinen Fehler eingestehen will, aber langfristig machen sie dadurch größere Verluste.

Meine Trading-Ergebnisse wandelten sich von mittelmäßig zu herausragend, nachdem ich die Entscheidung getroffen hatte, eine Grenzlinie zu ziehen, und schwor, einen Verlust nie wieder außer Kontrolle geraten zu lassen. Ich schlage vor, dass auch Sie sich auf der Stelle dazu verpflichten.

Einen fallenden Kurs sollten Sie so behandeln wie ein Arzt einen Patienten, der in die Notaufnahme kommt. Wenn ein Unfallopfer soeben hereingefahren wurde und viel Blut verliert, wird der Arzt sofort handeln, um den Blutverlust zu stoppen, denn desto wahrscheinlicher ist, dass sich der Patient erholt. Bei Aktien ist es genauso: Je größer der Verlust, desto schwieriger wird die Erholung, weil Verluste exponentiell gegen Sie arbeiten.

Ihr vorher festgelegter Stop-Loss-Punkt sollte als absolutes Maximum gelten. Sobald der Kurs bis zu Ihrem Stop gefallen ist, verkaufen Sie ausnahmslos und ohne zu zögern. Nichts darf Sie davon abhalten, aus der Position auszusteigen. Bedauerlicherweise haben die meisten Investoren keinen Stop und noch weniger schreiben ihn sich auf und viele verkaufen nicht, wenn der Stop erreicht ist. Für gewöhnlich fällt der Kurs und der Investor sagt: »Bei der nächsten Rallye steige ich aus.« Dann passiert eines von zwei Dingen. Die Aktie erholt sich und in vielen Fällen verkaufen die Investoren trotzdem nicht, weil sie wieder zuversichtlich sind, was diese Aktie betrifft. Oder der Kurs erholt sich nie, sondern fällt immer weiter, was den Verkauf noch schwieriger macht.

Wenn Sie beim Aktienhandel überdurchschnittliche Leistung erzielen wollen, dann hat das Beten und Hoffen, eine Aktie möge sich erholen, keinen Platz in Ihrer Psychologie. Dem Markt ist es egal, was Sie hoffen, dass es eintreten werde. Trader, die so denken, wiederholen zwangsläufig den Fehler, Verluste »nur dieses eine Mal« zu halten, und enden mit mittelmäßigen Ergebnissen oder sogar Verlustrekorden. Solche Händler gehen häufig pleite. Konzentrieren Sie sich auf Ihren Plan und halten Sie sich an Ihre Regeln; wenn Sie diszipliniert bleiben und ein positives Risiko-Ertrags-Verhältnis aufrechterhalten, wird das Geld zu Ihnen kommen.

Mit einem Stop-Loss-Slippage umgehen

Zu dem Zeitpunkt, an dem Sie eine Aktie kaufen, sollte der Kurs, zu dem Sie bei einem Verlust verkaufen wollen, aufgeschrieben sein und der Verkauf umgesetzt werden, sobald die Aktie zu diesem Kurs gehandelt wird. In diesem entscheidenden Moment führen Sie den Trade so schnell wie möglich durch. Früher oder später wird aber eine Ihrer Aktien unter Ihrem Verkaufskurs abtauchen, bevor Sie reagieren können. Das nennt man »Slippage«.

Ich rate Ihnen, sofort auszusteigen. Nehmen Sie das nächste Kursgebot, das Sie bekommen können. Ein derart stark fallender Kurs sendet ein Warnsignal.

Eine mir bekannte Finanzmanagerin handelte in einem solchen Szenario mit einer großen Position sehr schlecht. Die Aktie stürzte nach einer Nachrichtenmeldung ab und schoss weit unter ihren vorher festgelegten Verkaufskurs; im Nu befand sie sich 15 Prozent unter ihrer Position. Sie rief mich an und fragte mich nach meiner Meinung. Natürlich sagte ich ihr, dass ich längst verkauft hätte, wenn der Kurs über meinen Stop Loss weiter nach unten gerauscht wäre. Sie wies ihren Portfoliomanager an, zu warten, bis sich der Kurs erhole, und zu verkaufen, wenn der Verlust nur noch 5 Prozent betrüge. Die Aktie erholte sich nie. Sie fiel weiter. Am Ende erlitt die Finanzmanagerin einen Verlust von 60 Prozent, bevor sie das Handtuch warf. Kommt Ihnen das bekannt vor?

Klar, es wird oft vorkommen, dass Sie eine gefallene Aktie verkaufen, die sich dann sofort erholt. Na und? Beim Stop-Loss-Schutz geht es darum, Sie vor einem heftigen Rückschlag oder, schlimmer noch, der Pleite zu schützen. Das hat nichts damit zu tun, die ganze Zeit recht zu haben oder den höchsten oder tiefsten Kursstand zu erwischen. Erfolg am Aktienmarkt hat nichts zu tun mit Hoffnung oder Glück. Erfolgreiche Aktienhändler haben Regeln und einen gut durchdachten Plan. Im Gegensatz dazu mangelt es den Verlierern an Regeln und falls sie doch welche haben, dann halten sie sich nicht sehr lange daran: Sie weichen ab. Das alte Sprichwort trifft zu: Dein erster Verlust ist dein bester Verlust.

Wie man mit einer Pechsträhne umgeht

Eine Pechsträhne bedeutet für gewöhnlich, dass es an der Zeit ist für eine Bewertung. Wenn Sie feststellen, dass Sie immer wieder aus Ihrer Position gestoppt werden, kann nur eins von zwei Dingen nicht stimmen:

1. Ihre Auswahlkriterien für Aktien sind mangelhaft.
2. Das allgemeine Marktumfeld ist feindselig.

Umfangreiche Verluste quer durch Ihr gesamtes Portfolio nach einer Erfolgsbilanz können auf eine nahende Korrektur in einem Bullenmarkt hinweisen oder auf das Aufkommen eines Bärenmarktes. Führende Aktien brechen oft ein, bevor der Gesamtmarkt zurückgeht. Wenn Sie solide Kriterien im Hinblick auf Fundamentaldaten und Timing verwenden, sollte Ihre Aktienauswahl für Sie funktionieren. Wenn der Markt jedoch in eine Korrektur oder einen Bärenmarkt eintritt, können auch gute Auswahlkriterien schlechte Resultate hervorbringen. Jetzt ist kein Zeitpunkt zum Kaufen; es ist Zeit, zu verkaufen oder möglicherweise short zu gehen. Bleiben Sie im Einklang mit Ihrem Portfolio und wenn Sie ungewöhnliches Verhalten bemerken, passen Sie auf. Jesse Livermore sagte: »Vor normalem Verhalten fürchte ich mich nie, aber vor ungewöhnlichem.«

Wenn Sie in einem starken Markt eine ungewöhnlich hohe Zahl von Verlusten erleiden, stimmt möglicherweise Ihr Timing nicht. Vielleicht fehlt bei den Auswahlkriterien für Ihre Aktien ein entscheidender Faktor. Wenn Sie eine ungewöhnliche Pechsträhne haben, sollten Sie als Erstes Ihr Engagement reduzieren. Versuchen Sie nicht, größere Trades zu tätigen, um Ihre Verluste schnell wieder auszugleichen; das kann zu noch größeren Verlusten führen. Stattdessen reduzieren Sie Ihre Positionsgrößen; wenn Sie zum Beispiel normalerweise 5000 Anteile handeln, dann gehen Sie runter auf 2000 Anteile. Wenn Sie weiterhin Probleme haben, reduzieren Sie erneut; vielleicht auf 1000 Anteile. Und so weiter. Wenn Ihr Trading-Plan gut funktioniert, tun Sie das Gegenteil und stocken pyramidenartig auf.

Sich an diese Strategie zu halten, wird Ihnen helfen, sich nicht in Grund und Boden zu handeln, wenn es mal nicht gut läuft. Und das wird es definitiv irgendwann einmal tun. Wenn man einen großen Verlust erleidet oder wiederholte Rückschläge verzeichnet, gibt es die Tendenz, wütend zu werden und das Geld schnell wieder hereinzuholen, indem man größere Trades durchzieht. Das ist ein gravierender Fehler, den viele Trader begehen, und das komplette Gegenteil von dem, was Sie tun sollten. Tun Sie das auf keinen Fall, handeln Sie kleiner, nicht größer. Wenn Sie immer wieder mit derselben Größe traden, können sogar kleine Fehler zum Tod führen – durch tausend Schnitte. Reduzieren Sie stattdessen Ihre Handelsgröße und erhöhen Sie die Cash-Position in Ihrem Portfolio.

Eine Vorgehensweise, bei der die Katastrophe vorbestimmt ist

Es wäre schon schlimm genug, einfach dazusitzen und zuzusehen, wie Ihr Vermögen verschwindet, und nichts zu tun, um sich zu schützen, weil Sie keinen Stop Loss eingerichtet haben. Noch schlimmer ist jedoch, weiterhin Geld in eine Verlustinvestition zu stecken. Gutes Geld schlechtem hinterherzuwerfen, ist einer der schnellsten Wege ins Armenhaus. Man nennt das »Averaging-down«.

Broker überreden ihre Klienten oft zum Kauf weiterer Anteile einer Aktie, die einen Verlust aufweist, in dem Bemühen, mehr Aktien zu verkaufen oder ihre anfängliche schlechte Empfehlung zu kaschieren. Sie sagen dem Klienten, das würde seine Kostenbasis verringern. Wenn es Ihnen bei 50 Dollar gefallen hat, werden Sie es bei 40 Dollar lieben, richtig? Verdoppeln Sie auf 40 Dollar und Ihr Durchschnittskurs liegt jetzt bei 45 Dollar. Wow, was für ein Geschäft! Sie besitzen jetzt die doppelte Menge an Aktien und haben Ihr Risiko verdoppelt. Ihr Verlust ist immer noch derselbe; Sie haben nichts gewonnen, abgesehen von einem möglicherweise doppelt so großen Verlust, wenn die Aktie weiter fällt. Wie wäre es damit, bei 30 Dollar zu kaufen, dann bei 20 und schließlich bei 10? Absolut lächerlich! Es ist keine Schande, beim Aktienhandel Geld zu verlieren, aber an dem Verlust festzuhalten und ihn immer größer werden zu lassen, oder schlimmer noch, mehr Anteile zu kaufen, ist amateurhaft und selbstzerstörerisch.

High-Growth-Aktien, die im Wert fallen, nachdem Sie sie am korrekten Kaufpunkt gekauft haben, werden nicht attraktiver; sie verlieren an Attraktivität. Je tiefer sie fallen, desto unattraktiver werden sie. Die Tatsache, dass eine Aktie nicht positiv reagiert, ist ein Warnsignal, dass der Markt die Aktie ignoriert; die Wahrnehmung läuft nicht zu Ihren Gunsten. Möglicherweise steuert der Gesamtmarkt auf eine Korrektur zu oder, schlimmer noch, auf einen heftigen Bärenmarkt.

Für viele Investoren ist es verlockend, bei einem Kursrückgang zu kaufen, weil man das Gefühl hat, ein Schnäppchen zu machen im Vergleich zum vorherigen Handelskurs. Aber das Averaging-down ist für Verlierer, schlicht und ergreifend. Wenn Sie diese Art von Ratschlag erhalten, sollten Sie sich einen neuen Broker oder Berater suchen. Denn das ist der schlechteste Rat, den Sie bekommen können. Denken Sie daran, dass auch durchschnittliche Verlierer nur Verlierer sind.

Lernen Sie, mit Ihren Kräften zu haushalten

Wenn ich aus einer 100-prozentigen Cash-Situation komme, für gewöhnlich nach einem Bärenmarkt oder einer mittelfristigen Korrektur, dann springe ich selten mit beiden Füßen mitten hinein. Ich betrachte jedes Trading-Jahr als den Auftakt eines Zwölf-Inning-Baseballspiels. Es gibt jede Menge Zeit, um mein Ziel zu erreichen. Anfangs gehe ich es langsam an und konzentriere mich hauptsächlich darauf, große Fehler zu vermeiden und das Thema des Marktes zu finden. Das ist wie bei einem Sportler, der sich aufwärmt und die Konkurrenz in Augenschein nimmt. Themen können in Form von Kursverhalten im Allgemeinen, Branchengruppenanführer, Gesamtmarktstimmung sowie politischen wie wirtschaftlichen Einflüssen auftauchen. Ich versuche, einen Rhythmus zu etablieren und meine Kräfte einzuteilen. Wie ein Golfer, der seinen Schwungrhythmus gefunden hat, steigere ich mein Engagement deutlich, sobald ich ein Thema gefunden und meinen Trading-Rhythmus eingerichtet habe – und erst dann. Ich warte geduldig auf die richtige Gelegenheit, während ich mein Depot im Auge behalte. Wenn sich die Gelegenheit mit dem geringsten Verlustrisiko auftut, bin ich bereit zuzuschlagen. Geduld ist der Schlüssel. Mein Ziel ist, unangestrengt zu traden. Wenn Ihr Trading Ihnen Stress oder Schwierigkeiten verursacht, stimmt etwas nicht mit Ihren Kriterien oder dem Timing oder Sie traden in zu großen Dimensionen. Um gelassen zu traden, müssen Sie lernen, geduldig zu warten, bis Sie den Wind im Rücken haben. Wenn Sie segeln gehen wollen, ziehen Sie auch nicht bei Windstille los, sitzen den ganzen Tag bei Flaute im Boot und warten, dass der Wind auffrischt. Warum nicht einfach auf einen windigen Tag warten, um die Segel zu setzen?

Auf Erfolg aufbauen

Ich betrachte Ziele beim Traden wie eine dreistufige Hierarchie. An erster Stelle steht der Kapitalerhalt. Wenn ich mir einen Trade das erste Mal ansehe, frage ich nicht: »Was ist der potenzielle Gewinn, den ich realisieren kann?«, sondern: »Welchen potenziellen Verlust könnte ich erleiden?« Zweitens strebe ich nach konstanter Rentabilität, indem ich mein Risiko im Verhältnis zu den kumulierten Gewinnen oder Verlusten ausbalanciere. Beständigkeit ist sehr viel wichtiger, als viel Geld zu machen. Drittens versuche ich, insofern ich mit den ersten beiden Zielen erfolgreich bin, überdurchschnittliche Renditen zu erzielen. Das tue ich, indem ich meinen Einsatz nach Phasen hoher Rentabilität – und nur danach – erhöhe. Anders ausgedrückt, wenn ich kürzlich eine besonders profitable Phase hatte, versuche ich vielleicht, meine Gewinne pyramidenförmig zu steigern, indem ich einen größeren Einsatz platziere, natürlich vorausgesetzt, dass sich die richtige Situation ergibt. Der Schlüssel zum Aufbau von Vermögen besteht darin, Kapital zu bewahren und geduldig auf die richtige Gelegenheit zu warten, um außergewöhnliche Gewinne zu erzielen.

Victor Sperandeo

Um am Aktienmarkt das große Geld zu machen, müssen Sie keine Alles-oder-nichts-Entscheidungen treffen. Aktienhandel ist kein Entweder-oder-Geschäft, der Übergang von Cash in Aktien sollte schrittweise erfolgen. Wenn immer mehr Aktien auf Ihrer Beobachtungsliste steigen und sich der Markt von seinen offenkundigen Tiefstständen erholen will, wird die Zeit kommen, das Terrain mit echtem Geld zu sondieren. Vorsicht ist hier an der Tagesordnung. Anfangen sollten Sie mit »Pilotkäufen«, indem Sie kleinere Käufe als üblich durchführen. Wenn diese funktionieren, sollten kurz darauf größere Positionen Ihrem Portfolio beigefügt werden. Das vorsichtige Antesten hilft, Sie aus Schwierigkeiten herauszuhalten und auf Ihren Erfolgen aufzubauen. Wenn Sie mit 25 oder 50 Prozent investiert sind und keinen Erfolg haben, warum dann 75 oder 100 Prozent investieren oder Margen nutzen? Warten Sie auf Bestätigung und verlangen Sie, dass zumindest ein paar Trades funktionieren, bevor Sie aggressiver vorgehen.

Umgekehrt sollten Sie sich zurückziehen, wenn Ihre Trades nicht wie erwartet funktionieren. Es gibt keinen vernünftigen Grund, Ihre Handelsgröße zu erhöhen, wenn Ihre Positionen Verluste einfahren. Indem Sie pyramidenartig aufbauen, wenn Sie gut traden, und sich zurückziehen, wenn es schlecht läuft, führen Sie Ihre größten Trades durch, wenn es gut läuft, und nur kleine Trades, wenn es schlecht läuft. So können Sie das große Geld machen und sich gleichzeitig vor der Katastrophe schützen. Bevor ich mein Engagement aggressiv erhöhe, schaue ich mir zur Bestätigung mein Portfolio an. Ist der Markt gesund, sollte ich mit meinem Trading Erfolg haben. Zusätzlich sollten Sie sehen, dass sich weitere Aktien hinter der ersten Welle aufstrebender Anführer in Position bringen. Gehen Sie bei Ihrem Entscheidungsfindungsprozess schrittweise vor. Bauen Sie auf Erfolg auf. Verkleinern Sie sich bei Rückschlägen. Lassen Sie sich von Ihrem Portfolio führen.

Herunterskalieren versus Averaging-Down

Ein entscheidender Unterschied zwischen Profis und Amateuren besteht darin, dass Profis in Positionen skalieren, während Amateure weitere Aktien zukaufen. Was meine ich damit? Angenommen, dass sowohl der Profi als auch der Amateur entscheiden, bei einem Trade 5 Prozent ihres Kapitals zu riskieren. Der Profi steigt beim ersten Kauf vielleicht mit 2 Prozent ein, mit 2 Prozent beim zweiten und mit 1 weiteren Prozent beim dritten. Seinen Stop könnte er dann vielleicht bei 10 Prozent der durchschnittlichen Kosten seiner drei Käufe einrichten und dabei 0,50 Prozent seines gesamten Depotkapitals riskieren.

Der Amateur kauft seine Position für gewöhnlich auf einmal, und wenn sich der Kurs zu seinem Nachteil entwickelt, könnte er entscheiden, nachzukaufen und eine verlorene Position zu verdoppeln. Oftmals verdoppeln Amateure mehrere Male – und bringen sich von einer anfänglichen 5-Prozent-Position in eine 20-Prozent-Position. Fällt der Kurs weiter, wird es noch schwieriger zu verkaufen, weil Sie sich mit zusätzlichen Käufen an die Aktie gebunden haben. Bei meinem Trading versuche ich, eine Position erst dann zu kaufen oder hinzuzufügen, wenn sie mir einen Gewinn gezeigt hat. Auch wenn ich bei einem gefallenen Kurs kaufe, warte ich in der Regel, bis der Kurs wieder steigt, bevor ich zuschlage. Die Lektion: Vertraue nie dem ersten Kurs, es sei denn, die Position zeigt dir einen Profit.

Wann Sie Ihren Stop nach oben verschieben sollten

Ich habe ein paar allgemeine Richtlinien: Eine Aktie, die zu einem Vielfachen meines Stop Loss aufsteigt, sollte niemals in die Verlustspalte aufgenommen werden. Wenn der Kurs einer Aktie in meinem Besitz um das Dreifache meines Risikos steigt, erhöhe ich meinen Stop nahezu immer bis mindestens zum Break-even. Angenommen, ich kaufe eine Aktie zum Kurs von 50 Dollar und entscheide, dass ich bereit bin, bei dem Trade 5 Prozent zu riskieren (47,50 Dollar Stop Loss für ein Risiko von 2,50 Dollar). Falls die Aktie auf 57,50 Dollar steigt (3 mal 2,50 Dollar), verschiebe ich meinen Stop mindestens auf 50 Dollar. Sollte der

Kurs weiter steigen, beginne ich, nach einer Gelegenheit Ausschau zu halten, wann ich auf dem Weg nach oben verkaufen und meinen Gewinn sichern kann. Wenn ich beim Break-even ausgestoppt werde, habe ich immer noch mein Kapital; nichts gewonnen, aber auch nichts verloren. Möglicherweise kommen Sie sich dumm vor bei einem Trade, der einmal profitabel war. Sie werden sich jedoch sehr viel schlechter fühlen, wenn Sie einen guten Gewinn in einen Verlust verwandeln. Wenn sich Ihr Aktienkurs um das Zwei- oder Dreifache Ihres Risikos nach oben bewegt, dann verschieben Sie auch Ihren Stop Loss nach oben, vor allem, wenn diese Zahl über Ihrem historischen Durchschnittsgewinn liegt. Das wird Ihnen helfen, das schützt Sie vor Verlusten und beschützt Ihre Gewinne und Ihre Zuversicht.

Nicht alle Kennzahlen sind gleich

Möglicherweise haben Sie gehört, dass Sie beim Setzen eines Stop Loss mehr Raum für volatile Kursbewegungen lassen sollten; Sie sollten Ihre Stops auf Basis der Volatilität der zugrunde liegenden Aktie erweitern. Dem widerspreche ich energisch. Hohe Volatilität wird meistens in einem schwierigen Marktumfeld erlebt. Während schwieriger Phasen werden Ihre Gewinne geringer als üblich ausfallen und der Prozentsatz profitabler Trades (Ihre Trefferquote) wird definitiv niedriger als normal sein. Und deshalb müssen Sie Ihre Verluste zum Ausgleich geringer halten. Es wäre fair anzunehmen, dass in schwierigen Handelszeiten Ihre Trefferquote vermutlich unter 50 Prozent fällt. Sobald sie das tut, führt eine proportionale Erhöhung Ihres Risikos zum Ausgleich eines höheren erwarteten Gewinns aufgrund einer höheren Volatilität schließlich dazu, dass Sie eine negative Erwartung erreichen; je weiter Ihre Trefferquote sinkt, desto früher wird die negative Erwartung erreicht.

Wie die folgende Tabelle zeigt, beträgt Ihr optimales Gewinn-Verlust-Verhältnis bei einer Trefferquote von 40 Prozent 20 zu 10 Prozent. Bei diesem Verhältnis beträgt Ihr ROI (Return on Investment) bei zehn Trades 10,2 Prozent. Beachten Sie, dass die erwartete Rendite von links nach rechts steigt und bei diesem Verhältnis ihren Höhepunkt erreicht. Folglich sinkt Ihre Rendite bei steigenden Verlusten im Verhältnis zu Ihren Gewinnen. Ausgerüstet mit diesem Wissen können Sie erkennen, welches Verhältnis bei einer bestimmten Trefferquote die beste erwartete Rendite hervorbringen wird. Sie sehen, wie wichtig es ist, das optimale Verhältnis zu finden. Alles darunter führt zu weniger Geld, aber jedes Plus steigert auch Ihren Gewinn.

Gewinn in %	Verlust in %	G/V-Verhältnis	Bei 30% Durchschnitt	Bei 40% Durchschnitt	Bei 50% Durchschnitt
4	2	2:1	-2,35	3,63	10,00
6	3	2:1	-3,77	5,16	14,92
8	4	2:1	-5,34	6,49	19,80
12	6	2:1	-8,89	8,55	29,34
14	7	2:1	-10,86	9,27	33,95
16	8	2:1	-12,93	9,79	38,43
20	10	2:1	-17,35	**10,20**	46,93
24	12	2:1	-22,08	9,80	54,71
30	15	2:1	-29,57	7,71	64,75
36	18	2:1	-37,23	4,00	72,49
42	21	2:1	-45,01	-1,16	77,66
48	24	2:1	-52,52	-7,55	**80,04**
54	27	2:1	-59,65	-14,88	79,56
60	30	2:1	-66,27	-22,90	76,23
70	35	2:1	-75,92	-37,01	64,75
80	40	2:1	-83,67	-51,02	46,93
90	45	2:1	-89,56	-63,93	24,62
100	50	2:1	-93,75	-75,00	0,00

Abbildung 13.1: Kumulierte Gesamtrendite bei zehn Trades mit unterschiedlichen Trefferquoten

Wenn sich Ihre erfolgreichen Trades von 20 Prozent auf 42 Prozent mehr als verdoppeln würden und Sie ein Gewinn-Verlust-Verhältnis von 2:1 beibehalten würden, indem Sie Ihre Verluste bei 21 statt bei 10 Prozent begrenzen, würden Sie tatsächlich Geld verlieren. Sie haben doch immer noch dasselbe Gewinn-Verlust-Verhältnis, wie kann es also sein, dass Sie verlieren? Das ist die gefährliche Natur von Verlusten; sie arbeiten exponentiell gegen Sie. Bei einer 50-prozentigen Trefferquote sind Sie, wenn Sie bei Ihren Erfolgen 100 Prozent gewinnen und bei den Misserfolgen 50 Prozent verlieren, lediglich am Break-even. Sie würden mehr Geld verdienen, wenn Sie die Profite bei 4 Prozent mitnehmen und die Verluste auf 2 Prozent begrenzen würden. Wenig überraschend, dass es noch schlimmer wird, wenn Ihre Trefferquote sinkt. Wenn Sie bei einer 30-prozentigen Trefferquote 100 Prozent Profit bei Ihren Gewinnen mitnehmen und bei Ihren Verlusten 50 Prozent abgeben, hätten Sie nach zehn Trades einen satten Verlust von 93 Prozent.

Wenn das optimale Ergebnis mit einem Gewinn-Verlust-Verhältnis von 48 zu 24 Prozent erreicht wird bei einer 50-prozentigen Trefferquote, was denken Sie, würde wohl passieren, wenn Ihr Anteil an rentablen Trades auf 40 Prozent absinkt? Die folgende Abbildung wird Sie vielleicht überraschen, denn sie zeigt, dass das optimale Level auf 20 zu 10 Prozent fällt.

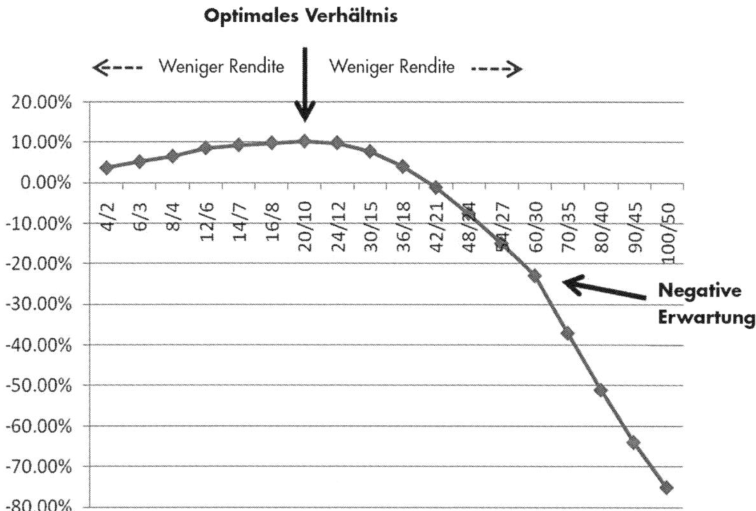

Abbildung 13.2: Kumulierte Gesamtrendite bei zehn Trades bei einer Trefferquote von durchschnittlich 40 Prozent

Wenn Sie schlecht traden und Ihre Trefferquote auf unter 50 Prozent fällt, ist das Letzte, was Sie tun möchten, den Spielraum zu erhöhen, den Ihre Aktien nach unten haben. Das ist keine Meinung: Das ist eine mathematische Tatsache. Viele Investoren geben Ihren Verlustpositionen mehr Raum und sorgen dadurch für noch größere Verluste. Ihre Ergebnisse beginnen zu rutschen und sie werden aus einer Handvoll Trades geworfen; dann sehen sie, dass die Aktien, die sie mit Verlust verkauft haben, eine Kehrtwende vollziehen und wieder steigen. Was sagen sie sich dann? »Vielleicht hätte ich der Aktie mehr Raum für Schwankungen geben sollen? Dann wäre ich noch dabei.« Das ist genau das Gegenteil von dem, was Sie tun sollten.

In einem schwierigen Marktumfeld werden die Profite geringer sein als normal und die Verluste größer ausfallen; Abwärtslücken werden häufiger auftreten und Sie werden sehr wahrscheinlich mehr Slippage erfahren. Die clevere Art, damit umzugehen, sieht wie folgt aus:

- Verschärfen Sie die Stop Losses. Wenn Sie normalerweise bei 7 bis 8 Prozent begrenzen, dann reduzieren Sie jetzt auf 5 bis 6 Prozent.
- Stellen Sie sich auf geringere Profite ein. Wenn Sie normalerweise im Schnitt Profite zwischen 15 und 20 Prozent mitnehmen, dann beschränken Sie sich jetzt auf 10 bis 12 Prozent.
- Wenn Sie mit Hebelwirkung traden, verabschieden Sie sich sofort von der Margin.

- Reduzieren Sie Ihr Engagement im Hinblick auf Ihre Positionsgröße sowie Ihre Gesamtkapitalbindung.
- Sobald Sie sehen, dass sich Ihre durchschnittliche Trefferquote sowie Ihr Risiko-Ertrags-Profil verbessert, können Sie anfangen, Ihre Parameter schrittweise wieder auf ein normales Niveau bringen.

Diversifizierung schützt Sie nicht

Ich hatte immer das Gefühl, wenn ich mich für eine Branche oder ein Unternehmen begeisterte, dann konzentrierte ich mich darauf. Man bezeichnete mein Verhalten deshalb als riskant. Ich hielt es nie für riskant; ich sah es als Chance.

Kenneth Heebner

Diversifizierung ist eine Taktik, die genutzt wird, um Investments auf verschiedene Wertpapiere zu verteilen und Verluste zu verringern, falls ein bestimmtes Wertpapier oder eine Branche absackt. Diese Strategie basiert darauf, dass das durchschnittliche Wertpapier einen profitablen Erwartungswert hat. Diversifizierung bietet auch einige psychologische Vorteile für den Handel mit einem einzelnen Instrument, da ein Teil der kurzfristigen Schwankungen eines Instruments die eines anderen Instruments aufheben kann, was zu einer Glättung der kurzfristigen Portfoliovolatilität führt. Wenn Sie übertrieben diversifizieren und sich auf Diversifizierung als Schutz verlassen, werden Sie nie überdurchschnittliche Performance erreichen. Während eines Bärenmarktes gehen fast alle Aktienkurse runter. Wenn Sie Ihr Geld überall verteilen, erreichen Sie drei Dinge:

1. Sie sind nicht in der Lage, jedes Unternehmen genau zu beobachten und alles zu wissen, was Sie über die Investitionen wissen sollten.
2. Sie können das Engagement Ihres Portfolios bei Bedarf nicht schnell reduzieren.
3. Eine glättende Wirkung, die für durchschnittliche Ergebnisse sorgt.

Abhängig von der Größe Ihres Portfolios und Ihrer Risikotoleranz werden Sie in der Regel vier bis sechs verschiedene Aktien halten, bei großen Portfolios vielleicht sogar bis zu zehn oder zwölf. Das bietet hinreichend Diversifizierung, aber nicht zu viel. Mehr als 20 Positionen sollten Sie nicht halten, was bei gleicher Gewichtung einer Positionsgröße von 5 Prozent entspricht. Während meiner gesamten Karriere als Trader habe ich immer wieder gehört: »Du musst diversifiziert sein.« Wenn Ken Heebner vom CGM Funds Milliarden von Dollar um·lediglich 20 Namen herum bewegen kann und es immer noch schafft, den Markt zu schlagen, kann ein privates Portfolio sicher hinreichend mit einem Maximum von 10 bis

20 Aktien gemanagt werden. Wenn Sie ein wahrer 2:1-Trader sind, sollte rein rechnerisch Ihre optimale Positionsgröße 25 Prozent betragen (vier Aktien zu gleichen Teilen). Folglich würde eine Aktie, die ein großer Gewinner ist, einen ordentlichen Beitrag zu Ihrem Portfolio leisten. Wenn Sie vier, fünf oder sechs Unternehmen im Auge behalten, ist es sehr viel einfacher, eine Menge über jedes von ihnen zu wissen, als wenn Sie 15 oder 20 Unternehmen im Auge behalten müssten. Wenn Sie viele Positionen halten, wird es schwierig, Geld zu beschaffen und schnell zu handeln, wenn sich der Markt plötzlich gegen Sie wendet. Statt sich in dem schwachen Versuch, das Risiko durch Diversifizierung zu minimieren, querbeet zu verbreiten, sollten Sie Ihr Kapital in den besten Aktien konzentrieren – einer relativ kleinen Gruppe –, bei denen sich Spannendes tut. Halten Sie Ihre Aktien gut im Auge und seien Sie bereit zu handeln, falls sich die Dinge zum Schlechten wenden.

In meiner Laufbahn hatte ich viele Phasen, in denen ich mein gesamtes Kapital in nur vier Namen steckte. Natürlich korrespondiert das mit einigen meiner erfolgreichsten Phasen. Ja, es gibt ein Risiko, aber das können Sie minimieren, wenn Sie eine vernünftige Methode anwenden. Mit den Worten Warren Buffetts: »Risiko entsteht dadurch, nicht zu wissen, was man tut.« Wenn Sie streng sind bei Ihren Auswahlkriterien und für Ihr Portfolio das Beste verlangen, sollte es schwierig sein, viele Namen zu finden, die es wert sind, in Ihre Elitegruppe aufgenommen zu werden. Fazit: Diversifizierung schützt Sie nicht vor Verlusten.

Als ich barfuß durch über 1 Meter hohen Schnee marschierte

Irgendwann in Ihrem Leben haben Sie eine Geschichte wie diese gehört, vermutlich von Ihren Eltern oder Großeltern: Wie sie in 1 Meter hohem Schnee barfuß jeden Tag 10 Kilometer bergauf zur Schule gehen mussten und ihren Bruder dabei huckepack trugen. Nun ja, ich werde Ihnen zum Abschied meine »Zu meiner Zeit«-Geschichte erzählen.

Als ich in den 1980er-Jahren mit dem Aktienhandel begann, hatte ich keine Kurse, Charts oder nennenswerte Recherche-Tools. So etwas wie eine Internetverbindung gab es nicht (jedenfalls keine, die ich hätte nutzen können), keinen Online-Handel und kein Level-II-System für den durchschnittlichen Trader, um herauszufinden, wo der Markt steht. Alles, was ich hatte, waren die Schlusskurse, die jeden Tag in der Zeitung veröffentlicht wurden, und ein bisschen Millimeterpapier, um selbst Diagramme zu erstellen.

Erschwerend kam hinzu, dass die Aktienprovisionen extrem hoch waren: mehr als 100 US-Dollar je Trade gegenüber 5 oder 10 US-Dollar heutzutage. Selbst als Diskontprovisionen eingeführt wurden, betrugen sie immer noch 60 US-Dollar. Damals schien das jedoch ein Schnäppchen zu sein. Herauszufinden, wo der Markt sich zu einem bestimmten Zeitpunkt befand, war für einen kleinen Trader wie mich damals nahezu unmöglich. Ich musste einfallsreich und ein wenig mutig sein, um die nicht vorhandenen Tools auszugleichen.

Als die Provisionen schließlich auf ein vernünftiges Niveau sanken, eröffnete ich ein Trading-Depot bei einem örtlichen Discount-Brokerhaus. Dieses Büro bot etwas sehr Nützliches: eine Börsenkursmaschine in der Lobby. Dabei handelte es sich nicht um gestreamte Echtzeitkurse, sondern um Momentaufnahmen, die man eine nach der anderen abrufen konnte.

Die Maschine war als Höflichkeit für Kunden gedacht, die im Büro vorbeikamen, und lud nicht zum häufigen Gebrauch ein. Der Computerterminal stand auf einem Tisch ohne Stuhl. Die Botschaft war eindeutig: Einmal schauen und dann weitergehen. Das entmutigte mich jedoch nicht. An jedem Handelstag stand ich draußen vor dem Gebäude und las die Zeitung, bei Regen wie bei Sonnenschein. Dann ging ich etwa alle zehn Minuten hinein, um die Kurse zu checken. Manchmal machte ich Pause, um mir auf der anderen Straßenseite einen Hotdog oder eine Limonade zu kaufen. Ansonsten verließ ich meinen Platz während des gesamten sechseinhalbstündigen Handelstags nicht. Wie sollte ich denn sonst wissen, wo der Markt stand?

Schließlich kaufte ich einen Computer, um an die Marktdaten zu kommen, aber damals gab es keinen Online-Handel, keine Point-and-Click-zwei-Sekunden-Ausführung so wie heute. Damals verdiente ich mein Geld, indem ich zum Telefon griff und saftige Provisionen bezahlte.

Wenn die Leute mir heutzutage erzählen, der Aktienhandel sei zu schwierig, der Markt sei zu komplex und die Profis hätten die ganzen Vorteile, muss ich lachen. Heutzutage ist das Spielfeld sehr viel ausgeglichener zwischen den Amateuren und den Profis. Sogar Gelegenheitsinvestoren stehen Tools zur Verfügung – von Online-Handelsausführung bis zu kostenlosen Charts –, die ich mir in den guten alten Tagen nicht einmal vorstellen konnte. Heute haben Sie das Äquivalent eines voll ausgestatteten F-16-Kampfjets zur Verfügung.

Sagen Sie nicht, Sie hätten schlechte Karten, Einzelhändler könnten nicht gewinnen oder nur Profis würden am Markt Geld machen. Das sind billige Ausreden. Ich habe mit 15 die Schule geschmissen, praktisch ohne Ausbildung und Geld. Wenn ich am Aktienmarkt das große Geld machen konnte, dann überlegen Sie mal, wie gut Sie das könnten. Es gibt keinen Grund, warum Sie nicht in der Lage sein sollten, viel mehr als ich zu erreichen.

Ich habe immer gespürt, dass clevere Leute aus ihren Fehlern lernen, aber wirklich clevere Leute lernen aus den Fehlern anderer. Ich habe versucht, dieser Philosophie zu folgen, indem ich sorgfältig die großen Trader und innovativen Denker unserer Zeit studierte. Ich habe meinen Teil an Fehlern gemacht und manches auf die harte Tour gelernt. In diesem Buch habe ich Ihnen einen soliden Plan vorgestellt, der auf meiner eigenen Erfahrung basiert. Jetzt liegt es an Ihnen, diesen umsetzen und sich an Disziplin zu halten. Wenn Sie es tun, wird es sich lohnen.

Alles Gute!

DANKSAGUNG

Mein besonderer Dank gilt folgenden Personen:

Patricia Crisafulli für wertvolle Anleitung und bedingungslose Geduld. Loren Fleckenstein für ihren redaktionellen Rat, ihre Freundschaft und ihr unerschütterliches Vertrauen in meine Fähigkeiten in all den Jahren. Bob Weissman für feine Hingabe, Loyalität und vor allem deine Freundschaft. Mary Glenn und ihrem Team bei McGraw-Hill für die absolute Professionalität und Integrität; danke, dass ihr mir erlaubt habt, dieses Buch so zu schreiben, wie ich es mir vorgestellt habe. Meinem Literaturagenten, Jeffery Krames (auch wenn wir uns hin und wieder anschreien); Jeffery ist ein großartiger Agent. David Ryan dafür, dass er sich trotz seines vollen Terminkalenders die Zeit genommen hat, ein Vorwort zu schreiben, und dafür, dass er mir zu Beginn meiner Karriere eine so große Inspiration gewesen ist. Linda Ludy für ihre redaktionellen Vorschläge, ihre Freundschaft und Unterstützung. Patricia Wallenburg für ihre wunderbare Arbeit beim Layout des Buches und dafür, dass sie es rechtzeitig fertigbekommen hat, danke. Dennis Maggi, der mich früh in meinem Leben in Berührung gebracht hat mit großartigen Klassikern wie *Think and Grow Rich* (deutsche Ausgabe: *Denke nach und werde reich), The Power of Positive Thinking* (deutsche Ausgabe: *Die Kraft positiven Denkens)* und vielen anderen, die entscheidend für meine berufliche und persönliche Entwicklung waren. Und all meinen Freunden und meiner Familie, die meine Bemühungen im Laufe der Jahre unterstützt haben.

Ich danke euch allen.

ÜBER DEN AUTOR

Mark Minervini hat mit nur ein paar tausend Dollar begonnen und hat sein persönliches Handelskonto in Millionen verwandelt. Um die Effektivität seiner SEPA®-Handelsmethodik zu demonstrieren, nahm Minervini 1997 am U.S. Investing Championship teil und setzte 250.000 Dollar seines eigenen Geldes ein. Er gewann mit 155 Prozent Rendite, eine Leistung, die fast doppelt so hoch war wie die des Nächstplatzierten.

Mit seiner SEPA-Handelsstrategie erzielte Minervini in einem Zeitraum von fünf Jahren eine überragende durchschnittliche Jahresrendite von 220 Prozent und machte nur in einem einzigen Quartal Verluste. Um das ins Verhältnis zu setzen: Ein 100.000-Dollar-Konto würde mit solchen Renditen auf über 30 Millionen Dollar kommen.

Mark Minervini ist ein 30-jähriger Veteran der Wall Street Jack Schwager schrieb in seinem Buch »The new Market Wizard« über ihn: »Minervinis Leistung ist nicht anders zu nennen als verblüffend. Die meisten Händler und Vermögensverwalter würden sich freuen, wenn sie Minervinis schlechtestes Jahr – mit einem Gewinn von 128 Prozent - als ihr bestes bezeichnen könnten.«

Heute unterrichtet Minervini Händler über seine SEPA-Handelsmethode über einen Dienst namens Minervini Private Access, eine Streaming-Kommunikationsplattform, die den Nutzern die einzigartige Erfahrung ermöglicht, Seite an Seite mit Minervini in Echtzeit zu handeln. Er leitet auch ein live Master Trader Program, einen Investment-Workshop, bei dem er zwei Tage lang seine SEPA-Strategie und -Techniken vermittelt.

INDEX

P

Q

R

S

T